国家治理与政府创新丛书
朱春奎　竺乾威　主编

大国治理与公共政策变迁
中国的问题与经验

唐贤兴　著

复旦大学出版社

本书出版得到了上海市哲学社会科学规划基金资助项目"当代中国公共政策体系变迁研究"的资助。

名家推荐

毫无疑问，本书的出版，对促进中国国家治理体系和能力的现代化，特别是社会冲突管理，提供了前沿的理论和现实的经验。

——于建嵘，教授，中国社会科学院农村社会问题研究中心主任

大国治理面临着种种政策困境，这需要多方面的制度和政策的努力。本书从公共政策的多个重要主题探讨了当代中国公共政策的变迁，不仅有学术深度，还有现实的骨感，是政府治理和公共政策领域非常重要的学术著作，值得学者和政府官员给予关注。

——毛寿龙，中国人民大学公共政策研究院教授、执行院长

大国治理需要大智慧、大学问。中国作为世界上最大的转型国家，公共政策决策能否实现科学化民主化，决定了国家深化改革的成败。唐贤兴教授的新书《大国治理与公共政策变迁》以详实的政策案例，系统阐述了大国治理中公共政策变迁的制度逻辑，实为具有大学问的一本巨著。

——朱旭峰，清华大学公共管理学院教授、副院长

唐贤兴教授这部研究中国公共政策变迁的重要著作，勾勒出当代中国政策变迁的逻辑、方式和图景，并为我们提供了很多本土化政策理论和知识，值得读者们细细品读。

——郁建兴，浙江大学公共管理学院教授、院长

唐贤兴教授的这部著作，向我们敞开了理解国家治理的一种独特镜像——近四十年中国社会的变迁与发展，实质上是一次前所未有的公共政策知识生产过程，这一过程提升了我们把握现实的能力。

——孔繁斌，南京大学政府管理学院教授、院长

政策的调整与变革是考察和测度国家治理能力和调试性的重要维度和内容。本书系统分析了中国政策变迁的影响因素、机制和模式，体现了中国政策过程、政策变迁和国家治理领域的前沿成果，是公共管理、公共政策领域研究者和从事管理工作的政策实践者的重要参考书。

——朱亚鹏，中山大学公共管理学院教授，《公共行政评论》主编

有序的大国治理需要良好的大国政策。大国政策的变迁是大国治理进程和历史的反映。阅读本书，能让学习者触摸到理论的高度，能让阅读者感受到实践的温度。

——陈潭，广州大学南方治理研究院教授、院长

总　序

治理是使相互冲突或不同的利益得以调和并且采取联合行动的持续过程。它既包括有权迫使人们服从的正式制度和规则，也包括各种人们同意或认为符合其利益的非正式制度安排。无论是一个国家，还是一家公司，都需要治理。因为国家和企业都有一个共同点：它是一个由具有不同目标和利益的个人和团体所组成的联合体。由于组织中的个人目标不完全相同，利益冲突在所难免，领导者需要发展一套沟通、化解冲突和解决组织问题的技术，在这一过程中就形成了一种组织特有的治理方式。

当前的公共政策研究经常使用"政府与市场的关系"来解释政府制定公共政策以解决公共问题的理由。就政府与市场的关系而言，治理是行动者影响特定政策领域中其他行动者的方式。具体到某一政策领域，治理结构就是政府所设定的一组制度性的规则架构，在此规则架构中政府行动者将会运用各种政策工具试图操纵社会行动者的决策行为，而社会行动者也将透过这种制度性的规则架构试图影响政府行动者的决策行为。

在世界各国经济和社会的发展中，政府的作用很重要，同时也很微妙。政府的作用之所以重要是因为，政府愈来愈成为经济和社会发展的必要条件甚至决定性因素。政府的作用之所以微妙是因为，在一些国家和一些时候，政府对经济和社会的发展起着积极、有效的保证和促进作用；而在另一些国家和另一些时候，政府对经济和社会的发展又起着消极、无效甚至破坏的作用。正如世界银行推出的1997年世界发展报告《变革世界中的政府》开篇指出的："在世界各地，政府正成为人们注目的中心。全球经济具有深远意义的发展使我们再次思考关于政府的一些基本问题：它的作用应该是什么，它能做什么和不能做什么，以及如何最好地做这些事情。"

目前，中国正处在国家发展转型的重要时期，经济发展已步入一个增速逐渐趋缓与结构加快调整的过程，社会发展则开始进入参与主体多元、诉求表达多样的一个新阶段，中国的公共管理正面临着前所未有的新挑战，也面临着大踏步发展的新机遇。"治大国若烹小鲜。"小鲜如何烹？是门大学问。历朝历代政治家、学者都提出过自己的"烹鲜学"。当前的中国，无论是执政者，还是普通民众，抑或主流民意，都清醒地认识到问题所在，并形成了最大公约数共识——全面深化改革、推进国家治理现代化是解决各种问题的总钥匙。

推进国家治理体系和治理能力现代化，标志着中国改革进入整体推进制度创新、制度建设的新阶段。治理现代化是一个不断地、连续地发生由低级到高级的突破性变革的过程。主要包括两个方面：一是国家治理体系更加完备、更加成熟、更加定型，这包括一整套政治的、经济的、社会的、文化的、生态环境的治理体系；二是在这一治理体系下，治理能力的运用能够更加有效、更加透明、更加公平，这包括各种政治的、经济的、社会的、文化的、生态环境的、科技的、信息的现代化手段。改革是一个制度创新的现代化过程，没有制度创新就没有国家治理现代化，而治理现代化的进程则反映了改革的成效。超大规模人口的现实国情、曾经的历史教训以及国际发展的通例昭示我们:良好的政府不是奢侈品,而是非常必需品。没有一个有效的政府,经济和社会的可持续发展都是不可能的。有鉴于此,我们组织和策划了这套"国家治理与政府创新丛书"。

我们认为,创新驱动发展与治理现代化是大国崛起的两大战略支柱。重新思考政府,是一个世界性课题,也是一个很现实的中国问题。我们希望本丛书的推出有助于推动中国公共管理与公共政策学界广泛开展行政改革与政府创新研究,我们期待有更多的学界同仁加盟政府改革与治理创新研究,以更好地服务于大国崛起进程中创新驱动发展与治理现代化的需要。

朱春奎 竺乾威

2015 年 8 月

目 录

第1章 绪论：大国治理的政策困境与政策变迁 …… 1
   1.1 问题的提出 …… 2
   1.2 何谓"大国治理"中的"大国"？ …… 5
   1.3 "问题大国"：中国国家治理的复杂性 …… 9
   1.4 "转型中的大国"：中国国家治理的弹性 …… 12
   1.5 "失衡的大国"：中国国家治理的协同性 …… 15
   1.6 大国治理与中国公共政策的变革 …… 17

第2章 复杂社会的治理：用复杂性思维武装公共政策 …… 30
   2.1 复杂社会的一般特性 …… 32
   2.2 复杂社会：中国的特殊性？ …… 36
   2.3 政策理论与治理实践中的简单思维 …… 45
   2.4 复杂性思维与中国公共政策展望 …… 52

第3章 确立公共利益：当代中国公共政策价值的变化 …… 62
   3.1 确立公共利益的理念：一个艰难的历程 …… 63
   3.2 不和解状态下的公共利益：社会冲突的视角 …… 70
   3.3 合作的构建与公共利益的界定：困难与突围 …… 78

3.4　结论：政策设计如何有益于民主？ …………………… 88

第4章　公共政策变革的制度基础 …………………… 91
　　4.1　政策变革与制度的内在关联：一个初步的分析框架 …………………… 91
　　4.2　制度基础的历史演进：大致的脉络 …………………… 97
　　4.3　制度基础与政策变革：价值、结构与过程 …………………… 104
　　4.4　公共政策变革的有限性：需求与供给的制度难题 …………………… 115

第5章　政府偏好与政策变迁：以收容遣送制度的存废为案例 …………………… 121
　　5.1　政府偏好与制度变迁的有关理论 …………………… 122
　　5.2　政府偏好与制度起源：20世纪50年代后的收容遣送政策 …………………… 125
　　5.3　政府偏好与政策扭曲：20世纪90年代的收容遣送制度 …………………… 138
　　5.4　"孙志刚事件"：中国制度变迁中的政策议程设置 …………………… 154

第6章　政策边界与大国治理的弹性："土政策"的合理性及其规范 …………………… 168
　　6.1　问题的提出 …………………… 168
　　6.2　说得多研究得少：土政策的定义 …………………… 169
　　6.3　大国治理与"政策边界"的弹性：土政策的合理性 …………………… 174
　　6.4　土政策的运作及其功能：案例分析 …………………… 183

6.5 正面功能：土政策与治理的契合 …………………… 193
6.6 土政策的未来 …………………………………………… 201

第7章 传统发展战略与地方政府的短期行为：政策变革的限度和难度 …………………………………………… 205
7.1 问题的提出 ……………………………………………… 205
7.2 对短期行为的认识和批评：文献的而非政治的 …… 206
7.3 地方公共政策行为的嵌入性：传统发展战略与制度 ………………………………………………… 212
7.4 治理短期行为：公共政策的转型及其限度 ………… 226

第8章 地方政府间的政策博弈与合作的困境：跨域治理的视角 ……………………………………………………… 233
8.1 问题的提出 ……………………………………………… 234
8.2 作为一种问题和处方的跨域治理 …………………… 236
8.3 跨域治理中的政策博弈：动力、要素与政策选择 …………………………………………………… 239
8.4 跨域治理中的公共物品提供："异地高考"的政策博弈 …………………………………………………… 246
8.5 太湖水污染治理的困境 ……………………………… 256
8.6 中国跨域治理的可能方向 …………………………… 263

第9章 突发性公共事件与政府部门间协作：制度、政策与过程 ……………………………………………………… 266
9.1 部门协作应对突发性公共事件：一个分析框架 …… 268
9.2 政府部门间协作：治理危机的实践演进 …………… 274
9.3 部门间的协作性治理：内生动力 …………………… 282

9.4 危机治理：中国部门间协作的现实困惑 ………… 285
9.5 部门间协作治理的政策优化方向 ………………… 297

第10章 利益集团对中国公共政策过程的影响：理论与案例 ……………………………………………………… 305
10.1 利益集团影响公共政策的理论基础 …………… 305
10.2 利益集团对中国政治和政策过程的影响 ……… 313
10.3 中国利益集团的成长与发展 …………………… 321
10.4 案例：利益集团对中国房地产调控政策的影响 ……………………………………………………… 327

第11章 社会冲突、公众参与和公共政策的变迁：一个来自广州的案例 ………………………………… 344
11.1 问题的提出 ………………………………………… 345
11.2 番禺垃圾焚烧发电项目：从上马到中止 ……… 347
11.3 社会冲突的政策根源 …………………………… 353
11.4 抗议行动与政策变迁：建构功能的约束性条件 ……………………………………………………… 366
11.5 管理社会冲突 …………………………………… 377

第12章 政策工具的选择与中国公共政策的变革：理论与经验 ………………………………………… 379
12.1 问题的提出 ………………………………………… 380
12.2 政策工具的选择：依据与制约因素 …………… 382
12.3 "运动式"治理：政策工具的选择困境 ………… 389
12.4 作为一种政策工具的动员：正在转型的模式 … 398
12.5 政策工具的综合运用：环境政策变化的例证 … 404

12.6 政策工具革新的意义 ……………………………… 411

第13章 对外开放、国家的国际社会化与公共政策的变迁
…………………………………………………………… 413
13.1 全球化与国家的角色：发展中国家的需求与压力
………………………………………………………… 414
13.2 国家的国际社会化与国家行为的变化 …………… 418
13.3 中国对外开放的发展历程 ………………………… 422
13.4 中国对外开放的绩效：经济增长与政策变迁 …… 430
13.5 利用外资与制度变迁：法律政策文本与长三角的
经验 ………………………………………………… 440
13.6 让开放真正起作用 ………………………………… 450

第14章 结论：中国公共政策变革的逻辑和未来 ………… 452
14.1 公共政策变迁过程 ………………………………… 452
14.2 复杂性与政策变迁 ………………………………… 455
14.3 转型与政策变迁 …………………………………… 461
14.4 开放与政策变迁 …………………………………… 471
14.5 冲突与政策变迁 …………………………………… 482

参考文献 ……………………………………………………… 492
后记 …………………………………………………………… 546

第 1 章　绪论：大国治理的政策困境与政策变迁

本书是关于当代中国（尤其是改革开放以来的）公共政策变革的研究。改革开放以来，中国的公共政策经历着深刻的变化。公共政策的变革和变化，与经济的快速增长和发展，社会结构的转型，政治体系的变化，文化和价值观念的演变，以及所有这些方面的变化所引起的结果与后果，共同构成了巨变时代中国国家治理及其变化的内容。公共政策的变化与变革，既是这些领域变化的产物，也是这些领域变化的原因，它们之间存在着高度的互动性和相互依赖性。

本书试图对当代中国公共政策的变化和变革做出某种理论上的解释。然而，正如读者们即将看到的，本书更多地侧重于描述性和案例分析，而不是将重点定位于理论总结和阐释。在过去四十多年里，中国的公共政策确实发生了重大而深刻的变化，学术研究需要寻找到合适的视角、途径和分析框架，来解释已经发生的和正在发生的变化。然而，揭示和解释政策变迁的任务却异常困难。在中国这个超大规模国家，其庞大的公共政策体系镶嵌于整个国家的治理体系之中，国家与社会的复杂性和大国治理的困难性，决定了任何试图对其公共政策体系的变化和变革作出全面和系统解释的企图，都可能是一件艰难、徒劳甚至危险的工作。

所以，我们必须去寻找到一条简约化的途径，以便能较好揭示中国公共政策变化与变革的内在逻辑和实际进程。我们做了两个方面虽然简约却不失深入的工作。一是以大国治理作为分析的出发点和归宿点，不能离开"大国治理"的特点及其对公共政策所设定的条件和制约。在公共政策与治理问题上，在政策变迁方面，中国虽然不是唯一的，但却是独特的。因此，本书在叙述、描述和分析当代中国公共政策的变革时，以大国治理的特点和复杂性为背景，也以改进大国治理作为其中的出发点和落脚点。二是本书略去具体的公共政策领域，而以具体的政策问题领域为分析对象，在不少章节里，笔者通过相应的案例分析来揭示在那些特定的政策问题领域公共政策是如何发生变迁的。我们试图通过这两方面的工作，来勾勒当代中国公共政策变迁的大致轮廓。这样的取舍，使得本书的研究目标显得相对简单，但却是符合规范学术研究的一般路径和要求的。

1.1　问题的提出

在过去的二十多年里，中国学界对公共政策的研究取得了长足的进展。大学里的研究队伍不断壮大，学科的完整性越来越令人感到兴奋，大量的研究文献（包括著作的移译）不断问世。一个主要的动力来自改革开放和国家的发展为公共政策研究提供了巨大的契机和广阔的空间。处于转型中的中国，在享受着几十年的经济高速增长的同时，面临着深层次的经济、政治和社会挑战，按照英国经济学家彼得·诺兰（Nolan，2004：32）的话来说，这是一个走上了市场经济道路且当中没法停留的"十字路口"。在这当口,国家发展面临着大量不断"增生的问题"(唐贤兴,1995),它们存在着高度的复杂性、异常性和相互依赖性,这使得政策的制定和执行存在着相当程度的"技术性困难"(Mazmanian & Sbatier,1983:21)。中国的政治科学家们从中国转型的"研究宝库"中获得了相当的养分。

然而,对这个宝库的发掘和利用,依然尚处于起步阶段。虽然学界的研究激情很高涨,但研究范围还需要不断拓展。一方面,自从哈罗德·拉斯维尔(Harold Lasswell)提出奠定了政策科学基本理论框架的"阶段论"——它被罗伯特·K.纳卡鲁玛(Nakaruma,1987:142-154)评价为是一个经典的"教科书式的研究途径"(textbook approach)——以来,几乎所有的西方公共政策研究范式都被介绍到中国读者面前来。研究范式层出不穷的更替,让中国同行们处于穷于应付的状态。但另一方面,这些研究范式或框架,是否能够为理解中国的公共政策及其过程提供足够的解释力,却依然是存疑的。中国是一个什么样的国家,是一个什么性质的社会,在界定上存在多元性的观点,但它的政治过程与公共政策的特点,肯定存在着与西方社会的公共政策不一样的制度土壤和社会基础,这一点是毫无疑问的。中国的研究者必须从中国自己的土壤和自身发展的现实中寻找到解释公共政策的恰当框架。正如宁骚(2012)所认为的,基于西方经验的政策过程模型难以真正揭示我国公共政策成功的动力因素。

公共政策的变化、变革和变迁属于政策发展的范畴。尽管中国的政策制定者一直强调服务于现代化建设需要的政策将长期保持稳定,但这并不排斥政策变迁的客观性和重要意义。因为首先从理论逻辑上来说,随着政策体系的环境不断发生变化,任何被制定出来的政策都不可能长期不变。豪利特和拉米什(Howlett & Ramesh,2002:31-50)界定了政策发展的两种形式,即渐进变化和急剧变迁。政策的渐进变化虽然是与政策的连续性和政策稳定联系在一起的,但它依然属于政策变迁的范畴,表示的只是政策的变化方式和程度,与急剧变迁存在较大差异。一些研究文献用"范式变化"来描述和解释政策的急剧变迁,认为政策子系统的深层次价值的改变,会导致政策各种因素的基本重组(Cashore & Howlett,2007:532-551)。如果说对政策变迁这两种形式的阐释尚不足以说明公共政策的变革和变化是一种"常态"的话,那么,彼得·霍尔(Peter Hall)的一项关于政策变迁三个序列的开创性研究,则告诉人们,政策过程随处存在着政策变迁的现象。霍尔提出,政策变迁的第一序列是在总体目标和政策工具保持不变的前提下,对政策工具设置的调整;第二序列是在政策总体目标层次上保持原样,政策工具及其配置按照以往经验进行调整,甚至用一种新的政策工具来取代之;而政策总体目标的全面变迁属于第三序列的政策变化(Hall,1993:275-296)。大多数公共政策研究者倾向于承认,由于受到制度、社会、政治、经济等结构性因素的制约,政策总体目标的变化一般不大容易出现,但政策工具选择及其具体配置的变化所体现出来的政策变迁,则会经常出现于各种政策过程中。

在经验层面上,自改革开放以来,中国社会就一直处于深刻的变革和快速的转型过程之中。社会转型既给公共政策的变革和变化提出了要求和压力,也为这种变革和变化提供了诸多机会和条件。史卫民(2011:72)认为,中国的经济发展、制度变迁,乃至政治发展,都是由政策所推动的,体现为一种可以叫作"政策主导型"的渐进式改革模式。既然渐进式改革是由政策所推动的,那么,公共政策本身也必然在改革进程中表现出渐进式发展、变革和转型的特点。

如果说为着推进改革开放的公共政策转型经历了一个从被动

回应到主动回应的过程的话,那么,因应国家治理的需要而表现出来的公共政策转型和变革,可能更多地具有积极建构的功能性特点。中国在发展中出现的问题,既是社会转型和现代化的结果,同时也是渐进式改革本身所带来的必然结果。因此,公共政策的功能及其转型的特点不能仅仅是回应性的——对改革开放和发展的需要作出回应,而更应该成为现代国家治理体系的重要构成部分。因此,我们必须从理论上去探讨和回答,在大国治理过程中,中国的公共政策应该是一种什么样的品质,其转型和变革可能会是什么样的逻辑和模式。

然而,学术界关于中国公共政策变迁的一般性理论建构存在着很大的不足。目前,中国各类公共政策教科书虽然达数十种之多,但几乎鲜见公共政策变迁的内容。当然,人们依然可以见到为数不少的关于中国公共政策变革和变迁的研究文献,比如,中国在税收等经济政策领域的变迁,环境政策的变迁,社会保障政策的变迁,等等。对这些特定政策领域政策变迁的研究,可以为建构中国公共政策变迁的一般性理论提供基础性素材。在我们对中国的公共政策变革和变迁有了较好的理解之后,有关大国治理的大致轮廓——其结构、过程和模式——或许会渐渐清晰起来。

1.2 何谓"大国治理"中的"大国"?

"大国治理"不是一个规范性的概念。从现有的一些研究文献来看,它首先是一个描述性概念,用以分析某些类型的国家其治理制度和结构与另一些国家的不同。也就是说,那些够得上可以称之为"大国"的国家,它们的治理肯定会有其他国家所不具备的特点。其次,由中国的政治学学者使用的这个描述性概念具有很大的指向性,即是以中国为具体的分析对象,来分析这样一个独特的大国在治理问题上所表现出来的复杂性、难度、特点以及特有的逻辑。尽管如此,作为一个非规范性的概念,大国治理的内涵和特点尚未有较为清晰和可靠的界定,从而降低了这个有意义的概念在中国的治理尤其是中国的公共政策上的解释力。

今天政治学者们所使用的"大国治理"术语,最初是从王沪宁(1990)的"超大规模社会"概念中演绎而来的,而中国社会超大规模的特性主要体现在其世界最大的人口规模上。"超大规模社会"这个术语的意义在于,它隐含着这样一个假设:中国社会人口的超大规模与社会资源总量的贫乏所形成的基本张力界定了中国国家治理的出发点、难度和特点。

但是,超大社会的术语及其隐含的假设,并不能直接替代对"大国治理"的定义。因此,即便它是一个非规范性概念,我们也依然要对它所可能包含的含义作出必要的解释。

治理的形态及其有效性在各个国家肯定存在差异,比如在大国和小国之间。在学术研究中,使用"大国"一词最频繁的,当属国际关系和国际政治理论研究者。他们不断使用大国竞争、大国外交、大国关系、大国崛起、大国战略、大国政治等标签。显然,这些标签的含义只有在国际关系和国际体系中才能得到解读或理解。在有关国际关系理论文献中,power, leading powers 或 great power 等单词或词组,就是通常人们所说的"大国",即在国际体系中在权力、资源或综合国力上拥有显著优势的那些国家。在这个意义上来说,国际体系中的"大国"是一个相对的和相互的概念,是一个国家相对于另一个国家的实力或优势。虽然这种实力或优势的形成,可能来自其国内过程,也可能来自国家间的竞争,但实力或优势的功能却只有在国家之间的互动或相互关系中才会体现出来,也只有在国家间相互关系上它才会有意义。这一点可能与我们后面即将定义到的国内政治学意义上的"大国"是有区别的。

第 1 章 绪论：大国治理的政策困境与政策变迁

在国际政治或国际关系层面上，一个国家之所以能够称得上"大国"，首先必定与它具备能对他国有效施加影响的物质性权力（如军事能力、经济实力）有关，其次也与它所具有的非物质性权力相关，如约瑟夫·奈（Joseph S. Nye）所说的"软实力"问题[①]。当我们从国内政治学意义上来使用"大国"概念的时候，它依然包含着这些国际层面上的含义，却又不仅仅限于这些含义。

为此，我们说某国是"大国"，可能是指该国在物理学意义上具有广袤的领土。自古以来，地理和国土规模是一个国家重要的权力基础。尽管在历史上出现过国家的领土规模不大但却是当时国际关系中的大国的情形，比如葡萄牙和荷兰，但是，以各种方式扩大领土以增强实力一直是国际关系中的一条重要规律，至少在"二战"结束之前是这样。当然，领土规模较大的国家，并非总是国际体系中的大国，比如巴西、澳大利亚、加拿大甚至印度。所以，把领土规模置于国内政治过程来讨论一个国家的"大国"含义，在我们这里是特指中国的，因为它对中国来说，是一个特别重要的因素。中国从南到北拥有热带、亚热带、暖温带、温带、寒温带几种不同的气候带，并拥有青藏高原这一特殊的高寒区，这种情形在世界上是很少见的。而按国际时区来划分，中国从东到西横跨着五个时区，即东五区、东六区、东七区、东八区和东九区。由纵横差异性所造成的国家物理空间的广袤性和复杂性，会产生经济学、社会学和政治学意义上的后果。中国现在的国家结构形式及其在公共政策过程中的一些表现，比如，一些地区或部门存在"上有政策下有对策"的现象，土政策的泛滥，等等，都与这么庞大的领土规模存在着相当的关联性。

[①] 软实力，或软权力，最初是由奈在 1990 年提出来的，它主要是指一个国家在国际上的文化吸引力、政治价值观吸引力及该国塑造国际规则和决定政治议题的能力。在奈的思想中（Nye，1990：153-171），"软实力"发挥作用靠的是自身的吸引力，而不是强迫别人做不想做的事情。

这就会带来另一个会引起争议的问题。国际上也有一些国家,其领土规模或与中国相当,如美国,或大于中国,如俄罗斯,但为何其国家治理结构和政策过程与中国有着重大区别呢?一个国家的治理结构和政策过程,之所以与另一个国家有区别,这是由多种因素所决定的,包括国家的权力分配关系、宪法和法律结构、历史文化传统、经济发展水平以及与所有这些因素联系在一起的制度变迁的特征,等等。国家的领土规模和政府的治理范围,只是其中一个方面的因素,它可以单独起作用,当然也会影响到其他因素。但是,如果我们仅仅从这个物理因素去考察国家的公共政策体系,那么就难免会犯地理环境决定论的错误。

因此,我们还必须从社会学意义上来考察国内政治中的大国。这方面的首要因素当属人口的规模和结构。人口构成了国家权力的基础之一。大国之所以能叫大国,必然要具有一定规模的人口为基础。2012年的世界人口超过63亿,按照世界上200个国家的平均数来计算的话,平均每个国家的人口拥有数为3 100多万。倘若人口规模在5 000万以上的国家可算为大国的话,那么这样的国家只有23个。到目前为止,中国是世界上人口第一大的国家。庞大的人口规模以及每年的净增数,在国际上都是独一无二的。中国占据了世界总人口的21%,而世界上最强大的国家美国,虽然人口规模位居第三位,但仅占世界总人口数的4.6%。比较中国与美国,如果我们来分析两个国家治理结构和公共政策过程的差异,尤其是若要比较它们的政策质量和政策绩效的话,就必须考虑到人口规模差距的现实性。毕竟,通过有效地分配资源、为社会提供良好的公共服务来形成人们所期望的公共秩序,是公共政策最重要的一个功能,而这个功能是否能够得到体现,固然取决于政策主体的态度和行为,但最终形成的是什么样的政策结果,却经常取决于社会条件。

人口的增长、流动以及各种结构的变化，不仅仅只具有人口学上的意义，而且会引起经济、社会和政治上的反应（裘德·马特拉斯，1988：77）。一个领土广袤、各种自然资源丰富但人口规模不大，或者人口规模虽大但密度却不大的国家，比如俄罗斯、加拿大、澳大利亚、甚至美国，因人口问题而产生的社会学意义，都没有中国来得复杂和麻烦。即使它们通常也被称作大国，但与中国相比，其"大国"的社会学特征要大为逊色。在中国，因人口的总量规模、出生率、异质性、结构分布、流动等所带来的经济-社会-政治反应，以及这些反应中的政策功能失调——比如，资源与人口的紧张关系引起社会冲突——是远非上述这些"大国"所能比拟的。即便是印度这个人口规模世界第二的国家，这些方面的问题和失调也与中国存在程度和性质上的差异。自改革开放以来，国家和城市的相关部门管理者面对庞大的人口流动所表现出来的管理焦虑和治理失灵，与把流动人口的管理看成是其中最为重要的一个政府职能一起，共同构成了大国治理的核心问题和难点所在。因此，从国内政治过程的社会学含义来审视"大国"，我们会很自然地把"大国治理"这个概念用来特指中国的国家治理及其过程。

当我们这样来定义中国的"大国"属性时，我们便不得不去面对一个现实问题：中国的大国治理是否存在着其他国家所不具有的困境？这个问题实际上是与下面的一个问题联系在一起的，即，治理这样一个大国，是否存在着其自身特定的逻辑和规律？本书试图通过对这一问题的回答，来为分析和解释中国公共政策的变迁确立一个基本的出发点和归宿点。

1.3 "问题大国"：中国国家治理的复杂性

对中国的治理者来说，他们首先面临的并不是要为这个大国确立什么样的治理目标,或者用什么手段来达到这些目标。这属于发展方向的问题,然而国家的发展方向并不是一下子可以确立起来的。自改革开放后很长时期里,中国的发展方向其实是不够明确的,也是不可能很明确的。"在改革之初,人们也不可能完全搞清楚改革的终点在哪里,尤其不可能完全搞清楚通过什么道路到达终点而对经济和人民的利益带来最少的伤害,只能在改革的实践中逐步认清中国走向市场经济的道路。"(薛汉伟,2000)这也是改革者采取渐进主义路径的一个重要原因。

从公共政策的角度来说,中国作为一个"问题大国",才是大国治理所面临的首要问题和难题。"问题大国"可以被理解为治理者面临着很多麻烦的棘手的公共问题,以公共政策的科学术语来讲,这个术语表示的是公共需求的大规模扩张。

社会公共需要是政府存在的原因,它决定着政府活动的范围。政府的目的和功能就是为了回应并满足社会的公共需要。作为这种回应的一个产出,公共政策是政府发挥其功能、证明其存在、获得其合法性的一种手段。如果政府通过其政策行为解决了社会公共问题,我们就可以说它满足了社会的公共需求。这是现代政府提高其合法性的一个重要基础。

中国的治理者所面临的社会公共需求,无论它的规模,还是其扩张的速度,都是其他大国所不能比拟的。中国大国治理的难度,首先在于公共需求规模的庞大性。这是由其13多亿庞大的人口规模所决定的。但更大的难度还是来自公共需求的高速扩张。这是由改革以来的经济发展所带来的。社会公共需要是随着人民生活水平的不断提高而不断变化的。在人均国民收入水平极低时,比如改革前,人民的公共需求较少,主要集中于个人的衣、食、住、行等基本的生存需要的满足。当个人收入超过一定水准时,生活必需品的需求不再增加,更多的需求表现为公共产品,如医疗保健、文教设施、交通运输、环保、治安等。在总体上,改革开放多年来,城乡居民收入和消费在持续增长,消费结构发生了明显的积极变化,对公共产品的消费需求不断上升(黄河,2004)。体现综合国力和城乡居民收入与消费增长的指标,包括 GDP、人均 GDP、城乡居民收入、居民消费、社会消费品零售总额等,都有明显改善。而城镇居民的生活水平更是基本达到了小康标准,有一部分甚至已经向富裕阶段挺进,发展较快的城市如上海、广州、深圳,人均 GDP 在 21 世纪初就已经超过了 4 000 美元(宋则,2002:11)。所以,公共需求量大,扩张(或变化)速度快,这是中国国家治理面对的一个基本现实。

这个基本现实会给国家治理带来很大难度甚至困境,毕竟中国能够用来满足公共需求的资源是稀缺的,世界第二大经济体的地位并没能解决这种稀缺性。传统上我们常以"地大物博"来形容中国的资源丰富程度,但如今,面对庞大的人口基数和巨大的年净增数,中国的人均资源占有量大大低于世界人均水平[①]。国家治理和公共政策过程要对有限的资源在如此巨大的公共需求人群之间进行分配,的确是一件十分困难的工作。

然而,治理面临的这种困难性尚不足以说明复杂性。这是两个相关联又不同的问题。治理的难度可以从今天中国社会的主要矛盾来说明。迟福林(2001)认为,中国社会的主要矛盾是双重的:一方面,多年来一再强调的经济不发达与人民日益增长的物质文化需求的矛盾依然很突出;另一方面,公共需求全面快速增长与公共服务不到位、公共产品严重短缺的矛盾,在社会开始由生存型向发展型转变的背景下变得尤为突出。后一个突出矛盾在就业、公

---

① 路甬祥(2001)主编的《21 世纪中国面临的 12 大挑战》一书花了 40 多页的篇幅,为人们提供了中国的资源总量、分布以及所占世界资源量的比重等方面的数据。

共医疗、义务教育、社会保障、公共安全和环境保护等方面都有充分展现。公共需求的增长与政府的有效供给出现了严重的失衡，这是引发一段时间来很多社会冲突的根源。

公共政策面对的复杂性，具有更宽泛的含义。伴随经济快速的增长和发展而来的社会公共需求的扩张，直接让政府面临着高度复杂性、异常性和相互依赖性的公共问题。所有的问题都同时到来，每一个公共问题——即每一个人或群体的需求和利益——却又同等重要。每一个公共问题都不是独立存在的，而是与其他公共问题互为因果的。我们经常辨析不清问题的性质，也找不到问题的边界在何处。面对着有着多方面根源的社会公共问题，要设计一项单一的政策和采取某种单一的政策工具，在通常情况下可以被认为是徒劳无功的。这就不仅决定了政府界定政策问题和设置政策议程的难度，更使公共政策过程表现出空前的复杂性。以发展经济为中心的改革战略，实际上为公共决策规定了政策问题进入政府议程的特定模式。人们经常发现，决策者的偏好是成问题的（problematic preferences），他们并不总是清楚什么才是公共政策真正需要解决的问题（尼古拉斯·扎哈里尔迪斯，2004：96）。科恩等人（Cohen, et al., 1972：1-25）提出的"垃圾桶模型"（Garbage Can Model）中存在的"有组织的无政府状态"，以及菲尔德曼（Feldman, 1989：5）所说的"模糊性"决策虽然讲的是西方的公共政策过程，但在中国的决策过程中甚至还有更深刻的表现。

1.4 "转型中的大国"：中国国家治理的弹性

"问题大国"是对"大国治理"这个术语中所指的中国所作的其中一个方面定性。与这个定性相关联的，作为大国的中国，还是一个"转型中的大国"。说这两个定性是相关联的，是因为很多政策问题是由社会转型所带来的,同时政策问题的复杂性、相互依赖性等特点也为社会转型所强化。但"问题大国"的表述说明的主要是公共需求的复杂性和多样性,"转型中的大国"所要解释的则是中国社会型态的变化。

社会转型一般被社会学家界定为"社会结构和社会运行机制从一种型式向另一种型式转换的过程"(郑杭生、李强,1993:306)。仅有这样的是不够的,因为中国的社会转型不只是社会学意义上的,而是经济、政治、社会、文化等全方位的转型。因此,经济学家会从经济学的角度去理解社会转型,比如,张宇(2001:5)认为当代中国社会转型最重要的特征是它把市场化、工业化和社会主义制度的改革三重重大的社会转型浓缩在了同一个历史时代,在工业化与社会主义宪法制度双重约束下推进市场化。这意思是说,中国的社会转型是一种高度浓缩的现代化。但是,大多数关于社会转型的理论,都没有很好地去界定和理解转型中的或转型后的社会型态是什么。

陈潭(2004b)将社会型态按照社会的秩序状况划分为常态社会和非常态社会,认为不同的社会型态表现为不同的公共政策范式。一般地,那些制度规范、社会理性、政局稳定的社会,被认为是常态社会,在那里,公共政策面对的是正态的公共事务,政府履行的是常规性的和程序化的公共管理,因而公共政策表现为维护型的特征。而非常态社会则被视为制度混沌、社会病态和组织失序,政府面对的是负态或病态的公共事务,因而需要制定回应型公共政策来解决之。对社会型态和政策范式作这样的划分过于简单化了。因为既然社会转型可以被理解为从非常态社会向常态社会的过渡,那一定还存在一些中间型态。而且,从病理学的意义上说,也不能由于社会出现了一些失范和问题就说它是病态的社会。对社会型态和政策范式的二元化理解,显然是受到政治学家叶海卡·德洛尔(1996：4)提出的三种公共政策制定类型——繁荣时期的政策制定、严重逆境中的政策制定和巨大灾难形势下的政策制定——的影响,也是受法学家塞尔兹尼克(2004)对法律范式理解的启发[①]。高度浓缩的现代化和社会转型,以及社会转型导致多种社会型态的同时并存,是国家治理面临的另一个困境。因为它要求同时能供给不同性质甚至会发生冲突的公共政策来回应不同社会型态的需要,解决不同型态下性质不同的公共问题。因此,治理过程和公共政策结构如果没有最低程度的弹性,是不能够满足这个需要的。

如果要描述社会转型时期中国的公共政策,我们更倾向于使用"经济增长型公共政策"这个术语。中国的社会转型是由很多力量所驱动的,既有"国家退出"的因素,也有"双轨制"改革战略的因素。这两个因素都是围绕着经济的快速增长的。国家退出的目的是培育市场,并让地方公共权力有更大的空间来推动经济增长和型塑社会(彭勃、邵春霞,2009)。这就是通常所说的放松管制的过程。而"双轨制"作为一种稳健考虑的改革战略,是在旧体制"存量"暂时不变的情况下,在增量部分首先实行新体制,然后随着新体制部分在总量中比重的不断增大,逐步改革旧体制部分,最终完成向新体制的全面过渡(樊纲,1996：128)。这种做法的目的是希望经济快速增长的同时能够实现软着陆(何增科,2004：56)。虽然这两种因素带来了社会转型的一系列矛盾和问题——比如,就前者而言,出现了地方主义的滋长;而就后者而言,因为新旧体制的衔接问题而出现了摩擦和真空——但是,促进经济快速增长的目标的确实现了。

---

① 受塞尔兹尼克的启发,胡宁生(2003)把公共政策范式区分为压制型政策、自治型政策、回应型政策三种范式。

我们认为,是"经济增长型的公共政策"带来了特定的社会转型。这个社会转型没有特定的方向。为实现经济增长的"重增长"公共政策采取的政策手段是超常规的。分配问题在很长时间里没有进入政策议程,但出现的失范和失控现象依然是可控的,它们不构成社会的病态。国家治理和公共政策可能会用非常态的方式去应对转型出现的裂痕、冲突和对抗。但采取新的政策工具或政策范式,使之与旧体制相博弈,从而以维持经济增长的途径来解决问题,满足各种冲突的需求,这种用增量变革的方式依然会在很长时间里成为解决冲突的最常用手段。这样做,表明了治理过程有着很大的弹性和灵活性。我们找不到一揽子解决办法,那样做也不是很现实。我们必须汲取东欧国家在转型过程中出现制度真空的教训。根据格泽戈尔兹·W.科勒德克(2000:132)的说法:"所谓的制度真空,也就是在尚未建立相应的新制度之前,过于激进地摧毁了旧制度。"

1.5 "失衡的大国":中国国家治理的协同性

中国是一个二元社会结构,这似乎已经成为人们的共识。由渐进改革和"双轨制"的运行不断强化的城乡和东中西地区发展的差异,加深了人们对"失衡的中国"的印象和理解。胡鞍钢(2002:2-4)认为这样一个"真正的中国"具有三个方面的特征:第一,"一个中国两种制度",即城乡居民的两种身份制度、教育制度、就业制度、公共服务制度和财政转移制度;第二,"一个中国四个世界",即中国发展不平衡性在各个地区中的反映,包括约占人口总量2.2%的上海、北京、深圳地区组成的"第一世界",约占人口总量22%的天津、广东等沿海地区构成的"第二世界",约占人口总量26%的相当于世界中下等收入水平的地区构成"第三世界",约占全国人口总量一半的中西部贫困地区组成的"第四世界";第三,"一个中国四种社会",即包括占全国总就业人数50%的由农业劳动力构成的农业社会;占全国总就业人数23%的工业社会;就业比重为22%的服务业社会;占全国总就业人数5%的知识社会。社会学家孙立平(2003:88)更是用"断裂社会"这样的术语来形容中国的失衡现象——社会各个阶层与各个社会主体之间力量的不均衡与不平等机制形成,进一步扩大了原本存在的社会鸿沟。

以上这些学术上的描述和判断的确揭示了中国社会发展的一些基本事实,以及这些事实所体现出来的问题的严重性。大量的经济学和社会学研究文献给人们展示了改革以来城乡差距、地区差距和社会差距不断扩大的统计数据,但其真实性终究如何并做什么样的价值判断,却可以见仁见智。城乡间和地区间的不平衡发展是历史形成的,改革以来采取的区域发展政策上的非均衡的发展战略更是加快了这种不平衡。没有人会不同意,非均衡的发展战略以及国家的方针和政策要为此承担责任(刘祖云、胡蓉,2005)。但是,这种非均衡的发展战略是资源约束下的必然选择,也是对改革前所实行的均衡发展战略进行反思之后的选择。

唐皇凤(2005)认为,中国国情的基本特点是多样性、差异性与不平衡性,存在着巨大的城乡差距、地区差距和社会差距,并由此认为中国是一个典型的"非匀质性社会",并把它看作中国国家治理的基础。这对中国的国情特点的认识是正确的,但是由此断定这种特点决定了中国"非匀质性社会"的性质,则言过其实。城乡之间和地区之间的发展差距过大,不是一个良性的社会结构。被迫实施的非均衡发展战略带来了这些巨大差距之后,总归需要重新做出调整。因为,如果社会内部没有一定程度的相互促进,就不可能形成新的良性社会结构(王勤民,1987)。但这不能依靠"匀质化"或"均质化"来实现,而必须遵循协同发展的路径。根据协同理论,协同不等同于平衡、均质和一致。从经验上来看,平衡导致的停滞,与不平衡引发的倒退,几乎是一样的多。因此,均衡发展是协同,非均衡引起的相互促进也是协同。但相反,停滞和倒退中的一致、均质,都不属于协同。不平衡性同样可以成为秩序的泉源。

由发展战略和政策所造成的失衡在加快,社会出现断裂的危险也是存在的。这些成为国家治理的现实困难。但它们都不足以构成大国治理的困境。真正构成大国治理困境的,是在面对失衡的现实时,恰恰需要通过非均衡发展的战略来实现协同治理,要在这个过程中实现相互促进。因为这受到很多阻力因素的制约,现有的社会结构和秩序已经变得刚性化是一个因素。二元化治理结构下日久更深累积起来的裂痕、冲突与对抗无法通过政策的新旧更替来弥合,这是又一个因素。

1.6 大国治理与中国公共政策的变革

在解释了中国大国治理的背景、现实基础和存在的困境之后,我们在这里通过对本书各个章节的内容介绍,来归纳中国公共政策变革所包含的诸方面内容。在此之前,我们先对本研究做出两个方面的说明。首先,中国公共政策正在发生的和即将发生的变革,在每一个政策领域和每一个政策过程中都有这样或那样的体现。但我们将回避对包罗万象的政策变革、变化和变迁进行教科书式的系统描述和分析。我们目前尚做不到这一点。我们能做的,是选择其中某些问题领域作一些较为深入的研究。第二个要说明的是,对这些问题领域的研究,好多方面是以课题组成员的实地调研和访谈为基础的,但我们将回避对每一个问题领域作实证研究,更多的是在规范意义上进行理论分析。因此,研究结果中只是在一些地方体现了我们运用了调研所得的资料。

1.6.1 变革的背景与条件

任何一项公共政策,都不是无缘无故地产生,也不会无缘无故地发生变化和变革。正如美国政治科学家托马斯·戴伊(2012:83)所说的,公共政策分析的一个重要任务就是要找出公共政策的成因与后果,寻找到公共政策的变量之间的因果关系。

自20世纪70年代末改革开放以来,中国的公共政策在所有的政策领域、在所有的问题领域以各种方式发生了深刻的变化。因此,我们要去理解这些变化的背景,以及这些变化之所以会发生的条件。离开背景和条件,我们就无法解释政策变化的内涵,对政策变化的评价就会失去客观性。

其中最主要的一个背景是国家发展战略的规定性。中国的国家发展战略首先是以反贫困为取向的。如果不能尽快解决几亿农民的温饱问题,不能解决整个社会普遍的短缺问题,那么,执政党的权威与合法性将受到极大的挑战,而在国际上,中国就无法改变落后的面貌。因此,当初以邓小平为首的改革者,已经具有了十分紧迫的危机感。人们可以从邓小平等领导人多次的讲话里感觉到他们的危机意识。以反贫困为取向的改革发展战略,与毛泽东的理想主义国家发展战略不同,它是现实主义的,因为该战略明确提出要以经济建设为中心。

这就给公共政策设定了特定的角色与功能。纵观四十多年的改革开放历程,以经济建设为中心的改革发展战略对公共政策的规定性,集中体现在促进经济的高速增长上。为此,公共政策必然会发生变化。在角色上,公共政策必须表现为市场的培育者和塑造者,不断放松管制便成为变革路径的实际选择。在政策变革的方式上,适应于渐进改革的需要,表现为大胆创制新政策,一方面渐渐替代没有效率的旧政策,另一方面又一定程度地允许一些旧政策的存在,以维持既有的利益格局。因此,公共政策的实际运作是"双轨制"的。双轨制的政策运行模式在城乡之间、地区之间和群体之间都是存在的,站在历史的角度看,它是有效的,而站在当下的角度看,它也带来了大量到目前为止还存在的社会问题。如今,社会转型尚未结束,因而,公共政策的"双轨制"还依然会以某种另外的形式继续成为公共政策变迁的一种方式。"双轨制"在历史上所产生的"红利"几乎被消耗殆尽,而它带来的诸多问题则应该被看成改革的必要代价。如果国家发展战略能顺利地被调整过来,公共政策不再被设定在"维持经济增长的政策",而转变为主要是"重分配型的政策",那么,消解这个必要代价恰恰可以成为今后公共政策变革的动力。

我们在本书中讨论到的公共政策的短期行为以及对短期行为的治理,地方政府之间的竞争及对竞争的规范,土政策产生的必然性与合理性以及努力避免土政策负面功能的产生,跨域问题的严重性以及产生跨域治理的需求和行动,等等,都与维持增长型的公共政策及其转变相关。在对"事实"的客观描述的基础上,我们解释了这种政策变革和变化的意义。"解释"必然包含着"价值"的判断,但价值判断却又必须立足于"事实"的历史合理性。

第二个背景是中国社会的复杂性。中国国家治理的复杂性是世界范围内所罕见的。这种复杂性来自中国国家和社会的历史文化传统,来自其自近代以来的现代化历程的遗产,来自因其人口问题而生的社会结构,以及来自其本土化的却又具有现代化形式的政治结构。尽管对"复杂性"和"复杂社会"等术语所包含的内容还需要进一步去界定和探究,但作为一个现实,一直以来治理者对它们已经有了很多方面的认识,他们始终感受到这个现实对治理和政策过程形成了制约。比如,在处理中央与地方关系问题上,毛泽东所说的"两条腿走路""两个积极性"就是对复杂性认识的结果。

而改革时代的治理者则在新的维度、新的空间、新的高度上来加深对中国社会复杂性的认识，并以此作为制定发展战略和公共政策设计的基础。当代中国公共政策体系与结构的形成，运作机制的产生，角色与功能的转变，在很大程度上是适应于应对复杂社会转型的需要的。我们在论述分权化、对地方领导人的激励考核机制、治理工具（政策工具）的选择使用、渐进的制度变迁等政策问题时，都注意到了复杂社会的治理必须要、也必然会使公共政策体现出足够的弹性。

如果我们更进一步探讨，那么我们也有理由认为公共政策本身也是一个复杂的体系和过程。格克图·莫尔切尔（Göktuğ Morçöl）在试图从复杂性理论的角度建构一个解释公共政策复杂性的分析框架时对公共政策下了一个定义："公共政策是一个自然产生的、自组织的和动态变化的复杂系统。在这个复杂系统中，行为体之间的关系是非线性的（nonlinear），这种关系与其要素和其他系统处于共同进化之中。"（Morçöl，2012：9）如果把公共政策当作复杂社会的一种治理机制的话，我们就应该同样把公共政策本身看作一个复杂的现象。习惯上，人们在进行政策分析时，总倾向于去寻找公共政策的因果关系。并不是说这样做有什么过错，而是说，如果我们从复杂性的思想和理论视角来认识的话，寻找因果变量并不那么容易，因为在复杂系统中，事物的因果关系并不总是确定可辨的。正如法国哲学家、思想家埃德加·莫兰（2001：143）所认为的，复杂性不仅是一个经验现象，它还是一个概念和逻辑的问题，它使像"生产者"和"产物"、"原因"和"结果"、"一"和"多"这些概念之间的分界线变得模糊了。正因为如此，本书在分析中国公共政策的变迁时，我们考虑到了中国社会及其治理本身的复杂性，因而在对政策变迁作出一些价值判断时表现出了应有的谨慎性。

第三个背景是公共政策赖以存在和运作的制度基础。与任何其他国家一样,公共政策无法逃离其制度基础的规定性。制度一旦被确立,就意味着某种约束的存在,就在很大程度上限制了人们的选择范围和选择机会。正是制度结构塑造和限制着制度框架之内的行为体的能力。制度具有层次性,不同层次的制度对行为体的影响是不同的。在制度层次中,首先被人们所看重的是国家的宪法和法律。公共政策之所以具有公共性,其中一个重要原因就是国家的宪法和法律框架为其设定了权力和职能的边界。因此,作为同样是一种制度规范的公共政策,它必须受到法律规则的约束,政府的政策行为以及作为政策主体的个体的行为,都是受法律的规范和塑造的。

然而,从中国改革以来的公共政策变化和变革的历程来看,法律(制度)与公共政策的关系并非一般的制度变迁理论所解释的那样简单。首先,改革以后的相当长时间里,中国的法律体系框架是很不完善的,甚至几乎可以说到处存在着立法的空白地带。这在客观上为公共政策发挥作用提供了更大的余地,而促进和维护经济增长的现实主义发展战略,又经常可为公共政策提供合理性与合法性证明。所以,公共政策经常发挥着填补国家法律空白的功能。其次,随着改革的不断深入,以及经济和社会的不断发展,国家的立法体系在完善起来,法律对政策的塑造功能不断加强和显现。而这个过程,我们可以把它看成这样一个过程:由于新法律的产生或旧法律的修改而引起公共政策的调整、修改,甚至废除,以及新政策的出台。再次,在经济增长过程中,政策过程经常会基于现实目标的考虑而试图去突破法律的边界,或在法律边界上发挥作用,俗称打法律的擦边球。这样做并非总是坏事,从制度变迁的角度来看,有时候还会引起法律等基本制度的变迁。这三种情形的存在至少可以说明法律、制度和政策变迁之间关系的复杂性。

在中国,很多时候并不是在法律和制度发生了变革的情形下才会发生公共政策的变迁。改革开放以来,即使在社会环境发生了巨大改变的情形下,很多领域的制度演进其实依然很缓慢的,但政策却又的确发生着变化。美国学者约翰·埃克纳瑞(Ikenerry,1988:223-224)在解释制度变迁与美国对外经济政策的关系时曾解释到制度的稳定性和变革的缓慢性问题。他说:"即使某一制度框架的存在带来了广泛的社会不满,变革这一套制度也有可能是非理性的。因为维持一套既定制度的成本总是会高于变革和创新一套制度。"有关制度分析的理论提出的制度变迁的成本等观点,虽然可以在一定程度上解释制度变革的缓慢性问题,但似乎无法充分地解释制度变迁很缓慢但政策却有重大变革的情形。事实上,在改革进程中,有时候是政策变迁引发法律和制度变革,而在另一些时候,则是法律和制度的变革引发了政策的变迁。我们在讨论政府偏好与制度变迁时,在分析收容遣送制度的变革历程时,在分析地方和民间的制度创新时,在讨论像价格听证这样的公众参与时,都可以看到公共政策与其制度基础之间的多种形态的相生相长关系,这其中不乏博弈和冲突。制度基础既构成了政策变迁的框架,也为政策变迁提供动力。

1.6.2 价值选择与困惑

法律甚至宪法等宏观制度诱导公共政策变迁的典型例子,是国家宪法修改中确立起了"公共利益"的价值。《宪法》(2018年修正)第10条第3款中明确规定:"国家为了公共利益的需要,可以依照法律规定对土地实行征收或者征用并给予补偿。"这个条款看起来似乎是保障了国家的特权,但实际上是为这种特权设定了三个严格的边界,从而客观上起到了保护私权和私益的功能。这样的制度变革,对公共政策的影响是深刻的。此后《物权法》的出台,以及先前早已实施的《立法法》的存在,都对公共政策的规范化产生了很大影响。宏观制度的变迁以正式规则的形式确立了公共政策的价值取向,这种价值取向的变化,对公共政策行为又具有很大的诱导作用。公共利益作为公共政策的价值取向,不仅是赋予了公共政策的合法性,而且还会上升到人权这样的价值高度,因为公共利益不可能离开对个人利益的肯定而存在。早在十多年前,唐贤兴在归纳当代中国公共政策变迁的基本逻辑时,曾提到一个重要观点,即张扬人权旗帜、加速与国际接轨是中国公共政策变革的一个基本力量(唐贤兴、王竞晗,2004)。在现实的政策过程中,我们可以在很多地方看到公共政策的变迁是由这种新价值的正式确立而引发的例子。

公共利益的价值虽然由正式的规则确立起来,但它的形成却是改革以来利益分化的结果。在改革之前的"总体性社会"里,利益没有明显的分化,国家政策可以以整体性的利益(如国家利益、集体利益、民族利益等)来为政策提供合法性证明,因为政策协调利益关系的难度并不大。但是,改革以来不断分化的利益,给公共政策的利益分配和利益协调带来了空前的难度,因为每一个人的需求和利益都被看成是同样重要的,这种意识至少在伦理学上已经形成并确立起来,而法律制度和政策安排的滞后性,加上增长型战略的需要,导致了公共政策在利益分配和协调利益关系时形成了诸多不公正现象,并引发更多的冲突。公共利益的形成必须以分化的利益为基础,但由于政策偏好不可能是整个社会的总偏好,因此,政策主体对分化的利益被迫作出排序和选择。公共政策在追求公共利益的过程中充满着矛盾、对立,甚至对抗,民众与政府之间也经常找不到合作的途径来寻求整合公共利益的方法。本研究从理论上阐述了公共利益作为一种价值——作为公共政策合法性证明的价值——对政策变迁的重要性,以及其中面临的现实困境,也在一些实际的案例中探讨了形成公共利益的难度,我们也因此看到了政策主体在决策等政策活动中的认识、态度和观念正在发生变化,也观察到了政策议程设置正呈现出了更多的多样性。价值驱动型的公共政策变迁,是中国大国治理的又一个基本的逻辑。

1.6.3 权力分配关系与变革的需求

虽然在很多章节的内容里我们描述和解释了中国公共政策变迁有着"自下而上"的特征,但总体上来说,变迁主要还是按照"自上而下"的模式发生着的。我们在本书中的很多地方强调了政府(其机构、成员、领导人等)在政策过程中的重要性。或许正因为如此,可能会招致一些批评,认为这是遵循着"以国家为中心"的分析范式和思路。的确,政治科学中的"国家回归学派"强调,政府领导人常常能够超越社会集团或选民的要求而独立地发起某一项政策议程,同时,政府机构往往也是某一决策过程中最主要的参与者(Shocpol, 1985: 4)。而从经验上来看,直到目前为止,正是国家和政府在中国的政策过程中扮演着最为关键的角色。因此,虽然彼得·豪尔(Hall, 1986: 14-17)对国家回归学派的"国家中心论"进行了尖锐的批评。他认为,从国家中心论出发的三种公共政策认识途径——将政策过程看作官僚政治的运作过程,将政策制定过程视为社会学习过程,将公共政策的选择看作国家能力的表现——都是片面化的。但是,我们依然将借用国家中心论的一些观点,去分析权力关系的变化以及这种变化给各行为体在政治结构与过程中的角色产生的影响,包括机构、政府成员、利益集团和公众个人,等等。

纵观中国公共政策变化和变革的整个历程,我们发现,权力分配关系的调整和变化为其提供了强大的内推力。尽管公共政策本身的变化也会引起权力分配关系的变化,但总体上,公共政策的变化是对权力关系和利益关系变化的一个反应。改革以来,权力的配置方式和权力关系结构出现了很多方面深刻的变化。权力关系的变化既出现在政治体系内,包括纵向和横向的政府间,也出现于政治体系与其外部环境之间,包括政府与市场、政府与社会的关系。为此,我们用好几个章节的篇幅,通过对中央与地方关系、地方政府间关系、跨域治理中的政府间关系,以及危机应对中的部门合作关系等的详细考察,分析了权力分配关系的变化对政府的公共政策行为产生了什么样的影响。在这样的框架下,我们还分析了一直被学术界忽视的两个政策问题领域,即政策短期化和土政策的变迁,这两个政策问题领域能够很好地说明权力关系的变化对政策变迁产生的影响。在分析中,我们看到了有效的治理依赖于权力关系配置的合理化,我们也看到在原先的权力关系结构中所形成的一些政策范式和政策行动也具有它们发挥正面功能的地方。这正是大国治理的弹性和灵活性的体现。

权力关系的调整会实际地影响到政策议程的设置方式。其中一个突出的方面,是产生了越来越多的试图影响政策问题界定和议程设置的行为体,他们在已有的框架下竞争和博弈,也试图影响既有的制度框架、政治程序和博弈规则。我们在很多章节里考察了当代中国公共政策中的议程设置的变化,分别对政府偏好、社会动员、社会冲突、公众参与、利益集团的行动、国家的对外开放等方面进行了深入的分析,从而讨论了议程设置变化的原因和结果。我们认为,议程设置的变化,受到政策主体的偏好、态度和观念的影响,一些新的议程设置方式推动着政策范式和政策过程的转型,但这种推动作用又同时表现出了很多方面的局限性。推进公共政策体系的变革,并不是非得实现政策范式的重大变革,也不是要重构公共政策体系,实际上,政策议程设置的多样化和有效性也能在深刻的意义上促进政策体系的巨大变化。

1.6.4 政策工具的选择与革新的难度

在公共政策理论中,对政策工具的讨论始终是一个重要的主题。几乎所有的涉及政策变迁的西方公共政策研究文献,都强调了政府选择政策工具的变化对公共政策变革和变迁的意义。的确,政府部门在部署和贯彻政策时,必须认真考虑它所拥有的实际方法和手段。也就是说,为了有效地达到政策目标,所有的政策主体都要充分考虑政策工具的有效性。在通常情况下,如果政府想要变革某个或某些公共政策的话,他们一般也会倾向于用新的有效的政策工具的采用来达到目的。在中国,通过对新治理工具的选择和使用来达到制度变迁和政策变革的目的,更符合渐进改革战略的需要,也能较好地对政策工具进行有效的控制。在改革和开放的进程中,随着市场化程度的不断提高,以及社会自身的逐渐成熟,摆在政府面前可资利用的新政策工具越来越多,用还是不用,经常的情况取决于政府对工具的理解和态度,以及对工具的控制能力。我们也同时看到了政策工具的更新产生了较好和较坏的经济和社会效果。无论效果如何,在政策领域和其他领域的变迁的确是发生了。

在中国的公共政策过程中,要找出政策工具革新的例子,还真不是一件很困难的事情。改革开放以来,我们经历了大量被称为政策工具创新的事件或案例,市场化、民营化、产权交易、使用者付费、价格听证、NGO 的作用、公众协商与讨论等,这些五花八门的形式引起了人们广泛的争论,对每一个政策工具类型的采用,都不乏拥护或反对的声音。这是正常的现象,因为政策工具的运用不是一个简单的技术问题,"对于政策手段的选择可能引发的争议往往不亚于政策本身的选择"(迈克尔·豪利特、M. 拉米什,2006;

141)。这种争议可能会涉及政策工具的有效性(这是一个评估问题),也可能会涉及更为复杂的性质问题,包括政策工具的政治性质乃至意识形态内涵。然而,在学术研究领域,这些政策工具的变革对于中国公共政策变迁的意义,却尚未形成一般性的理论体系。问题还不只是这一个方面。当我们采用了这些看起来很新鲜的政策工具后,我们还得去分析和回答这样的问题:在快速发展和转型的改革时期里,种种新的政策工具的采用,是否意味着中国的公共政策过程有着强大的变革动力?事实上,任何一种新的政策工具的选择和使用,都不是一项轻松和容易的工作。在中国,政策工具的某些"基因"往往决定了工具的稳定性会大于工具的变动性或变革性。即使为很多人称道并被政府强力推行的新政策工具,其真正体现出来的变革性意义也是很有限的。因此,在中国,政策工具的革新和效能,并不是由政策工具自己的"优势"或"优越性"可以决定的。我们在后面对运动式治理、政治动员、价格听证和基于公众参与的治理这四种传统的和创新的政策工具的认识,比较充分地反映出了中国公共政策过程中政策工具变革的力量及其局限。

1.6.5 国家的国际社会化

"国家的国际社会化"(international socialization of state)是国际关系理论研究者喜欢用的一个术语,用以指这样一种现象,即,国际制度、国际组织等外部因素能够对某一个国家施加社会化影响,而这个国家根据自己的利益考虑把国际规范内化为其国内行为,改变自己的立法、政策和管理(Kavalsky,2003:71-88)。这一术语也非常适合用于分析致力于走改革开放道路、以便与国际社会接轨的中国。正如一些研究者所揭示的,在很多案例中,人们可以看到,伴随着对外开放的加深,中国正日益把国际规范内化到其内部的立法、制度和管理实践之中,中国对国际组织的支持、参与和日益扩大的多边主义政策,表明中国已经认识到了全球性的相互依赖不可避免(Kent,2002:343-364)。中国经济的快速成长,国家在国际社会中影响力的不断扩大,相当程度上得益于中国坚定不移地实行对外开放政策,以及由此而进行的国内制度的变革和公共政策的设计。尽管在很多时候,国内制度的变迁和公共政策的调整变革经常滞后于对外开放政策的实施,但正如"十七大"政治报告早已明确声称的,中国实行对外开放是不可动摇的发展战略。因此,如何更深入地在制度和政策层面进行积极的创新,以提高这个大国所需要的治理能力以及与世界体系互动的能力,必然是今后中国对外开放政策实施过程中战略考虑的一个重点。

中国的对外开放和国际化进程,既是我们认识公共政策变革和变化的一个背景,也是我们去认识中国政策变化的动力和变迁方式问题时必须要考虑的一个因素。国家与国际体系的互动,会在多方面对公共政策产生影响。它在给国家积聚起资源的同时,也会给公共政策的环境变化带来不确定性。外资等因素的进入在促进经济增长的同时,还会对政府的管理和服务提出新的要求,外部力量甚至还会通过一定的方式影响政府的政策议程设置。虽然我们可以从很多方面去肯定对外开放对中国的正面效应,但这种正面效应能否形成,却不取决于开放本身。面对全球化和国际因素的影响,一个国家会采取什么样的回应措施,既取决于它对国内经济的看法,也取决于它所明确表达出来的国际战略。对外开放不会自动地起作用。所以,如果政府在开放的过程中没有进行"政策学习"的意愿和能力,没有驾驭风险的能力和必要的经验,对外开放给公共政策变革施加的正面影响就会显得很有限。而具体在分析中国的案例时,我们发现,开放产生了很大的"改革创造效应",公共政策变化和变革的能力大大被释放出来。这一点,中央政府的决策和对外战略发挥了领航者的作用,而地方政府作为参与国际体系的一个生力军,在很多方面扮演着政策创制者的角色。没有比"公共政策"这个词汇本身更能说明问题了,因为这个词汇在 20 世纪 80 年代来到中国,正是中国对外开放的产物,如今,它不仅已经成为中国社会日常生活的常用语,而且与公共服务等术语一道,已经成为执政党和政府正式文件里被频繁使用的术语。

第 2 章　复杂社会的治理：用复杂性思维武装公共政策

我们生活的经验世界是一个复杂性世界。特别是转型期的中国，不断变化的社会特征给予了这个复杂社会更为深刻的含义，这种复杂性也增加了中国公共治理的难度和公共政策过程的复杂性。

处于转型期和现代化过程中的中国，其面临的问题越来越多，也越来越复杂。一方面，社会矛盾在大量累积；另一方面，社会冲突成为常态化和日常化的解决矛盾和问题的机制。有意思的是，社会矛盾的产生乃至升级恰恰是改革开放以来经济高速发展和生活水平不断提高的产物。有关社会政治理论对此提供了很多有益的解释。根据詹姆斯·科尔曼（2008：11）的解释，在经济条件改善时期，民众的挫折感和相对剥夺感反而容易增加。汤姆·伯恩斯（2004：114）认为，经济发展带来了日益明显的异质性和多样性，这也是引起冲突的一个重要因素，因为"在这种高度异质化的复杂社会里，行动者常常有不可调和的经济需求和政治需求。这些需求构成了社会特有的社会冲突和斗争的基础"。在所有的理论解释中，"亨廷顿命题"——现代性产生稳定性，而现代化催生不稳定性(塞缪尔·亨廷顿,1989:45)——或许是最简洁也是最深刻的。现代化提高了人们的政治期望,但政府在提供公共服务上总是出现故障,或显得力不从心。"期待和满意不一致模型"的理论框架认为,政府所能提供的服务质量呈边际收益递减规律,而民众的期待越来越高(李作战,2006)。这种不一致,越发使人内心充满着更多的不满,民众与政府之间的冲突在一定程度上也有激化的迹象(唐贤兴、肖方仁,2012)。

面对国家治理过程中的这些矛盾、冲突和不满,人们需要对中国传统政府治理模式进行反思。由于几乎所有的公共管理行为都是以公共政策的形式体现出来的,而大多数的社会问题也都有着特定的政策根源(唐贤兴、王竞晗,2004),因而我们可以把转型时期中国国家治理所面对的问题看作政策问题。按照这一逻辑,公众对政府公共政策的期待与公共政策实际效果之间存在的差距,虽然是一个客观的现象,但这种差距可能带来的问题正在实际地成为当前中国社会的基本问题,也正日益成为各种社会冲突的重要根源。中国社会的治理存在着巨大的复杂性、不确定性和艰巨性,有效的治理需要在政策实践中贯彻复杂性思维。长期以来的政府简单化思维和治理模式早已备受诟病,变革公共政策以实现有效的治理是一个必然趋势。从理论上来说,用复杂性思维来审视中国社会和国家治理是一个有益的视角,有关复杂社会和公共政策的复杂性思维应该成为当前中国公共政策研究的一个重要领域。本章通过对中国社会作为一个复杂社会的描述,来分析为何以及如何从复杂性思维来变革当代中国的公共政策和政府的治理实践。因此,本章对有关复杂性思维和理论的运用,既是作为一个解释框架出现,也是表示对政策和治理变革之道的一种探索,同时这个努力也提供了一种不同的语言和一系列概念集合。

2.1 复杂社会的一般特性

人类社会的演进是一个组织化进程,它经历了一个从简单到复杂的过程。约瑟夫·泰恩特(2010:37-38)在《复杂社会的崩溃》一书中认为,人口的增长、职业种类的增加、组织数量的增多、关系的复杂化,都是人类社会从简单到复杂的发展过程。简单社会相对较小,关系简单和平等。而在现代社会,随着社会复杂化程度增加,原来那种平等的环境慢慢消失,社会本身的复杂化使等级制和统治成为更为自然的东西(罗伯特·达尔,1999:13)。为了实现复杂社会之下的社会秩序,人们通过组织政府来达到。戴维·托伊(Toye,2004)认为,复杂文化是由政府所管理,它拥有独一无二的权威为了公共善来积累和分配资源,执行保证社会秩序的规则;而在简单文化中,亲缘关系起着分配资源和保证社会秩序的功能。

2.1.1 复杂社会是一个系统

复杂社会是一个系统,但在实践中往往被忽视。正如罗伯特·杰维斯(2008:1)所言,虽然我们都知道社会生活和政治构成了系统,而且许多结果都是复杂互动的非故意的产物,但人们并未轻易接受有关系统的基本理念,并且常常忽视它。复杂社会的系统性,决定了各部分的相互依赖性、相互适应性,决定了一个部分的问题很可能导致整体的紊乱和失调,因为现代社会有机体的相互依赖日益地传播着每一个失调的结果(曼海姆,2011:12)。相互依赖性不仅表现在一国之内,对于整个世界而言,也是如此。经济全球化使各国之间的交往充满着各种矛盾。一方面,各国相互依存、互相合作的程度不断加深;另一方面,各国为防止本国利益完全被湮没于全球化浪潮中,千方百计地增强竞争力,维护本国的经济利益。各国相互依存度的加深并没有自然而然地使各国经济利益趋同,反而使国际间的经济竞争更趋白热化。

从系统论的观点来看,社会系统的复杂化,还意味着社会的不断开放。复杂系统是开放的,主要原因是它的环境是开放的(Bankes,2005:2-10)。农业社会是一个相对封闭的系统,而工业社会则是一个不断开放的社会。与工业社会相伴随的市场化、对外贸易、国内各地区、世界各国之间的贸易往来的增加,都增添了社会的开放化程度。社会的开放更使社会的复杂程度增加(张乾友,2010)。另外,随着工业化社会以及科学技术的发展,社会职业、阶层和社会利益也将会更多元化,从而也会加剧整个复杂社会系统的复杂化程度。

2.1.2　更多的不确定性

复杂社会意味着更多的不确定性。安东尼·吉登斯的社会变迁理论强调了社会生活和社会变迁过程中的片段性、偶然性、多样性和不连续性特征[①],虽然这不是社会生活和社会变迁的全部内容,但有助于我们对复杂社会不确定性的认识。

不确定性会带来人心和社会的不稳定。在简单社会里,人们彼此熟知,他们几乎能够预料到身边发生的一切事情,从而能够对未来做出适合自己的判断和准备。而在复杂社会状态下,这种可预期性顿然消失,一种对未来判断和把握的无力感萦绕在每个人的脑海,从而增加了人们对未来做出各种准备的成本,也增添了人们心理上的负担和对社会的不满。当然,在任何一个社会中,人们面对不确定的、含糊的、前途未卜的情境,都会感到是一种威胁,从而总是试图加以防止和规避。这就是吉尔特·霍夫斯泰德(2010)

---

① 有关对吉登斯社会变迁理论的一些批评,参见谢立中(2003)的论述。

所说的"不确定性规避"心理,他以此来"界定这样一种程度,一种当人们遇到混乱不清、难以预测的情况时所感到的不安程度。通过对严格的行为方式的遵循和对绝对真理的信仰,他们尽力避免这些情况"。简单社会和复杂社会的人们都会产生这种心理,所不同的是,在复杂社会,为尽量保证确定性,政府必然会制定更多的正规条令,甚至控制和约束人们的行为、不允许有越轨现象出现。而对个人而言,由于对未来的期待(长远利益)存在着不确定性,因此,不确定性会使遵循理性逻辑的人们无所适从,从而迫使他们作出追逐短期利益的现实选择。

不确定性还表现在社会问题的突显性和人们对危机事故的程序化应对的缺乏。在这种状况下,特别是对事态发展不确定性的把握尤为困难。很多时候,很多人类的非故意后果是不可避免和难以预测的。依靠政府简单化的规制、约束与控制,并不能从根本上实现确定性和秩序化。

2.1.3 更多的不平等和异质性

社会的复杂化是以逐渐分化为其主要特征的。在一个复杂社会,基于财富和地位的社会分层把人们和家庭分成不同的阶层团体。分化的原因也可能在于语言、宗教职业和居住地的不同(Toye,2004)。

"不平等"和"异质性"是理解复杂化本质的两个重要概念。不平等可以看作社会纵向的差别,是指人们在权力或财富、教育或收入上的不平等导致的地位差异(彼得·布劳,1991),它更是一种获取资源的能力上的不平等。社会中存在着各种各样的不平等,但最重要的两种不平等是收入和财富的不平等。"富人更富,而穷人更穷"可能是这方面的最好总结。正如埃瑞克·舒茨(Eric Schutz)在《不平等与权力:阶级的经济学》一书所说的,富人有保持富裕的优势,而穷人则处于贫穷的劣势地位。富人对穷人的这种优势构成了资本主义经济的本质,并且不断地延续着这种优势地位关系,占优势地位的群体通过强化现存的社会和财产关系,进一步提高了他们对其他群体的权力(转引自迈克尔·D.耶茨、张峰,2012)。异质性则是一个比较微妙的概念,它指社会组织结构上的多样性,也指人口在这些组织结构中的分布。人口在社会职责和角色的平均分布称作等质分布,与此相反则带来不断增长的异质性和复杂化。不平等和异质性的增加,将意味着社会关系中出现更多矛盾和摩擦。

2.1.4 秩序的复杂性

复杂社会似乎与无序性联系在一起。不过,除了认识到复杂社会的更多无序性,很多学者还认为有序性与无序性在复杂社会是同时存在的(谢立中,2003)。法国思想家埃德加·莫兰(1999)指出,包括人类和社会变迁在内的整个宇宙的演化充满了复杂性,这种复杂性主要表现为偶然性、无序性、个别性、错综性、多样性、模糊性、矛盾等。不过他同时也强调,"复杂性"认可所有上述这些特性,但也不否定和排除传统科学(包括传统社会科学在内)所重视的因果性、有序性、普遍性、必然性、统一性等特性;复杂性是这两类特性的统一,是"有序和无序的必然的和难解的交织和对抗"。莫兰复杂性思想的核心是他所说的"来自噪声的有序"的原则。这条原理打破了有关有序性和无序性相互对立和排斥的传统观念,指出它们在一定条件下可以相互为用,共同促进系统的组织复杂性的增长。也正是莫兰所阐发的这一基本原则,揭示了复杂社会动态有序的本质。

整个社会是无序与有序的统一体,这是一种现代社会复杂性的本质表现(吴彤,2000)。在亚当·斯密那里,劳动分工是社会出现复杂化之后人们追求秩序的结果。泰恩特断言,复杂社会之所以还不能因为其无序和杂乱而完全崩溃,其主要维持力量在于深藏在这种无序性后面的有序性。不过,这种秩序可能是人为运作的,要么是通过强制得到,要么是通过协商获取。托克维尔看到和描述的美国社会,是表面上的无政府状态下整个社会的秩序性。"使旅游美国的欧洲人最吃惊的是,这里没有我们通常所说的政府或衙门。美国有成文法,而且人们每天都在执行它。一切都在你的周围按部就班进行,但你到处看不到指挥者。操纵机器的那只手是隐而不见的。"(托克维尔,1995:88)因此,即便在貌似形式多样、差别巨大和混乱的美国地方政府,观察者依然能"在错综复杂中探寻秩序"。美国社会的秩序,是靠严谨的制度设计来实现的。当然,社会秩序的获得,也并非完全是人为的结果。比如,"一盘散沙"几乎是对中国近代社会的一种形容,但民族的凝聚力在关键时刻却起到一种团结人心和构建秩序的作用。这种能够促使民众在危机时刻空前团结的力量,诸如一种信任、一种文化、一种民族精神等形成一种有序性力量,是社会发展中自然生成的结果。契约、法制思想在美国人心中之所以根深蒂固,是新移民时期聚集在新英格兰的英国移民在长期的生活和追求中自然形成的(查尔斯·罗利,2007:333)。某种统一性和有序性,与复杂性的内容交织在一起,暗示了研究复杂社会的学者依然能够发现隐藏在复杂社会背后的些许规律。复杂社会并非是缺乏秩序和没有规律的社会。对于公共政策和公共治理而言,遵循复杂性背后的某种规律性而开展有效治理,正是政府治理的民主化的必然要求,也是实现和提高合法性的途径。

2.2 复杂社会:中国的特殊性?

除了复杂社会的一般性特征,中国社会的复杂性具有它的特殊性。正因为此，中国的大国治理必然具有它自特定的意涵，并规定中国公共政策的本质和特征。

2.2.1 广袤的国家领土

中国是世界上少有的几个领土大国之一。这就决定了中国南北、东西情况差别很大。这种差异既有自然性的，比如气候、地理地形地貌、资源分布等，也有社会性的，比如各地之间经济发展的内容和程度的差异。正如上文提到的，由纵横差异性所造成的国家物理空间的广袤性和复杂性，会产生经济学、社会学和政治学意义上的后果。孟德斯鸠把地理环境对于一个民族的性格、风俗、道德和精神面貌及其法律性质和政治制度的形成看作具有决定性作用的因素。恩格斯也认为，地理环境对社会历史发展有重要的作用，这种作用是通过影响特定制度下的生产方式来影响来促进或延缓社会的发展。尽管这些观点始终存在着争议，但地理环境的差异会对政治和社会状况产生影响，则是毫无疑问的。上述这些方面的巨大差异，必然会导致不同地区服务需要和投入需求的多样化。"一刀切"的政策和治理模式肯定不适合中国，这已经成为常识或共识。庞大的领土意味着发展的不均衡和差异性，也决定了我们需要用复杂性和系统观思考中国社会的治理。

2.2.2 庞大的人口规模

中国是世界上人口最多的国家。从地理上讲，各地人口分布不均，东部沿海人口最多，人口密度最大，但是资源最为紧张。西部人口密度最小，资源最为充分，但是其自然条件相对恶劣，自然灾害频发，严重地影响了当地人口的经济发展。从人口经济学上来说，人口优势也是一种劣势。同时，巨大数量人口的流动性和协调的困难性，会成为社会矛盾的根源。这些矛盾是社会冲突的一个重要原因,也是社会复杂化的特殊表现。

中国不仅人口多,由宗教、语言、民族的差异而引起的社会复杂性,既是一个特点,也是一个问题。正是因为中国多样性和差异化的人口,决定了需求的多样性和价值观的多样性,出现了日益增加的不确定性的结果。今天之中国社会比历史上任何时期都要复杂得多。人口在地理上和社会地位上的变动速度很快,大多数人都涌向本已很拥挤的城市。社会结构的变革伴随着社会意识的逐渐转变,人们也开始把自己看作自身前途和命运的掌握者(邓恩,2003:46)。在这种复杂性局面下,试图把中国这种多样化全盘囊括在一种简单的表面一致性里,必然违背自然和社会规律。通过强制力实现的表面一致性,盲目整合这种多样化的群体,只能激起更大的矛盾和冲突。

2.2.3 争议中的国家定位

如果说领土规模和人口规模上的大国特点是无可争议的话,那么,中国目前在世界上或国际体系中的角色定位,则存在着很多争论。在国家参与国际体系的过程中,每个国家都会定位其自身的角色,其他国家也会从相互依赖和互动的角度来定位对方国家的角色。因此,争论是难免的。

对于中国的国际角色定位而言,出现了很多不一致的评价。有人把中国当成"新兴世界大国"(喻希来,1998;1999)。这个判断很容易给人产生误解,至少从字面意思上来认识,似乎中国已经是世界大国,只不过它是新兴的大国,与历史上形成的老牌大国存在差异。大多数中国的国际关系理论研究者都认为中国是"世界大国",差别在于世界大国之前的形容词。比如,叶自成(2003:126-128)认为中国是"成长中的"世界大国,门洪华(2003:85)认为中国是"有影响力的"世界大国。但是,一些理性的国际战略分析家并不认为中国已经是"世界大国"。比如,布热津斯基(1998:210)就认为,中国"并非全球性而是地区性的国家"。当然,随着中国现在成为世界第二大经济体,布热津斯基的判断或许会被其他人修正,就像门洪华(2004:15)所说的,中国是崛起中的"具有世界影响的地区性大国",言外之意,即便不是世界大国,也是有影响力的地区大国。

为什么会有分歧很大的争论?这有很多种可能的因素。其中最重要的是,中国的综合国力和国际影响力是一个变化的概念,因此,不同时期的分析者和观察家得出的结论会有差异。另一个重要原因来自研究者和判断者的情结和立场,而且无论站在什么立场上,人们对中国的"感知"存在偏差,按美国政治学教授金骏远(Avery Goldstein)的说法,是分析家们先接受中国作为大国的前提,最终也将为此找到证据(金骏远,2008:80)。当然,争论归争论,有一个基本的事实是所有国际关系理论家和分析家无法漠视或否定的,那就是中国是一个大国,其国际或世界影响力在不断增强,它正成为世界经济、国际政治和全球事务的积极参与者和重要力量。也正是在这个过程中,中国才有可能不断地调整其角色定位。而且,这是一个互动的过程。国际体系必须接纳中国,让中国在世界秩序的重建中发挥作用;中国则必须从与世界体系的互动中实现其内部的变革和发展。就后一个方面来说,可能存在的情况是,由于世界性压力所带来的中国治理模式的转型和改善,在比例上呈上升趋势,但是中国实现真正的有效改革,还需要国内的推动力量。

2.2.4 "问题大国"

最能够解释中国社会的复杂性及其治理困难性的一个因素,要算是中国转型中所形成的众多棘手的问题,使得中国经常以一个"问题大国"的面目出现。经过四十多年的改革开放,中国社会经济和政治生活走到了一个"十字路口"。在这个从传统社会向现代社会转型、从计划经济到市场化、从原来封闭性社会向更为开放转变的时期,自然会产生很多混乱。这是一个利益大分化和价值多元化的时代,也是一个问题不断增生的时代。问题的产生不是根源于利益多样化和价值多元化,而是在于以下几个方面。第一,制度转型还没有到位,或者说转型尚未结束。一些旧有的制度规范不再起作用,但新规范的形成和发挥绩效,需要一个较长的过程。第二,追逐利益的游戏规则不够健全,尤其是,合理有效的利益冲突解决机制没能完善地建立并运作起来。第三,原有的意识形态的控制和训导形式已经发生很大的变化,而在价值多元化的背景下,中国社会要形成稳固的核心价值还有很长一段路要走。由于这样一些原因,这个转型时代出现很多"失范"甚至"失控"的问题,在所难免。

总体来看,就"问题大国"的视角,我们大体可以发现中国社会复杂性几个主要表现。

第一,经济结构的复杂化。改革开放之后,中国引入市场经济体制。但是,这种体制却是不完善的,与之配套的相关法制建设存在明显欠缺,政府对市场的随意干预的现象依然存在。政府人员在处理公和私的问题上,存在明显的界限不分。

在近几年的发展中,国家更是鼓励多种经济成分繁荣发展,鼓励民营企业家入党,造成了经济、政治领域更为复杂的局面。非公有制经济又出现了与公有制经济相互渗透、相互融合的趋势,促进了混合所有制的形成。随着经济结构和经济关系复杂化,各阶层、各地区经济利益也不再一致了,而且不断地被分割,所有这些都将会对中国的社会秩序产生影响。在原来公有制经济下,人们适应了多予少取,并且在那种环境下,特别是在国家至上的意识形态的教育和影响下，人与人之间被引导至奉献和为人民服务的价值取向。随着经济结构复杂化，特别是私营、民营企业的飞速发展，不少人对权钱的追逐空前高涨。在对政府人员缺少规范和规制的环境下，一些政府人员成为追逐利益的主体和企业的参与者。不顾手段地牟利，似乎成为经济结构复杂化和法治不健全、监督不完善时期的一个个人价值观转变的重要特征。正是基于这种状况，中国社会的复杂性更为明显。

第二，文化形态及人性的复杂性。需要强调的是，社会复杂性决定了人性的丰富性，而这种丰富性可能无形地增添了社会复杂化的程度。目前我们所处的社会，其复杂程度前所未遇。这种情况下，如果我们把人性简单化，把社会关系理想化是幼稚的。

随着中国改革开放的不断深入，传统的中国文化的存在环境已经因为各种思潮的影响，而略显复杂。经济结构的复杂化，和规范体系的非原则性，造成人们思想观念的变化。其实，支配人类大脑思想、情感以及行动的动力中，有着非常复杂的机制和原理。对于人的行为动机，绝非一句"出于自私自利"可以完全概括。单纯的所谓自私自利理论根本就无法解释人类复杂的欲望层次，具体地说，根本就无法解释，人类为什么会有荣誉感，为什么会有正义感，为什么会有自我实现的欲望，为什么会有安全欲望。人的思想、行为、性格、人际关系等各异，构成了复杂的社会环境，也增添了治理的难度。在西方学者对人性的研究中，人到底是"经济人"还是"社会人"等方面简单的假设似乎已经不能涵盖这个复杂社会下人性的面面观。在这种情况下，就有人用"复杂人"来形容人性的复杂性。"复杂人"（complex man）是20世纪60年代末至70年代初提出的假设，它强调根据不同的具体情况，针对不同的人采取灵活机动的管理措施，这对于政府的公共政策和公共治理是有一定的启发意义的。

第三,利益分化且利益关系固化。改革开放以前,各种利益关系能够取得基本一致,人们的利益追求相对单一。改革开放以后,在各种文化和思想观念的影响下,人们之间的利益取向不再单一和趋同,而呈现深度分化的局面。

1949年以来,中国共产党执政合法性的主要来源经历了从以意识形态为主向以领袖魅力为主转变、又由以领袖魅力为主向以治理绩效为主转变的演变历程。不过,当今这种以经济政绩为支撑的合法性后面,有着强大的政府官员利益追逐的冲动。在地方发展竞争和官员晋升激励的影响下,利益分化从政府人员表现出来,并且还更为严重地导致了一些官员和民众关系的疏远。一些制度分析者认为,政府机构及其成员从来都是独立的政治行为体,有着它们自身的目标和利益(Katzenstein,1978;Evans, Rueschemeyer & Skocpol,1985)。官员追逐个人利益为民众无形地起到了某种示范作用。民众也似乎意识到追求自身利益有其合法性基础,甚至不管其来源是否真正合法。

在利益分化这个现实背景下,中国改革的一个基本出发点是要把个人利益与其对社会所作的贡献结合起来,通过利益的差异来激发人们追求利益的积极性,并以此促进社会生产力的发展。然而,随着利益的分化和重组,利益纷争与利益矛盾日益突出。由于法制不健全,对正当利益和不正当利益的追逐,混淆了人们判断的视线,也缺乏一个基本的标准。更为严重的是,在这种情况下还可能出现人们所说的社会"西西里化",即在公认的社会规则严重稀缺和起码社会信任的极度缺乏的环境中,因受利益的驱使,黑社会组织与地方政府组织互相渗透、互为依靠,从而衍生出一种高度畸形、以赤裸裸的暴力作为维持社会运转主要机制的秩序生态(高新军,2011)。在持续的经济发展和改革中,一些曾经的改革受益者演变为进一步改革的阻力。一种系统性的利益关系格局已经形成并结构化,这种局面更是增添了中国社会现实的复杂性。

不可否认,允许个人追求自身经济利益,已经成为新时期经济飞速发展的强大引擎。但由于其背后所隐藏的权力或权利分化、阶层分化,导致了对资源分配的不平等和社会利益关系日益固化,又成为影响政党合法性的致命因素,带来了政府权威性的降低。结果,社会稳定的局面必然会随着政府权威的下降而恶化。经验表明,利益形态对社会的影响最为深刻。一个友善的社会利益形态,是社会良性发展、社会和谐的稳定器。一个不良的社会利益形态,则可能是社会不稳定等社会问题的重要根源(汪玉凯,2013)。

第四,社会资本缺失,信任关系弱化。过去四十多年,中国的社会矛盾和冲突,是随着社会的复杂化和经济的不断发展而涌现、积累以及发生变化的,其表现也经历了由隐性向显性转变的过程。"GDP 中心主义"的增长模式下形成的经济、社会和行政体制,成为当前发展阶段各种矛盾的制度性根源。可以看到,当前的社会矛盾,在一些地方,已经从纯粹经济领域的利益冲突,扩展到民众对政府的不信任而形成的官民矛盾,进而出现人情冷漠、愤世嫉俗等情绪,从而影响到整个社会信任缺乏。这些都是社会资本缺乏的重要体现。

皮埃尔·布迪厄(Pierre Bourdieu)把社会资本界定为"实际或潜在的资源集合,这些资源与由相互默认或承认的关系所组成的持久网络有关,并且这些关系或多或少是制度化的"(转引自李惠斌等,2000:3)。制度可能是正式的,也可能是非正式的,它能够保证默认或承认的发生于人际关系网络。人际交往促成了社会资本的积累,而同时社会资本又反过来促进了人际关系的融洽、交易成本的降低和社会的稳定。但是,现阶段中国的情况是,制度不完善、制度性合作和制度化信任缺失,导致社会中人们对未来的可见预期降低,增加了社会交往的成本,降低了社会的凝聚力,从而也加剧了社会复杂性所带来的影响和治理的难度。

第五,社会失衡和社会"断裂"。作为一般规律,社会组成成分越多(人民、组织和团体),这些成分之间的差异越明显(种族、文化和地域),从而分化愈严重,其复杂性程度也就越高(Eppel, Matheson & Walton, 2011:48)。在分化的基础上不能形成有效的社会整合,复杂社会就存在着解体的风险。

社会急剧的转型伴随着各种力量型塑着社会生活的新框架。社会学家孙立平(2004)曾提出警告,目前中国社会不同群体间存在着严重的"权力失衡",整个社会面临"断裂"的危险。这种失衡和断裂,在利益均衡、贫富差距、社会分层新趋势、社会结构与利益博弈、经济增长下的社会生活、政府转型与公共生活等问题上都有体现。失衡是理解断裂社会的关键词。社会的断裂,本质上是利益关系失衡导致的,也是保障利益和权利的机制缺失导致的。强势群体和弱势群体最大的差异是争取利益能力的差异。在强势群体一方,其各个部分不仅已经形成了一种比较稳定的结盟关系,而且具有了相当大的社会能量,对整个社会生活包括公共政策都产生巨大的影响。整个社会的制度关系是由强势群体的话语构建的;弱势群体的机会,是由强势群体提供的。阶层的对抗和社会出现裂痕并不可怕,但问题在于,在现实中我们还很难找到一种补偿机制。再分配导致的不公平问题,需要市场来调节和纠正;而市场导致的不公平问题,可以通过再分配来纠偏(Szelenyi & Kostello, 1998:305;刘欣,2005)。中国的困难问题恰恰在于,正是市场和再分配同时导致了社会分配体制的不公平性。这些现象的存在,决定了中国社会发展的特定阶段不仅具有一般复杂性的基本特征,而且决定了这种特征更具特殊性。

2.3 政策理论与治理实践中的简单思维

令人困惑的是,复杂社会的公共政策与治理实践为何在很长时期里一直遵循着简单化的思维和路径呢?显然,这涉及政策理论和治理实践中的认识和能力问题。

2.3.1 简单性思维的根源

实际上,政策过程中的简单化思维是一种普遍现象。其思想根源或许可以追溯到文艺复兴时期对科学和理性的崇尚。真正将简单性理论发展到高峰的是牛顿的经典力学,它甚至直接影响着社会生活及其治理的指导方针。这一理论强调,在绝对的时空中整个宇宙为线性因果法则所统治(李宜钊,2013)。这种简单性信念满足了人类对于确定性和稳定性的需求和渴望。

在这种理念的影响下,以孔德为代表的逻辑实证主义把社会视作一个或多或少受到普遍规律支配的确定的事实集合体(赫伯特·马尔库塞,2007:286)。马尔库塞以及与之直接相联系的批判理论明确指出,实证主义的社会科学理念忽略了政治和社会生活的价值、意义和批判性思维。其实,即使是放任自由主义思想的奠基人亚当·斯密,也没有完全忽视社会、经济生活中的更为复杂的因素。他在写《国富论》之前就通过写《道德情操论》一书,强调人的内在克制,主张以博爱精神来调节公私矛盾。他从来不怀疑任何经济理论都有其道德层面,自由是有道德的自由。但是,现代经济学在不断"科学化"之时,却越来越无视这一考虑(钱满素,2006:237)。正如米歇尔·沃尔德罗普(Mitchell Waldrop)所指出的,现在的经济学就像是纯数学的一个分支,把这个多姿多彩而又错综复杂的世界简化成了用几页纸就能说明的一系列狭隘、抽象的法则(沃尔德罗普,1997:12-13)。经济学如此,其他社会科学又何尝不受到这种思维的影响?

对现代社会的简单化理解在某种程度上漠视了现代性的内在张力。它们导致了社会科学想象力的枯竭,还严重地影响了政府的公共政策和治理实践,无论是在经验的还是理论的方面都是如此(杰弗里·亚历山大,2008:11)。在公共政策理论和实践中,从成本收益的经济价值和功利视角进行的公共政策分析,就是这样一种简单性思维。从泰罗的科学管理理论开始,简单的数量化思考和线性思维就一度成为支配性理论。程序的简单化是为了尽可能节约成本和时间,以换取最大化效益。虽然后来的行为科学管理理论提出了"社会人"和"非正式组织"等思想观点以纠正科学管理理论之局限,但从效率出发考虑问题依然是当时理论和实践的基本逻辑。在公共管理发展史上,曾经发生过关于事实和价值的激烈争论。比如,1952年西蒙与沃尔多围绕公共行政的管理途径与政治途径,从公共行政学的学科定位、研究方法和价值取向展开了激烈的争论,争论的一个重点就是工具理性和规范价值(颜昌武,刘云东,2008)。

诚然,追求效率并没有什么大错。在一个高度竞争性的社会里,国家之间、地区之间,甚至在部门内部,效率是一个易于评价、容易标准化的内容。但是,当效率成为压倒其他一切价值的头等大事时,组织管理乃至国家治理就会走向歧途。仅有效率是不够的(Adam,1992)。单纯追求效率,必然会耽误和忽视其他方面的价值。不仅如此,它还会因为其他方面没有得到配套和系统发展而最终严重影响效率。除效率之外,社会中其他很多重要的价值,它们对于人类的体面生活和尊严地生存同样是至关重要的。阿玛蒂亚·森(2003)的《以自由看待发展》一书的核心主题就是批评简单地以经济效率来看待发展的思维和观念,从而提出"自由是发展的首要目的,自由也是促进发展的不可或缺的手段"这一重要观点。发展显然是一个各方面相互依赖的过程,而且经济的成功不可能与社会、政治和文化的成就相分离。

以简单性思维和观念指导的公共政策理论和治理实践,将不可避免地培育专断和对社会的控制。正如赫伯特·马尔库塞(2007:293)所批评的,持这种思维的政府,其目的不在于遵循规律和科学,而在于一个社会的和政治的实践,他们把理性主义者置于一种真正的感觉之中,这种感觉来自他们依靠一个超越特定社会秩序的真理标准和被一个事实上并不存在,而是作为一个目的存在的社会秩序所代表的标准检验人类实践的结果。包括马尔库塞和迈克尔·欧克肖特(2004)在内的一批西方思想家对政治中的实证主义和理性主义专注于所谓确定性和真理的事实进行了深刻的批判,但在公共政策的实践中,这种简单性思维依然顽固地存在着。

2.3.2 政策实践中的简单化思维:几个经验例证

前面我们阐述了简单化思维的思想和理论根源,表明了简单化管理和治理是一种普遍现象,而不是中国的特例。然而,如果我们考虑到中国"复杂社会"的独特性,那么,政策过程中的这种简单化思维的后果就显得更加严重。在这里,我们把时间维度放在改革以来的国家治理实践,通过几个方面的经验例证来解释这种严重性。

概括起来,政策过程中存在简单化治理逻辑,大致上有如下几方面原因。第一,在作为合法性基础的意识形态弱化之后,经由经济政绩来提供合法基础的压力突然增大。经济发展所能展示的成绩可见效果明显,能够在一定程度上弥补合法性真空。第二,中国特有的官员评价和晋升机制,导致地方政府经济绩效竞标(周黎安,2004)。这类激励机制决定了地方各级官员只对上负责的治理理念。与此相联系,治理过程中缺乏一种民众所推动和监督的、政府治理方式创新和改善的评价激励机制。第三,虽然中央政府提出了"以人为本"的科学发展观,但由于一些地方政府官员不能正确对待社会性组织、社会运动和社会群体性事件,也未能或者不愿看清社会问题的本质和根源,在一定程度上导致了简单粗暴的处理方式,忽视了民众合理的权益要求。

我们首先用"运动式治理"这个经验例证来反映和说明这种简单化的治理逻辑。从现象上来说,运动式治理一般是指执法机关为解决某一领域内突出存在的问题而通过集中优势人力、物力和财力,采取有组织、有目的、规模较大的集中执法活动的行为。经常见诸报端的如"专项治理""集中整治""某某行动""某某战役"等词汇,都是以各种形式对运动式执法的生动阐释。

从公共政策的角度,我们可以把运动式治理界定为"一种为达到政策目标而采用的特殊政策工具选择"(唐贤兴,2009a)。政策工具的选择有一个很重要的原则,即被选择的工具必须与政策问题之间存在适配性。然而,人们所熟知的运动式治理,作为一种治理方式和工具的运用,政策主体较少考虑所要解决的问题的性质和复杂性,只企盼通过强制手段"毕其功于一役",一劳永逸地解决政策问题。这种做法典型地属于胡德(Hood,1983)和尼德汉姆(Needham,1982)等人所说的传统政策工具方法,即从严格的目标意义理性的角度来看待政策工具。在那里,政策目标对于政策工具来说是外在的,政策工具的创造、选择和使用,都独立于或超越于政策问题的性质。刑事政策和社会治安管理领域的"严打",是运动式执法的一个典型例子。运动式的严打作为一种手段,是较为单一的,虽然它还会辅之以强势的宣传和动员等形式;在功能上它能够在一定程度上实现政策目标,即肃整社会流弊,震慑刑事犯罪,恢复社会秩序,但其直接目的不在于解决犯罪和社会治安的根源问题。相反,每一次"严打"都成为国家对底层民众进行广泛的政治动员、政治教育和法制宣传,以及实现国家权力对底层社会传输与渗透的契机(唐皇凤,2007)。与严打一样,在社会生活的其他领域的运动式治理,无论是环境、卫生和食品安全领域,还是教育、交通和生产领域,很多政策问题都是在"等到"久治不愈之后,才被政策主体意识到需要通过运动式治理来恢复某种秩序。这种现象的背后存在着国家治理的一个冷峻现实,即,这种"间隙性社会控制"是国家权力对社会的调控能力不足的体现,其根源在于国家治理资源的贫乏和国家基础性权力的缺乏,在某种程度上可能还是政府合法性权威式微的结果。正因为如此,运动式治理与其说是被用来解决政策问题的一种手段,毋宁说是为了实现国家权力的再生产与再扩充,以确保政治秩序合法性的延续与维系。前者是一种表象,后者才是实质。只有在国家法治资源充裕、权力的市场网络与制度网络完善、国家权力的后勤基础设施发达的前提条件下,国家治理能力实现了质的飞跃后,常规化的治理才能彻底替代运动式治理,"运动式治理"才可能真正退出历史舞台。到那时,应该更多地通过常规化的法律法规、制度规范、合法程序来实现对社会公共事务的常规化管理(唐皇凤,2007)。

简单化思维的治理逻辑的另一个经验例证,是20世纪90年代以来一直存在的维稳式治理。维稳式治理是自上而下的,它折射出治理者在社会问题分析上的困境。从中央到地方的治理者所秉持的理念是,稳定压倒一切,稳定是保证经济社会繁荣发展的基本前提。社会和政治的稳定,本是每一个社会正常运行和有序发展的一个条件,但在中国的治理实践中,稳定却变成了国家治理的一个目的。几乎在每一个地方,稳定成为上级政府对下级官员的一个重要的政绩考核指标。

以"维稳"为管理目标的体制,不仅给地方官员套上了紧箍咒,还带来了诸多不良的社会后果。维护社会稳定一旦被确立为治理的最基本目标,面对社会转型期越来越多、越来越尖锐的社会矛盾和冲突,地方官员便不可能花很多时间和精力去分析和辨别社会不稳定的根源和社会问题的实质。"打压式维稳""暴力维稳"等现象或许可以被理解为由可供政府选择的建构和维护稳定的手段十分有限所致,但根本原因在于对"稳定"的性质和"不稳定"的根源的理解上存在着简单化的思维。社会学家刘易斯·科塞(Coser,1956:31)说,社会冲突并不必然导致社会不稳定,它有其正面的社会功能。但在中国,官员们普遍将民众的利益表达与社会不稳定等同起来,把民众正当的利益诉求行为视为社会的不稳定因素。不仅如此,在针对群体性事件的反应上,几乎都是首先简单地动用暴力力量加以压制。现实是,维稳管理体制不仅不能有效地解决社会冲突,它本身还是引起更多社会冲突的根源。事实上,真正影响社会稳定的深层次原因是社会缺乏公正、官员腐败、公共利益和民众的合法权益受到侵害等这些因素。一项调查的结果显示,68%的受调查者认为"一些地方政府和官员维稳思维存在着误区";79%的受调查者认为一些地方政府借"维稳"名义不作为或乱作为的现象"较严重";在回答"当前地方维稳哪类异化现象最为突出"这一选项时,70%的受调查者认为"维稳目的异化,只保自己官帽,不管群众疾苦"(王慧,2010)。

第三个能够说明政策过程中的简单化思维的经验例子,是经常为人诟病的朝令夕改与拒绝变革。在本质上,这方面的例证显示了有关政策的稳定性与变迁的困境。在任何一种政治过程中,实现政策稳定与变迁的平衡,既是一种必需,也是一种困难。"选择意味着自觉,政策的概念意味着连续性和稳定性。"(彼得·古勒维奇,2009:23)简单化思维意味着,在强调政策变迁的重要性和必要性的时候忽视了政策的稳定性和连续性,而在保持政策稳定性的说辞下拒绝政策的调整和变革。这两种情形,是中国政策过程中的一种常态化模式。自改革开放以来,公共政策的一个基本基调是变革和变迁。这首先是推进改革和发展的需要,也是广大人民的真实愿望。政策不做必要的改变,整个社会就不会有活力。然而,要么是因为改革、增长和发展的迫切性,要么是由于改革缺乏必要的经验,追求短期利益的公共政策,其调整和变革表现出随意性、主观性、多变性等特征。而另一方面,随着时间的推移,很多需要及时作出调整和变革的政策,却在双轨制和渐进改革的进程中经常以保持政策的连续性、维护政治和社会的稳定等名义,迟迟没有被提上改革和变迁的议程。本书后面有很多章节对这两种现象进行了细致的分析。虽然有关在处理政策变革与稳定的关系上总是出现极端化的根源,或许在于妥善处理利益之争的难度,但是,对(政策)变迁或改革的简单化理解,对(政策)稳定和连续性的僵化思考,却是一个不容回避的现实。

2.3.3 一个简单评价

国家和地方治理上的简单化逻辑,实际上是一种发展逻辑,或者说是从属于发展逻辑的。这种发展逻辑以经济建设为中心,以高速增长为目标,以"效率优先、兼顾公平"为价值准则。本书分析公共政策短期化的那一章(本书第 7 章)说明了在这种发展战略下的急功近利是一种普遍化的行为,经济学家周黎安(2007)认为这种普遍化行为是由"中国特有的评价机制"所带来的。政策主体对发展过程中的问题的认识,无疑是简单化的。对于所有眼前遇到的问题,无一不草木皆兵;而对于关乎子孙后代的长远发展问题,则经常视而不见。

政策和治理过程的简单化思维和方法,或许是简化复杂的政策问题之必需,但不应是唯一的应对之策。这与快刀可以斩乱麻却无法理顺乱麻是一样的道理。简单化思维的一个核心问题是"政府先定论"——以政府及其判断为中心,忽略公众和公民的价值判断。迈克尔·欧克肖特(2004:47-48)说:"将政治理解为在一个独立地预先策划的意识形态指导下参加一个社会的安排的活动,就像将它理解为一个纯经验的活动一样,是一个误解。"这实际上是对政府基于"先定论"之简单性思维的一个批判。政治活动不是纯粹经验的概括或归纳,而是需要通过对历史经验的体悟和历练加以显明和阐发。这种体悟和阐发生存实践的过程。作为现代社会的公共治理,它是需要政府持有一种系统观、一种复杂性思维和一种因势利导充分回应性的实践性很强的活动,也是一个需要政府和民众充分实现民主互动的艺术化过程。从这个意义上来说,我们可以把中国公共政策中的简单化思维理解为根源于梁漱溟(2001)先生所说的中国传统统治的指导思想,因为漫长的封建专制的历史传统必然会对后来的政治文化产生影响。当然,从制度分析的角度来说,要避免公共政策和国家治理的简单化思维,最终还需要依赖于制度建设。民主制度提供了一套政策制定、发展、演变的秩序化逻辑,它为保障各方利益提供了方便,也是应对复杂社会的必然途径。正如詹姆斯·博曼(2006:131)指出的,民主制度比非民主制度更能与复杂性相容。

2.4 复杂性思维与中国公共政策展望

2.4.1 公共政策中的复杂性思维

为什么要用复杂性思维来武装公共政策的理论与实践?这是基于理论的丰富性和实践的真实性之需要。随着管理环境、管理要素以及参与其中的人所呈现出的多变性、不确定性,传统管理理论的稳定范式承受了巨大的质疑和挑战(席酉民等,2003)。今天以公共事务为研究对象的公共管理和公共政策理论,之所以是跨学科的,就在于信息化、全球化和科学技术的发展,使得政府及其公共政策在当今社会扮演着极其重要的角色,并渗透在社会经济生活的各个层面。正如约翰·金登(2004:288,289)所言,"公共政策形成的过程复杂,各种关系又使问题变得更加复杂"。复杂社会呼唤"去简单化"的公共政策和公共管理,需要用复杂性思维武装公共政策。复杂科学的方法或途径可以被视作一种问题设计战略,以便能有效解决"什么是所需的"(或者在陈述某个政策问题时什么是应该做的)和"能够做什么"这两者之间的张力(Conklin,2006:3-40)。换句话说,它是一种使在识别需求和恰当满足这些需求的解决办法之间反复捣鼓成为可能的战略(Johnson,2009:193-204)。

政治学家德博拉·斯通(2006)曾对公共政策理论基础的单一性表示了担忧,认为单向的思维方式总有其局限性,单一的实证、市场、经济的方法论基础未免片面和不足。他的批评所要说明的是,公共政策本身是一个复杂的政治过程,而针对政策所要解决的问题,同样不能用简单的方法予以应对,这是因为政策过程中到处存在着悖论。公共政策存在于复杂的社会之中,并作用于复杂社会。社会的复杂性不仅体现于社会关系的复杂化和网络化,最为重要的表现还体现在社会群体和个人所建构的社会世界对于他们各自所具有不同意义,从而更需要以一种系统的、基于整体的观念思考公共政策。汤姆·伯恩斯(2010:前言,3)的行动者—系统—动力学理论指出,行为者既是社会规范的执行者,又是实施这些规范所必需的实践经验的载体,同时还能对社会规范和行动环境做出新的、有时甚至出乎意料的个人解释。公共政策研究者和实践者必须面对复杂性带来的挑战。托马斯·汤珊德（Townsend，2012）说："我们现在所知道的复杂的社会系统，它表明的是我们要在诊断、工具选择（包括新工具的运用）和评估等领域改变方法，以有助于改进公共政策的结果或影响。"任何简单化的分析框架和治理逻辑，不仅不具有足够的解释力，还会导致治理失败。

然而，要以复杂性理论为基础重构公共政策的理论体系，并非易事。人们已经认识到这个问题的重要性，但尚不清楚"复杂性公共政策理论"应该是什么。事实上，也并非所有的公共政策问题都必须要按复杂性来处理。正如斯诺顿（Snowden，2010）所说的，公共政策领域运用复杂性科学的第一个重要原则是"有限的应用性"（bounded applicability）。

在有关复杂性理论那里，"复杂性"这个核心概念是与自组织、涌现、非线性、不可预知、耗散结构、共演进、远离均衡态等一系列概念联系在一起的。但是，这些概念应该如何能够运用到公共政策分析中去，争议不断[①]。正因为如此，那些倡导把复杂性理论应用于公共政策分析中的理论家，比如，莫尔切尔（Morçöl，2012：262）也不得不承认，仅靠复杂性理论并不能有助于我们理解公共政策过程或人类经历的任何方面，因为复杂性理论至今还不是一种完整的清晰的理论，而只是一种思维方式，一种元理论性的语言（metatheoretical language）。尽管如此，运用复杂性理论来思考公共政策，的确可以为公共政策研究提供丰富的、多样性的概念框架和方法论工具。

首先，公共政策的复杂性思维意味着必须把政策本身看作一个系统。用系统论的方法来认识政治过程与公共政策，这并不新

---

① 克里斯托弗·波利特（Pollitt，2009：213-230）曾对复杂性理论家提出了挑战，并提出了"什么样的理论是复杂性理论"的疑问。

鲜,政治学家戴维·伊斯顿等同人早已作出了重大贡献。但公共政策研究的复杂性思维是要把公共政策概念化为一个复杂系统,即它是由众多自觉的人类行为体所构成的、并跨越时空不断再生产的系统。显然,这样的"系统"定义沿袭了吉登斯的社会系统概念(Giddens,1984:25)。吉登斯的社会整体和系统整体的概念对于探究这样的问题特别有帮助,即,在何种程度上政策系统是一个系统? 或者,在什么程度上政策系统是被有机整合的?

其次,把公共政策看作一个复杂系统意味着我们不能从简单的线性思维来认识公共政策及其结果。在复杂性理论中,涌现(emergence)是一个重要的概念。如果我们把公共政策定义为涌现的、自组织的复杂系统,那么政策行动和政策结果之间直接的、线性的因果联系就不存在了。政策制定者的决策与它们的结果之间是一种直接的线性的因果关系的观念,是与复杂性观念直接相对立的(Salzano,2008:186)。当然,说政策与结果之间的非线性关系,并不是说,由于事物是复杂的,因而事件之间没有任何联系;更不是说,我们根本无法认识事物;而是说,作为一种积极的理论,复杂性思想有助于我们理解"为什么治理过程的结果往往与原初的期望大相径庭",以及"政策过程是如何运作的"(Teisman,Buuren & Gerrits,2009:5)。与涌现特性联系在一起的公共政策复杂系统,意味着政府行为体只是影响"政策结果"的众多行为体中的一个,而不是全部。

再次,复杂性理论中的另一个核心概念"自组织"有助于我们重新认识公共政策过程。自组织概念的含义在有关复杂性理论文献中已经得到深度的讨论。在复杂性理论那里,自组织是政策过程中自然的、内在的和不可避免的现象。在政策系统的环境中,自组织意味着,无论管理者和政府做什么,组织和政策行为体都在不断地自组织。斯特沃和阿雷斯(Steward & Ayres,2001:79-94)

坚持认为,政策干预行动不应该被视为一个能被中央权威即政府指导和控制的线性过程。相反,它们应该被看作各种政策主体发挥作用的自组织过程。根据这个假设,政府干预的目标应该是强化政策系统的自操纵(self-steering)能力,而不是去实现预先规定的目标,或循着预先规定的路径。如果我们稍做细究,自组织的概念和理念与民主、平等、参与等观念密切联系在一起。

最后,系统动力(学)是我们在运用复杂性理论思考公共政策时可以采用的一个很好的概念。复杂性理论的一个重要观点是,系统的自然趋势不是趋于静止或平衡,而是相反。这个观念与新古典经济学的经济系统倾向于平衡的假设相对立。它也与公共政策问题能够被"解决"、由此社会行为体会达到一种平衡状态的观念相对立。事实上,公共政策过程处于动态之中,随着一些问题被"解决",很多新问题会产生。复杂性理论的另一个重要观点是,系统的变迁是内生的(endogenous)。复杂性理论家都承认,系统的变迁与系统的内部动力相关,外部因素或事件会引发变迁,但它们不是系统变迁的"原因"。普瑞戈金(Prigogine,1996)的开放系统观虽然强调系统与其外部环境不断进行着能量和信息的交换,但他依然人认为,系统的动力源于其内部。遵循这样的观念,格里茨(Gerrits,2010:19-28)等人把政策系统与其他社会系统和自然系统的共同演化纳入政策分析议程。

总之,复杂性理论为公共政策中对问题的分析和对复杂社会的合理应对,提供了一种新的思维。从复杂性理论思考问题,显然不同于公共事务传统思维中的简单理性判断,也不同于那种拥有绝对因果关系的线性推理,更不是能够简单地通过实证主义和定量所能解决的(李宜钊,2013)。伯恩斯从整体性视角出发,把复杂性理论运用于社会系统和组织,强调政策过程的整体性,政策问题及其解决途径的多样性,多元参与者以及政策过程内参与者的复杂互动,以及政策过程的动力学。他明确指出,行动者群体提出他们的要求并且在制度化的社会决定环境中彼此争斗;系统的整体特征是由在各种社会行动者之间的收入和资源分配方面的利益冲突所决定(汤姆·伯恩斯等,2010:113)。这些思维与方法显然不同于简单地以行动者为中心、以制度为中心或者以理念为中心的公共政策的分析框架(Eppel,2009),而是一种基于复杂性思维看待公共政策的综合视角。

2.4.2 复杂性思维与中国公共政策的变革

从复杂性思维和中国的复杂性特征出发,反思政府治理中的简单化逻辑,变革公共政策及其治理过程,已然成为一个重要课题。然而,至于变革的方向和内容,目前为止却还不是很清晰,还需要不断的探索。大致说来,下面几个方面是较为根本性的。

1. 从工具理性到价值理性:公共政策理念转变

"工具—目的"合理性的批评者认为,这种视角把政策分析过于狭窄地局限于对工具合理性的强调。特别是政策执行者,他们作为社会治理的直接参与者,在实践中往往不容易、也不愿意从全面和长远来看待问题,而习惯于采取简单化的措施。"效率"似乎是其政策执行的生命线。但是随着社会复杂程度增加,在政治体系的运作中,政府需要考虑的目标不再具有传统的单一性。其所代表的民众的利益或公共利益是综合性的,其实质性的范围将比原来更为宽广。因而,很多原来曾被忽视的方面,比如政治和程序合理性、价值合理性等内容,也应该成为政策分析的重要考虑事项(Hermans & Thissen,2009:808-818)。

中国一些社会问题的恶化,以及政府治理中所招致的诟病,在很多方面来自"政府把人当工具"这一简单化逻辑。长期以来,政府的治理方式和评价机制,基本上出于工具性的思考,把经济增长等同于经济发展,因此,GDP这样的经济指标便成为衡量官员政绩的最主要的标准。从宗旨和理念引导了政府行政的价值取向,从而忽略了人之为人的存在的根本价值追求。在这种现实状况下,出现前合法性危机便在所难免。任何政治统治的稳固,都必须以民众的认同与支持为基础,都离不开合法性的支持(龙太江、王邦佐,2005),只有在民众的支持下,政治统治才得以存在和延续。建构民众和政府之间的信任网络,是走向价值理性的基本旨归。国家并不必然享有全体人民对它的忠诚,而它却必须与各种对立集团所享有的忠诚竞争(希尔斯曼,1986:608)。中国各级政府,从中央到地方,已经认识到为应对复杂社会而转变治理和发展观念的必要性和重要性,也从一些方面在试图作出努力。

2. 再组织化:政府机构改革的价值重构

政府执政理念的转变必然需要与之相适应的组织机构的变革作为其中的载体。但需要注意的是,简单地进行组织机构调整,并不是改革的真正内容,也绝不会实现改革的预期目标。中国历次行政机构改革,都试图从组织的视角改善政府治理,但因为政府本身的执政理念和价值观导向未能实现真正的转变,从而使得每次行政改革都几乎沦为一种简单的"整柜台"似的机构分合。特别是,从改革实践和取得的效果来看,在未能充分动员社会自身的力量、实现政府和民众互动,以及彻底改变社会既定的组织化的形式与结构的情况下,现有的机构改革过程并不能充分保证政府治理效果和民众的满意。

要想实现改革的预期效果,需要从组织和价值两方面配合进行。当面临不确定性和危险性,人们很难作出在内容上绝对合理的选择,因而在复杂性社会面前所谓政策内容上的完全真理和绝对理性是不存在的。面对当前更为复杂化的中国社会现实,和更为多样化和综合性的民众利益诉求,传统的"政府先定论"只能导致政府治理失败。因而,它依赖于寻找出可使用的解决办法的程序合理性,这是应对规模较大且复杂的问题的关键(吴锡泓、金荣枰,2005:10)。这就需要一个政府再组织化的过程,转变传统行政管理的方式与方法,重塑新时期的治理理念,更好地提供公共服务,满足民生需求。

再组织化本身就意味着一个脱胎换骨的理念上的改变。政府的再组织化,始于适应于市场经济、服务型政府建设的政府组织结构调整,它更需要从深层次实现政府治理的价值重构。首先,作为市场经济的开放性要求,它需要政府之间开放市场,需要政府少干预市场,充分保证资源的全国流动性。政府只能管它应该管、管得了、管得好的事务,在政府管辖权限上做出与市场要求相一致的调整。其次,转型期和特殊发展阶段的社会问题往往还涉及跨地区政府管理权限,需要各地区政府的合作和协调。现实中国地方政府之间以及政府各部门之间之所以合作匮乏,不仅在于政府结构上的原因,更在于政府价值理念上的问题。就如弗雷德里克森(Frederickson,1999:701-711)说的"脱节了的国家",地方政府各自为政,恶性竞争,无形地增添了政府的治理成本。再次,面对民众更为多元的价值观和更为综合的利益诉求,必须推进政府与民众间的互动合作,给予民众更多参与政策讨论的机会。而传统的政府组织机构及其所承载的"政府先定论"逻辑,决定了民众只具有狭窄的参与范围和有限的话语。

3. 构建回应型政府:注重社会学习

"组织学习"概念来自企业和私人组织的管理。研究表明,组织绩效与其注重学习之间存在正相关关系,注重学习的组织,其绩效要高于忽视这方面工作的组织(冯海龙、刘俊英,2012)。政府的任务环境包括社会(公民)、市场(企业)等方面。没有两个任务领域是完全一样的,任务环境之间也总是存在着差异。政府要成为一个学习型组织,其中一个非常重要的内容就是要及时回应不同任务环境提出的要求,适时改进组织。这就是西蒙和马奇所谓的"组织的一个最基本的功能是吸收不确定性造成的影响"(雷蒙德·E.迈尔斯、查尔斯·C.斯诺,2006)。但在中国传统的政府思维和治理逻辑中,社会被要求适应于政府,而不是相反。必须强调的是,政府注重社会学习的过程本质上必然是一个从"管制型政府"走向"回应型政府"的过程。

复杂适应系统和社会学习理论为我们解释政府如何应对快速的社会环境的变化提供了一种有用的视角。适应性系统的中心特征是,行动者有能力通过社会学习来适应变幻莫测的社会环境;系统中无须具有中心地位的控制中心;时常重新思考和开展适应性再组织;变成寻求创新的学习型组织(McMillan,2004)。如果这些观点对政府有所助益的话,公共政策必然具有应对复杂社会的创新性反应潜能,并且能够把这种潜力扩展至新的政府-公众互动合作模式(Mitletom-Kelly,2006:36-47)。

4. 激活社会组织的自组织功能

在西方国家,理顺政府与社会的关系,向社会放权,是走出强烈的国家主义困境的一条经验之路。这一经验包括了两个方面的基本点。第一,民众结社的目的是为了维护自己的利益,通过集体的力量,增强自身的话语权和对公共事务的影响力。政府对社会组织的宽容,尊重社会的合法自组织功能,是实现公民利益的最好途径。一些利益集团理论对这个问题进行了解释。第二,提高民众的自主性是激发社会创新力和挖掘社会潜力的一个有效途径,政府政策制定和对社会的有效治理,需要的是民众同意,依靠的是协商和说服。有关的协商民主理论很好地阐释了这个问题的重要性。

但是,对于中国这个复杂大国的治理,不能简单地运用这些有关国家—社会关系的理论观点来进行解释。社会、经济发展过程中形成的特有的利益关系和复杂社会网络,形成了中国社会的超稳定结构,铸就了政府特有的政治文化(金观涛,2011)。这种超稳定结构主要是一种固化的利益关系和荫庇型互惠网络;而这种政治文化主要体现为国家控制社会、社会中的某些强势群体控制公共政策的一种结构化关系。如果说这种结构确实存在,那么,要打破它就必须通过相应的制度设计来完善政策过程,理顺政府与社会的关系。然而,当下中国对处理政府与社会关系的认识和一些方面的调整努力,首要的出发点不在于维护和保障民众的权利,而在于缓解或解决日益激化的社会矛盾和社会冲突。因此,面对有着复杂的政策和制度根源的社会冲突,政府的回应之策却显得简单而无力。复杂社会和复杂系统的理论揭示,控制与复杂性之间存在着矛盾,复杂性在根本上是无法控制的。单纯依靠国家强制会抑制社会的成长。国家对社会各领域的侵蚀,不仅使国家权威的运行毫无约束,而且抑制了个人的创造力,同时还使他们养成了依赖国家权力生活的心理,破坏了他们自我管理的能力(曾峻,2005:98)。如果社会能在变革与发展的过程中提高其自组织的程度与能力,那么,可望民众形成有序自组织的自觉,减轻政府公共政策的压力。实际上,表面混乱的无序系统也并不是完全没有秩序,这种潜在的有序的模式可能就是依靠一种自组织功能实现的,它会在没有外部干预时从看似混乱的状态中凸显(Eppel,2009)。

第3章　确立公共利益：当代中国公共政策价值的变化

公共政策的首要特点在于"公共性"(publicity)。任何对公共管理和公共政策的定义之所以必须强调其公共性特质，其中的一个重要原因在于政府有义务增进社会的公共利益。正如戴维·H.罗森布鲁姆、罗伯特·S.克拉夫丘克(2002：6-7)所认为的，公共政策必须以公共利益的实现作为价值取向和政府的行动指南。也正因为如此，大多数现代国家都在宪法中确立了公共利益的理念和价值。比如，现代民主国家的宪法都安排了专门的条款对政府（对私人财产的）征用做出了规定，而这种宪法规定的政府征用条款一般都是从公共利益的角度来界定的(唐贤兴，2008b)。

中国 2004 年修正后的宪法也有类似的一个关于政府征用的条款，并在后来的《物权法》中再次得到体现。然而，中国在制度、法律和政策实践中确立起公共利益的原则，并不是很顺利和轻松的，而是经历了一个很漫长的过程。这是一个利益不断分化、冲突、定义和重新定义的过程，而且，在中国的政治、政府和政策过程中，很常见的一种现象是，即便指导和规范利益关系的法律、制度和规则确立了起来，实际的政治和政策过程并不见得总是受到制度规则的严格约束。这多少可以说明,在制度变迁的背景和压力下,公共政策的变革和变迁依然会表现出它自身的局限性。本章首先描述和回顾了公共利益的理念在中国的确立过程,重点分析了在中国的公共政策过程中,中国社会的复杂性和大国治理的特点决定了界定公共利益的途径、方法和难度。从中国的大国治理要求出发,本章提出必须从推进政府与公众合作的角度来实现公共利益,这是中国公共政策过程中解决公共利益困境的最切实途径。

3.1 确立公共利益的理念:一个艰难的历程

在中国,出现公共利益的概念,尤其是政策实践中确立公共利益的理念,是新近的事情。这是说,它对中国来说是一个新东西。虽然学术界对它的讨论要稍微早一些时间,但真正让这个概念成为学术界高频使用的术语,则是在2004年的宪法修正案在其第20条和第22条中将"公共利益"作为国家对公民财产征收和征用的条件和理由之后①。然而,与政策实践中对公共利益的一些误解甚至歪曲处理一样,学术探讨中的公共利益概念也并不是很明晰的。

我们首先将简要回顾这个概念在中国出现之前后所经历的发展,以便为我们更好地理解经由合作解决冲突以实现公共利益提供一个经验的基础和历史的背景。

3.1.1 公共利益:一个变化的概念

公共利益是一个不断变化着的概念。这首先归因于"利益"内

---

① 其实,宪法第10条第3款中,原本存在"公共利益"一词,宪法第20条修正案是对其的补充。参见胡锦光、王锴(2005)。

容的变化。在哲学意义上,利益表现为某个特定的客体(精神或者物质)对主体具有意义,并且为主体自己或者其他评价者直接认为、合理地假定或者承认对有关主体的存在有价值(有用、必要、值得追求)(汉斯·J.沃尔夫、奥托·巴霍夫、罗尔夫·施托贝尔,2002:324)。显然,利益是与主体的价值(感觉)密切联系在一起的,是一种离不开主体对客体之间所存在的某种关系的价值形成,是被主体所获得或肯定的积极的价值。生活于不同时代的人,其生存境况存在差异,即便在同一时期,不同的人对利益客体所形成的价值判断有着区别,因此,利益的内容必然存在着变化。

公共利益概念不断变化的第二个原因在于"公共的"(public)这个修饰利益内容的前缀词本身的变化。在公共利益的概念中,相对于"个别"而言的"公共",其含义是指利益的受益对象之范围。判断受益对象的范围到底该多大才能够说得上是"公共的",存在着技术上、政治上和伦理上的难题。尤其需要指出的是,在历史上和现实中,并不是社会中的每一个人都具有做出这个判断的权力。一些人受到结构性的排斥而未能成为自身利益的主张者,更遑论其是公共利益的主张者。由谁以及如何来主张公共利益,受制于特定社会的发展程度和政治制度的型态及其变化。对于个人之外的大多数人的利益(即公共利益),比较容易出现主张者缺位的问题;即便存在主张者,他(们)作为共同体中大多数人的代表,依然存在着其对公共利益的认识与大多数人的认识相偏离的可能性。这是需要通过法律和政治程序的过程才能加以解决的问题。也正是因为如此,公共利益可以被区分为主观公益和客观公益两种类型。

总之,无论是从利益内容的角度,还是从公共性的角度,公共利益的内容不是固定不变的;相反,它总是处于变化之中。这要求人们对公共利益的理解,必须与特定的时代背景和社会的发展水平相联系，要从变化与发展的角度来做出相应的解释。事实上，从公共利益内涵以及人们对它的认识的变化中，可以看到一些公共政策以及相应的政治过程的发展轨迹。

3.1.2 帝国的遗产

现在回过头来认识中国的情形。考察当代中国公共利益和公共政策的变迁，不能不注意到两千多年厚重的帝国遗产。中国的大国治理模式不是唯一的，却是独特的，其中不可否认帝国遗产的影响作用。现在人们普遍相信，公共政策必须以公共利益的实现作为价值取向和政府的行动指南。但这个原理和精神是相对于现代民族国家而言的，而在漫长的封建帝国时期，王朝利益是指引和规范国家治理行为的最根本的价值取向。在那里，不存在现代政治学意义上的国家利益，有的只是王朝利益。所谓"朕即国家"，不仅意味着帝王是主权的所有者，而且意味着皇室家族利益、王朝利益和国家利益之间几乎是一个重合的关系。实际上，在现代民族国家形成前后的欧洲，也存在同样的情形，各王朝国家与其他国家发生交往、联盟、冲突、战争等各种联系时，都是以保护和维护王朝利益为前提的，王朝利益就是国家利益。在这个意义上，马克思主义的阶级利益观是适合分析王朝利益与国家利益的高度重合性的，统治阶级"为了达到自己的目的"，经常凭借国家政权"把自己的利益说成是社会全体成员的共同利益"（马克思、恩格斯，1972：609）。

我们可以从政策实践中的意识形态方面找寻到另一个帝国遗产。以儒家思想的正统地位为特征的意识形态强调维持现有社会秩序的重要性[①]。这是一种较为保守的政治思想，社会秩序通过

[①] 当然，尽管儒家思想一直都是作为主流正统思想而存在于帝国的治理结构之中，但它一直不是唯一的意识形态。中国的传统制度将崇高的儒家理念与严酷的法家手法合二为一。参见李侃如（2010：10）。

人们政治地位的不平等得以建构,并被孟子阐释为是一种符合社会正义的秩序:"劳心者治人,劳力者治于人;治于人者食人,治人者食于人。天下之通义也。"(《孟子·滕文公章句上》)这种不平等的政治等级结构,使得处于社会底层的人们难以在政治领域表达自己的见解和意愿,公共利益仅是依靠处于上层社会的精英们对于社会的观察和理解。从社会结构上来讲,中国社会表现出了儒家学说所推崇的特点:上下有序,以家庭为重,恪守利益。儒家思想并没有类似于西方社会的非常抽象的社会责任的概念,如每个人对他人及社会的社会责任等,而是一种非常具体的责任,并由特定的社会关系所决定。从一定程度来说,中国人更多地视自己为特定关系网中的一员,如家庭成员或家族成员,而不是一个国家的共同成员(李侃如,2010:10)。

总之,帝国时期的政治与社会结构、意识形态决定了不可能形成现代政治学意义上公共利益,以及公共利益与国家利益、公共利益与个人利益之间的关系。虽然帝国秩序在20世纪初瓦解了,但帝国遗产依然深刻影响着此后走上现代国家的中国社会。

3.1.3 "革命后社会"

形成于"革命后社会"时期的国家利益为我们分析中国社会公共利益的艰难成长提供另一个视角。经过革命建立起社会主义制度的社会通常被称为"革命后社会",时间上涵盖了从1949年到改革开放时期之前(王沪宁,1987)。革命后社会初期的基本特征,在于它是一个继续变革旧政治体系,用完成革命的力量来非程序性地、权威式地组织和领导社会生活的社会。在这里,社会公共秩序的重建和巩固,与作为执政党的中国共产党的政治统治在现实的政策过程中有着高度的契合(余亚梅、唐贤兴,2012b)。任何一个获得政权的政党、政府,都试图巩固自己的政治统治地位,因而,在政策行动中体现自己的利益和偏好,是正常的。运用政治权威整顿混乱的社会现象,在当时特定的形势下是被迫的、也是最行得通的选择。这两个政策目标在革命后社会初期都得到了实现,但是,运用革命和权威力量来界定和形成国家的、集体的和政党的这些与公共利益有着较高关联度的利益形式,贯穿于改革前的整个革命后社会时期。执政党和政治-行政力量在经济发展、政治、文化、意识形态等方面界定利益的过程中处于主导性地位。利益没有分化且高度均质,党的利益、国家利益、阶级利益、全局利益、集体利益、人民大众的利益、整体利益等概念,却在不同的领域里都被同样地用来指代公共利益。均质化的利益结构中并没有公共利益的位置,更不存在作为形成公共利益基础的个人利益。

然而,"个人利益服从国家利益,局部利益服从整体利益"的原则,似乎会让人们觉得,社会存在着个人利益的合法性,至少在党的意识形态和政治话语体系中,"个人利益"的话语表述并没有消失。这条原则表面上看起来是对个人利益做出了一定的肯定,其实不然。由于政府几乎垄断了社会全部的利益和资源,又用计划手段在个体间进行"平均"分配,并以行政力量禁止和遏制其他利益的存在,由此产生了高度整体性的社会利益结构——"社会利益无差别"的格局。党和政府通过意识形态的控制,最大限度地消除任何人偏离这一利益结构轨道的可能性。因此,上述这条处理利益关系的原则,是政治性和道德性的原则。政府在政策过程中拥有绝对权威,是唯一的政策主体,普通人并不构成一个完整的利益主体,因而他们在政治-行政分配给他们的利益之外,不可能产生其他的利益需求——他们既没有维护自身利益的愿望,也无维护自身利益的能力。协调利益关系的单一化原则,以及社会利益结构的简单化,使得政府制定和执行政策的过程,几乎不会受到来自任何个体的挑战。以党和国家的利益、人民群众的利益、集体利益等形式被表述出来的"公共利益",实际上是以忽视单个个人利益为前提的。人民公社时期农民的生存境况及其个体权利的不受重视,清楚地说明了当时的"公共利益"的属性和内容①。在这一点上,美国政治学家查尔斯·林德布洛姆(1992:351)的判断显然不够准确:在共产主义国家,政治权威高度集中,有关制度和政策并不像传统的权威主义制度那样忽视他们的福祉,在这些制度下,领导层"承诺了集体目标,包括(至少过渡性地)社会改造,而非像市场取向的多头政治那样敦促实现个人自由和个人目标"。

3.1.4 "改革后社会"

进入"改革后社会"时期,中国社会真正产生了出现公共利益概念、确立公共利益理念的历史条件。一个条件是本应该作为利益主体的民众有了利益意识觉醒。农村的所有制和产权改革确立起了农民的利益主体地位,"交够了国家的,留够了集体的,余下的是自己的"这种朴素表述,表明农民已经有了利益主体的意识(周其仁,1994;唐贤兴,1997)。随后在城市推进的经济改革,进一步为非公有制经济主体的生长拓宽了空间。可以说,民众利益主体意识的觉醒和利益主体地位的确立,应该归功于放权改革所设计的市场制度的发展。另一个历史条件是利益主体间竞争甚至冲突的产生。一旦多元利益格局打破了政府对社会资源配置权的垄断,人们为追求自身利益而展开竞争便不可避免。是市场力量减小了人们在获取利益问题上对政府的绝对依赖,同时,也正是未受调控的市场力量拉大了人们之间的利益差距。利益的分化虽然对原先的政策价值观和政府决策提出了挑战,并加大了公共决策的

---

① 关于人民公社时期农民的生存境况,以及一些地方农民的权利(尤其是财产权)被限制甚至被剥夺的描述和分析,参见唐贤兴(2002,第五章)。

难度,但是,竞争甚至冲突的利益关系的产生,恰恰为公共利益的产生提供了机会。政府既要根据大多数人的需要和意志来做出决定,以便让公共政策能体现公共利益的价值要求,同时又必须尊重个人、少数人、小集体的合法利益,以谋求公共政策的公益目标与最大多数集体成员的私益目标相一致。

然而,历史条件的具备并不意味着社会就能很顺利地在政策过程中确立起公共利益的理念。尽管改革以后开始强调个人利益和承认多元化利益格局的重要性,但是,政策实践中处理各种利益关系的原则却显示出,政策主体所称的国家或集体利益,与后来在宪法中明确规定的"公共利益"概念,在很多方面存在着较大的差别。邓小平(1994:351)等党和国家的领导人十分强调"把国家、集体和个人利益结合起来"对于调动积极性和发展社会主义的意义,这种结合通常又被称作"统筹兼顾的原则"①。这种结合本是公共利益所要求的,但在改革以后的很长时间里,这种结合在实践中并不是做得很好,也存在着客观的难度。而且,中国领导人在处理利益关系的矛盾上的另一条原则似乎比"结合"原则来得更重要,那就是个人利益服从整体利益。邓小平(1994:175)说:"在社会主义制度之下,个人利益要服从集体利益,局部利益要服从整体利益,暂时利益要服从长远利益,或者叫做小局服从大局,小道理服从大道理。"而之所以要主张和强调这种服从关系,在邓小平(1994:338)看来,是因为"在社会主义社会中,国家、集体和个人的利益在根本上是一致的,如果有矛盾,个人的利益要服从国家和集体的利益"。

在改革开放以后的二十多年时间里的政策实践来看,统筹兼

---

① 关于邓小平以统筹兼顾的原则来调节和处理各种利益的相互关系的论述,参见邓小平(1994:175)。

顾的原则和小道理服从大道理的原则经常存在着张力。这两个原则在性质上主要都是价值的、意识形态的甚至是政治纪律性的，而不是制度性的，因此，它们并不能妥善协调和处理各种利益矛盾甚至冲突。直到宪法修正案确立起公共利益的原则，并从制度上对向公共利益让步的个人利益做出相应补偿的规定，从而可以真正被看作执政党和政府试图从制度上来处理利益矛盾。尽管这并不意味着从此不再产生发展过程中的利益矛盾和冲突，但确实反映了作为一种发展和政策理念的公共利益，正是在利益的分化和冲突中被确立起来的。这是一个长期的艰难的过程。

3.2 不和解状态下的公共利益：社会冲突的视角

公共利益的概念出现于中国的政策过程之中，是利益分化和利益矛盾的必然产物。然而，观念上和制度上被确立起来的公共利益，最终能否有实现的可能，则又是另外一个复杂的问题。这就是说，利益分化和矛盾的存在是形成公共利益的基础和前提性条件，但却不足以能够建构并保证公共利益的实现。如果利益博弈者之间没有妥协与合作的意愿，如果政策过程不能产生或提供充分有效的合作机制，那么，利益间的矛盾和冲突将成为公共利益的障碍。

在这里，我们将从社会冲突的视角来分析以合作界定公共利益的重要性，并对中国政策实践中存在的这一问题做出解释。

3.2.1 当今中国的社会冲突

社会冲突是考察当今中国公共政策及其变迁的一个有意义的维度，作为一个事实和变量，研究者不能回避它对公共政策所产生的影响。面对着20世纪90年代以来中国社会转型过程中出现的越来越严峻的社会冲突情势(如图 3-1 所示),很多政治学和社会学研究者提出了不少有意义的分析框架,试图对中国社会冲突的基本逻辑做出相应的解释。

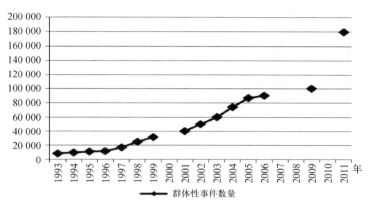

资料来源:根据历年的中国统计年鉴整理所得。

图 3-1 群体性事件的数量

在李连江和欧博文(1997:96-104)提出的"依法抗争"或"以政策为依据的抗争"(policy-based resistance)里,底层农民的抗争行为被看成是农民积极运用国家法律和中央政策来维护其自身政治利益和经济利益不受某些地方政府和官员侵害的政治活动,因而兼具政治抵抗和政治参与的特点。而于建嵘(2003,2004)提出的"以法抗争"解释框架,则强调具有明确组织性的抗争精英在维权活动中的关键角色,认为很多社会冲突事件是一定数量意志坚定的抗争精英,在一定的分工和激励结构下,以维护中央政策和国家法律赋予农民的合法权益为目的的维权行动。至于社会冲突的性质,赵鼎新(2008)的"冲突性政治"与于建嵘(2010)的"抗争性政治"形成了两个典型的不同范式。上述这些分析框架和研究范式,大多是以底层民众的利益维权为研究对象而被发展出来的,根据于建嵘(2010:5)的说法,自 20 世纪 80 年代以来,中国的社会冲突经历了以知识精英为主体向以工农为主体的重要转变。不可否认,这些研究对于社会冲突具有较高的解释力。

但是,底层民众的维权式抗争并不是社会冲突的全部。事实上,在迄今为止的很多社会冲突案例中,比如,从北京六里屯、江苏吴江、南京天井洼、上海虹桥、广州番禺等地因垃圾焚烧发电项目而产生邻避效应的公众抗议事件,到大连、厦门、宁波、昆明和最近的茂名等地公众为反对 PX 项目而引起的社会冲突,参与者不只是底层民众,还包括了大量白领阶层、知识精英和社会精英。与那些可以明确观察和估算的个人权益受损不同,这些社会冲突案例中的参与者并不能较为确定地计算自身利益的得失,虽然抗议行动或多或少与维护个人利益有着关联,但至少它们在形式上多以维护"公共利益"的面目出现。在目前已经达到每年近 20 万起的社会冲突(群体性事件)中,有一类特殊类型的社会冲突,即于建嵘(2010:5)所称的于 20 世纪末以来经常出现的"社会泄愤事件"。它的显著特征是大多数参与者与事件本身并没有直接的利益关联,主要是表达对社会的不满。这类冲突并不是参与者的"维权"行动,而且在目标上也不是以追求公共利益为诉求;相反,它对公共秩序、公私财产、法治等造成了较大损害。这类社会泄愤事件,包括安徽池州事件(2005 年)、浙江瑞安事件(2006 年)、四川大竹事件(2007 年)、甘肃陇南事件(2008 年),等等,而其中以贵州瓮安事件(2008 年)最为典型。

因此,对社会冲突的考察,仅仅局限于底层民众的维权这个维度,是不够的。我们还必须从公共利益的实现的维度,去分析社会冲突的性质和功能。显而易见的一个事实是,很多冲突案例的行动参与者对公共利益的解读,与政府决策者对公共利益的定义存在着较大的裂痕。不消除和弥合这些裂痕,公共利益的实现就只能是镜中花水中月。

3.2.2 以公共利益为代价的冲突解决

在当今社会冲突越来越严重的背景下,站在发展和转型的角度,中国的公共政策过程中对公共利益的界定,必须以实现政府与公众之间的合作为取向。这是因为,在如此庞大的群体性事件数据中,有达 66.7% 的事件是表现为政府与公众之间的冲突(如图 3-2 所示)。然而,另一个严峻的现实是,在很多社会冲突案例中,两者之间处于不和解的状态。尽管事件本身得到了平息,冲突没有进一步激化,但很多公共利益问题却再次被搁置了起来。

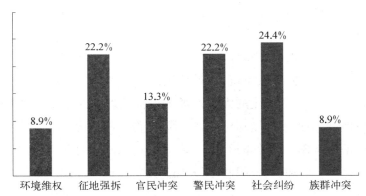

资料来源:法制网舆情监测中心:《2012 年度群体性事件研究报告》(2012 年 12 月 27 日),法制网,http://www.legaldaily.com.cn/The_analysis_of_public_opinion/content/2012-12/27/content_4092138_2.htm,最后浏览日期:2015 年 6 月 15 日。

图 3-2　当前中国群体性事件诱因

在中国正统的政治话语体系中,很多社会冲突属于"群体性事件",它们是人民内部矛盾的反映,因为在社会主义制度之下,就像邓小平(1994:175)所常说的,归根结底,个人利益和集体利益是统一的,局部利益和整体利益是统一的,暂时利益和长远利益是统一的。不同的理论对人民内部矛盾的含义可以有不同的解释。按照现代社会学理论对(社会)冲突的理解,"人民内部矛盾"包含了因利益差异而引起的紧张关系和竞争(乃至抗争)。一些中国学者,如于建嵘(2010:11),将此种类型的社会冲突称为"非对抗性冲突",以与"对抗性冲突"类型相对应;另一些学者则用"无直接利益冲突"来描述类似的民众抗议行为(孙玉杰,2010)。

然而,这种属于人民内部矛盾的非对抗性冲突,并非意味着在实现公共利益问题上政府与民众总是因此可以实现彼此的和解。其中一个不和解的最典型体现,是很多社会冲突事件的解决,最后是以牺牲公共利益为代价的。在广州番禺围绕垃圾焚烧发电项目而引发的社会冲突事件中[①],当地政府被迫宣布中止项目,以此来平息当地民众的抗议。但如何处理日益严重的垃圾问题,并没有因此而得到解决。本章作者之一的唐贤兴,曾于2013年11月对当地进行了实际考察发现,当初选定的垃圾焚烧发电厂址已是一片荒芜之地,每天产生的大量垃圾被迫被填埋在几公里之外的一个填埋场,但该填埋场却已经完全饱和,像一座高山一样裸露在远处。据当地政府官员介绍,由于填埋场泄露出来的臭气影响了周边居民的生活和健康,因此,原先那些反对垃圾焚烧的"反烧派"民众,后来却演变成反对垃圾填埋的"反臭派",他们在周边社区中一幢幢房子上挂出了巨幅"臭"字,以示抗议。在多地发生的民众抗议PX项目的冲突事件中,抗议行动的平息也同样以政府当局宣布不上此类项目而达成的,几乎没有机会通过相应的程序来讨论如何通过安全可控的途径让这些项目成为公共利益项目。这种情形,正印证了哈蒙和梅尔(Harmon & Mayer,1986:9)等人所描述的"问题没有解决的办法,只有临时的、不完全的解决"的困境。

---

① 对该案例的来龙去脉的系统描述和分析,参见本书第11章。

在几乎所有的邻避项目建设的冲突案例中,尽管政府与民众之间的对立并不是一种敌对关系,冲突也并非总是要以势不两立的暴力对抗形式表现出来,但以公共利益为代价的冲突解决方式,却反映了冲突双方的不和解性质。这些邻避项目往往是由于某一方的需求没有得到满足、目的没有达到而引致冲突。按照社会学家科塞(Coser,1956:35)的观点,这样的冲突只是为满足需求、达到目标的一种手段。但人们不应忘记,科塞(Coser,1956:37)同时把社会冲突定义为"对有关价值、稀有地位的要求,权力和资源的斗争",在这种斗争中,"对立双方的目的是要破坏以至伤害对方"。所以,有关的政治社会学研究必须去解释,在公共利益的实现问题上,政府与民众之间为何很难实现和解。

3.2.3 信任缺失与不和解

我们还可以从政府与公众之间的彼此不信任,来理解不和解的另一个典型原因。没有人否定信任作为一种社会资本的价值,但是,关于信任与合作、信任与处理政府与公众间关系的功能,以及信任与民主之间的关系,在学术界一直存在争议。加尼杉(Ganesan,1994:1-19)认为,组织间的互信能产生高度合作的意愿,这对达成共同利益至关重要。但经济学家罗伯特·阿克塞尔罗德(2007:126)却认为,"合作的基础不是真正的信任,而是关系的持续性"。这是因为,如果行为体之间的互动只是一次性行为的话,合作的需求是不可能产生的,或者说合作是多余的,因此,"从长远来说,双方建立稳定的合作模式的条件是否成熟比双方是否相互信任来得重要"。关于信任是否有利于民主建设,或者何种信任有益于民主,以及民主是否意味着公众必须信任政府,政治科学领域也一直没有停止争论。

尽管如此,在中国的政策实践中,政府-公众间的彼此不信任确实应该成为理解其和解之不易性的一个重要变量。在很多群体性冲突案例中,参与抗争行动的民众这一方总体上对政府持不信任态度。政府就垃圾焚烧发电项目和PX项目等的安全性和必要性解释,根本无法在冲突过程中说服民众。而且,政府越是努力解释,甚至引用专家的评价来进行解释,民众越是怀疑其真实性。造成这种情形的根源很复杂,既有民众一方的因素,也是长时间来政府公信力下降的必然结果。高层很早就意识到政府公信力下降的危害性,比如,时任国务院总理温家宝在2006年的一次全国电视电话会议上强调要花大力气来增强政府的执行力和公信力①。但积重难返的公信力建设是一个系统工程,很难在短时间里得到解决。在线问卷调查网站问卷星于2012年2月13日发起的关于"我国政府公信力调查"所提供的数字,很能够说明这一点。在体现政府公信力的缺失因素方面,有407人(74.82%)选择"执行不力,上有政策下有对策",390人(71.69%)选择"信息不公开,暗箱操作",而选择"官员贪腐"的有367人(67.46%)。特别是对于政府公布的各种调查数据的网民信任情况,有超过半数的人(304人,占55.88%)对政府公布的数据表示"怀疑"。针对突发事件的信息公布渠道,有361人(66.36%)选择"相信自己的判断",287人(52.76%)选择"相信网络爆料",而选择"相信官方说法"的人只占到19.49%(106人)②。这些数字一定意义上说明了政府公信力缺失(民众的不信任)的程度。在政策过程中,民众的这种不信任实际上表达了对政策合法性的怀疑,是对政府作为公共利益代表者

---

① 《温家宝强调增强政府的执行力和公信力》(2006年9月5日),新浪网,http://news.sina.com.cn/c/2006-09-05/09319939260s.shtml,最后浏览日期:2019年7月5日。

② 《本果舆情:我国政府公信力问卷调查结果出炉》(2012年2月15日),搜狐网,http://roll.sohu.com/20120215/n334816837.shtml,最后浏览日期:2019年7月5日。

的资格的怀疑。在这种情形下,政府任何试图协调各种利益矛盾来追求公共利益的努力,都将变得十分艰难。

当然,信任作为一种关系在任何时候都是双方面的。在现实的政策过程中,一些地方政府也经常对民众抱着不信任的态度,它与民众对政府的不信任是相互强化的。在我们的一些调研中,一些政府官员丝毫不掩饰地使用"刁民"这个贬义的概念,而"钉子户"这样的术语还经常出现于公开的媒体报道中。虽然自 21 世纪以来国家一直主张"公民有序参与"的重要性,但在实际的治理过程中,很多地方既不相信和重视民众有序参与的动机和能力,更把民众以非制度化的参与表现出来的社会冲突视为洪水猛兽。一些地方官员对社会冲突事件存在着"体制性过敏"(于建嵘,2010:4),习惯于以维稳为主要手段的非制度化运作方式来应对民众的合理利益诉求,尽管这种民众诉求经常可能以不合法的手段来表达。社会秩序的稳定是一种事关每个人利益的公共利益,但是,国家治理不能把所有的社会冲突事件看作是对公共利益的损害。尤其是,很多地方官员把以维稳来实现的"刚性稳定"直接等同于公共利益,而不承认民众的非制度化参与行动是社会转型过程中形成的排斥性体制的结果,因而不认为民众的抗争行动实际上是民众作为一个"理性人"的合理反应。政府不打算对"刚性稳定"信条做出妥协。对民众的不信任不仅增大了社会的经济成本(如图 3-3 所示)[1],还会加大一些方面的政治成本,最突出的就是作为一种"压力型体制"(荣敬本、崔之元,1998)的维稳会造成社会结构的断裂,阻碍政府对政策设计做出反思的能力。

---

[1] 需要说明的是,图 3-3 中的公共安全支出不能被等同于国家的维稳成本。高额的维稳支出是存在的,但到底占了多少公共安全总支出的份额,目前却没有公开的统计数据。

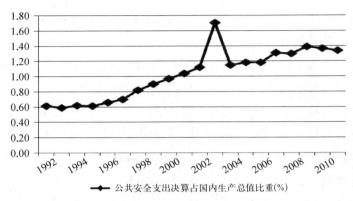

资料来源：根据历年《中国统计年鉴》整理。
图 3-3 公共安全支出决算占国内生产总值比重

3.3 合作的构建与公共利益的界定：困难与突围

政府与民众之间的不和解关系的存在，意味着这些社会冲突案例所建立起来的"方式—目标—结果"逻辑关系，决定了民众抗争行动的性质和功能。虽然有关社会冲突的各种分析框架承认社会冲突的功能具有两面性，但是，对于大多数中国的群体性事件和社会冲突而言，它们很少成为政策、制度和社会变迁的推动性因素，冲突事件大多以"领导高度重视""强制加协商"等方式得以平息（唐贤兴，2008b：90）。因此，这些社会冲突的建构性功能是很有限的。

对抗形成不了公共利益。虽然对抗的烈度存在着很多方面的差异，大多数冲突案例却显示，冲突的性质都是政府与民众之间的利益上和价值上的对抗（在这里，对抗不应该被理解为彼此的否定和根本对立，而应该被理解为彼此不愿意做出妥协与和解）。由此可见，公共利益的概念虽然在法律和制度层面上确立了起来，但在政策过程中并没有得到很好的贯彻。然而，虽然政府与公众的不和解增加实现公共利益的难度,但以公共利益为价值准则来协调和处理各种利益矛盾必然是今后政策实践不可逆转的趋势。从理论上来说,经由合作来解决冲突、从而实现公共利益的必要性和可能性都是存在的。

3.3.1 合作的难度

为了更好地理解合作对于公共利益的意义,我们有必要先对合作的困难性进行分析。受到如下诸多现实的约束性条件的影响,在实现公共利益的过程中,政府与民众之间缺乏有效的合作。

首先,政策主体的观念问题。我们在第一部分论述到公共利益观念确立的艰难历程告诉人们,在法律和制度上确立起公共利益的理念只是最近十多年里的事情,这个时间只是整个历史长河中很小的一个点而已。因此,要让作为决策者的政府很快在政策过程中转变其角色和观念,存在着不小的难度。本章第二部分对政府与公众的不和解状态的分析,就很能说明这个问题。

大多数现代国家都在宪法中确立了公共利益的理念和价值,根源于现代政治学的社会契约理论,以及现代政治的民主实践。基于当代中国社会冲突加剧的现实,一些中国学者也提出,国家权力的运行应当促进公共利益的增长,公民权利和利益是国家权力运行的宗旨,无论是在制度安排还是制度运行中,都应当得到充分的尊重和保护(李琼,2007:305)。然而,社会冲突的事实却表明,许多静悄悄做出的政府决策,往往在后来发生的社会冲突中被政府解释为体现大多数人利益的决定。政府之所以这么做,在大多数情况下是由于政府认为自己天然地是公共利益的代表者,而且过于相信自己的权力、权威和能力。结果,一方面,政府决策并没有与所谓的大多数利益相关者进行充分的协商;另一方面,政府决策经常把公共利益等同于社会的整体利益,没有谨慎地把可能对少数人的利益带来什么样的影响和损害考虑进去。这几乎是所有的邻避效应项目引起社会冲突的原因所在。

公共利益的实现是一个解决利益冲突的过程,而解决冲突的过程就是合作的过程。合作的其中一个基本点在于,合作是人们为了实现同一目标而相互帮助、共同行动的一种方式或状态。合作与其说是一种目标,不如说是达到各种各样目标的手段,是一种用来解决问题的有目的的关系,它在既定的限定条件下创造或发现一个解决办法。当公共利益是由政府单方面来界定时,当追求和实现公共利益被看作只是政府的事情时,合作便是多余的,政府也不可能产生合作的需求和动机。我们的政策实践需要检讨,政府是否已经真正具有公共利益的意识和理念。

其次,发展的压力。改革开放以来,中国经历了长时间的快速增长(如图3-4所示)。这是我们理解中国的公共政策所必须充分考虑的基本背景。总体上说,经济的快速增长与公共利益是一致的。然而,在现实的政治逻辑中,经济增长同时与政府自身利益联

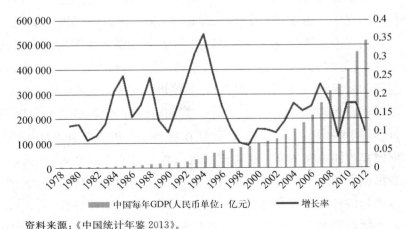

资料来源:《中国统计年鉴2013》。

图3-4 改革以来中国的经济增长状况

系在一起。周黎安(2004,2007)对地方政府间围绕"政绩合法性"而展开的"政治锦标赛"的研究,既可以说明政府在增长面前的压力,也可以说明政府自身利益如何被阐释为公共利益的。

尽管从中国的现代化逻辑上来说经济增长与公共利益存在着历史的一致性,但是,由经济增长所体现出来的公共利益,依然存在着伦理上的争议。以效率为取向的增长与分配正义之间的失衡,一直困扰着整个改革过程,特别是20世纪90年代以来表现得尤为明显。出现于这个过程中的诸多社会冲突,正是这种张力的结果。增长的代价是多方面的,其中以生态环境的严重破坏最为突出(如图3-5所示),而环境破坏所造成的损失(如表3-1所示)抵消了相当一部分的增长成就,尤其是,环境破坏的代价是由社会整体来承担的,其中包括那些并没有从增长中获益的群体。尽管这些问题不足以否定改革和增长政策的成功,但对公共利益的评价必然要打折扣。如果那些因为环境污染(针对已经产生的结果)或

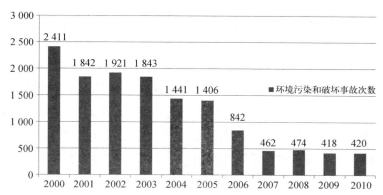

资料来源:《中国统计年鉴2006》中的表12-28"环境污染与破坏事故情况",中华人民共和国国家统计局网站,http://www.stats.gov.cn/tjsj/ndsj/2006/indexch.htm,最后浏览日期:2019年7月5日;2006—2010年的《中国环境统计年报》,中华人民共和国生态环境部,http://www.mee.gov.cn/gzfw_13107/hjtj/hjtjnb/,最后浏览日期:2019年7月5日。

图3-5　2000—2010年度环境污染和破坏事故次数

表 3-1　污染直接经济损失

年份 单位	2000	2001	2002	2003	2004	2005	2006	2007	2008	2009
万元	17 808	12 272	4 641	33 741	36 365	10 515	13 471	3 278	18 186	43 354

资料来源：2006—2010 年的《中国环境统计年报》，中华人民共和国生态环境部，http://www.mee.gov.cn/gzfw_13107/hjtj/hjtjnb/，最后浏览日期：2019 年 7 月 5 日。

因为担忧产生污染（针对政府已经做出决定但政策项目尚未上马）而引发的民众抗议事件被指责为对公共利益的妨碍或损害，那是不公正的。我们毋宁说，这类抗议事件多少表现为民众为争取公共利益话语权和界定权的一种努力。

自中共十八大以来，国家高层对中国的发展战略做出了重大调整，实现中国经济社会的"又好又快的发展"成为今后中国的政策指南。但这并不意味着政策过程不再面临着增长与发展的压力。实现中国经济快速增长的任务并未完成，而经济结构的转型必定是一个长期的过程。不可否认的是，依然存在的发展压力继续构成了政府与民众紧张关系的影响因素。中共十八大后接连发生的民众抗争事件，意味着在发展问题上实现政府与民众的合作并非想象的那么容易。理由很简单。发展的逻辑遵循的是效率原则，而合作则意味着长时间的博弈。在这里，基于经济快速增长的政府决策是否有意愿与民众协商与合作，充分考虑民众的环境需求，现在看来还是一个"问题"，而不是已经成为政府决策的一个"议题"。合作从来不是单方面的，而是多个行为体之间的互动关系。合作的结果并不一定仅仅指在多大程度上实现了合作的目标，某种程度上，合作关系与合作意识的存在似乎更为重要。因此，实现合作的关键在于通过合作能够满足合作者的各自或共同的需求。显然，不尊重参与者间的相互需求，就不可能实现合作。

最后，可能会引起合作困难的因素是技术上的。逻辑上说，如果政府与公众在界定公共利益的过程中能够产生彼此的信任关系,那么,两者采取合作的方式就相对简单和容易。然而,信任意味着,给别人以信任的人与被信任者之间"没有实质性的利益冲突"(马克·E.沃伦,2004:1),而在任何政治体系下的政策过程,政府所代表的公共利益(加上政府的自身利益)与公众利益(包括共同体中的多数人的和少数人的利益)之间,总存在着不同程度的矛盾和冲突。因此,在中国的政策过程中,与其抱怨政府与公众之间信任关系的缺失,不如转而寻求解决公共利益界定的技术问题。这方面,开发合作的机制和制度,尤为关键。对高度分化的众多利益主体的利益和需求进行整合,就需要提供方便各行为体进行协商、对话、谈判、讨价还价的制度性平台、程序性机制和技术性途径。这些技术性条件的解决,不仅有助于增进行为体之间的信任关系,还能诱导行为体合作需求的产生。众多关涉公共利益项目的社会冲突之所以产生,其中一个重要原因在于,在界定公共利益过程中,体系缺乏这样的合作制度安排。公共利益一旦未经合作而界定,在社会冲突展开过程中,行为体之间寻求新的合作来解决冲突的难度就提高了。

3.3.2 公共利益界定的难度

尽管实现公共利益是政府最根本的职责所在,但究竟什么是公共利益,怎样界定公共利益,对于政府来讲都是一件十分困难的事情。在整个学术界中,对于公共利益的研究总体上也显得颇为不足。具体而言,一方面,一个具体而非模糊的定义,会使公共利益有丧失社会共享性的风险;另一方面,一个普遍非具体的定义,则使公共利益在实际过程中难以界定。这两方面问题,体现出公共利益在界定和实现过程中所面临的实际困境。从公共利益所具有的性质来看,其界定就存在相当大的难度。概括地讲,公共利益具有社会共享性、客观存在性以及动态变化性。

首先公共利益是一种公共的利益,不分阶级、民族、地域及教育的差异,面向社会上所有的人。任何人对公共利益的享有都不会影响其他人对公共利益的享有。这是公共利益区别于私人利益和共同利益的基本特征。凡是和人们生活有关的、能够为多数人共享的领域范围,公共利益都可能存在,如备受人们关注的雾霾天气其实质就是一种危害公共利益的表现。

其次,公共利益既不是个人利益的简单叠加,也不能理解为多数人基于利益关系所共同认同的那部分利益。公共利益是客观存在的,尽管我们不能详尽地罗列出公共利益所包含的各类条件和内容。具体到公共问题上,特别是在公共部门所提供的各项公共物品和服务中,都集中体现了公共利益的客观内容。

最后,公共利益的内容不是永恒不变的,而是随时间、地点以及研究问题的角度之变化而变化的。它既与客观社会条件下的生产力水平相关,又与人们的主观需求相关。比如,一百年前二氧化碳排放并不被视为危害公共利益,但随着社会生产力水平的提高和人类需求状况的变化,由此带来的臭氧层稀薄及全球变暖等却成为现在公共利益的客观内容。

3.3.3 合理合法地界定公共利益

尽管存在着这些现实的困难,但经由合作来界定公共利益既是政策合法性之必需,也是预防和解决社会冲突的良方。在现实社会中,与社会共同体内部的共同利益有所不同,公共利益的存在与实现,经常会同对私人权益的限制与克减联系在一起。因而,公共利益与私人利益之间显然存在着某种紧张关系甚至冲突。它与私益之间不是对立的关系,有时候相互一致,有时候却相互冲突(哈特穆特·毛雷尔,2000:40)。阿克塞尔罗德(2007:12)从合作的角度论证了政府处理利益冲突的方法,并得出结论:"政府不能只靠威胁来统治,而必须使大多数被统治者自愿服从。"这就涉及与合作相关的现代民主的两个基本的问题。一是公共利益由谁来界定？二是以什么样的方法或途径来界定公共利益,从而使公共利益的实现过程尽可能化解这种冲突,或者使冲突产生的消极方面降低到最低限度？

合作界定和形成公共利益包含着丰富的含义。一个要求是合理地界定公共利益。阿罗不可能性定律已经证明,公共利益不是个人利益的简单叠加(Arrow,1951:112)。某个领域公共利益的形成必定会以另外一个领域的公共利益的减损为代价,同样,基于功利主义原则而产生的符合大多数人利益的决定,也必然会对少数人的利益构成限制和损害。这就要求公共利益的界定须遵循合理性原则,合理衡量各种利益,确保所实现的公共利益是最大限度的合理的利益。

如何进行合理衡量？这不是一个纯粹的技术问题,而更是一个观念和制度问题。在公共利益的话语和观念体系下,公共利益和与此相近的国家利益、政府利益、社会利益和集体利益等之间,及其和个人利益(私益)之间,在价值上是一个并列关系。但在政策实践中,只要存在冲突的情形,就会产生优先性的问题。在整个"革命后社会"时期以及"改革后社会"相当长时间里,在国家本位的主导性思想下,公益优先于私益是一种政治和道德原则。但是,改革以后特别是中共十五大确立依法治国的理念以来,情形发生了一些变化。如果我们把这个过程看作是中国现代国家成长的过程,那么,我们可以看到一个基本的轨迹,即法治的成长是通过强调和保障个人权利以制约公共权力的方式来实现的(潘伟杰,2009)。随着个人利益的确立,在处理公共利益与私人利益的冲突时,国家要合理地处理好公益与私益间的关系。这是我们从合理性来讨论合作之必要性和可能性的前提。

作为一个制度问题的合理衡量,意味着需要在这种变化了的思想观念下寻找到新的解决冲突的规则,以便确定何种利益需要首先做出相应的让步和妥协。按照一些法学研究者的观点,合理权衡的制度安排应该是由中立的第三者对公益和私益在"质"和"量"上进行评价——如果某种利益的让步造成了其核心成分的损害而换取了另一种利益的增进,那么,获益的利益方须对受损的利益方进行公平合理的补偿(胡锦光、王锴,2005)。这种制度已经超越了单纯的私益对公益的服从,否定了公共利益的优先性无须证明的传统,张扬了私益不能随便受侵犯的价值。经过特定程序进行合理论证而做出必要让步,是一种有益的合作行为。在一些征地和拆迁的案例中,我们的确看到有的利益方始终拒绝妥协的情形,这不是普遍现象。在大多数情形中,受损的利益方只要能获得一个合理补偿的结果,便会选择合作行为。

与这个问题密切相关,合作界定和形成公共利益的另一个含义,是合法界定公共利益。广义上说,合法界定公共利益要求政策过程建立在广泛的民意基础之上,透过民主的程序与原则来协调各种利益。民主作为一种社会管理体制,要求"社会成员大体上能直接或间接地参与或可以参与影响全体成员的决策"(科恩,1988:10)。尽管这条抽象的民主决策原则在政策实践中会遇到一些技术上的难题,比如,如何确定参与的广度与深度,如何保障参与的有效性,等等,但是,作为一个政治过程,民主决策应该做到让所有受该决策影响的人能够具有有效的机会来参与这个过程,并且保证他们具有平等的权利来选择议程和控制议程[①]。这样的制度安排能促进政策过程中的相关利益主体依据规则进行合作,通过对

---

① 达尔提出了民主应该具备的五条标准,参见罗伯特·达尔(1999:43-44)。

话、沟通和协商来解决分歧,防止任何一方做出过激的行为。正因为如此,现代西方的协商民主理论认为,"协商最适合形成和检验法律、政治原则和公共政策的问题"(梅维·库克,2004:44)。众多社会冲突的经验表明,冲突产生的一个重大根源在于政府在决策时并未贯彻民主原则,形成了与民众之间的隔阂和深深的误解,而在冲突事件的展开过程中,政府要么压服多于协商,要么违反程序做出许诺以便息事宁人。在经由民主来界定公共利益以防止、解决冲突这个问题上,看起来我们显得很陌生和稚嫩,似乎经验和准备都不足。这虽是一个时间问题,但更应该是一个实践问题。事实上,一些地方的有益探索和创新表明,政府与公众就公共问题通过协商与合作来实现共治是可能的,浙江温岭10多年来持之以恒地实践民主恳谈会的案例,表明我们可以找到实现政府-公众的和解与合作的新途径[①]。

诚然,合法界定公共利益的狭义含义如今更受人们的关注。这是一个法律规定和法律执行的问题。法律的目的与功能在于"以赋予特定利益优先地位,而他种利益相对必须作一定程度退让的方式"来规整个人或团体之间的被类型化的利益冲突(卡尔·拉伦茨,2003:1)。法律作为调整及调和各种相互冲突的利益的一般性规则,既为确立优先利益提供标准,也为那些需要为此做出退让的利益主体提供妥协的准则。

如果这样的法律规则足够明晰并能有效实施,那就能够为政府与公众就公共利益问题提供一个合作框架。要求行为体就公共利益的界定而做出妥协的法律性规则,是两方面的。其一,权力边界的限制。合法界定公共利益首先意味着政府决策要符合法定程序。政府基于公共利益考虑可以对公民的财产进行征收或征用,

---

① 关于温岭民主恳谈会的民主意义,参见何俊志(2007)。

这是世界各国的普遍做法。但政府的这一特权不是没有边界的。中国《宪法》第 10 条第 3 款以及《物权法》第 42 条第 1 款对政府特权所做的限制，包括了程序正当的原则。其二，权利边界的限制。合法界定公共利益也同时意味着公众要对政府的正确决定做出妥协和服从。宪法和法律所赋予的民众的基本权利，都是有边界的。基本权利的行使既不得侵犯其他人的合法权益与自由，也不得侵犯和损害公共利益。中国《宪法》第 51 条规定，公民在行使自由和权利时，不得损害国家的、社会的、集体的利益和其他公民的合法的自由和权利。这是"权利不得滥用"的原则。政府滥用特权和民众滥用权利，任何一种情形的出现，都可以被看作双方是对立和对抗关系，而不是合作格局。秩序的丧失和公共利益的损害，是大多数社会冲突可预料的结局。

3.4 结论：政策设计如何有益于民主？

在中国当前这样的时代里，借用盖伊·彼得斯（2001：59）的话来说，如果没有公众的积极参与，政府很难使其行动合法化。在很长一段时间里，伴随着中国经济的快速发展，政府在征地、房屋拆迁、环境保护等问题上与民众之间的紧张关系甚至冲突也日趋严重。社会冲突的频发对当今中国的民主建设提出了严峻的挑战。必须通过民主的途径来缓解这种紧张关系，化解冲突，从而增进公共利益。

政府与民众的紧张关系需要通过制度设计来缓解与和解，公共利益的实现则依赖于这种制度框架下的合作。有学者提出"必须树立新的治理观念"来科学应对社会冲突（于建嵘，2010：6）。这一主张可以被看作是事后解决冲突的努力，但如果涉及"治理"，那它必然涉及源头问题。治理作为一种全新的政治管理理念，它主张通过政治国家与公民社会、公共机构与私人机构的合作、协商来解决涉及公共利益问题。其基本目标是促进政府管理方式和统治理念的转变,逐步形成一种保护公共利益和个人权利的治理格局(俞可平,2000b:4-5)。

因此,在这个简短的结束语里,我们不得不从治理与合作的需要出发,去反思那些引起社会冲突的政策设计。施耐德和英格莱姆(Schneder & Ingram,1997:5)基于对长期的政策失败引起民主危机的思考,提出"政策设计"——在他们那里,它被等同于公共政策的内容——的功能在于促使公民参与、学习和创制新的制度,降低不同社会群体间的分裂,以形成真正的民主社会。中国的一些政策实践,从理念到过程,由于受到现有的制度基础和发展模式的制约,会表现出与民主的精神、原则和要求不相协调的方面。正因为如此,很多社会冲突具有深刻的政策根源。政策设计经常被看作是政府和精英为民众解决公共问题的过程,很少认识到它应该是一个由民众来参与治理的合作过程。约翰·托马斯(2005:153)很好地总结了合作框架对提高政策质量和改善政府-公众关系所带来的益处:"首先,由于公民或公民团体的参与为决策带来了更多的有效信息,这使得决策质量有望提高;其次,伴随着公民参与公共决策过程,公民对于决策的接受程度大大提高,从而促进了决策的成功执行;再次,如果公民能够辅助公共服务的提供,那么,公共部门提供的服务就会更有效率和效益;最后,公民参与将会增强公民对于政府行为的理解,从而会减轻人们对政府机构的批评,改善官僚遭到围攻的困境。"

鼓励与扩大公众参与使得政策设计具有更多的民主内涵。政府与民众的合作共治的有效性,依赖于合作制度能在多大程度上对行为体产生约束。李琼在分析一个典型的群体性事件时,用"边界冲突"这个术语来分析利益冲突、权力冲突、权利冲突与边界的关系,提出要通过合理的制度架构,来合理划分和整合利益边界,制约和安排权力边界,保障权利边界。根据他的观点,在利益多元化已经成为一个既定的社会事实的情况下,社会资源的配置应该被看作是一个利益博弈的过程,因此,在追求利益最大化的过程中,"越界"意味着社会冲突的产生(李琼,2007:214)。正如我们前面所述,社会公共利益的实现,政府和公众在行使其各自的权力和权利时,必须恪守合作框架给他们设定的底线。事实上,很多社会冲突案例显示,那些最终演变为暴力冲突的案例,大多是由于政府滥用特权、把狭隘的自身利益"上升"为公共利益,却又无法或无力运用权力去引导、控制和规范公民行为的结果。正如刘能(2008)的研究所发现的,"当基层和地方政府本身成为集体行动的诉求目标时,当集体行动的参与者所面对的法定社会控制力量很显然已经成为拱卫(作为潜在利益相关者的)社会管理当局的'私有力量'时,集体行动者的怨恨,就会直接转移到他们身上,从而迅速引发暴力冲突和流血事件"。

中国社会转型过程中频发的社会冲突反映了民主不足的事实。虽然社会冲突在一定条件下对于政策议程的建构具有一定的作用,但它们无关乎民主,不能被称为是民主的一种形式,尤其是当社会冲突有害于公共利益的时候。只有当政府与民众都能从尊重公共利益的角度,愿意放弃各自的成见,摆正自己的位置,能理性地就公共问题展开讨论、协商和对话,并根据已经形成的政治和法律框架随时做出合理的让步,才会形成有益于民主的政策设计。好在政府已经产生了进行治理创新的动力,一些体现合作精神的制度和机制被设计了出来。尽管我们预见不到终点在何处,但这是一个新的起点。

第 4 章 公共政策变革的制度基础

制度无处不在,它构成了人类社会生活和行动的大环境。很多政策分析文献都强调了制度基础对于公共政策的重要性(毛寿龙,2000)。的确,制度不仅"型塑了公共政策制定发生的场域"(John,1998:38),而且,它或促进或限制公共政策变革的发生。与其他学科一样,制度分析也可以成为解释和分析政策变迁的有用工具。本章试图从制度分析的视角,对制度基础与公共政策变革的内在关联性展开讨论,以期增进我们对当代中国公共政策变迁的理解。

4.1 政策变革与制度的内在关联:一个初步的分析框架

4.1.1 制度与公共政策

在根本的意义上,制度与公共政策属于同一个范畴的概念,至少在很多方面存在着交叉或重叠。但是,当我们来分析公共政策变迁的制度基础时,两者之间的差别还是很明显地体现了出来。

在这里,我们把制度基础当作公共政策变迁的结构性背景、场景、动力和阻力。

英国前高级文官科林汉姆(Cunningham,1963)说过:"政策就像大象一样——你能够认出它,但却很难界定它。"这是造成迄今为止学术界对公共政策多样化定义的一个重要原因。尽管如此,几乎所有的定义都无法回避制度的某些内容。而就制度的含义而言,道格拉斯·C.诺思(1994:225-226)认为,它是"一系列被制定出来的规则、守法程序和行为的道德伦理规范,它旨在约束追求主体福利和效用最大化利益的个人行为"。柯武刚和史漫飞(2000:36-37)依据规则的起源将制度分为内在制度和外在制度,其中外在制度是指由通过政治过程获得权威的一批代理人设计和确立的那些规则;它是被自上而下强加和执行的,往往配有惩罚措施,这些惩罚措施以各种正式的方式强加于社会并可以靠法定暴力的运用来强制实施。

由此可见,政策和制度存在着多方面的重叠。首先,无论是政策还是制度,很多研究者及其定义都会把法律纳入各自的概念体系之中。伍德罗·威尔逊将公共政策视为具有立法权的政治家制定的由行政人员所执行的法律和法则,而制度分析者所理解的制度则包含了法律和司法制度。其次,政策本身是一个制度范畴,"依据当前的决策而言,过去的决策是制度,它们所起结构性的作用限制和型塑当前的政策选择"(Kay,2006:13)。一些公共政策经过实验、修正和完善,最终可能发展并沉淀为新的(法律)制度。这种将政策看作制度的观点实际上是强调了过去的政策对当前和未来政策影响的制度性的一面。也就是说,政策通过演化和发展,并逐步积累和制度化,最终将会形成影响当前和今后公共政策变革的"政策遗产"(policy legacies)。这也正是保罗·皮尔逊(Pierson,2004:150-151,165-166)认为政策即制度(虽然政策没有正式的政治制度更具基础性)的原因所在。

然而,在大多数时候,当我们论及"公共政策变革的制度基础"这一命题时,制度和公共政策是被分别考虑的。鉴于公共政策的公共性导向,这里的制度基础指那些规定和影响公共政策制定和变革过程(确定公共服务的生产和分配)的制度体系,既包括宏观的制度环境和具体的制度安排,也包括微观的制度程序和运作模式等。

4.1.2　制度理论的基本阐释

制度作为影响公共政策过程最为稳定的系统性要素历来没有受到忽视过。由于制度本身的复杂性,它影响公共政策的内在机制更是千差万别。

在新制度主义各个流派的理论框架中,制度都是其核心概念,它具有四个典型特征(盖伊·彼得斯,2011:18-19):一是制度的内容在某种程度上是社会和(或)政治组织的结构特征,这种结构可能是正式的(如立法机关、公共官僚机构的组织或法律框架),也可能是非正式的(如由相互联系的组织构成的网络或一套共享的准则),因此,在某种模式化互动中,制度超越了个人并涉及由个人组成的集体,这种互动能够基于行动者之间的特定关系来预测;二是尽管新制度主义内部存在制度稳定观和制度变动观两种认识,但新制度主义者都认为随着时间的变化,制度存在某种程度的稳定性;三是制度必须对个人行为产生影响,或者说必须对其成员的行为具有某种程度的约束力,这种约束力同样以正式或非正式形态存在;四是制度的成员中必须具备某些共享的价值和意义。

制度的这四个特征,为我们分析公共政策变革的制度基础提供了线索。第一个特征阐述了制度内容的构成环境及其具体体现。制度环境是"一系列用来建立生产、交换与分配基础的基本的政治、社会和法律基础规则"(L.E.戴维斯、道格拉斯·C.诺思,1994:270)。制度环境并非一成不变,也可能因为时代的变迁、政治行动和公民偏好的改变而发生不同程度的变化。制度环境的变化要求对制度安排作出相应的调整。制度安排是指"在一定的宪法制度安排下的种种具体制度"(李建德,2000:147)。制度安排亦可以理解为通常所说的游戏规则,不同的游戏规则导致人们不同的激励反应。制度安排既可以是正式的,也可以是非正式的(林毅夫,1994:377)。

制度的第二个特征包含制度变迁与制度稳定性的问题。制度变迁是一种受制约的革新过程,此过程指制度革新者在推动制度革新时,其可能的选择范围可能受到制度的制约,但制度也会提供各种原则、实践和机会,行动者在制度制约之下可以创造性地利用它们来进行革新。诺思(North)在分析制度变迁时,强调了国家、产权、意识形态三个变量的重要性,并形成了包括产权理论、国家理论和意识形态理论在内的制度变迁理论(道格拉斯·C.诺思,1994)。在分析制度变迁时,经济学家们经常使用"路径依赖"这一术语来探讨制度变迁的可能性及其有限性等问题。路径依赖指既有的或新沉淀下来的制度往往具有一定的稳定性,原有的制度将影响后来的制度生成和变革,要推动某项制度的变革往往需要付出一定的成本。

制度的第三个特征强调了一项真正的制度是具有约束力的。虽然行动者的行为表现出较高的自主与能动性,但是他们仍然无法逃离制度的约束。制度作为"一个社会的博弈规则,或者更规范地说,它们是一些人为设计的、型塑人们互动关系的约束。从而,制度构造了人们在政治、社会或经济领域里交换的激励"(道格拉斯·C.诺思,2008:3)。制度实实在在地存在于行动者的真实世界里，规范和影响着他们的行为。

制度第四个方面的特征指出了对制度的所有参与者发挥作用的核心理念与价值。在新制度主义分析者看来，认同或遵循某些规则和价值是成为制度成员的基本条件，因而制度成员往往具有某些共享的价值和意义符号。制度这种共享的价值通过进一步的强化从而形成对其成员具有普遍的约束力。这种处于行动者深层次的价值激励着他们的行为。制度的这一特点在规范制度主义、国际制度主义等分析范式中体现得尤为明显，也显得格外重要。

4.1.3 一个初步的分析框架

将公共政策变革置于更加广泛的制度背景中来考察，目的要探析制度对公共政策过程及政策发展的影响。这主要包括三个方面的问题：一是现有的制度基础是如何而来的；二是现有的制度基础如何影响公共政策过程及政策变革，即制度推动政策革新的能力和制度如何限制政策变革；三是人之价值彰显和社会发展需要所催生的政策变革与制度供给滞后的矛盾。为分析这三个问题，有必要发展一个简化的分析框架。制度基础包括了制度环境和具体的制度安排。习惯上，人们一般将制度划分为政治制度、经济制度、社会制度等类型。我们不打算这样划分，而试图从宏观、中观、微观三个层次上对制度基础做出一种策略性的归类，并在此基础上阐述每个层次的制度与政策变革之间的关联。

宏观层次的制度基础主要是指公共政策及其过程所处的制度环境。它是情境性的，在空间上可以分为国家的和国际的两个层面。一国的经济制度环境和政治制度环境构成公共政策国家层面的制度基础，包括国家与市场、国家与社会、中央与地方等方面关系，它们共同构成了政策行动过程的关键性制度环境。与此同时，正如本书第 13 章所显示的，伴随着全球化进程的加快，国际制度

(体制、机制)对民族国家的政策行为产生着越来越大的影响。没有理由把国际制度排斥在一个国家公共政策的制度基础之外。当然,国际制度对国家公共政策的影响是不确定的,在很多方面也并不总是直接的,但它至少构成了一国公共政策变革的外在制度基础。

国家治理的具体制度安排,包括正式制度(如宪法、法规)与非正式制度(如意识形态),构成了公共政策中观层次上的制度基础。正式制度具体涉及宪法制度和法律法规。宪法描绘了一个国家治理制度的基本框架,它被用来描述国家的政府体制和组织结构。它规定了国家的根本制度、根本任务以及公民的基本权利和义务,是其他法律、法规等较低层次制度赖以产生、存在、发展和变革的基础和前提条件,是人们行为的基本法律准则。此处的法律指在宪法制度框架下的一些正式法律。非正式制度的主要形式是意识形态,国家主流的意识形态主导着一国的政治生活,影响着国家政策的发展。

微观层次的制度基础主要指那些影响公民政策行为的较为根本性的制度,这里强调产权制度和公民文化要素。将产权、公民文化看作公共政策变革的微观制度基础主要基于如下考虑:产权是构成一个社会互动的激励结构和行为的核心要素;公民文化影响着公民在政治过程中的政治效能和动机。公民文化属于政治文化的范畴,常被看作是"非制度性的",但出于公民文化自身特性和制度特征的考虑,这里将其视为非正式制度对待是必要的。

制度基础的层次性并不意味着它们对政策变迁的意义存在着重要性上的差异,而毋宁说它们对政策变迁所产生的影响方式或作用机制存在着差异。对一个有机的制度体系来说,这种层次性的划分,虽然也是简约化的,但它能够为较好地理解制度对政策过程和政策发展的特殊意蕴提供某种分析上的便利,以避免笼统地谈制度基础与公共政策变革的关系可能存在的缺陷。

4.2 制度基础的历史演进：大致的脉络

基于前部分构建起来的概念性框架，这部分将对中国公共政策变革的制度基础做历史制度主义的分析，这种演进分析是宏观性的。通过这种分析大致勾勒出中国公共政策变革的制度基础的演进逻辑，有助于更好地理解当前的制度基础对公共政策过程和政策发展的影响。这种看待公共政策变革的制度基础的主张符合制度分析的动态观。

4.2.1 宏观制度基础的演进

从国家的视角来认识制度环境，可以从国家与市场、国家与社会、中央与地方等方面的关系来展开。从中国经济制度环境的演变来看，国家与市场的关系经历了从国家对市场的垄断向市场逐步发育发展的转变历程。在改革开放前的计划经济时期，国家通过计划经济的两大要素——生产资料公有制和计划管理体制（林尚立，2000：139）这样的制度安排和管理体制，掌握了尽可能多的社会资源和生产要素。计划经济制度提供给国家和政府的权力资源是无限的，由此，中央政府对地方政府、国家对社会、政府对企业形成了绝对的权力优势（林尚立，2000：142）。经济学家詹姆斯·布坎南（1997：33）也提出，"计划经济的哲学逻辑必然导致中央集权的政治权力"。在这一时期，国家成了公共政策过程的唯一合法主体，在功能上公共政策也主要服务于国家意志的需要。但这种情况在十一届三中全会后得到了改变，因为经过一系列的经济体制改革，国家权力渐次地从市场中撤出，为私人产权的成长和市场经济的发展释放出了巨大空间。市场行为体从一种"原子化"状态发展成为"离散"状态,不同的利益相关者以市场的逻辑指导其行为,一种多元化利益驱动的格局逐渐形成。作为制度变迁的其中一个体现,就是《宪法》第 6 条从制度上明晰了经济制度的基本形态,强调了市场经济主体的多元性和自主性,市场行为的竞争性和秩序性。

国家与社会关系的变化发展为人们考察公共政策的政治制度环境的演进提供了另一条重要的线索。历史地看,中国的国家与社会关系呈现出一种从"国家中心主义"(或曰"完全的行政国家")转向国家与社会合作治理关系构建的趋势。在改革开放以前,"总体性社会"成为许多研究者概括中国那一时期国家与社会关系特征的重要术语,并获得了较强的解释力①。改革开放以后的一段时期,由于国家放权于社会,社会力量获得了一定的政治空间。但由于这是一个渐进式的推进过程,国家试图寻求一种"单位制"解体后对社会实现再组织化的有效安排。有研究者将这一时期中国的国家与社会关系概括为"行政吸纳社会",其主要的表现方式是"控制"和"功能替代"(康晓光等,2008:287-337)。这些关系的变化折射了国家与社会关系重新整合的过程,各自的领域和边界逐步通过法律、规章等方式实现了制度化。

中央与地方关系体制的变化构成了我们理解中国政治与行政制度环境演变的一个重要途径,也是我们考察公共政策变革的制度基础的关键。中央与地方关系的法治化和制度化一直是法学界和政治科学界致力于推动的发展方向。在中央与地方关系的议题中,最为核心和争议最多的就是中央集权和地方分权的关系,这一

---

① 在美国政治学家邹谠(Tsou, 1967:277-364)那里,"总体性社会"所隐含的特征包括:国家直接面对民众;国家对民众的参与式动员;强有力的行政性政治整合取代血缘与契约性社会整合;民众对国家的组织性依附性关系;纵式关系重于横式关系;等级社会与"大多数"现象;平民主义意识形态及对精英的本能反感;单向沟通渠道。另可参见孙立平(1994:37-54)的论述。

点在单一制国家中表现得更为明显。中央集权意味着国家权力高度集中于中央政府,各地方政府必须服从中央权威,并执行中央各项法规、政策;而地方分权则主张各级地方政府拥有较多的自主权,决定和管理其辖区范围内的公共事务,为公众提供公共服务。1949年以来,中央政府曾几度对中央与地方关系的体制结构作出过重大调整。不过,调整的取向和制约性因素在不同时期存在着较大差别。改革开放之前,中央与地方关系的调整受高度一体化的行政体制影响,因此,集权与分权总是处于钟摆式的轨迹之中。改革开放以后,央地关系的多次调整虽然未能最终决绝这种钟摆,但由于增加了市场的因素,改革的内容和取向表现出了与以往不同的特点,突出体现在调整和改革以市场经济体制和行政分权化体制为指导、以分税制改革为基点。中央与地方关系的实质是一个社会法定的社会公共利益的分配关系(杨小云,2002:38—45),它不仅仅关涉国家控制与地方灵活性、中央与地方权力配置等问题,更越来越突出两者关系的公共利益指向性,这一转向在公共服务政策领域已有体现[中国(海南)改革发展研究院,2007:19—23,51]。然而,从到目前为止的改革历程来审视,人们可以发现,由于缺乏规范中央与地方关系的正式法律,中央与地方关系依然经常处于变动之中。这种不确定性和不完整性使得国家政策与地方利益相冲突时只能诉诸国家的(行政)强制力。而行政强制力的有效性如何,并不难作出评价,因为一些地方政府在政策问题上与上级政府的博弈几乎是人所共知的事实。

此外,考察中国公共政策的宏观制度基础,不能忽视国际层面的制度环境对国内公共政策的影响。中国是一个正在全球化的国家。在改革开放以来中国的国际化和全球化进程中,中国的公共政策和国内制度受到全球化和国际制度的影响,是非常深刻的(唐贤兴,2008)。1971年中国重返联合国可以被视为中国重新融入国际体系的开始。特别是改革开放以来,随着中国与国际社会的相互依赖程度的不断加深,中国逐步以一种开放的姿态参与全球对话和"全球治理",并在新的国际秩序维持和制度构建方面发挥着建设性作用。但与此同时,中国也必须适应和遵守既定的国际制度和规则,哪怕这些制度和规则大多是基于西方中心的逻辑"按照自己的面貌为自己创造出来一个世界"(马克思、恩格斯,1972:255)。随着全球化和全球治理的兴起,国际制度面临的合法性危机与日俱增。这似乎暗示,国际制度的未来形态很可能是政府间国际制度、非政府制度和国家制度互动的产物(赵可金,2006:26-32)。由于国际制度或规则体系有着界定行为规范、制约国家活动、帮助国家的期望值趋同(秦亚青,1998:40-47)等方面的功能,因此,国家行为不可能不受国际制度的约束。当今之中国,面临的是一个更加复杂的国际制度环境,是在与更加复杂的国际制度体系展开互动,其政策活动(包括国内政策和外交政策)也因此将受到来自国际制度多方面的影响。

4.2.2　中观制度基础的变革

我们把宪法制度和法律法规等因素归入公共政策变革的中观制度基础之中。中观层面的制度基础的变革往往由政党和政府所推动。在中国政治发展进程中,全国人民代表大会是宪法制度变革的核心主体,一般性法律规章主要由中央人民政府提出动议。

宪法制度构成了一个国家的根本制度,它的每一次变革都是历史性的、深刻的。为便于讨论宪法制度的演变,这里主要基于历次宪法修正案梳理其变革的核心内容①。自现行宪法于1982年施行以来,中国分别于1988年、1993年、1999年、2004年和2018年

---

①　关于宪法的产生、修改与修正历史参见李正华(2002:31-40)的论述。

进行了五次修宪。由此,宪法制度处于不断发展和完善的进程中。从政治发展与政策变革的角度看,几次修宪都有一些重大的变革和有意义的内容。比如,第一,建设法治国家的制度取向进一步强化。1999年宪法修正案将宪法第5条增加一款,作为第一款,增加的内容为:"中华人民共和国实行依法治国,建设社会主义法治国家。"这种规定性对公共政策制定、执行的法治意义是非常明确的,它意味着公共政策过程必须在法定的制度框架内运作。第二,公共利益与私人产权之间的关系也出现了重大变化。2004年的宪法修正案将宪法第10条第3款"国家为了公共利益的需要,可以依照法律规定对土地实行征用",修改为"国家为了公共利益的需要,可以依照法律规定对土地实行征收或者征用,并给予补偿",在对宪法第13条作出修改基础上增加了"国家为了公共利益的需要,可以依照法律规定对公民的私有财产实行征收或者征用并给予补偿"。这是宪法两次提到"公共利益",并就其适用范围作出了说明。我们在上一章中已经阐述了这种变革的意义,界定公共利益适用范围的实质,是对国家利益和权力与公民利益和权利之间的边界进行划分,并作出制度化的规定。这种变化必然会对相关制度和政策的变革提出新的要求。

  法律法规构成了国家治理的主体制度体系,它的演变往往表现出较强的"制度惰性"。在法律法规的历史演变中,一种重要的动力机制就是"法规清理"。中国的法规清理工作主要是由国务院法制办负责组织实施的。中华人民共和国成立以来,中国共进行过多次行政法规规章的全面清理和专项清理工作。以2007年为例,自《国务院办公厅关于开展行政法规规章清理工作的通知》(国办发〔2007〕12号)实施1年左右,宣布废止的行政法规有49件,宣布失效的行政法规有43件。同时,31个省、自治区、直辖市和49个较大的市人民政府以及有规章制定权的55个国务院部门,对12 695部规章进行了清理。截至2008年4月底,有1 898部规章被废止或宣布失效,有330部规章进行了修改(贾楠、高增双,2008)。这种大规模的法规清理工作有效推动了法规、政策的变革,保证了法规与政策的严肃性、一致性。依据"建设法治政府、全面推进依法行政"的要求所开展的这种强制性制度变迁在制度安排上引入了"公众参与、专家论证、政府决策"运作机制是一种进步。

4.2.3 微观制度基础的历史演进

产权制度往往被看作国家走向现代化的基础性制度之一。在市场化的进程中,中国的产权制度正在按市场化要求进行现代性转变(唐贤兴等,1996:13)。在计划经济体制时期,国家直接垄断和控制财产所有权,基本不存在私人产权。国家作为全民财产的唯一合法持有主体,维持了所有权和经营权的高度统一。20世纪70年代末80年代初在中国大陆农村所开展的以家庭联产承包责任制为基点的产权改革,打开了中国产权制度改革的大门。通过这种改革,农村生活中私人产权与公共产权的界限逐步得以明确,"公"和"私"的领域在改革中得以重新认识和划界。个人利益与集体利益的关系不再仅仅是政治化的,开始了通过法律认定的制度化过程。

私人产权和公共产权的成长对转型社会中公共领域的培育具有战略性意义,产权的这种制度性变革为社会主义民主政治发展积蓄了能量。农民私人产权的成长意味着其经济独立性和个性得到尊重,他们可以在追求个人利益最大化中向政府提出自己的要求、愿望,以平等的所有权主体的身份参与国家合理政策的形成过程(唐贤兴等,1996:16)。经过四十多年的经济改革和政治发展,私人产权制度与公共产权制度都被赋予了新的内涵。一方面,私人产权与公共产权的界定越来越明晰化,并在宪法与物权法中以"公共利益"来解释两者关系;另一方面,伴随公共领域扩展而来的公益产权主体将作为一种"独立"的政治力量在"第三域"中发挥作用。产权制度在不同纬度和层面所表现出来的这些变化表明,政治过程的民主化有所加强。一些研究者通过分析产权制度的民主意义,提出公共政策及其变革——作为政治体系的产物——在某种程度上是产权制度调整的反映。"一个社会的财产权利与其作为政治制度的民主之间存在着必然的联系。这意味着,任何以产权变革为主要内容的经济改革,最终会寻求或推导出一种民主的政治形式;反之,只有以正确规定人民与国家之间关系的民主政治形式,才是能保护人民的财产权利和促进社会有效的经济制度创新的最好政治形式。"(唐贤兴,1999:17-23)

作为一种微观的制度基础,公民文化的发展既有其自身的传统和内在的源动力,也受制于其他制度安排。中国的现代化转型包含了多重含义,文化转型是其题中之意。以中国的现代转型为临界点,中国的文化转型指从传统的臣民文化迈向具有现代社会特征的公民文化的过程。在传统中国,数千年的以礼教伦理为核心的臣民文化构成了政治文化的核心内容。臣民文化以严格的礼制、浓厚的官本位思想、伦理型的价值取向为基本特征,它主张维持个人从属于国家权力的关系形态。中国的政治现代化建设不仅包括了政治民主化发展的制度设计,也包括了现代公民文化培育的内容。随着政治现代化建设的推进,公民意识、公民身份、公民主体性、公民参与、公民理性、公民能力等观念受到人们重视,并成为公民文化培育的重要内容。公民文化主张一种平衡的政治取向,维权以守法为要旨,议政以认同为基础,参与以有序为前提,纷争以节制为条件,批评以宽容为原则,其特质是理性处世论事(张华青,2004:32-37)。公民文化强调政治共同体内的公民对这种现象、政治过程、政治体系以及自身在这种政治体系与政治过程中的权利与义务的认知、情感、态度和价值判断(张华青、邱柏生,

2002:8-9,26)。可见,公民文化是一种参与型的政治文化,它所蕴含的参与意识、多元意识、理性意识反映出国家价值的变化,同时又受到国家意志的约束。

4.3 制度基础与政策变革:价值、结构与过程

公共政策是在一个复杂的制度环境和具体制度安排情境中产生的,政策行动者的行为无不受到这种无处不在的制度之型塑。毋庸置疑,中国多重转型的事实给公共政策的制度基础增添了几分复杂性。公共政策变革的复杂性也因此增强,说它是一项系统而复杂的工程一点也不为过。公共政策发展不仅取决于政策行动者的价值与信念、认知与态度、互动与博弈等,更受到特定的制度结构的影响和制约。在多元力量的互动与复杂的制度环境中,公共政策既可能发生急剧的变革,也可能发生渐进的变迁。尽管公共政策的需求与供给与特定的制度环境紧密相关,但在现实的政策活动中,公共政策以何种方式发生变革,往往需要将其置于特定的制度情景中加以考察。

在改革开放以来的转型与发展中,政策驱动经常成为学术界描述和解释中国社会经济和政治发展的一个重要变量。这是一个基本事实,因为改革开放本身就发端于政府的放权。然而,这仅仅是从改革开放以及政策变革的逻辑起点而言的,从制度分析的角度来说,即便是作为逻辑起点的政策驱动,也受制于当时特定的制度环境。特别是,随着时间的推移和改革开放的不断推进,制度建设(包括变革和设计)的需求和重要性就会日益增强,并对公共政策及其变革产生深刻的影响。迈克尔·豪利特和 M.拉米什(2006:90)认为,"参与政策过程的个人、团体、阶级和国家都有各自的利益,但他们表达和追寻利益的方式以及努力的结果是由制

度因素来规范的"。对制度基础如何影响公共政策,或者行动者如何与制度互动的解释,一般可以从制度影响公共政策理念与价值、制度影响公共政策治理结构的变革和制度影响政策行动者在政策过程中的行为三个维度来进行。下文我们将从一些具体的方面来阐述和展现这三个维度是如何对公共政策的变革产生影响。

4.3.1　政策过程中"结构性权力关系"的塑造

由国家与市场关系、国家与社会关系、中央与地方关系等构成的宏观制度基础在宪法制度中已得以体现,通过宪法的规定建立起了一种"结构性权力关系",并通过政策中历史的延续性得以强化。制度主义分析方法强调制度性的关系,不管是正式制定的还是惯例因袭的,正是这些制度性关系将国家的各个部分结合在一起,并使国家与社会的关系结构化(彼得·霍尔,2008:22)。在由制度性关系所塑造的结构性权力关系中,制度在两方面发挥着作用:一是决策的组织结构影响了行动者对政策结果的影响力,二是通过构建行动者之间的制度性责任与关系,组织性的位置还会影响到行动者对自身利益的界定(彼得·霍尔,2008:23)。国家、市场和社会同是公共服务供给的主要力量,它们之间的关系不再是此消彼长的关系,而是呈现出一种共生、共荣的协作关系,这种认知的变化折射出国家的政策制定者的观念转变。在此价值指引下,公共服务政策的治理结构不再是"唯政府论"逻辑,民营化、市场化、社会化、网络化等治理模式不再是神话。

在渐进式改革中,政策规划保证了政策思想的一致性和公共政策发展的渐进性。政策规划既体现出了国家政策制定者的渐进性思维,也包含了政策过程中的战略性思想。国家通过确定发展战略与政策目标为自己和全体公民描绘了一个美好的未来,并动员其所能支配的资源为实现该战略目标而努力。政策规划过程中的"结构性权力关系",明确了政府、利益集团、企业、社会组织、公民、网络媒体等在政策规划中的基本权力和责任范围,也就是明确了公共政策决策的体制结构。政府作为核心的政策制定主体,它不仅对公共政策的效率负有直接责任,也追求它的公共性价值。同时,这种决策结构也要求政府为自身之外的政策行动者提供有效参与机会和渠道。显然,这种制度安排和"政府结构影响着政策演进的方式和政府的选择"(盖伊·彼得斯,2011:20),因为某种程度上讲,"政府是一个追求自身目标但又受到私人策略行为制约的策略性参与人"(青木昌彦,2001:157)。与此同时,国家的这种政策设计,主导和规定了国家与市场、国家与社会之关系、中央与地方关系改革的走向,即国家主导的此种政策变革反过来也对其所处的制度环境发生作用,要求经济制度、政治制度和行政制度对此作出回应,从而保持制度基础的稳定和发展。

4.3.2 适应性学习与行为调整

在国际政治领域"确立的规则之所以能够被国家所接受,是由于后者可以借此降低'交易成本',同时也能降低不确定因素,否则将会损害刻板的国际政治世界中主权国家之间的互动"(盖伊·彼得斯,2011:140)。中国越来越深入地融入国际经济政治体系与国际机制,成为许多国际性和区域性合作组织的成员(甚至是创办者),在国际公共事务治理中发挥着越来越重要的作用,但同时也受到这些国际体系与国际惯例、规则的约束,在与国际制度互动中表现出了较强的"适应性逻辑"。这种"适应性逻辑"改变着国内一些公共政策实践与创新。就中国加入国际性组织或区域性组织来看,联合国、世界贸易组织、国际货币基金组织、世界卫生组织、东亚峰会、上海合作组织、亚太经济合作组织、中非论坛、金砖五国等国际组织或区域性组织等都有其特定条件和要求,即国家政策及其行为符合一定的规则和惯例。中国通过参与或成为这些组织的成员逐渐融入世界政治体系中,这使中国在国际制度体系中有了一定话语权,同时也意味着必须接受这些组织的运作规则,甚至必须改变国内的一些制度和政策以适应这种国际规则和惯例。

在这方面,中国加入 WTO 为我们提供了一个生动的案例。中国为加入世界贸易组织展开了漫长的谈判,最终获得了 WTO 成员资格。这成为影响和推动中国国内相关领域改革的外在动力。事实上,长达 16 年之久的谈判本身也表明中国政府在坚持国家利益的同时也做出了某些妥协。妥协意味着中国认同 WTO 的规则,在那些"共识性标准"上达成一致。妥协也意味着变革。在成功入世之后,为兑现承诺,中国政府在很短的时间内出台了一系列深化改革的政策,在宏观政策、产业政策、货币政策、资本市场及金融等领域的新政策尤为明显[①]。

显然,国际制度在某些特定的政策领域确实对民族国家的政策行为具有显著影响,它同时也传播了某些价值。享受国际机制所带来的好处,必须以认同它的规则和价值作为前提。以互动的观点来看,这种国际规则和价值的认同和接受过程也是国家行为体的政策学习过程。从中国近些年的行动看,它正以一种积极的姿态试图在国际体系与秩序重构中发挥建设性作用,并通过交流与学习提升其参与公共治理的能力。历史地看,学习、接受并建构,进而维持特定的国际制度成为中国融入国际制度舞台并逐步彰显其能力的一种路径。这种超越单一国家的公共事务的多层次治理结构的形成,改变了国家作为独立的治理个体的思维逻辑。

当然,也应当看到,在国际政治领域中要建立某种具有普遍意

---

① 关于中国加入 WTO 后出台的政策以及取得的成效,详见中华人民共和国国务院新闻办公室(2011)发布的文件《中国的对外贸易(2011 年 12 月)》。

义和影响力的行为规则具有很大的困难,因为不同国家行为体的国家利益偏好或宗教价值的差异往往使普遍接受的国际机制难以达成。"认知共同体"对国际政治中有关规则的形成和执行具有重要意义,但要在国际层面形成具有共识性反应的"认知共同体"(Haas,1992:1-35)绝非易事。这说明,国际机制本身存在脆弱性,这种脆弱性加上国际政治中权力和冲突的作用,使其在影响国家层面政策行为上有时显得力不从心。

4.3.3 宪法秩序对创新的影响

传统的制度理论认为,制度的结构、安排和程序对公共政策的内容及其被采纳的可能性具有重要影响。但由于未能将更为动态的方面——如政党、团体、公众舆论等——联系起来考虑,制度理论本身只能提供部分解释,不能解释是什么推动了政策过程(詹姆斯·E.安德森,2009:23-24)。这也是传统制度理论经常受到批评的地方。新制度主义的两个传统——历史制度主义和理性选择制度主义——所共同关注的中心分析点是政治行动者作出的政策选择是在制度所提供的战略情境中进行的(Steinmo & Tolbert,1998:165-187)。在制度情境中,制度塑造行动者的战略选择,从而型塑公共政策。通过宪法制度来确定的基本的政治制度和经济制度,无疑是影响政策结果、政策一致性和政策变迁的重要变量。从狭义上定义,宪法是指"治理政府的法律规则的选集"(K.C.惠尔,2006:2),但这里的法律规则并非一般意义上的法律法规。在制度经济学那里,宪法是一组高层次制度,它们建立起一组"元规则",这些规则成为形成和调整更具体的外在制度的一般原则(柯武刚、史漫飞,2000:411)。作为一组高层次制度,具有较那些低层次的制度更具稳定的思想基础,它为低层次的制度或政策提供方向性和连续性的基本框架。

宪法制度是一个国家最高层次的制度形态，是一切政治、经济和社会活动的最高准则。它塑造了政治、经济和社会秩序，其对权力的规范和公民的基本权利的保障具有刚性要求。在宪法制度下，政治制度作为权力规范的一种重要安排，它"影响个人和集团在已有制度内外的行为方式，影响公民和领导人之间的信任关系，影响政治共同体的普遍期望，影响社区的语言、认识和规范，而且还影响各种概念如民主、正义、自由平等的涵义"（罗伯特·D.帕特南，2001：18）。政治制度的这种影响是持久存在的，其产生的约束力具有极强的刚性特征。

宪法秩序是宪法层面的应然秩序和社会层面的秩序的有机统一。宪法秩序是宪法的本质内涵，是规则层面的宪法内涵的逻辑延伸和价值归宿（刘茂林，2009：47-58）。宪法秩序所塑造的政治秩序、经济秩序和社会秩序规范着政策行动者的行为，为其提供了超于一般道德的价值指引和行动准则。宪法秩序从四个方面影响制度或政策创新：一是宪法秩序可能有助于自由的调查和社会实验，或可能起根本性的压制作用；二是宪法秩序直接影响进入政治体系的成本和建立新制度的立法基础的难易度；三是宪法秩序影响公共权力运用的方式因而影响由公共政策引入经济的扭曲类型；四是一种稳定而有活力的宪法秩序会给政治经济引入一种文明秩序的意识——一种关于解释冲突的基本价值和程序上的一致性，这种意识会大大降低创新的成本或风险（诺曼·尼科尔森，1992：12-13）。正是由于宪法秩序的这种多层次（包括价值、结构和过程等层面）影响性，它对制度和政策创新提出了基本的要求，即符合公共利益的最低限度的标准。

然而，宪法秩序对公共权力的运行方式和边界界定也可能存在模糊性，从而潜藏着社会冲突隐患的可能性。宪法秩序所能主张的是有限的，这种有限性随着宪法实践中其宪法精神被曲解或被忽视而放大。另外,宪法中也不乏一些语义模糊的术语,比如公共利益有时就难以捉摸,甚至完全取决于人们对它的主观臆断。正如前文所指出的,2004年的宪法修正案对公共利益的运用方式和实用程序作了修正,而在此之前由于缺少对公共利益适用的限制性条件的规定,使得公共政策和公共行政实践均存在偏离公共利益的本意的风险和事实。正是由于国家界定公共利益的这种简单思维和短期行为长期存在于某些公共政策实践中,造成了公共利益被滥用的局面。公共政策的这种制度性依赖与政策中的价值扭曲不仅为某些地方政府和官员的违法行为披上了合法的外衣,给公民权益造成了损害,更具破坏性的是它使政府合法性受到侵蚀。

4.3.4 法律法规:路径依赖之于政策变迁的困难

法律法规在规范和调节人们的社会政治生活、经济行为等方面发挥着更为直接的作用。鉴于法律法规作为制度路径的依赖特性,这里重点讨论它对政策变迁的限制性影响。现有法律制度限制着公共政策变革的范围和程度。在相对稳定的外部因素中,基本法律框架往往在数十年的时间内保持稳定,而宪法及其他基本法律规范影响着以政策为导向的学习所能进行的程度(保罗·A.萨巴蒂尔、汉克·C.詹金斯-史密斯,2011:16-22)。更进一步讲,制度提供了人类相互影响的基本框架,它们建立了构成一个社会,或更准确地说是一种经济秩序的合作与竞争关系(道格拉斯·C.诺思,1994:225)。此种关系一旦形成便表现出相对的稳定性,形成某种路径依赖,即,既有的制度安排规范着公共政策过程中各行为主体的互动方式,在既有的制度框架下,合作、社会抗争和政府强制性权力推动政策变革等方式都是可能的选择。

中国正处于多重转型的关键时期,推进依法治国建设不仅意味着观念的转变,更需要法律制度的现代化。法律法规的变革必然要求政策作出相应的变革，政策的制定和执行必须以新的法律法规为依据。但法律法规较强的路径依赖也常常限制制度本身的变革，此种巨大的惯性一旦形成，要作出改变则必须有强有力的推动力，这种推动力一般只有作为国家的行动者才具有，其他行动者要对某种状态作出改变则往往要付出高昂的成本。当然，这并不是说国家之外的其他行动者一无是处，他们也可能对政策变革具有推动作用。关于这一点，我们可以找到许多案例予以阐明。例如，由"孙志刚事件"所触发的政策变革与制度调整给予我们的启示具有警示意义(余亚梅，2012)。该事件以《城市生活无着的流浪乞讨人员救助管理办法》的公布、《城市流浪乞讨人员收容遣送办法》的废止而告一段落。另外，自20世纪80年代末以来一直热议的乙肝歧视以及反歧视运动也告诉人们，制度和政策遗产是如何影响政策行为、影响公共政策的未来。在相似甚至相同的制度环境中，这样的政策行为和政治抗争具有普遍性，但那些不合时宜的制度并未因此而得到修正和改变，正如一些研究者指出的，这是因为强惯性的制度限制的存在能够削弱政策行动者改变或影响政策选择的能力(Béland，2009：701-718)。从法律制度的现实需要角度讲，制度的这种惯性限制了法律有效"回应社会需要"(Frank，1932：586)的能力，"制度不允许人们预知政策结果，但是，通过建立游戏规则，能够使人预测政策冲突将会结束的方式"(迈克·希尔 & 彼特·休普，2011：50)。在一个法制越来越健全的现代化转型社会中，公共政策选择也越来越多地受到制度的限制。当然，它的正面意义也得到了强调。

4.3.5　意识形态：政策稳定与观念性冲突的调适

意识形态具有三个重要特征：第一，意识形态是种节约机制，通过它，人们认识了他们所处环境，并被一种"世界观"引导，从而使决策过程简单明了;第二,意识形态不可避免地与个人在观察世界时对公正所持的道德、伦理评价相互交织在一起;第三,当人们的经验与其思想不相符,他们就会改变其意识形态上的看法,试图去发展一套更"适合"于其经验的新的理性,然而,人们在改变其意识形态之前,其经验与意识之间的矛盾必须有一定的积累(道格拉斯·C.诺思,1994：53-54)。意识形态的这种特征反映出它对于政策行动者的意义。作为一种"规范性秩序",意识形态在政策稳定和观念性冲突的调适上发挥着独有的功能。

稳定和变迁是一个问题的两个方面,讨论政策变迁,不能不涉及政策稳定。意识形态对政策稳定的作用体现在两方面：一方面,成功的意识形态维护了执政党政策主张的合理性,为官僚机构一贯的政策偏好提供了正当性辩护;另一方面,意识形态对公民的观念、态度和行为具有较强的规范性,甚至可能会内化为公民个人的某种固定的思维模式,在公民的社会公共生活中形成普遍认可的是非标准。主流意识形态的这种辩护功能和规范功能(童世骏,2006：序言),对于政策有序变革的积极或消极作用也就在于此。当然,主流意识形态的辩护功能和规范功能要真正发挥作用是有条件的,其基本的原则就是该意识形态必须具有合意性。因此,执政党必须不断丰富和发展意识形态所包含的思想、理论和主张,并通过具有合法性和一致性的政策来体现。在意识形态发展和变化的过程中,我们可以看到许多与政策发展相关联的话语,比如,"发展是硬道理""民生""可持续发展""低碳经济""以人为本""和谐社会""生态文明""包容性发展""中国梦",等等。这些话语所蕴含的政策价值和意义是深刻的,也体现出了政策发展的一致性和创新性,引领着政策变革的方向。

4.3.6 产权的成长与民主政治发展

产权制度作为现代社会的一种基本制度安排,它与民主的发展有着密切的关联。在西方社会发展史上,私有产权一直被看作民主政治的基础。在中国现代性成长的过程中,产权制度的改革为社会经济发展增添了能量,也为社会主义民主政治的建设贡献了智慧。改革以来农村变革的要求和国家基于节约费用的考虑而作出的回应导致国家对农村政治调控政策的变化,而政策调整导致农民个人产权的成长和自由的增多,并对基层民主制度、农民权益和央地关系产生了影响(唐贤兴,1997:41-46)。从政府角度来说,私人产权与公共产权制度演变的制度化发展,是政府干预和保护的结果。保护私人产权和明确公共产权是国家宪法的基本精神,这些精神在物权法中得以细化和进一步明确。产权与民主制度的建设释放出了相应的政治活动空间,为构建政策过程的激励结构提供了制度平台。

财产权利是公民的基本权利,对产权的保护也是对人的生命和价值尊重的基本体现,是社会和谐的基础。这一基本价值的转变要求执政理念和政策工具的相应变化。私人产权与公共产权关系的明晰化、制度化,有助于加深人们对"私人领域"与"公共领域"关系的理解。此种认识上的进步,一方面可以避免政策制定和执行过程中公权力僭越私人领域,另一方面也有助于公民意识的增强和政策参与能力的提升,因为私人产权的成长某种程度上意味着个人增多了讨价还价的筹码。在产权关系越来越明晰化的现代社会,政策过程的行动者也表现出更多的趋利性,进而会增加政策发展的交易成本。因为"制度提供了个体解释自我利益的背景,并因此界定其政策偏好。在不同的制度环境中,任何理性行为者的行为都是不同的"(埃伦·M.伊梅古特,2004:115)。或许这对于政策制定者来说影响了效率,但它却使政策过程中的公平与正义得到了伸张,因为适度的"讨价还价"(或"协商"或"政治沟通")是有助于改善政策质量的,也符合现代政治发展的需要。在政策博弈过程中,"一旦对于行为者来说创立和利用新的制度安排的净预期利益为正时,他们就会要求有这种新的安排"(戴维·菲尼,1992:138)。在曼瑟尔·奥尔森(1995:2)看来,"除非一个集团中人数很少,或者除非强制或其他某些特殊手段以使个人按照他们的共同利益行事,有理性的、寻求自我利益的个人不会采取行动以实现他们共同的或集团的利益"。可见,当政策行动者的利益与政府所主张的公共利益(假设总是如此)倾向一致时,公共政策的变革似乎将变得更加容易。

4.3.7　参与式文化为政策过程注入新的活力

公民文化是一种建立在沟通和说服基础上的多元文化,是一致性和多样性共存的文化,它允许变革,但又必须有维持某种平衡(加布里埃尔·A.阿尔蒙德、西德尼·维巴,2008:7)。公民文化注重对自己的权利和义务都有清晰的认识,表现出较高的"政治能力"和"政治效能感"(黄相怀,2009:337-347)。公民文化的这种特性对构建公共政策变革过程中各主体之间的互动关系至关重要,在一种良好的公民文化氛围中推动公共政策变革的对话更具实质的建设性。

然而,在高度复杂的现代社会要维持变革与稳定之间的平衡不是一件容易的事情。严格意义上讲,中国的公民文化建设正处于起步阶段,它是一种传统与现代、主流与多元文化交互的特定形态。在此特定形态的"公民文化"之影响下,政治过程中的制度化参与和非制度化参与共存,冲突与包容充斥着整个政策发展过程。随着环境保护领域社会力量的崛起,我们可清晰看到公民文化的培育过程。在环境保护政策领域,由不同类型政策主体所构成的"政策子系统"(即使是松散的)通过各自的方式参与公共治理过程。在一些政策领域,伴随着公民文化的成熟,公民意识将逐渐增强,实践公民责任的公共行为也将不断受到社会的鼓励和支持。最为根本的是,公民文化的培育意味着公民素质和能力的不断提高,这将为政策朝好的方向发展奠定基础。

信任是公民文化的重要元素,它为有效的政策沟通和对话争取了时间。在复杂社会中,信任具有润滑剂的功效。尼克拉斯·卢曼(Lumann,1979:25)指出,"靠着简化复杂,信任打开了行动的可能性,没有信任这行动是不可能和无吸引力的。只有在行动之后,可能的成果才能实现,必须先行动。信任为时间问题架了桥,它为成果作了预付"。在看到信任对社会秩序产生深远影响的同时,我们也应承认不信任在社会公共生活中不断蔓延,侵蚀着国家政策的合法性资源。"怀疑、操纵和欺骗的感觉产生了怨恨和犬儒主义,因此破坏了对政府机构的信任。"(彼得·什托姆普卡,2005:198)因此,信任作为公民文化的核心元素,影响着政策行动者之间冲突或合作的程度,影响着政策子系统之间的沟通与对话方式。当然,社会信任和政治信任的流失要部分地归因于制度和政府机构本身,因此,它的答案要从国家制度建设那里去寻找。

4.4 公共政策变革的有限性:需求与供给的制度难题

4.4.1 政策变革的有限性

政策变革需要国家制度对社会和人的发展所需作出回应,但这种回应和调整往往是滞后性的。在中国的经济发展与社会转型过程中,对"民生"和"民权"的关注是公共政策的重要议题。作为一个转型中的大国,国家治理对良好政策的需求的迫切性更是不言而喻。但不可忽视的事实是,制度结构在一定程度上限制着公共政策变革的空间。这凸显在民生与民权的发展对公共政策变革的需求与公共政策供给的制度性限制之间的矛盾上。无疑,这将对大国治理的有效性形成挑战。

公共政策发展的制度需求表现为三种基本模式:一是人的经济价值提升政策的制度需求;二是公共服务供给政策的制度需求;三是自由与政治发展政策的制度需求。经济学家西奥多·舒尔茨(1994:251)对人的经济价值与制度变革之间的关系有过深刻的论述——"人的经济价值的提高产生了对制度的新的需求,一些政治和法律制度就是用来满足这些需求的。它们是为适应新的需求所进行的滞后调整,而这些滞后性正是一些重大的社会问题的关键所在。"改革开放初期,国家更多考虑的是人的经济价值提升的需求,确立了"一个中心,两个基本点"的发展战略,因而政策和制度供给的重心转向了经济建设领域,一系列经济发展政策相继出台。为保证人的经济价值提升的需求并实现可持续和有效的激励效果,中国特色社会主义市场经济制度得以建立。在具体的政策实践中,探索出了许多有益的政策,形成了许多实用的发展策略(如"先富与共富论""试错式改革"等)。经过四十多年的发展,中国社会生活的各个领域都发生了巨大变化,经济发展绩效甚为可观,尽管在发展中同时存在着区域发展失衡、贫富差距拉大、公共服务供给不足、社会冲突频发等诸多问题。

针对这些现实的社会矛盾,国家(政府)加大了民生政策的力度,强调政府在职能转变过程中优化公共服务的供给,这为上述诸多问题之解决争取了政策空间。在政府自身建设方面,也提出了建设服务型政府的目标。在教育、医疗、养老、卫生、环境等具体公共服务的价值取向上,公共政策的质量、公平和正义得到了强调。然而,由于中国户籍制度以及在此基础上构建起来的城乡二元发展的结构性问题在相当时期内仍将难以化解,使得公共服务政策变革受到诸多制度性制约。这一点,在养老保障服务的跨省对接和教育领域中教育公平问题等方面较为明显。同时,通过政治制度和经济制度安排实现公共服务的需求和供给同样受制于决策者的价值观念、国家经济能力、国家制度能力等因素。

四十多年的经济与行政改革所激发出的社会活力,为政治发展奠定了坚实的基础。时至今日,各领域的改革已进入攻坚阶段,政治领域的改革更是面临诸多挑战和不确定性。国家面临着推进政治制度改革的多重压力,如何确保国家政治发展与社会稳定考验着中华民族的政治智慧。这里的问题在于,能否为公共政策发展设计出正确、可行的制度改革方案,即"作为公共政策的制度改革"(詹姆斯·G.马奇、约翰·P.奥尔森,2011:96-117)的发展如何实现,对于国家政策的成功意义深远。

4.4.2 政策变革的制度性难题

历史经验表明,后发型社会的现代化转型往往是由国家驱动的。国家驱动的社会转型与发展依赖于良好的公共政策设计与创新。社会发展越是迅速,政策供给越要及时和有力,在体制空白和法制缺乏的地方,政策供给更为重要(王沪宁,1994:69-77)。这说明公共政策的发展受到国家制度能力的影响,有效的政策输出能力很大程度上取决于国家的制度能力。在这里,国家制度能力表现为两个方面的内容:一是国家层面的制度安排维持政策稳定与政策秩序的能力;二是国家层面的制度安排推动公共政策变革以适应社会经济发展和环境变化的能力。以发展的眼光来看,要确保公共政策的稳定性和一致性,国家必须从战略的角度对制度作"顶层设计"。地区差异性、民族与文化等的多样性的客观存在,贫富差距拉大、社会阶层分化、信任缺失等因素的共同作用,进一步削弱了制度推动公共政策变革的能力。维护社会秩序的传统基础正处于解构与重构过程中,出现一些社会失序和道德失范是不可避免的,解决这些问题的关键在于国家的制度安排能否实现对社会的重新整合。

维持一种无效率的制度安排和国家不能采取行动消除制度不均衡,这两者都属于政策失败。政策失败的原因有统治者的偏好和有限理性、意识形态刚性、官僚政治、集团利益冲突和社会科学知识的局限性(林毅夫,1994:397)。要推动公共政策的有效发展,制度必须克服利益集团和官僚政治等的消极影响,而现代政治生活中政策失败的原因往往来自制度不能有效克服它们的影响。一种好的制度必须是能够容纳适度冲突的安排,"有规则调节的冲突是自由,因为这种冲突意味着,谁也不能把他的立场提高为教条"(拉尔夫·达任道夫,2000:31)。不过,相对于冲突来说,人们对稳定表现出了更为强烈的政治偏好,因为稳定维护了现有秩序与利益格局。在此情境中,国家制度能力就显得格外珍贵,它成为公共政策良性发展的稀缺性资源。如果国家缺乏这种调节各方利益和整合各种资源的制度能力,则意味着"弱国家能力"的存在。这一点在收入分配改革政策领域体现得较为充分。在收入分配改革政策领域,要推动公共政策变革并非易事,因为它牵涉多层次制度、多方利益格局和多元政策行动者的互动与博弈。改革的困难正反映了公共政策变革需求与制度供给之间的矛盾,体现出了在特定制度环境与制度安排中公共政策变革的限度问题。

制度的和政治的限制同样会对政策行动者参与和选择政策的能力造成影响。公共政策参与的制度安排(如公共决策听证制度、信息公开制度、信访制度等)为公民影响公共政策过程和结果创造了条件,增进了民主的价值。但同时,公民作为政策过程中的行动者是在制度框架中行事的,他们的行为和选择无不受到制度的规范和制约。制度的社会功能维护了政治参与的有序性,由此产生的交易成本对公民行动能力的限制也是存在的。同时,国家制度能力也受到公共政策的反作用,即政策行动者在政治过程中的互动和博弈推动着制度变迁。也就是说,"制度影响经济绩效并分配社会中的权力,而制度最终则是政治行为的产物。现存的制度是过去的政治斗争所构建的结果,而我们现在也可以不断地改变它们"(彼得·霍尔,2008:337)。

4.4.3 政策变革的非制度性动力

值得注意的是,在分析制度与公共政策变革的关系时,应当对推动公共政策变革的"触发机制"给予一定关注,因为它们与公共政策变革的制度回应能力有关。在政治过程中,触发机制就是一个重要的事件(或整个事件),该事件把例行的日常问题转化为一种普遍共存的、消极的公众反映(拉雷·N.格斯顿,2001:23)。根据触发机制产生环境的不同,可将其分为内部(国内)和外部(国外)两种。触发机制的内部来源主要有自然灾害、经济灾难、技术突破、生态迁移和社会演变;触发机制的外部来源主要有战争行动、间接冲突、经济对抗和军备增长(拉雷·N.格斯顿,2001:30-50)。它们构成了制度回应公共政策的非制度性动力源泉。必须承认,它们产生的影响是巨大而深远的,在某些历史时刻和关键领域对公共政策的影响将是彻底的,甚至会推动某些政治价值的深刻转变。下面仅就信息技术的发展对公共政策意味着什么作出阐述。

随着信息技术的发展和应用,公民似乎找到了更为有效地推动政策革新的参与机制。首先,信息技术的发展和应用改变着社会结构的网络形态,建构着公共政策发展的技术基础。其次,信息技术的发展和应用改变着公共政策决策的组织结构,推动着政府执政理念和行政方式的变革。再次,信息技术的发展改变着政府组织的形态,影响着政府组织与其他组织之间的网络关系之发展。信息技术的应用与普及为电子政务的发展和网络问政奠定了基础。在大转型的时代,信息技术正"利用网络空间重塑政府"(简·芳汀,2004:24-38),为政策过程的透明化、政策制定的科学化、公共政策参与方式的变革等注入新的动力。

当前,中国网民规模和互联网普及率已经有了相当规模。据中国互联网络信息中心(China Internet Network Information Center,CNNIC)发布第 32 次《中国互联网络发展状况统计报告》(2013)的内容显示,截至 2013 年 6 月底,中国网民规模达到 5.91 亿,较 2012 年底增加 2 656 万人。互联网普及率为 44.1%,较 2012 年底提升 2%。在新增加的网民中,使用手机上网的比例高达 70.0%,高于使用其他设备上网的网民比例。值得一提的是,中国互联网在农村普及速度较快,半年期新增网民中农村网民占到 54.4%。而据 CNNIC 发布的第 43 次统计报告(2019),截至 2018 年 12 月,中国的网民规模已达 8.29 亿,互联网普及率为 59.6%;其中,农村网民规模达 2.22 亿,占整体网民规模 26.7%;农村地区互联网普及率为 38.4%;在线政府服务用户规模达 3.94 亿,占整体网民的 47.5%。到 2018 年,我国"互联网+政府服务"深化发展,各级政府依托网上政务服务平台,推动线上线下集成融合,在线政务服务效能明显提升,以民为本的发展理念得到体现。这意味着网络已成为公民与政府互动的重要平台,这种有别于传统的互动模式的发展,必然推动政府管理理念、政策决策模式、政策执行方式等方面的转变。借助于这一网络平台,网民有了更多且更有效的建言献策的机制和影响政策过程的技术条件和网络基础。可见,信息技术作为一种微观的动力机制在推动制度变迁、组织结构变革、政策发展等方面发挥着独特的功能。将它的应用看作构成现代社会网络形态及推动公共政策变革的动力机制来考虑是恰当的。即是说,信息技术的后果使公共政策和制度的变革成为可能,技术优化着政策与制度。

第 5 章　政府偏好与政策变迁：以收容遣送制度的存废为案例

尽管有关的经济学研究文献并没有就"政府偏好"给出明确的定义，但经济史和制度分析理论在解释中国社会的制度变迁时，都会把政府偏好看作一个重要的变量。在分析某个具体的制度或政策的起源与变迁时，必须恰当地界定政府偏好的内涵及其角色。本章试图以收容遣送政策的起源、变化和废止作为一个制度样本，来分析政府偏好在制度和政策的变迁中所扮演的角色。

收容遣送制度被废止已经有若干年，但学术研究需要对收容遣送制度的变迁作出理论上的解释。本章尝试对这一制度的整个变迁作出比较系统的描述和分析，试图揭示公共政策变迁的政治、经济和社会根源。从制度规范的角度来说，收容遣送政策始于1982年颁布施行的一部行政法规——《城市流浪乞讨人员收容遣送办法》。但从中华人民共和国成立至该《办法》颁布，针对一些特定人群的收容遣送工作一直零星和零散地进行着，这些做法大致上可以被看作是收容遣送政策的"制度渊源"，1982年的行政法规只是试图把此前的收容遣送工作加以制度化和"规范化"的一种努力。起初，这种制度化的政策对一些特定人群而言具有救助管理和管制双重职能。但在 1992 年以后,随着市场经济的发展,由农村流向城市的人口规模大幅度增长,给城市管理带来了新的挑战,结果,政策实践的收容遣送工作在很多方面并没有很好地体现救助和维护城市安全与秩序功能,反而逐步演变为"为收容而收容""为收费而收容"。很多社会矛盾和冲突由此产生,直至因 2003 年 4 月间的"孙志刚事件"所产生巨大的舆论和政治压力①,该制度于该年 6 月 14 日为国务院所废止。国家紧接着在 8 月 1 日正式执行新的制度——《城市生活无着落人员救助管理办法》,以代替旧政策废止后的制度空白。

5.1 政府偏好与制度变迁的有关理论

国家职能和角色一直是制度分析的一个核心主题。在分析中国的制度变迁时,人们都会在事实判断和价值判断上强调政府的关键作用。本章之所以要从政府偏好的角度来分析制度变迁,从而理解收容遣送政策的变革,实际上受到中国制度变迁的一些基本事实,以及相应的一些学术传统的影响。

"后发型现代化"理论范式强调,发展中国家的现代化不是由本土各种因素导致的自然变迁过程,而往往是在外来因素的刺激(比如,早发型现代化国家的冲击和示范)下才发生的②。该范式强调,后发型现代化国家要赶超早发型现代化国家,就必须发挥国家(政府)在现代化中的主导作用,以此来推动经济增长和缓解随

---

① 引起舆论广为关注的"孙志刚事件",最初是由广州的《南方都市报》记者陈峰、王雷、景小华(2003)作出报道的。
② 列维(Levy, 1952;1970)最先把现代化分成两种类型:一种是"内生型"(indigenous developers),它的动力是"创新"(innovation);另一种是"外生型"(latecomers),它的动力是"借鉴"(borrowing)。国内学者一般把这种类型的现代化叫作"后发型现代化"。

之产生的政治、经济和文化等方面的矛盾(翟年祥、项光勤,2008)。中国的确是后发型现代化国家的典型,直到现在,一个强有力的政府对于中国现代化的意义是显而易见的。在现代化进程中,大规模的人口流动对脆弱的城市秩序构成了挑战,针对城市"盲流"人口(后来异化为对所有外来人口)实施强制性的收容遣送,其出发点是要形成合法有序的城市秩序。但最终是否形成了这样的秩序,为什么需要通过这样的制度安排和行动去形成城市秩序,需要作出理论上的解释。通过对收容遣送制度变迁过程中政府偏好的解释,既可以理解收容遣送政策产生、强化和被废止的政府动机和诱因,也可以认识在一个后发型现代化国家里,政府是如何在主导现代化的进程。

强调政府在收容遣送制度的变迁过程中处于关键角色,还受到另一种学术传统的影响,这就是制度分析中的"强制性变迁"范式。林毅夫(1994:371-418)把制度变迁分为诱致性变迁和强制性变迁两个类型的分析框架,经常被人们引用来说明国家在中国制度变迁中的角色。前者是指一群(个)人在响应由制度不均衡引致的获利机会时所进行的自发性变迁,对应于内生制度;后者对应于外生制度,是由政府法令引致的变迁。虽然内生制度往往有社会经济文化等基础,因此,制度的交易费用往往较低,也较能反映制度服务者的需求,但诱致性制度变迁经常会碰到外部性和"搭便车"问题。虽然成功的意识形态能起到弱化搭便车、道德危险和偷懒行为,但无法消除这些方面的问题,因此,诱致性变迁就不能满足一个社会中制度安排的最优供给。制度分析理论家提出的补救制度供给不足的方法是国家干预。他们以1949年后的中国为例来说明,如果制度纯粹靠内生或诱致性供给,是无法满足社会经济发展的需求的,因为中国在过去的一百多年里相对世界进程落后太多,当政府意识到这一点时,奋起直追和赶超发展的需要决定了制度供给必然带有明显的外生性质,即表现出强烈的政府强制性制度变迁特点。这样,强制性制度变迁的解释范式,很自然地与后发型现代化范式汇合到一起。

在制度分析理论中,政府偏好被看作是制度变迁的一个重要变量。伍山林(1998;1996)在研究中国的制度变迁时都倾向于认为,政府偏好是解释中国制度变迁的一个重要因素。虽然价值和偏好都源于特定的制度背景(Steinmo,1993:4-5),不断被制度塑造着,但反过来,在很多时候,价值和偏好也对制度的运作和变迁产生影响。不过,虽然很多经济学家经常使用"政府偏好"一词,但它在经济学中却并始终没有得到明确的定义。政治科学研究者用"偏好"来分析政治行为体的行为时,也似乎常常把政府偏好作为一个不要界定的术语,以至于把它与国家偏好、政策偏好等术语等同起来,从而使人们无法清晰地认识政府偏好的结构、强度、特点以及各种可能的偏差后果。

经济学家把心理学中的"偏好"概念转化成一个经济学术语,用以指主体为了满足自身利益最大化的需要,倾向于能达到的某种目的或结果的心理状态的反映或期望。显然,需要、需求是与"偏好"联系在一起的。但是,人们似乎不应该忽略"价值"的重要性,必须把偏好理解为客体对主体自身需要的满足关系,因为在现实的约束因素下,人们会根据"价值"对需要排序。这样,偏好就应该被看作是个人价值排序当中的一种独特的心理倾向。也正因为如此,"偏好"与"价值"这两个意思十分相近的概念在某种程度上可以等同使用。

政府偏好就是政府在实际的政治过程中为了满足某种利益最大化的需要而表现出来的期望或预期。利益最大化,既可能是政府自身利益的最大化,也可能是至少在形式上由政府来代表的社会公共利益的最大化。无论政府所公开宣称的它为的是什么,还是政府实际所做的又是为了什么,总之,每一种政府行为(比如公共政策),都无不被刻上政府偏好的烙印。因此,在某种程度上,必须把政府偏好置于政府行为分析的核心。正是在这个意义上,美国政治科学家托马斯·戴伊(Dye,1995:2)把公共政策视作"政府选择作为(to do)与不作为(not to do)的事项"。政府选择做什么,选择不做什么,虽然并不完全决定于政府本身,但它起码可以反映政府偏好在选择中所扮演的特定角色。在制度学派那里,国家(政府)处于某种重要的(甚至是核心的)地位。无论是强制性变迁还是诱致性变迁,都涉及国家和政府在面对制度变迁的需求时,如何对这些需求做出回应的问题。事实上,很多经验材料已经表明,制度供给不足的诸多原因中,政府偏好是其中一个重要因素。反过来,在那些促进了制度变迁的案例中,政府偏好也总是与有效的制度供给相联系的。收容遣送政策的产生、实施与终结,在很大程度上取决于政府偏好及其变化。在历史上发展的不同时期,收容遣送制度变化与否取决于政府偏好对制度变迁的看法与预期。因为在下列情形下,废除旧的制度安排、创制新的制度安排的可能性是不存在的:废除旧制度的成本和风险远远大于其预期的收益;旧制度的运行还能够有一定的有效性;创制新制度的成本很大,但预期收益很小;制度的破旧立新的空隙期很长(转型时间很长)并足以对社会和政权构成威胁。收容遣送制度与救助管理制度在新旧之间实现变迁,实际上是政府偏好发生变迁的过程。

5.2 政府偏好与制度起源:20世纪50年代后的收容遣送政策

本节把分析的重点放在收容遣送政策的制度起源的解释上,通过对这一政策进行经济史和历史学的解释,提出政府偏好及其变化是解释制度变迁的一个内在变量。1982年以后的收容遣送政策的变迁,在诸多方面受到制度起源的一些因素的约束或规定,也就是说,在制度发端或起源阶段的那些约束性条件,在其日后的制度变迁中依然发挥着类似的作用。

5.2.1 政权巩固:改造与救助

作为一种正式的制度安排,即国家法律规范意义上的制度,收容遣送发端于三年困难时期。在1961年11月11日中共中央批转的公安部《关于制止人口自由流动的报告》中,决定在大中城市设立"收容遣送站"。当时中央决定收容遣送的工作以民政部门为主,负责将盲目流入城市的人员收容起来,由公安部门负责对被收容对象进行审查和鉴别,然后由民政部门将其遣返回原籍。收容遣送工作此前就有,但高层做出明确的制度性规定的,这是第一次。因此,我们可以把收容遣送站这个机构的设立看作是20世纪80年代规范化时期收容遣送政策的发端。

设立收容遣送站的政策安排,出发点很明确,那就是为了解决城镇失业的问题,以保证城市基本生活必需品的供应和社会秩序的稳定。资料表明,到1961年,中国城镇的就业形势已经十分严重,实际失业率达到了10%左右(高书生,1998:3)。不过,解决城市失业只能够部分解释政府决策的偏好,不是全部。那么,执政党及其政府是基于什么考虑而采取这样的制度呢?

首先的考虑应该是政治上的。政治考虑的第一个因素是政权巩固问题。当共产党的工作中心开始由农村转向城市时,"建立公共秩序,恢复生产,抑制通货膨胀,控制失业现象"是新政权面临的首要任务(弗雷德里克·C.泰维斯,1990:75)。王沪宁(1987)在使用"革命后社会"这个概念来指称"经过革命建立起社会主义制度的社会"时,论述了"革命后社会"的初步时期所具有的几个基本特点,包括:(1)运用摧毁旧政治体系的力量,维护和实行革命力量的政治权威;(2)政治权威的行使没有确定的组织程序和法律程序,旧体制被破坏,但新体制尚未完全建立;(3)运用政治权威对付旧政治体系的拥护者和新政权的反对者,以巩固、扩大新政权的社会基础;(4)运用政治权威组织和领导社会重建,这往往要求高度的权能;(5)运用非程序性的方式建立程序,或可转变为其他类型的活动;(6)运用政治权威加速观念重建的过程,以便实现行为和微观层次上的变革,等等。

建立公共秩序、巩固国家政权所面临的直接威胁是两个方面。一是反对人民民主专政、危害社会的反革命分子和社会不良分子对新政权构成了直接威胁。二是社会游民对社会的治安构成了威胁。这两类人的边界在中华人民共和国成立之初是不容易确定的,且会有一定的转化。那些国民党的游兵散勇、惯窃巨盗、娼妓乞丐遍布城市,他们的存在和行为,既严重影响社会治安,也与新的执政党的价值观相悖。另外,滞留于城市的还有很多无家可归者和失业者,以及期望经济恢复的工商业者。所有这些人,都被当时的新政权统称为"社会游民",共产党新政权要在城市立足,就必须对他们收容并进行改造,这构成了当时各大城市整顿社会秩序的重要内容。所以,新生的政权一开始便利用具有威慑力的政治权威,治理社会乱象,展开了严惩作恶多端的盗匪、惯窃、流氓头子和清除旧社会污泥浊水的社会改造工作,打击制毒贩毒活动,取缔妓院,严惩恶霸地主(程维荣,2003:15)。

为巩固政权、建立秩序而展开的社会改造工作,在国家权力中心(首都)和其他都已经建立新政权的城市,几乎是同时展开的。在这个工作中,其中一个重点是治理乞丐问题。在执政者看来,乞丐问题既与秩序问题相关,因为它破坏了社会安定,妨碍了正当商业秩序,也与政府形象问题相连,因为它有碍市容整洁。实际上,我们在观察20世纪80年代以后的收容遣送政策时,发现作为治理者的政府,对乞丐问题的认识,与历史上的态度是基本一致的,其政治考虑超过了法律和道德的考虑。所以,在1949年5月12日,在新政权的权力中心北平,这个随后很快成为首都的城市,政府针对乞丐制定了收容和组织劳动相结合的政策,颁布了《城市处理乞丐暂行办法》,成立了"收容处理游民乞丐委员会"①。而在全国范围内,公安机关和民政部门相配合,分批或一次性地将社会上流浪乞讨、游散人员全部加以收容,然后送往劳动教养所等地对其教育、让其劳动和学习,或遣返回原籍劳动,最后帮助这些人妥善安置到合适的生产岗位上。比如,上海把在1949年年底之前收容的1.1万多人,大多遣送到淮北和苏北垦区进行"生产自救"②。据王善中(1984)的研究称,收容安置这些人后,城市的治安状况趋于安定。

为巩固新政权而展开的收容遣送工作,反映出了执政者的价值偏好。诚然,任何一个获得政权的政党、政府,都试图巩固自己的政治统治地位,因而,在政策行动中体现自己的利益和偏好,是正常的。但仅仅做这方面的理解是不够的。如果执政党及其政府的偏好远离民众的偏好,它的执政基础就不可能稳固,对于刚刚获得政权的政治行为体来说,尤其如此。因此,中国共产党在中华人民共和国成立之初所展开的收容遣送工作,还必须考虑民众的偏好。事实上,长期饱受战乱之苦的广大民众期望过上安定和有秩序的生活,这种需求和心态与新生的共产党政权的愿望是相一致的(陈星博,2006:50)。社会秩序是一种公共产品,反映的是公共偏好,只不过在共产党的意识形态和政策实践里,集体目标高于个

---

① 这个机构当时由北平市委和市政府统一领导,以民政局为主,由公安局、卫生局、人民法院、纠察总队和华北人民政府民政部等机构组成。

② 参见《接管国民党上海市警察局纪实》,《公安史资料》1984年第12辑。

人目标。运用政治权威整顿混乱的社会现象,在当时特定的形势下是被迫的、也是最行得通的选择。美国政治学家林德布洛姆(1992:351)在分析共产主义国家的政治-经济制度的特征时说到,在政治权威高度集中的国家,有关制度和政策并不是简单地剥夺它们的国民,也不是像传统的权威主义制度那样忽视他们的福祉,在这些制度下,领导层"承诺了集体目标,包括(至少过渡性地)社会改造,而非像市场取向的多头政治那样敦促实现个人自由和个人目标"。

然而,以国家(政治权力)为中心来界定和形成社会秩序,固然有着维护政权巩固的考虑,但并不意味着政府的收容遣送工作在治理像乞丐这样的问题时,总是有着行政强制的偏好,或者根本不考虑治理对象的利益。在这一点上,中华人民共和国建立初期的共产党政权的做法具有较大的灵活性。美国历史学家胡素珊(1997:409)在评价这个问题的时候说,共产党进城后在解决城市社会问题上"最具创造性的工作"是安置妓女、吸毒者、小偷及其他各类所谓的封建残余,主要方法是"强制与说服相结合"。胡素珊认为,执政党这样做的目的是为了让这些人明白,"改变他们的生活方式不仅在最大程度上符合他们个人的利益,同时也有益于整个社会"。人们可以发现,这种做法,与历史上共产党采取的一些做法(比如延安时期)是相同的①。说服是一种社会控制的机制,它主要借助于党的意识形态工具和宣传方式来实现的。林德布洛姆(1992:351-352)认为,正是这套训导制度,在党追求集体目标和实现新社会对人的政治行为的改造方面发挥了不同寻常的作用。

---

① 根据力耕(1947:20-24)的研究,这种措施针对的对象是流氓、无赖、小偷和吸毒者等。1937年,延安约有500名流氓,到1945年,在农村的流氓大部分被改造成了劳动者,城市中随后几年也进行了这样的改造。针对农村中的那些二流子(即游手好闲和小偷小摸者),采取的措施不是那么严厉,主要依靠嘲讽、挖苦和道德规劝等社会压力来改造。

中华人民共和国建立之初的收容遣送工作,一开始便具有救助的性质。明白这一点是重要的,因为,它既体现了当时执政党的价值和偏好,也与巩固国家政权紧密相联。对所有收容遣送的对象中,属于政权要打击的,是那些反政权的人员;对其他人则进行改造;而对于生活无着落人员(包括失业者),收容遣送工作则提供及时的救助,包括提供食宿、技艺培训甚至派专人负责护送愿意返乡者。造成这些救助对象的生活困难的,是历史遗留下来的因素,包括战争对经济所造成的破坏。很高的失业率已经成为中华人民共和国建立初期的一个严重的经济和社会问题。1950—1952 年是失业高峰期(李培林,1998),全国登记的失业人数由 166.4 万上升到 280 万[①]。在城市,失业人数包括解放前和解放初留下的,也包括中华人民共和国建立后最初三年里快速的城镇化所带来的,还包括涌入城市谋生的大量农村剩余劳动力(因为当初并没有从法律和政策上限制农村人口流入城市)。

大量失业和困难人群的存在,一方面产生了社会稳定和安全问题,另一方面也对政府威信构成了威胁。因为群众的失望和不满情绪在城市中迅速蔓延开来。解决这些问题的根本途径,在于经济的迅速恢复和重建,但在短期里,政府只能采取两个办法。一个办法是对城镇的困难群体进行救助。承担这个工作的,既有收容遣送机构,也有福利工厂。对城镇中的一些残疾人的安置带有收容救济性质,而福利院主要是收养荣残军人、孤寡老人和残疾人。特别值得一提的是,当时的收容遣送工作还对那些进京上访的群众实施了一定的救助,这一点与 1990 年代以来的政府管理存在着很大的区别。另一个办法则是对来城谋生的农村剩余劳动力

[①] 《1949—1952 中华人民共和国经济档案资料选编·劳动工资和职工福利保险卷》,中国社会科学出版社 1995 年版,第 203 页。

采取动员、教育和提供资助的方式,让家在农村的失业人员"返乡生产",以缓解城镇的就业压力。当时的国家政策开始把这部分人员看成是"盲目流入城市"的人员,提出要对此高度重视[①]。

5.2.2 工业化与城市化的双重压力:限制人口流动

从上述中华人民共和国建立初期的收容遣送工作的经验来看,这一工作的确与巩固国家政权、树立政治权威、维持社会秩序的目标联系在一起。但是,要达到这些政策目标,仅靠收容遣送工作是不够,因为它只是一项辅助性的工作,或者说只是一个政策工具。从根本上来说,在运用政治权威和进行意识形态训导的同时,执政党还必须尽快实现经济的发展。

当时中国采取了优先发展工业尤其是重工业的战略。影响高层决策者选择优先发展重工业的主要考虑,一般被认为是国防建设的需要,主要是外国敌对势力的封锁包围、朝鲜战争,以及受苏联工业化模式的成功范例的启发(武力,1999:22)。从国际体系的背景下来理解国家内部的发展战略选择,当然是一个符合实际的思考路径,但是,中国历史形成的工业基础薄弱和资源稀缺,也是同样需要加以重视的影响决策偏好的因素。

但是,从理论的角度来说,要从发展模式的选择来理解收容遣送,存在着逻辑建构上的困难。为解决这个问题,学术界建立起了一个一般性的理论逻辑,根据这个逻辑,作为一种超越常规的赶超战略,国家需要在很短的时间里集工业化所需要的资源,而从农村来汲取资源是现实的选择,为此,国家制定了限制人口流动的户籍制度,收容遣送就是为这样的制度服务的。这个逻辑的问题,不在

---

① 政务院 1952 年 7 月召开的全国就业会议通过的《关于就业问题的决定》,提出要尽量克服农村剩余劳动力盲目流入城市的问题。

从农村获取资源以发展工业化这点上,因为这是历史事实。逻辑问题在于,收容遣送在很多时候并没有与户籍制度捆绑在一起,而且,在对一些人实施收容遣送的时候,不是因为他是农民,而是因为在政治上来说他没有遵从国家的有关政策。这一点在1957年之前尤其明显。

中国的各种人口管理政策以及后来形成的一套完整的户籍制度,是在城市化进程中慢慢形成和变化的。尽管城市化的概念在社会学和经济学等学科意义上具有不同的含义,但在人口学意义上,城市化是一个城市人口比重不断提高的过程,这个过程往往通过把农村人口转化为城镇人口的途径来实现的(冯云廷,2005:169)。这样的城市化进程在中华人民共和国建立之初就已经开始,到1953年,城镇人口已经从1949年的5 765万增加到7 725万,城镇人口占全国总人口的比例也因此由1949年的10.6%上升到13.3%(袁伦渠,1996:76)。这个发展与毛泽东在1949年的《论联合政府》报告中提出的将来工业化和城市化应该是一个"变农村人口为城市人口的过程"这个思想相关,但同时也是一种农民向往城市生活而形成的自发式人口流动。有关研究表明,农村劳动力占全社会劳动力的比重由1949年的91.5%下降到1952年的88%,总计有300多万农民进入城市就业,占同期城市新增就业人数的30%(程连升,2002:61)。这些资料表明,当初允许人口流动(至少不加限制)的政策安排,在很大程度上促进了城市化的发展。

但正因为如此,学术界在对户籍制度提出各方面批评的时候,就认为它是阻碍中国城市化的一个最大障碍。宋嘉革(2006)断言:"中华人民共和国建立以来经济发展的实践证明,中国农村人口城市化的最大障碍就是城乡分割的户籍制度",因为这一制度"阻碍了生产力中最积极、最活跃的生产要素——人的自由流动"。中华人民共和国建立之初,中国发展的大部分时间里的经验能够说明这个观点的正确性,但是,在分析1957年前的中国城市化时,就出现了经验上的错误。因为,不是户籍制度阻碍了城市化进程,相反,恰恰是因为城市化进程受阻而导致了更严格的户籍制度的产生。

首先,一套完整的户籍制度是在相关的人口管理政策的基础上慢慢形成的,而且,在其形成过程中,法律和政策的规定中并没有限制人口的自由迁徙。如前所述,新政权建立以后的首要任务是恢复、稳定社会秩序,控制、消灭各种敌对势力。在这一政治目标下,公安部于1950年8月制定了《关于特种人口管理的暂行办法》,这是一种完全根据被管理者的特殊身份(政治性和社会性)来制定专门管理办法的做法,也是第一个关于人口管理的正式制度规范,它的突出特点就是把社会治安作为人口管理的重点。次年7月,公安部颁布了一个可以被视为户籍制度正式在城市诞生的规章,即《城市户口管理暂行条例》,虽然该条例十分强调户籍制度的治安管理作用,但其第1条明确规定的目标同时包括了"维护社会治安"和"保障人民之安全及居住、迁徙自由"①。1954年宪法第90条第2款更是在国家根本大法的层面上规定了"公民有居住和迁徙的自由"。由此可见,当时的户口管理制度的目的主要是为了准确地统计人口,掌握人口变动的信息,即便是暂住人口的登记工作,也是为了切实地限制坏人,保护好人,维护政权的稳定。

其次,城市化进程的受阻而导致了严格控制人口流动的户籍制度。户籍制度之所以首先从城市开始建立,除了政治统治和治安考虑外,另一个目的是针对城市失业严重的现实的,是要为缓解

---

① 该条例标志着城市户籍制度的设立和城乡分治的人口管理制度开始形成,因为,最初的"户口"只是对城市居民而言,《条例》要求居民必须把自己的居住地址、户主、户人口及其性别、年龄、职业以及住址搬迁等情况,在居住地派出所登记。但当时,对居民在城市之间、城乡之间的迁徙并未作限制。

失业做准备。城市失业率的加大不是农民流入城市引起的,但它加大这种严重性。不过,政府并没有像后来那样采取行政强制手段控制城市人口,而是采用了宣传和说服的形式①。另外,还有一个重大的因素促使政府决策者采取措施来阻止农民进入城市,那就是大量农村人口涌入城市给由中央控制的城市粮食供应系统带来很大的压力。其中一个资料证据是,1954 年,根据当时农村普遍尚未认真执行迁移证制度的实际情况,公安部在回复关于"未领迁移证而迁出的居民是否能够补办迁移证问题"时作出解释时称,对那些"系盲目流入城市之农民,现仍无正当职业,生活又无保障者,可协同有关部门,动员其返乡生产",并称减少农民盲目流入城市是为了"便利目前粮食计划供应工作"(余亚梅,2018:97-98)。

  在法律明确规定人口自由迁徙的制度背景下,国家和政府对农村人口流入城市的政策限制,是一步步加大的。1953 年 4 月 17 日由政务院发出的《关于劝止农民盲目流入城市的指示》,可能是第一个对人口的自由流动进行控制的政策文本。该指示要求各级地方政府对那些希图进城的农民"耐心解释,劝止其进城",对已进城农民(除了确实需要外)"要劝其回乡"。此后,政府有关部门不断发出各种文件,阻止农民进城。1955 年 3 月,内务部、公安部联合发布一个关于办理户口迁移注意事项的通知,明确要求必须阻止遣返还乡的治安危险分子重新返城,对不安心农业生产、盲目要求迁往城市的农民要耐心劝止,对虽系盲目流入城市,但已在城市找到正当职业或考入学校就学的人,给予办理户口登记。公安部三局于 1956 年 9 月 8 日发布的《关于解决盲目外流农民户口问题的意见》,基本上遵循了这个政策精神,但第二年即被另一个政策

---

① 早在 1950 年起,为了缓解城市失业压力,各地方政府开始动员和说服城市中的失业人员回到农村,同时,农村地方政府也设法劝阻农民进入城市。

文本《公安部、粮食部关于解决预约工、临时工的户口和粮食供应关系的联合通知》(1957年4月21日)所修改,这个文件开始严密控制流动人口的户口落户。从此之后,农村的户口登记工作开始进一步加强。

对农民流动自由逐步加大的限制是理解这一时期城市里的收容遣送工作的一个背景,但收容遣送工作的主要任务还不是配合户籍管理,因为城乡分治的"二元化管理"模式还没有形成。只是到1958年1月9日全国人民代表大会常务委员会通过《中华人民共和国户口登记条例》,这个格局才开始改变。而且,收容遣送的救济性以及以耐心劝阻为特点的实施手段,也意味着这个时候的收容遣送不是实施户籍制度的主要政策工具。收容遣送的这种性质和特点,是由当时城市化的内在矛盾或困惑所决定的。城市化需要人口流动来增加城市人口的规模,但这会导致城市治安、粮食供应和就业的压力。高层决策者的发展理想在现实制约条件面前做出了妥协。领导集体的方针要旨,就是要"保证用适合于城市本身的方式来解决城市问题"(弗雷德里克·C.泰维斯,1990:77),用胡素珊(1997:442)的话来说,党和政府要建设的新型城乡关系并不包括"发展农村手工业使农村城市化",并"在城里开辟花园使城市农村化"这样"美好却无用"的目标。

党和政府为什么放弃了这样一个美好的目标? 这与当时中国要致力于发展重工业的发展战略相关。我们前面说到,在1958年实行严密的户籍管理制度之前,收容遣送并没有与户籍管理制度完全地捆绑在一起,但与工业化战略相适应的户籍制度形成后,情况发生了很大变化。

优先发展重工业的"赶超型战略"是在1953年国家制订和实施第一个五年计划的时候确立起来的。虽然"一五"期间赶超英美的计划目标被经验证明是不可能实现的,但国家的工业化发展战略还得继续下去。国家工业化需要大量的资金和资源,但由于当时中国社会性资源的匮乏,因此,本国的农业剩余便成为工业化资本积累的主要来源(宋国清,1982)。但要做到这一点,至少必须具备两个前提:第一,要保证一定数量的人口在农村从事农业生产,这便是人口流动控制的现实缘由;第二,以蔡昉等(1994:47)的话来说,要通过相应的制度安排来实现内部积累,尤其是农业上的积累,即把农业剩余集中到政府手里。这个制度安排就是在农村建立集体经济组织,也就是1958年开始建立的人民公社[①]。国家工业化要求作为整个社会代表的国家不仅要对工业、也要对农业进行有计划的组织和管理,因此,农村人民公社既是一个经济和生产组织,也同时是一个政治管理组织,这种政社合一的组织代表着国家对农村进行控制。国家权力之所以能够伸入农村,之所以能够从农业中获得剩余积累,关键在于集体经济组织的这种性质和职能(唐贤兴,2002:304)。这也表明,中国的工业化战略是一种国家政权自上而下发动和组织并加速推进的模式(林岗,1992:139)。

作为一种权力集中的体制,人民公社在调动农民积极性上,是低效的甚至无效的。因为在这一制度安排里,国家的评价成为唯一的社会福利函数,而对农民则缺乏合理的利益激励机制,制度的运行是以行政指令、说服教育、政治动员、行政约束、集中控制和强制服从等机制为基础的(唐贤兴,2002:312-313)。但它与户籍制度结合在一起的时候,对农民的流动产生了桎梏性的影响,也就是说,服高于工业化战略需要的户籍制度和人民公社制度,在控制人口流动问题上却是有效的。这个时候,收容遣送便与户籍制度紧

[①] 人民公社作为一种农业合作化形式,在1958年之前的几年里就开始了。从初级社到高级合作社的转型是在1956年完成的。1958年,由几个小型的农业合作社并在一起成为大型合作社,并统一使用"人民公社"这个名称。到1961年,人民公社实行三级所有、队为基础的制度结构。

密地联系在一起,收容遣送的主要任务便成为配合户籍管理、压缩城市人口、控制农村人口迁入城市的一个便利手段。关于这个问题,我们可以从国家的有关针对收容遣送的政策规定中可见一斑。

自从1953年第一次在正式政策文件中提出农民"盲目流入城市"这个说法以后,国家各部门几乎每一年都会发出的各种指示、通知和意见等文件中都使用了这个术语。显然,在以国家政治权力强制界定的制度中,"盲目"的说法反映的只能是国家的偏好,而不是农民自身的偏好与行为的反映。1957年12月18日,中共中央、国务院发布了《关于制止农村人口盲目外流的指示》,对收容遣送提出了严格的要求。其基本要点包括:(1)对盲目流入的农村人口,必须动员他们返回原籍;(2)严禁流浪乞讨;(3)在农村人口流入较多的大城市,由民政部门设置收容所,临时收容集中送回原籍;(4)收容中可组织他们劳动生产,自挣回家路费;(5)对于招摇撞骗、破坏法治、扰乱治安的坏分子,应当依照情节给予处罚,情节严重的予以劳动教养或者依法予以刑事处分,等等。国家要求制订出劝阻遣送的具体办法。

但是,严格的制度控制并不能完全杜绝农民的"盲目流动"。根据中共中央1959年发布的一个关于制止农村劳动力流动的指示所显示的信息,在两三个月时间里,河北、山东、河南、山西等省的外流农民约有三百万人。针对这一现象,中央出台了停止招工、停止串联亲友进城找事,以及严格户口管理和粮油供应等措施。公安部于1959年3月26日发出的一个"紧急通知"提出要通过严格户口管理制度来控制人口的盲目流动,甚至提出要在车站、码头等社会治安较为混乱的地方直接加大收容遣返等动员工作的力度。不过,收容遣送的救助性质和动员手段等基本特征并没有发生大的改变。同时,在政府发布的文件和实际工作的开展过程中,"支援农业生产"和"维护社会秩序"这样的目标和价值一直是被公开宣扬的。20世纪60年代初,针对当时社会上有一些长期流浪的人员,在全国各地到处游荡,乞讨偷摸,民政部认识到这会严重危害社会治安和社会主义建设,因此在全国各地办起了很多安置场所。为了解决收容安置人员的户口和物资供应等问题,内务部、公安部、粮食部、劳动部、商业部于1963年3月22日下发了一个联合通知,在通知中明确提出收容安置工作的目的是:"为了支援农业生产,维护社会秩序。"

5.3 政府偏好与政策扭曲:20世纪90年代的收容遣送制度

政策或制度在执行过程中的扭曲,与其说是一种不正常的政治现象,倒不如说是政策过程中的一种常态。正如英国政治学家米切尔·黑尧(2004:6)所说的,"政策制定出来并不意味着有关的需要已经在政策中确定下来",因为在政策过程的执行环节,"政策经常继续演进"。这就是说,在政策的执行环节,必然存在着可能使得政策或制度发生变异的空间、条件和因素。

自20世纪70年代兴起的政策执行运动以来,探讨政策执行过程中的扭曲问题一直是公共政策研究的一个重要主题。很多学者试图去总结和提出实现完美的政策执行所必须具备的一系列先决条件,比如豪格沃德和古恩(Hogwood & Gunn, 1984:74)提出了十个方面的条件以避免政策"执行赤字"(implementation deficit)问题。事实上,在现实世界的政策过程中,这些理想化的条件总是不能全部或完美地存在的,因而政策执行阶段存在的变异和扭曲,总是一种客观的现实。丁煌(2002:93)对公共政策执行过程中由于执行者自身的行为、利益以及执行所面临的制度等因素而导致执行阻滞的分析,告诉我们政策和制度一般是在什么样的情形下被扭曲的。

然而,有关政策或制度扭曲的理论概括尚需在比较研究的基础上进一步扩展和丰富,这就需要对特定的案例进行深入的分析。这里我们不试图对政策或制度扭曲做理论上的比较研究,而希望以已经被废止的收容遣送政策为案例,来分析这一政策在实施过程中是如何被扭曲的,以至于政策决策者不得不以废止的形式来宣告政策的失败。

施行21年之久的《城市流浪乞讨人员收容遣送办法》于2003年6月被废止,由《城市生活无着落人员救助管理办法》这个更人性化的制度替代之。这一重大的制度变革曾受到广泛好评。人民网"2003推动中国社会进步的十大行动"的年终策划把这一制度变革置于"十大行动"第二的高度,仅次于排名第一的大规模展开的"追薪行动"。而直接推动旧政策被废止和新制度之实施的"孙志刚事件",则被当时的舆论排在"2003年中国十大法治事件"之首。

虽然这一制度变革已经过去了很多年,但学界对收容遣送制度产生、演变和最终被废止的过程、动因及其结果的研究依然很不够充分。事实上,在这一制度的演变过程中,有大量的问题值得我们去反思和研究,比如,出于救助为目的的制度设计为何在实施过程中会出现方向相反的异化。当然,制度变迁中出现制度失败或失效的情形并不令人惊奇,初衷善良的制度设计,也可能会收到恶果,这经常是不以人们的主观意志为转移的。正如道格拉斯·C.诺思(1992:162)所相信的,并不是一切的制度变迁都会朝着有效率的方向发展,因为"历史表明,人们过去做出的选择决定了其现在可能的选择",这就是所谓路径依赖。所以,脱离良性循环轨道的制度异化、扭曲、恶化甚至被"锁定"在一种无效率的状态,都应该被看作制度变迁的一个内容来加以认识。就收容遣送政策来说,它在 20 世纪 90 年代被高度扭曲而引致一系列严重的政治、经济和社会后果,与它最终被废止之间存在着一定的因果关联。因此,理论研究不仅要去解释这种关联,还必须去探究制度被扭曲的根源和基础是什么。笔者通过描述和分析 20 世纪 90 年代以后的收容遣送制度是如何被逐步扭曲的,提出是由于政府偏好的原因而使得收容遣送制度由其善良的初衷走向了反面。本节从以国家为中心、分权化和路径依赖三个角度来分析制度变异时期的政府偏好与制度设计和运作之间的关联。

5.3.1 收容遣送政策的制度规范及政府偏好

法律规范意义上的收容遣送制度,始于 1982 年 5 月 12 日由国务院发布并同日施行的《城市流浪乞讨人员收容遣送办法》(以下简称"《收容遣送办法》")。自从有了这个行政法规,收容遣送工作便有了"法律上的依据",至少在形式上开始步入制度化和"规范化"的阶段,而在此之前的收容遣送工作,则是零散进行的,各地各城市的工作依据,都是中央政府及其有关部门发布的决议、指示、通知、意见等方面的规范,以及高层领导在一些会议上的讲话精神。该行政法规颁布五个月之后,被授权组织实施该政策的两个行政部门——民政部和公安部——发布了具体的实施细则,即"民(1982)城 80 号"文件(以下简称"'80 号文件'")。《收容遣送办法》和"80 号文件"的相关规定,勾画出了收容遣送政策的规范性制度结构。

在这一制度结构中,政策制定主体是经国务院授权的民政部和公安部,而地方人民政府尤其是其民政和公安部门是政策执行的主体。这一制度结构对政策实施对象的规定,主要体现于《收容遣送办法》的第 2 条,它列出了三类比较明确的对象:(1) 家居农村流入城市乞讨的;(2) 城市居民中流浪街头乞讨的;(3) 其他露宿街头生活无着的。不仅流浪、乞讨、露宿等字眼体现出该政策的"救助"性质,而且收容遣送的范围并不是特指农村人口,还包括了城市居民,即使是针对农村人口,也是指那些在城市里沦为乞讨的那些农村人口。因此,在规范层面上,《收容遣送办法》对政策实施对象有着较为严格的限定。"80号文件"也要求和告诫地方政府有关部门在实施收容遣送时,要严格按照规定执行,"防止乱收和错收"。

从实施收容遣送政策的背景角度来分析,国家实施这一政策深刻地反映了当时的决策者在其偏好上存在的一些冲突。改革之初,以工业化为主要内容的现代化开始进入了一个新的阶段。改革之前的以优先发展重工业为主要目标的工业化战略,实际上是以让农民作出牺牲——为代价来实现的。因此,改革前收容遣送工作的一个工作中心,就是劝阻农民进城,迫使农民安心从事农业生产。这一点经常可以在中央和地方政府的政策指示和领导讲话中可以看出来。这样做的结果是,农业生产率低下,农村普遍贫困,甚至农民对国家政策的支持下降(周其仁,1994)。为了解决超过一亿的农民的温饱问题[①],国家逐步放松对农民的控制,采取以市场为取向的家庭联产承包责任制改革。改革虽然调动了农民的生产积极性,提高了劳动生产率,但随之而来的另一个结果却是产生了大量农村"剩余劳动力"并出现外流的情形。这种现象不能不引起高层决策者的注意。中共中央、国务院于1981年10月17日发布的《关于广开门路、搞活经济,解决城镇就业问题的若干决定》中,就明确提出"严格控制农村劳动力流入城镇"的政策主张。根据1981年12月30日的《国务院关于严格控制农村劳动力进城做

[①] 在唐贤兴(2002:316)的研究中可见,到1978年,中国还有一亿农民连温饱问题都还没有解决。

工和农业人口转为非农业人口的通知》,中央决策者的担忧是,农业人口转为非农业人口的大量增加与当时国家的"农业提供商品粮、副食品的能力,以及城市的负担能力都很不适应"。这或许是政府产生限制人口流动的政策偏好的原因所在。

但中央决策者不断推进农村改革的决心却是明确的,而且,同时期也提出了一些鼓励人口流动的政策。比如,1982年,中共中央、国务院明确提出了"允许农民进城开店、设坊、兴办服务业,提供各种劳务"的经济政策,诱导着农民工不断流入城市(清华大学社会学系,2008:22)。而同一时期的城市建设和发展,也需要大量的劳动力,这也为农民的流动提供了机会。这样,相互冲突的政策偏好交织在一起,从而使得中国的渐进改革进程,经常表现为对多种相冲突的偏好进行权衡和平衡的过程。政策过程允许体现不同偏好的政策同时存在,并允许它们进行博弈,把冲突和矛盾放在发展过程中来加以解决。总之,从大背景来分析20世纪80年代初制度化的收容遣送政策的形成,我们就容易认识政策或制度设计中的政府偏好对这种设计到底意味着什么。

前面提到了收容遣送政策的设计之初对特定人群具有救助功能的性质,但这只是这项政策的一个方面的特征。事实上,国家、政府对城市秩序与安全的偏好,与中华人民共和国成立之初零散进行的收容遣送工作没有多大的变化。《收容遣送办法》的第1条就明确宣称,对城市流浪乞讨人员的"救济、教育和安置"是为了"维护城市社会秩序和安定团结"的需要。决策者显然看到了农村改革会有大量的农村人口流入城市,担心会对城市秩序构成威胁。对"维护城市秩序"的强调,反映了当时高层决策者的政策偏好的一些特点。长期以来,城乡分隔的二元社会结构不仅导致了城市居民与农民(农民工)的社会地位的人为区别,还强化了历史和文化意义上形成的身份的差别。因此,城市是城里人的城市,而不是农民的城市。城市资源不应该让农民分享的想法和做法,在很多政策实践中体现了出来。但这不是实施收容遣送的根本性原因。问题的实质还在于,有一些决策者和城市管理者误把农民(工)进城看成现有秩序的破坏者和挑战者,同时也反映出当时管理能力的低下。在20世纪80年代初期之前乃至此后相当长时期里,城市秩序本质上还是一种计划秩序。城市管理部门早已熟悉了通过计划来对资源进行分配,对社会进行管理。那时候的城市容量和管理部门的能力都是十分有限的,城市的基础设施和环境都很差。农民工进城是劳动力的自发市场化,它在市场化的最初阶段里不可能不以混乱和无序的方式表现出来。但只要市场因素存在,就必然会对计划秩序构成挑战,由此引起资源配置秩序的变化甚至是冲突。问题就恰恰在于,城市管理部门在如何应对"外来者"(outsider)增多而引起的冲突方面,缺乏变革的心理和物质准备,也缺乏变革的能力。因此,政府的政策和城市管理部门所采取的限制农民流动进入城市的措施,虽有保护城里人利益的考虑,但更多的考虑是,以国家为主导的社会管理不能变,放弃了国家的管制和垄断方式,就没有了秩序。

20世纪80年代初,国家、城市甚至农村的社会治安形势的确发生了与以往不同的变化。国家、政府虽然一直强调"安定团结"和"社会治安"的重要性,但改革以后出现的新形势使这一问题的复杂性大大增加。由于定义安全与社会秩序的权力在城市统治者和管理者手里,当"农民—穷人—犯罪—无序"这样并无因果关系的逻辑被城市决策者和管理者建立起来的时候,以行政权力来强制管制农民(工)从而形成所谓的稳定秩序,就成为现实的选择。从《收容遣送办法》以及此后一系列部门规范性文件的规定来看,20世纪80年代初期的收容遣送制度虽然形式上具有救济和管理双重功能的,但以"救助"为主要出发点的制度,在一开始却具有

"管理"或"管制"的功能,它是服务于或服从于社会治安的需要的。1983年9月14日民政部发布《关于积极配合打击严重危害社会治安犯罪活动加强收容遣送工作的通知》,就非常明确地把收容遣送工作看作是"搞好社会治安综合治理的一部分",要求各地民政部门抓住当前严惩严重危害社会治安罪犯的活动的有利时机,及时将城市中的流浪乞讨人员收容起来,并使这一工作做到"经常化、制度化,改善城市治安秩序"。在1989年7月14日的《民政部关于进一步做好收容遣送工作的通知》中,更是直接把涌入城市的大量流浪乞讨人员看作是"给社会秩序和社会治安带来极大的危害"的"社会不安定因素"。该通知要求各地收容机构"加强经常性的收容工作",做到党政机关驻地、繁华地段、车站、码头等重点地区基本上无流浪乞讨人员。

5.3.2 制度扭曲的轨迹

在政策执行阶段,收容遣送制度被高度扭曲了。但是,收容遣送制度的扭曲不只是执法环节中的问题,也是一个立法(政策制定)上的问题。言其"扭曲",既是指该制度的目标被扭曲了,也是指它的功能被扭曲了。一些论者用"制度异化"来说明收容遣送制度的扭曲,认为这项在实施过程中逐渐变异的制度,其"变异"的表现主要在两个层面上体现出来:一是制度属性的异化,即从早期的救济安置与治安管理的双重制度属性,逐渐蜕变为单纯的治安管理制度;二是制度的公正性和有效性异化,即该制度最终蜕变为一项专门针对"流动人口"的治安管理制度,公权力不断被滥用,公民的人身自由和权利受到了极大的威胁(王行健,2004)。根据一些法学研究文献的看法,这项制度的变异存在着某种必然性,因为其最大的问题是过于侧重管理、忽视了保护人权,而且缺乏相应的监督机制,因此,在实践中难免逐步走向异化——对于执行单位,它是创收的手段；对于公安机关，它是侦察的工具；对于地方政府，它能方便地实现地方利益的保护（秦前红、宦吉娥，2005）。

要寻找出这项制度被扭曲的确切的时间"拐点"在哪里，是很困难的。一般认为，收容遣送制度发生变异的，是在20世纪90年代以后的事情。为了描述和分析制度扭曲的轨迹，我们将从制度规范体系、地方政府的管理机制和警察权的失控这三个角度入手，这三个层级大致对应于高层的决策、中观层次的执行和微观层次个人的操作。

首先一个制度上的变异是制度的功能发生了很大的变化。1982年《收容遣送办法》明确规定收容遣送的对象是需要进行社会救助的三类人员。在政策实践中，救助性质也有一些实际的体现，曾任湖南省涟源市收容遣送站党支部书记的郭先礼，在接受《南方都市报》记者采访时，肯定了20世纪80年代收容遣送制度的一些积极的方面，并认为这个制度"真正是大家都欢迎"的制度（陈峰，2003）。但正如前面所述的，"救助"功能一开始便与城市的治安管理结合在一起。这种结合可以被看作是国家在立法的时候试图考虑实现某些方面平衡的一种努力。只是在实践中，要做到政策的"救助"与"管制"的平衡，并不是很容易，两种功能之间的博弈在20世纪80年代就已经出现，而且随着时间的推移，管制功能越来越占据上风。

制度功能上的扭曲首先是一个自上而下的过程，也即政策制定层面上的问题。因为是国家在政策中将收容遣送的人员范围不断扩大，从而远远突破了1982年《收容遣送办法》设定的三类救助人员的边界。1991年5月国务院印发的《关于收容遣送工作改革问题的意见》（"国阅［1991］48号"文件），明确将"三无"人员——无合法证件、无固定住所、无稳定收入的人员——纳入收容遣送范围。中央政策对收容遣送制度的突破，为地方政策的更进一步变异提供了制度上的空间。后来在具体施行中,地方的一系列法规又将收容遣送对象从"三无"人员扩大到"三证不全"人员——即身份证、务工证、暂住证不全的各类人员,而且是必须三证缺一不可。收容遣送范围不断扩大的势头似乎不可阻挡。中央政策在"三无"基础上更进一步把收容遣送对象扩大为"五无"人员,即,无临时户口、无固定住所、无合法职业、无合法经济来源、无生活依靠[①]。这样,不仅因自然灾害和生活困难者,甚至连外出务工无着、无证经营的人,逃学、逃避计划生育的人,以乞讨为生财之道的人,离开户籍所在地或经常居住地,到外省其他城市及非城市旅游区内流浪乞讨、露宿街头的人,都被列入收容遣送对象的范围。

收容对象范围的扩大,意味着收容遣送政策的功能发生了很大变化。制度演变到这个时候,其功能已经只剩下治安管理一个方面了。这些对象,无论是被称作"三无"人员,还是被称作"五无"人员,都被直接等同于治安管理部门的管制对象。1995 年 8 月 10 日的《公安部关于加强盲流人员管理工作的通知》直接把"三无"人员与"盲流"人员统一了起来,称之为"三无盲流"人员。由此,以公安和民政部门为主要主体的收容遣送制度,作为一个单纯的治安管理工具,也日益与计生、交通、就业、环境卫生等政府部门的管理捆绑在一起,该制度也成为这些部门实现一些管理目标的政策工具。其政策对象,直指城市中的大量流动人口。

其次,在中观层次的执行层面上的制度扭曲,突出体现"收容经济"的产生和膨胀。尽管该制度的功能从 20 世纪 80 年代开始就越来越蜕变为一项社会治安管理的工具,但在制度规范层面上,这项制度一直宣称是以"救助与安置"生活困难的那些人为宗旨

---

① 财政部、民政部和公安部共同制定的《关于收容遣送工作中跨省遣送经费支付问题的通知》,经国务院批准后由这三个部门于 1992 年 12 月 14 日共同发布。

的,而且,多个国家"规范性文件"都规定了收容遣送所需要的费用主要由财政来支出。因此,当收容遣送制度变成了地方政府部门一个"创收"和"敛财"的机制时,这个制度彻底走向了它的异化一面。

然而,没有人能够考证,收容遣送变成一个可以寻租的制度是从什么时候开始的,又是在哪个地方首先被"发明"的。从制度实践的实际运作来看,从警察把收容对象扭送到收容遣送站,再到收容人员被遣返外地或原籍,在这个过程中的几乎所有环节,都存在着"收费"现象。在湖南涟源,火车站、铁路民警与收容站之间都有口头协议,前者抓到人扭送一个,就可以从收容站拿到 50 元钱的"回扣"(陈峰,2003)。一旦一些治安管理部门以牟取单位部门利益或个人利益为其执法动机,那么,他们的执法活动就偏离到既不是为了救助困难者,也不是为了维持城市秩序和社会安定,而是变成了为追求自身利益最大化这个目的了。在很多地方的收容遣送中,被收容的人 85% 以上是农民工[①]。广东省 2000 年的收容遣送人员中,青壮年竟然占 93.1%[②]。据民政部有关负责人的介绍,收容遣送中经常发生超范围收容的现象,被收容者当中,真正属于收容对象的还不到 15%[③]。农民工之所以大量被收容,原因就在于他们往往是"三证"不全者——或没有随身携带,或没有办理各类证照。很多农民工不办理证件的原因,又恰恰在于不少地方政府设置了极其繁多的收费名目,让农民工们不堪重负。据陈星博(2006:152)统计,一个外地农民工要想在北京合法打工,他需要办理的证件达六七种之多,每年至少需要为此付出 280 元,而政府

---

① 《反思收容制度之述评,现行的收容制度弊端何在》,《南方都市报》,2003 年 5 月 27 日。
② 《广东新规,街头行乞一律收容》,《广州日报》,2001 年 11 月 28 日。
③ 《反思收容制度之述评,现行的收容制度弊端何在》,《南方都市报》,2003 年 5 月 27 日。

的这些规费收入,都有它自己颁布的有关收费规定为"法律依据"。总之,在收容遣送过程中,收容主体——一些收容站和派出所——都尽力采取非规范的手段来实现自己利益的最大化。这些管理部门早已经陷入了"办证—收费""查验—罚款"和"违法—打击"这样的管理惯性和管理逻辑之中,罚款和创收成为它们日常性的管理方法。

最后,制度扭曲的轨迹可以从执法者个体的行为中得到观察,这就是警察权的失控。在收容遣送制度的实施过程中,执行收容任务的警察,其权力在不断放大,从而既危害到这个制度的性质,更危害到了收容对象的基本人权。警察的收容权力,在这个制度中是一种强制权,但权力的行使却经常表现出其任意性的特点。结婚证、外出务工证和暂住证俱全的湖南少妇苏萍,于 1999 年 7 月 26 日在广州火车站被巡警强行收容,然后将她送进一家精神病人收容院,结果她被多名暴徒轮奸[①]。1999 年 9 月 27 日,在某列车上,乘警为了从收容站得到 200 元的"工作经费",将一名未买车票、未带身份证的 27 岁女青年捆绑,造成该女青年跳车身亡[②]。这两则案例的一个共同点,是执法中的警察权被无限放大而得不到任何约束,而不只是警察的趋利动机而让他们不择手段。

警察权的扩大与滥用,固然与作为执法者的警察的观念有关。在他们的观念里,"收容"是制裁的同义词,是一种限制人身自由的行政强制措施,是一种社会治安手段,因此,"收容=救助+保护"的观念很难确立起来(李天伦,2001)。但是,从根本上来说,是如下两个关键的机制驱使警察特权的扭曲式的扩大:一是收容可以

---

① 中新社广州 2000 年 9 月 21 日电讯稿,同时参见《综述,"少妇惨遭盲流轮奸"究竟该由谁负责?》,《生活时报》,2000 年 9 月 27 日。

② 《反思收容制度之述评,现行的收容制度弊端何在》,《南方都市报》,2003 年 5 月 27 日。

为警察和相关执法部门带来私利;二是这种逐利的行为得不到任何程序性的监督。收容遣送政策对救助对象而言,这是一种强制性的救助福利机制;对管制对象而言,又是一种强制性的限制人身自由的制度。无论是救助还是管制,都是以行政部门的强制权力的行使为基础的,这种行政强制权力,从性质上来说,是一种惩罚权力,即要通过惩罚,让政策对象的偏好与国家和管理者的偏好相一致,迫使政策对象服从这种权力所界定的秩序。因此,加强社会治安和维护城市秩序的名义,以及社会治安综合治理的实践逻辑,都"呼唤"着让警察在限制一些人的自由时可以超越一些程序规定。这或许是秦晖(1999:325)所说的国家"要更多地依靠警察手段"来重新实现人口流动背景下的"禁锢"式的秩序。

5.3.3 政府偏好与制度扭曲:一个分析框架

对 20 世纪 90 年代以来收容遣送制度扭曲和异化的轨迹与表现的描述,为我们解释制度扭曲过程中的政府偏好提供分析上的基础。就收容遣送制度的变迁来说,政府偏好是理解制度扭曲的一个关键因素。为了解释这两者之间的关联,下文将从三个方面来建立一个分析框架。这个分析框架不仅能够解释特定的政府偏好结构为什么会引起制度的扭曲,也能够在一定程度上说明,被扭曲的制度为何在较长时间里能够得以存续。

第一,在分析收容遣送政策被扭曲的原因时,以国家为中心的秩序塑造是一个重要的观察视角。在中国,以"国家(政府)为中心"一直是社会秩序塑造中的主导性观念。改革前由"全能主义国家"塑造起来计划秩序,形成的是一个如美国政治学家邹谠所言的"总体性社会"(邹谠,1994:192)。改革后,全能主义国家开始逐渐解体,但国家(政府)依然在现代化和社会发展中居于主导地位。国家始终是社会秩序的塑造者。

人们可以从两个方面来理解以国家为中心的秩序观的主要内涵。其一，非常强调国家（权力）在制度形成和秩序建构中的决定性作用。自20世纪80年代末90年代初开始，超乎想象的"民工潮"给管理者带来了前所未有的压力。在决策者看来，巨大的民工潮和流动人口的出现，是一种无序的体现，是对社会秩序、城市生活和安全的巨大冲击，也是引发很多其他矛盾（比如就业与犯罪等）的一个重要根源。作为国家对这种情势的一个制度上的回应，中央社会治安综合治理委员会于1991年成立，其重要任务之一是加强对重点人口和流动人口的管理。1993年，当时的劳动部提出要推进"农村剩余劳动力跨省流动有序化工程"，主要目标是使主要输入、输出地区间的农村劳动力流动就业实现"有序化"。"有序化"的含义和具体目标包括"输出要有组织，输入要有管理，流动要有服务，控制要有手段，应急要有措施"。其二，权力对秩序的界定具有单方面的强制性。针对外来人口，所有相关的管理部门（包括公安、民政、劳动、计生、工商、交通、农业、卫生等），都按照自己对"有序化"的理解，采取了各自的干预和控制措施。每个部门都形成了自己的管理目标体系，都强制性地要求农民工办理各类证卡来实现所谓的"有序化"。具体到收容遣送管理，根据中央提出的有序化管理和社会治安的综合治理的要求，收容遣送工作变成了限制外来人口流动和打击犯罪的一项政策工具，所有的基层公安机构都建立了一系列管理外来人口的制度规章和工作流程，并与收容遣送相结合，以实现对社会犯罪进行"打、防、控"的社会治安综合治理的目标。不仅如此，公安等收容遣送机构相信其收容遣送权力具有不可挑战性，"有阻碍和殴打民政收容遣送干部"的都要被"依法严格查处"，在收容和救助时，也从不询问收容对象是否愿意被收容（童大焕，2001）。

总之，用治安管理这种对流动人口的强制性管理办法，代替对流浪乞讨人员的救济和教育，从而使得收容遣送制度出现根本性的变异，就是取决于决策者对秩序与稳定的偏好，以及产生这种偏好的根深蒂固的基础——对人口流动的认识和偏见。

第二，分权化过程中的地方冲动是理解制度（收容遣送政策）被扭曲的另一个重要途径。法律和政策在执行过程中扭曲了立法者本意的情形，在任何社会都是很常见的。正如政治学家詹姆斯·安德森（Anderson，1984：84）所指出的，"行政机构常常是在宽泛的和模棱两可的法令下运行的，这就给他们留下了较多的空间去决定做什么或者不做什么。"就收容遣送制度而言，正是地方政府偏好的变化，在地方政府对收容遣送制度的态度上引起了相应的反应。

中央与地方之间权力关系的配置格局如何，会对地方政府的偏好（比如政府对公共产品的供给偏好，包括供给的结构和规模等）产生影响（Bardhan & Mookerjee，2005：675-704；2006：101-127）。在分权改革体制下，地方政府受到来自中央政府的两个方面的激励：一是财政激励，即所谓的"中国特色的财政联邦主义"（Qian & Weingast，1997：83-92）；二是晋升激励，即中央政府在考核地方官员时以当地的 GDP 增长为主要指标（周黎安，2007）。有研究者认为，改革以来的财政体制上的分权化，是中央和地方博弈的结果，因为在经济发展过程中，政府偏好发生了变化，从而需要重新调整两者之间的关系（丁菊红、邓可斌，2008）。如果国家权力要运行下去，如果公共管理还得继续，那么，央地之间总得设法在博弈中达成一种平衡。总的来看，地方政府在 20 世纪 90 年代以来体现出的巨大的投资和发展的冲动是被财政分权制所激励的。从分权的变迁史上也可以看出，地方政府在每次分权中即使权力被再次收回，也总会保留部分权力，而不是简单地去执行中央的政策。

地方政府在贯彻和落实收容遣送制度的过程中,毫无规则地向被收容者收取各种费用,是在各种因素的综合作用下被推动的。首先,财政分权制激励着地方政府把更多的资源投入到能快速增加 GDP 的领域,而在基础设施建设、公共服务领域上,在显得财力很不足。其次,收容遣送所需要的一切费用,都是在财政中列支的,这是当初设计这项制度的时候,由制度的救助救济性质所决定的,因此,中央有关部门多次发文,一再强调不能乱收费。但是,地方财政的有限性决定了社会救助不可能获得更多财政上的支持。再次,大量流动人口进城,意味着地方政府不可能因为财政拮据而会放任不管,加上还有中央所要求的有关这方面严格的目标管理责任制的约束,所以各地方必然会加大投入的力度,来应对大规模人口流动带来的挑战。这些因素直接促使地方管理部门通过制定正式规定的形式,公开向流动人口和被收容的对象收取各种费用,它们构成了各地方政府部门甚至执法者个人的"非规范性收入"①。收容遣送的经费解决了,部门的权力和收入却膨胀了,执法者个人的利益和私欲也同时被放大。因此,尽管禁止收费的制度规定依然存在,但是它们已经不再起作用。在结构性的问题没有解决之前,地方上收容遣送面临的矛盾——收容的人数不断在增长,但"收容难、管理难、遣送难"的问题越来越突出——意味着任何有关禁止向被收容者收费的规定都是行不通的。要改变地方政府的偏好,就必须建立一个能够有效激励地方政府的权力结构。只有通过改变靠政策性文件这种方式来规范中央与地方关系,才能避免国家治理中的人治色彩浓、随意性大和缺乏稳定性等问题(潘小娟,1997)。

---

① 樊纲(1996:91—116)认为关于与规范财政相对应的"非规范性收入"概念,集中体现了中央与地方之间关系的矛盾和尴尬。

第三，20世纪90年代以后形成和变化中的政府偏好，以及收容遣送制度的被扭曲，还受到制度变迁中路径依赖的制约。路径依赖可能意味着，在一个社会里有些方面的制度安排已经产生了变革的情形下，为什么另一个领域里的政府偏好和相应的制度安排没有能够作出相应的调整或变革？

后来被人们广为批评的收容遣送制度，其很多弊端并不是在废除之后才为人们所认识的。很多严重的问题，比如，收容人员被虐待、失踪或打死等，在该制度的实施过程中就已经充分暴露了出来，修改甚至废除收容遣送制度的机会，也曾经出现过。1997年1月1日起施行的《中华人民共和国刑事诉讼法》明确提出将取消收容审查制度。作为一种行政性强制手段，收容审查主要适用于有轻微违法犯罪行为又不讲真实姓名、住址、来历不明的人，或者有轻微违法犯罪行为又有流窜作案、多次作案、结伙作案嫌疑需要收容查清罪行的人。收容审查是由公安机关决定的，羁押时间最长可达三个月。这实际上是公安机关对公民所实施的变相羁押手段，而在这个过程中缺乏对公安部门有效的监督制约机制，从而带来很多严重侵害公民权利的问题，包括刑讯逼供、制造冤假错案等。当时在作出废除收容审查制度决定的过程中，曾有代表和参与立法讨论的学者提出，顺便把收容遣送制度也一并废除。这个观点马上引起了管理部门（尤其是公安部门）的反对。理由是，废止了收容审查制度后，对原先这些需要收容审查的人员就会出现管理上的真空，进而给社会治安和秩序带来很大麻烦。结果是，原先收容审查制度下不受制约的警察权，悄悄地被转移到收容遣送制度上来，从而试图废除收容遣送制度的那些主张和声音被淹没了。正如一些经济学研究所指出的，"任何一种均衡的实际制度安排和权利界定（包括重新安排和重新界定）总是更有利于在力量上占支配地位的行为主体的集合"（张宇燕，1994）。

从1996年开始,旨在限制行政部门滥用职权行为的《行政处罚法》规定,"限制人身自由的处罚权只能由法律来规定"。作为一个立法五年规划,20世纪90年代中期在起草《立法法(草案)》过程中,一些起草者,如法学家马怀德,都再一次提出反思收容遣送制度,有的甚至提出废除,但是,有些人认为收容遣送制度的存在有其合理性。2000年《立法法》实施时,"对于公民政治权利的行政处罚和行政强制措施只能由法律规定"这样的法律原则和价值,再次在重要法律中得到确认。《收容遣送办法》于是出现了很多法律上的困惑。为此,有关部门比如民政部等,专门组织过几次专家讨论会,试图在维持旧制度的情况下完善该制度,以便于依法行政。这中间,也有专家提出过将收容遣送办法上升为法律,就可以解决它与基本法律之间的冲突问题。显然,路径依赖在制度的形成和维持过程中,的确有着重要的作用。虽然政府各部门的利益并非总是一致,但在维护城市秩序、实现社会安定、打击犯罪等价值方面,所有的政府部门都有着基本一直的理解和立场。因此,收容遣送制度就在各部门的分工协调下,得以继续存在下去。路径依赖意味着,一旦各行为体已经默认了一个既定的制度设计,改变既存的制度构架的代价将随着时间的推移而增加。

5.4 "孙志刚事件":中国制度变迁中的政策议程设置

5.4.1 "孙志刚事件"始末

所有有关收容遣送制度变迁的研究者,都不会放过"孙志刚事件"的研究价值。这首先在于这个事件本身对于中国制度变迁所产生的前所未有的影响。按照当时的舆论评价,"孙志刚事件"排在"2003年中国十大法治事件"之首。舆论是这样评价这一事件在法治进程中的地位的:"一个人的死换来一部旧法的废除和一部新法的出台,从这一意义上说,孙志刚事件是我国法治进程的一个重要标志。然而,我们不能满足与此,正视遗留的和新遇见的问题以及出台相应的法律规范是需要继续努力的方向。"[1]研究制度变迁的法学家、政治学家、公共政策学者、社会学家、传播理论研究者甚至经济学家,都纷纷把这一事件当作一个研究宝库,例如,刘小年(2004)认为,"孙志刚事件"具有明显的政策过程研究价值。

"孙志刚事件"应该包括两个前后相连的阶段或部分。首先是孙志刚是如何被收容继而在收容站被打死的;其次是该件事情是如何被社会所发现从而成为一个公众事件的,也就是人们常说的影响政策变迁的公众议程。试图从这个事件中获得某些研究价值的各个学科的学者,一般都简略地提及第一个部分,而重点分析了第二个部分。但是,对于我们如果要揭示因为这个事件的进展而产生的政府偏好的变化,那么,一个完整的"孙志刚事件"就必须加以关注。不过,有关这个完整案例的第一部分,一些深度报道的媒体已经为我们整理了相当翔实可靠的事实[2],因此,我们没有必要再做重复的描述。为了便于分析文章的主题,我们从这些翔实的报道中,找出了一些关键性的问题。

2003年3月17日晚上10点,27岁的湖北籍大学毕业生孙志刚,广州达奇服装公司的一名平面设计师(有正当职业),准备去租住房子附近的网吧(有固定居住场所),走到天河区黄村大街上时,突然被广州市公安局天河区公安分局黄村街派出所的警察拦住了

---

[1] 参见《2003中国十大法治事件》,《中国合作经济》2004年第1期。
[2] 陈峰(2003)的文章《只缺一张暂住证,一大学生竟遭毒打致死》是把孙志刚事件第一次在纸质媒体上加以披露的深度报道。陈峰(2005)的另一篇文章介绍了事件和记者采访的经过。另一个深度翔实的调查报道,来自唐建光(2003)的文章《孙志刚死亡真相》。

去路,由于身上没有带任何证件而被带到派出所。

当天晚上的公安行动,是广州市公安机关正在开展"严打"的统一清查行动的组成部分,重点清查对象是"三无"人员。天河公安分局当天下午刚刚开过动员大会。

孙志刚的两位朋友当晚曾来到派出所,说明孙有身份证和工作单位,提出为其补办暂住证,并予以保领,但均被派出所中队长李某以"没有进行核实必要"的理由予以拒绝。于是,凌晨2时左右,孙志刚被送到天河公安分局收容待遣所。该所值班民警罗某对其进行了询问。治安协管员罗某参照黄村街派出所移送的询问笔录,"制作"了询问孙的笔录,并在笔录上填写了孙志刚的身份证号码及"无暂住证""无正当职业""无正常居所"等内容,然后让孙签字。民警罗某则代替待遣所所长签下了"同意收容遣送"的意见。这一切都存在着程序上的严重问题。

3月18日上午,孙志刚因自己称有心脏病而被转移至广州市收容人员救治站。这个由广州市民政局和广州市公安局批准的收容人员救治站,专门为收容人员中的病患者提供基本治疗,由一名负责人、三名医生、若干护士和十名护工组成。

孙志刚被送进救治站后,先是与十个精神病人一起被关在201仓里,被仓里的两名被关押者打了两顿。孙志刚呼救未果,反而惹恼了里面的护工乔燕琴。20日晚上,孙志刚被乔燕琴和其他两名护工送到206仓——这是个专门打人的地方,打完之后再把人送回其他仓。乔授意206仓里的两名"仓头"狠狠地打孙志刚。结果,关在206仓里的八名病人把孙志刚活活打死。

上述两个方面是构成"孙志刚事件"的第一部分案例。这些内容所反映的,与我们前面对收容遣送制度存在的问题所进行的描述和分析,有着高度的吻合。不过,孙志刚被打死,成为一个"事件"——真正成为对政策和制度变迁产生影响的"政策议程"事件,则是在《南方都市报》的报道之后。我们后面的分析中会有所涉及。

5.4.2 社会舆论的形成与公众议程的建构

社会舆论对高层决策者形成的压力,从而引起收容遣送制度的废止,这是所有分析孙志刚事件的研究者所特别关注的问题。研究公众如何在政策变迁中形成自己的政策议程,这是很重要的,不过,就我们的研究主题来说,我们将集中精力去关注的,究竟是公众议程对政府决策产生了压力,从而导致了制度的变迁,还是制度变迁是由于政府偏好的变化正好契合了公众需求和社会的压力而导致的。

对这个问题的思考,把我们引向了政策议程设置的理论和实践问题。在公共政策理论研究中,政策议程的概念众说纷纭,但核心点上存有广泛的共识。根据科布和艾尔德(Cobb & Elder,1972:85)的界定,政策议程就是"一组值得政府合法关注的政治纷争,一组按计划应引起决策层积极而密切关注的事物"。这意味着,政策议程是指政策问题在社会上引起较热烈讨论或争论,这些被提出的问题具有相当正当性,值得政府重视与处理。显然,这些问题要摆在政府面前,才能被称为进入了政府议程。就像美国政治学家约翰·W.金登(2004:4)所说的,摆在政府面前的有一个问题清单,政策议程就是"政府官员在任何给定的时间给予某个受关注的主题编目"。我国台湾学者吴定(2002:114)也大致持有同样的看法,认为政策议程是一个公共问题成为社会上的重大"议题"并引起多数人注意,进而被政府机关接纳而被列入处理解决议程的整个过程。不过,要注意的一个问题是,这些学者给出的关于政策议程的界定和理解,往往是以民主制度及其过程为基础的,强调的是社会大众如何把公共问题上升为需要由政府来解决的政策问题。结合中国的实际,我们在分析"孙志刚事件"引发的政策议程之争时,需要有一些特别的限定性说明。但是,确定的是,政策议程的概念意味着,任何社会和政治体系在决策过程中,都需要提供一条将政策问题纳入政策过程的渠道或途径,也意味着这是一个决策机构对那些需要给予考虑的事项采取相应的行动的过程。

由孙志刚被打死所引发的民间舆论对收容遣送制度的批评,的确在国家作出废止该制度的决策中扮演了很重要的角色。正如《南方都市报》在评价由它率先披露的孙志刚被打死的恶性收容案件所引发的公众争论时所说的,"收容制度自从 1982 年正式确立后,从未像今天这样被公众高度关注"。① 2003 年 4 月 25 日该报披露一披露这起恶性收容案件,旋即掀起了舆论波浪。4 月 29 日,有百名人士致信全国人大,强烈呼吁立即废止收容遣送和暂住证制度。这一呼吁随后得到一些知名学者的响应,他们也致信全国人大呼吁改革收容和暂住证制度。民间舆论发展的一个标志性行动,则是三位青年法学博士以中国公民的名义,向全国人大常委会递交了一份要求对 1982 年的《收容遣送办法》进行违宪审查的上书。

民间行动并没有就此停止脚步,相反,它以更多其他形式在更广的范围里不断累积公众议程的能量。5 月 19 日,中国政法大学法学院、中评网和北京市华一律师事务所联合召开一个题为"收容制度合宪性问题"的讨论会。在会上,茅于轼、马怀德、焦宏昌等著名的经济学家和法学家都提出了自己对这个制度的看法。两天后,另一批知名学者,包括江平、秦晖等也就收容遣送制度问题进

---

① 《反思收容制度之述评,现行的收容制度弊端何在》,《南方都市报》,2003 年 5 月 27 日。

行了研讨。这些学者都是各自的研究领域里的有影响力的人物,其中一些人还多次参加过国家有关法律草案的起草和讨论工作。5月23日,盛洪、沈岿等五位学者也以中国公民的名义,再次联合"上书"全国人大常委会,就孙志刚案及收容遣送制度实施状况提请启动特别调查程序。在建议书中,他们着重论证了提请全国人大常委会就孙志刚案及收容遣送制度实施状况,启动特别调查程序的法理依据和法律思考。

公共舆论和公众行动有没有在废除收容遣送制度上产生直接的推动作用,尚需要更多的证据来说明这种因果关系,但是,作为一种政策议程的方式,它们的存在以及表现出来的越来越大的能量,则不是决策者可以忽视的。在中国的政策过程中,政策议程是如何被设置的,目前尚未有令人满意的深入研究。不过,中国社会经过那么多年改革开放所带来的发展和变化,政策议程的创建模式正在发生某些方面的转变,这一点是毫无疑问的。根据刘伟和黄健英(2008)的研究,大体经过了政治权威主导模式、经济理性引导模式和多元主体互动模式的依次演进,顺着这样的演进路线,他们概括了当代中国政策议程创建模式嬗变的主要特征:创建主体由精英主导向着体制内外多元主体互动的趋势发展;开放度和参与度不断提高,议程创建过程由"关门式"向着"开放式"的方向跃迁;政策议程类型出现频率和分布情况发生了明显的变化,内创型和动员型相对淡出,而相融型和外创型逐渐成为主流性的范式;随着社会发展,政策议程创建活动中的公共理性和社会理性不断凸显,内容逐渐转向社会政策领域。

显然,民众参与的因素必须被纳入政策议程变化的研究视野。知名政治学者王绍光(2006)也强调民众参与这个因素,他依据政策议程"提出者的身份"与"民众参与的程度"两个向度提出了六种议程设置的模式(如图5-1所示)。

		议程提出者		
		决策者	智囊团	民间
民众参与程度	低	关门模式	内参模式	上书模式
	高	动员模式	借力模式	外压模式

图 5-1 公共政策议程设置的模式

上述两方面学者对政策议程建立的分类是很有意思的,也有助于人们对中国改革开放以来政策议程设置转型的认识。其实,考虑到中国决策过程的传统以及民间社会的重要性在上升这两个事实,我们完全可以简单化地把中国公共政策过程中的政策议程设置模式大体上分为内部输入和外部输入两个方面。民间的政策倡议就属于外部输入的类型。在收容遣送政策被废止的政策实践和制度变迁中,正是来自民间的力量在发挥作用,在这些公民"上书"之后一个多月,国务院就宣布废除收容遣送制度。人们的确相信,公众压力与政府行动之间的联系在这个制度的变迁中是存在的。王绍光(2006)认为,在多数情况下,舆论影响公众议程的设置、进而影响正式议程的设置是一个较长的过程,但孙志刚案作为一个焦点事件,或许是个例外。显然,学者们还是认可孙志刚事件所产生的舆论和公众政策议程对政府的政策议程设置产生了很大影响。

5.4.3 公众议程与领导的决心

然而,公众议程如何对政府的政策议程产生影响,是不容易观察的。根据科布等人(Cobb, Ross & Ross, 1976:126-138)的看法,一般常见的政策议程设置包括四个阶段:(1)议题发动;(2)提出清楚解决之道;(3)扩大该议题的社会支持基础;(4)如果第三步成功的话,则进入制度(正式)的议程。公民上书和民间舆论在建构政策议程设置的过程中，基本具备了一般的议程设置的要素。

首先，孙志刚事件之后，民间向国家高层发出的两份建议书（"上书"），以及当时民间学者组织的数场学术研讨会，都提出了明确的政策议题，即现有的收容遣送制度存在诸多严重的弊端，必须加以变革甚至废除。在议题的发动中，议题的提出者们非常清楚，必须向有关机构和领导阐明清楚该制度存在的弊端。因此，两份建议书中都包括收容遣送制度的实施现状，以及实施过程中存在的种种残忍的侵犯人权的数据和事实。这些现状和事实包括：收容遣送制度在法律效力上存在的违法或违宪的状况，实施过程中的像乱收费等这样的高度扭曲，警察权的无限扩大和滥用对民众的人权和基本公民权利构成的侵犯和伤害，等等。

其次，为了达到让高层有关部门和领导的理解和支持，从而达到变革或废除该制度的目的，公民建议书提出了比较清晰的解决之道。和一般的公民向人大常委会提出制定、修改法律的建议不同，民间"上书"的非同寻常之处在于，是公民依照《立法法》的规定，向全国人大常委会提出对有关法规进行违宪审查的举动。而一些学者提出的建议书，则强调对抽象行政行为的审查是符合宪法的要求的，他们在建议书中称，这个法律依据就在于《宪法》第71条的规定："全国人民代表大会和全国人民代表大会常务委员会认为必要的时候，可以组织关于特定问题的调查委员会，并且根据调查委员会的报告，作出相应的决议。"显然，议程提出者都是根据法律的规定，在法律范围内寻求解决问题的途径，这种理性行为比较容易获得高层的理解和认可。

最后，在公众议程的建立过程中，议程提出者努力扩大该议程的社会支持基础，也就是王绍光所说的，议程提出者不仅希望通过给决策者摆事实、讲道理来影响议程设置，他们还更注重诉诸舆论、争取民意支持,目的是对决策者形成足够的压力,迫使他们改变旧议程、接受新议程。在这方面,媒体与公众人物把各自的能量结合在一起,才而形成了强大的舆论力量。随着两份公民"上书"被众多媒体强烈关注,民众最关注的问题已经不再是有关方面如何处理孙志刚被打死的事件,而把焦点集中在作为国家最高权力机关的全国人大常委会将以何种方式来回应公民的"上书"。

然而,这三个方面的因素,并不足以回答,公众议程的设置是如何影响政府的议程的。虽然在时序上的一个结果是,国务院在民间舆论形成广泛压力后很快作出了废除旧制度的决策,但是,人们(包括研究者)很难准确断定,那些具有知识优势和社会地位从而拥有某种"话语权"的人,是如何把他们的外力(公众舆论和支持)传导到决策系统中,从而最终影响了政府议程的设置。这里首先存在的一个问题是,公众议程的提出者所拥有的"议程权力"(agenda power)有多大。在一些学者看来,能否影响决策过程固然是权力的一面,但能否影响议事日程的设置则是权力更重要的另一面(Bachrach & Baratz,1962:947-952)。议程权力是一个民主政治体制中权力行使的真正核心,它来自议程提出者对议程的控制能力①。由于这些"公民上书"的参与者对自己在政治结构中所处的地位有很清醒的认识,当初他们在提出政策议题的时候,实际上没有抱太高的期望。作为"公民上书"的一个主要参与者,俞江表达了他自己的担心:"人家想理就理,不想理睬,就可能泥牛入海。对于一般公民来信,往往都转入部门工作建议了。"这虽是中国政治过程的一种常态现象,但俞江从自己专业的角度分析了这种不乐观情绪的原因,他说:"《立法法》中规定了公民有提出审查

---

① 关于参与者在特定的制度环境下所拥有的议程控制能力,参见 Hammond(1986:379-420)和 Levine & Plott(1977:561-604)。

建议权,但并未规定对公民建议的反馈程序和渠道。"①尽管对上书结果不抱太大希望,但三位法学博士出于每个公民都应该有宪法意识这样的认识,出于公民的道义与责任感,还是在行动中付出了热情和冀望,并期盼听到来自国家最高立法机关的声音。

事后的演进事实告诉人们,虽然政府高层迅速作出了废除旧制度的回应,但公众议程的提出者并没有等来他们期望看到的最好结果。很显然,国务院主动做出废除收容遣送办法的决定,就意味着公民"上书"全国人大常委会要求对其进行违宪审查或展开特别调查的法律程序就自然终止。不过,在很短的时间里作出废除旧制度的决定,表明了政府高层的决心,也反映了政府工作的效率。这让那些民间议程提出者感到一些安慰,他们都认为这是国务院尊重民意的体现,树立了政府与民间良性互动的一个良好范例,因而都表示看到了变革时代的更多希望。

5.4.4 政府偏好与制度转型

我们已经承认,公众政策议题的设置,对于政府政策议程的建立,产生了较大的影响。这就是说,政府偏好不是一成不变的,而是可塑的,而且是不断被外在力量(包括公众诉求和制度规范)所塑造的。这种塑造,既可以看作是一种政府被迫应对环境变化所作出的反应,也可以看作是政府在价值观上有了自觉和主动的改变。理解这一点很重要,因为,没有政府偏好的变化,也许,人们还无法在2003年可预期到制度的重大变革。

2003年收容遣送制度被废除,而很快出台新的替代性政策,在相当程度上是政府偏好发生了变化的结果。那么,那个时期的

---

① 参见《专家上书全国人大常委会 建议审查〈收容遣送办法〉》,《中国青年报》,2003年5月16日。

政府偏好的内容是什么,又是什么因素引致了政府偏好的变化?

首先需要考虑的是政策主体的价值观发生了变化。虽然政策偏好与人们常说的政策价值观是有区别的[①],但政策价值观的变化,会引起政府偏好的变化。自 20 世纪 90 年代以后,中国社会的转型过程不断加速。从本质上讲,社会转型的过程就是全社会政策学习的过程。这种广义的政策学习,无论是刻意的、自觉的,还是无意的、自发的,都包含着总结经验、吸取教训的内容(严强,2007)。在社会转型过程中,执政党的执政理念及其政策范式都出现了很大的变化。1997 年"十五大"提出的建设法治国家的方略,以及 2002 年"十六大"提出的建设小康社会和实现人的全面自由发展的发展战略和理念,都在很大程度上规范着执政党及其政府的政策价值观。显然,已经被高度扭曲的收容遣送制度,在实施过程中是与执政党不断改进和发展的理念和政策价值观相背离的。

然而,政策价值观的变化,并不意味着政府偏好相应地跟着发生变化。因为政府的政策偏好是对政策目标和价值的排序和选择,政策的最终制定是各种利益主体和力量相互竞争和冲突的结果,因此,如果旧制度下形成的既得利益者的偏好和力量在政策形成中占有优势,政府要安排新的政策来取代旧政策的偏好转变就会变得很困难。政策和制度变迁是一个长久的过程,由旧制度和人为原因而形成的惯性和惰性,一定会阻止新政策的安排和实施(陈潭,2004a)。但是,执政党推进改革深化的决心,一直没有动摇,只是改革的模式和路径选择上很慎重,一直是以渐进式改革来推进的。我们不能把政府偏好理解为稳定不变的因素,就像传统

---

① 王元华和李庆均(2001)认为,政策价值观是政策制定者的政策价值取向,由政策理论、政策理想、意识形态及政策评估标准等所组成。

经济学常常认为的那样,在社会转型和利益关系不断需要调整的进程中,政府偏好是在判断和选择的过程中体现出来的,并受到判断和选择的背景和程序的影响。执政党的理念和价值观是在改革和开放的实践中慢慢学习、修正和提升发展的,因此,政府偏好既会有一个政府自身内在的形成过程,同时肯定会受到外在因素的变化而被调整和改变。但政府偏好受外在因素之影响需要时机,而孙志刚事件这样的危机或突发性重大事件,正是为政府偏好实现显性的转变提供契机。

政府偏好变化的第二个内容,是执政党和高层决策者所寻求的政治合法性的内涵发生了变化。任何一个执政党和政府,在任何时期都需要提高自身的合法性。但在不同时期追求政治合法性的方法和途径会有所不同。严强(2007)把20世纪90年代初到2003年这段时间看作中国社会转型的第二个阶段,在这个阶段,政府的政策范式是以推动经济高速成长而目标的,而如何处理自然人性中的物欲追求与社会人性中的克制、合作、信任的关系,对市场中的一切原始的缺陷如何设置法律的边界将其驯服,依然带有计划模式残余思维的政府又如何面对正在发展的市场,却来不及认真和仔细地去思考。刘伟和黄健荣(2008)把这个阶段的公共政策议程创设模式概括为"经济理性引导模式",认为它的显著特征就是在"效率优先"的发展逻辑下明显地偏向于经济领域。在我们看来,社会转型和改革开放的这个阶段——我们不考虑这种阶段划分的时间标准是否合理——政府及其政策所体现出来的偏好,虽然是以效率优先为主要的取向的,并造成了大量的社会问题和矛盾,但是,效率优先的政府政策偏好却是执政党塑造合法性的需要。这是可以理解的,在社会发展的特定阶段里也具有它自身的合理性。然而,塑造执政党合法性的方法,并不是总得依赖于政策驱动的经济绩效的增长,如果增长是以牺牲公平等价值来实现的话，这既是不可持续的，也最终会损害执政的合法性。事实上，自国际社会在20世纪90年代中期普遍提倡"可持续发展"以来，中国也很快把这个发展理念在国内加以介绍、推广和实践。没有这些方面反思的积累，就不会有后来的"科学发展观""五个统筹""以公平为基础的效率"等新理念的确立。事实上，在政治发展的现实中，这种现象还是很普遍的。例如，2002年年末，新一届中央领导人上任以后对决策科学化、民主化更加重视，并做出了表率。据新华网2005年11月29日的报道，从2002年12月26日到2006年5月26日，新一届中央政治局举办了31次集体学习活动，请哲学社会科学和自然科学方面的专家讲课，平均40天举办1次学习活动。孙志刚事件之所以在很短的时间里演变为一个全国性的公共事件，不是因为发达的媒体所带来的信息穿透力，而在于这一问题（对自由的限制、对人权和生命尊严的漠视等）已经触犯了民众十分关心和期待的社会公平正义的原则。同样，孙志刚事件之所以能在很短的时间里得到解决，不是仅仅因为民间强大的压力所致，也更在于解决这个问题与执政者的偏好是相一致的。

总之，我们了解了那个时期政府偏好已经发生了变化。这种变化对于制度变迁的意义是重大的。经济学理论中所说的制度变迁的发生，即新制度（结构）产生、并否定或改变旧制度（结构）的过程，是因为原有制度中各利益主体位置的转移以及力量的对比变化的结果（黄少安，1997：89）。但是，在中国的一些政治和法律领域，制度变迁并不是政治力量发生变化的结果，而常常会有政府偏好发生变化引致制度变迁的情形。收容遣送制度被废除就是这样的例子。一些法学研究者通过对前后两个制度之间的变迁进行法理的分析，提出《救助管理办法》代替收容遣送制度的变迁过程，实际上体现了国家对基本人权的保障和稳定社会秩序这两种价值的选择或权衡,这种偏好是收容遣送制度设立、变异和废除以及社会救助制度产生的内在原因(秦前红、宦吉娥,2005)。当政府的偏好和价值正在发生变化,但具体的制度安排和政府管理实践却大大滞后于偏好和价值的变化,就会引起政府自身的合法性危机,以及各种社会矛盾和冲突的蔓延。孙志刚事件只是把这种危机和矛盾暴露了出来,如何化解危机,从而如何体现新的政策价值和执政理念,就需要执政党和政府采取相应的行动。高层决策者通过各种途径了解到孙志刚在收容站里被打死的残忍情形,他们的震怒和高度重视推动了孙志刚事件在很短的时间里得到解决。虽然解决的过程存在着领导"批示治国"的人治色彩,但它却为接踵而来的制度变迁扫清了障碍。因为中国这样的超大社会和大国,不可能靠领导的批示就可以解决众多的社会问题。法治建设要解决的问题是社会中出现的任何事情都有着统一的平衡的规则来加以约束。因此,对一些人的自由和权利的限制,必须有相应的正当立法程序;同样,公共权力的行使也需要法律的规范,以便于它更好更恰当地服务于秩序。这是利益的平衡过程,而法律或政策的制定过程,就是这样一个平衡过程,它必须使各方利益都获得双赢,否则,不平衡的后果是双方的长久对立最终导致两败俱伤[①]。显然,解决了孙志刚事件产生的现实危机和冲突,虽然可以提高政府的形象,但不可能解决这种法治秩序下的利益平衡问题。因此,唯有废除旧制度,才能根本解决之,至少理论逻辑上来说是如此。

[①] 吕世伦(2000)认为,利益是产生法律根源,对利益衡量和平衡是制定法律规则的基本要素。

第 6 章 政策边界与大国治理的弹性："土政策"的合理性及其规范

在中国的政策话语体系和民间的术语中,有一个经常被使用但很少受到学术界重视的政策范畴,它就是"土政策"。在官方政策文本、新闻媒体的报道和评论,以及老百姓日常生活中的口头语中,"土政策"这个词汇多少带有贬义的色彩。然而,正是这个不招人喜欢的概念,在中国的政策结构体系中占据着重要的位置。

本章在对土政策的含义做出必要的解释的基础上,重点分析了产生土政策的原因,以及它在中国国家治理中角色,提出土政策的存在和运作,在一定程度上与大国治理的逻辑相契合的。当然,本章的案例分析还显示了,在我们从"政策边界"的角度来认识土政策的合理性和正面功能的同时,也须看到其消极的一面,国家治理和公共政策体系变革的一个重要方面,是寻找到能规范土政策行为的合适路径。

6.1 问题的提出

土政策的含义不是那么容易定义,相比较而言,它更容易被描述。从功能上来说，人们更多地看到它的负面性和消极意义，不大愿意承认其正面的积极功能。中国作为一个超大社会，国家治理自然需要给地方治理留下多样性的空间。因而，土政策的产生是符合治理的现实逻辑的，中央向地方的分权化改革只是遵循这种现实逻辑的一个合理化选择。当然，土政策的合法性与合理性必须要有底线，也需要恰当的制度来保证这种底线，否则，对多样性的地方治理的尊重会成为土政策泛滥的温床。本章认为，确立让土政策发挥正面的治理功能的制度底线，是公共政策体系完善化的要求，也是公共政策变革的一个重要内容。而作为公共政策的分析者和研究者，则应该把土政策当作一个规范的政策范畴来加以认识，不能把它排斥在公共政策理论研究的视野之外。

中国是一个政策大国。规范人们行为、协调利益关系，甚至对人们的生活产生重大影响的，不只是来自国家层面上的公共政策，更多的还是来自地方和基层的形形色色的政策规范。它们中的很多需要被置于土政策的分析框架下才能得到较好的认识。土政策的产生有其必然性，按照一些学者的说法，它是"自然地"产生的（翟学伟，1997）。同时，土政策的实施又的确会产生很多负面影响，这并不是由于它是自然产生的就因此总是会显得合理的。不过，针对土政策产生的一些乱象，国家也会采取一些治理行动，就像我们在本书第8章描述的国家对开发区乱象的治理时所看到的那样。但问题在于，很多类似的治理行动，往往只是简单地遵循清理整顿的思路，而缺乏制度建构的规范化努力。人们必须从制度和政策变迁的角度来认识土政策的变化及其对土政策的治理。

6.2 说得多研究得少：土政策的定义

在中国的日常生活中，几乎没有人能逃脱土政策对他们的影响。土政策就在每一个人的身边,人们的每一天生活都被土政策所包围。因此,人们会经常谈论起土政策。但人们一说起土政策,要么总是抱着不屑的心态,要么充满着各种抱怨。然而,与人们的热议相比较,作为一个政策现象和政策范式的土政策,它在学术研究领域里则显得甚为平静,研究文献的数量很有限。这种说得多研究得少的现象,并不说明这个研究主题本身不重要,反而可以说,中国的大国治理留给了学术研究甚为广阔的空间。

对土政策的界定存在着技术上的困难。首先,在中文词汇里,"土"和"土的"这些词汇,具有情感上和价值上的成分,一般在与"洋""现代的"等词汇的对比意义上来使用。但对于"洋"和"现代"的认同和评价,由于本身涉及情感和文化价值的判断,加上自近代以来的体用之争一直伴随着中国的现代化进程,按照现代化范式来理解土政策会引起价值和方法论上的批评。而在日常生活中,人们也会用自嘲式的方式来使用"土"这个字。这说明,土政策概念中的"土"包含着丰富的内涵。其次,土政策术语中的"政策",按照现代对公共政策的理解,它应该是以满足社会公共需求、追求社会公共利益为目的的。然而,在公共生活和政治过程中,多元化的政策主体都不约而同地声称自己制定的政策具有公共性的特点,不是为着自己的私利。所以,无论人们在他们制定的政策之前冠之以"土的"还是"现代的"标签,政策主体都不希望他们的政策被看作不好的、拿不上台面的政策。

梳理有限的研究文献,我们可以看到,只有一些研究者试图给土政策作出较为严谨的定义,大部分研究者是从地方政府的政策执行存在的问题的角度来理解土政策的含义的。概括地说,学术界对土政策的定义,有如下几种常见的视角或途径。

第一个是地方政策的视角。多数研究者认为,"土政策"是相对于上级或宏观政策方针而言的地方性政策。这是一个最常见的定义土政策的视角。根据中国的政治结构和过程,地方性(公共)政策是那些由地方政府制定,经同一级地方人大批准而在地方政府的管辖范围内实施的政策。习惯上,地方性政策与英文表述的"local policy"相对应,因此,也有人用"local rules"这个词来对应翻译中国语境下的"土政策"(何华兵、万玲,2003)。以研究农村政治而著名的政治学家徐勇(2008)从农村"政策下乡"的角度来认识"土政策",认为土政策是"国家建设进入到新的阶段"国家和农村治理需要的产物,而土政策的含义"通常是指地方和基层直接作用于民众的地方性规则"。

以中央政府的政策(即国家政策)为参照来界定土政策,几乎把土政策与地方政府的政策等同起来,可能会带来如下问题。首先,公共政策类型学的简单化。把公共政策的其中一个类型分为中央政策和地方政策,本身就是一种简单的二元化分类。这种分类忽视了公共政策类型的多样性,因为无论是中央政府还是地方政府,都是由众多的职能部门所构成的,而在中国的政策—政治过程中,这些职能部门大多拥有政策制定的权力,虽然经过一定的合法化程序,部门制定的政策可以上升为该层级政府的政策,但各自具有利益诉求和价值倾向的部门和部门之间,就同一政策问题的看法和态度是不完全相同的。因此,每个层级的政府政策不能等同于它们就是部门的政策;反之亦然。其次,如果把与中央政策相对应的地方政策等同于土政策,而又假设土政策经常是在贬义的意义上被使用和被人们认识的,那么,这是否意味着中国政策过程中的绝大多数存在的问题是由地方政府的政策所造成的呢?同时,与土政策相对应的中央政策又可以用一个什么名称来指代,以便与"土政策"这一概念相对应呢?

第二个是政策执行视角。顾名思义,这个视角把土政策看成是一个政策执行的范畴,仅视"土政策"为地方政府的政策执行行为的一种表现形式。那些研究"对策论"（即"上有政策、下有对策"）的文献，就把土政策等同于地方政府执行中央政策的一种方式和行为。因此，这个视角在某种程度上是第一个视角的延续，所不同的是，不像第一个视角那么隐含地评价地方政策的消极性和负面性，政策执行视角明白无误地从消极的意义上来定义地方政府的政策执行行为，认为凡是地方政府在执行中央政策时出现的变形、变通和偏差，都是地方政府"土政策"的表现形式。于是，地方政府对中央政策的断章取义、添枝加叶、偷梁换柱、无中生有属于地方在搞"土政策"（万玲，2004；邢孟军，2004；孙开红，2005），搞"上有政策、下有对策"的变通，以替换性执行、选择性执行、附加性执行、象征性执行等形式表现出来的执行行为，也是土政策行为（邹开亮，2001；李军杰，2005；周国雄，2007）。

毫无疑问，在地方政府执行中央政策的过程中，存在上述这些政策执行方式的确是事实，而且，政策执行过程也肯定受到土政策的干扰与困扰。但定义土政策的政策执行视角不能令人信服地告诉人们，地方政府的这些政策执行行为和存在的问题，与土政策之间到底是一个什么样的关系，也就是说，如果这些执行现象体现了土政策的本质和特征，那么，是否可以反过来说，凡是土政策就必然意味着地方政府会采取上述这些政策执行方式呢？这个定义视角没有或不能回答的第二个问题是，既然土政策是政策执行范畴中的一个现象，那么它到底是如何产生的呢？这个问题是更为关键性的。土政策既然被叫作"政策"，它必然具有公共政策的规范性特征，那么，地方政府手里在使用的"土政策"，作为一种规范，它又是谁以什么样的方式被制定出来的呢？从中国政治过程的实际情形来看，显然不是中央政府为地方政府制定了"土政策"，而是给了地方政府制定土政策的空间。因此，如果不从政策制定的角度来理解土政策，人们便无法认识土政策的全貌，更重要的，不可能完整地认识中国现实的政治过程和治理结构。在中国,地方政府不是纯粹的中央政策的执行者,同时还是地方政策的制定者,即便是中央政策的形成,地方政府一定程度上也介入到中央的决策过程之中,经济史学家周其仁(1994)把中央政策的形成模式称作"地方合成的中央政策"。

第三个是特殊主义的视角。把上述两个视角结合起来对土政策进行界定,或许会有更好解释。从最简单的意义上来说,"土政策"是宏观的或上级的政策方针同具体的或下级政策主体自身的需要相结合而作出的政策制定和政策执行方式。由翟学伟(1997)提出的特殊主义定义视角,就是这样一种综合——在他看来,所谓"土政策",就是地方组织根据上级的方针性政策或根据自己的需要,并结合本地区和组织的实际状况及利益而制定的一套灵活、可变、可操作的社会资源的控制与分配准则。

该定义首先将土政策理解为一种特殊主义规范,以区别于更高层次的政府政策尤其是中央政策,因为后者是一种普遍主义的规范,这样,"土政策"中的"土"的含义就较好地得到说明。但问题也因此在于,在中国的政治结构中,中央政府之下有着省、市、县和乡镇四级政权设置,它们制定的规范相对于中央政府的政策来说,都是土政策。但既然同样是土政策,省级政府的政策相对于市一级的政策、市一级的政策相对于县一级政府的政策,谁的政策规范中的普遍主义特性更明显呢? 这是不大容易测量的。问题还在于,中央之下每一个层级的特殊主义规范,又是通过什么途径和程序转化为普遍主义规范呢? 看来,这些问题还是需要进一步去回答的,如果想要对土政策进行更为严谨的定义的话。

对土政策概念给出一个精确的定义是有诱惑力的,因为到目前为止,定义土政策的工作依然需要学术研究的进一步努力。但是,由于这一领域的研究仍然处于初步阶段,似乎应该避免不合时宜的精确性。本章不试图对土政策作出自认为最精确的界定,而试图从"政策边界"的角度来分析土政策在中国公共政策和国家治理过程中是如何产生的,它到底扮演着什么样的角色。我们的一个总体判断是,中国大国治理的复杂性决定了土政策在很多方面具有不可替代的作用,完善的公共政策体系应该为合理规范的土政策留下必要的位置。

6.3 大国治理与"政策边界"的弹性:土政策的合理性

我们可以从政策边界的角度来分析土政策的产生的必然性及其在治理中的合理性。任何公共政策都有一个确定其存在的边界,超过了这个边界,政策的运作就会出现问题,其合理性与合法性就会受到质疑。然而,任何组织边界都不是僵化的。为了能有效地回应环境变化的需求,政策边界必须要保持一定程度的弹性(flexibility)。正是这种弹性,使土政策得以自然地产生,并通过土政策正面功能的发挥来证明其自身的合法性。

经济学研究文献通常从政府与市场的关系来理解政策的"边界",认为政府政策与市场调节之间必须存在"边界"。的确,这是一个市场成熟的社会里公共政策必须要去考虑的问题。政策越出了这样一个边界,就会扭曲市场,政策本身也会失效。一些研究者认为,国家的宏观政策,比如货币政策和产业政策,只有在明确的调控边界和时间边界下,才会发挥较好的调控效果(吴超林,2001;梁雪辉,2006)。至于这个边界如何确定,经济学理论提供了很多具体的途径和方法,比如,邓毅和韩常青(2007)从新制度经济学的角度,来解释如何政府采购的公共政策原则与市场原则的边界,在这里,边界的含义是指政策投入与产出的均衡点。总的来看,经济学关于政策边界的认识集中于政策指向和调整的领域、政策工具的选择范围、政策与市场和社会的关系定位,以及政策成本与收益的制度性均衡等。

在政治学和公共政策理论的视野下,政策边界除了上述经济学上的含义外,还包括其他一些方面的内容。因为公共政策是政府行使公共权力来对社会资源进行分配的一种方式,因而公共权力的行使具有公共性的本质特点。这种公共性体现在:(1)公共管理和公共行政必须在宪法的规范下运作,法律为政府的行为提供了存在的空间,同时又对其形成了限制;(2)政府有义务增进社会的公共利益;(3)公共行政和公共政策的运作是远离市场的,较少受到市场的限制,也即说,公共部门的运作及其提供服务和产品,并不需要面对自由竞争的市场;(4)公共管理是基于公众的信任来代表主权运作的,公共管理者是人民主权的代表者(戴维·H.罗森布鲁姆、罗伯特·S.克拉夫丘克,2002)。公共性的这四个方面含义实际上界定了公共政策的活动领域和方式所应该具有的边界。结合经济学和政治学的理解,概括起来,政策边界包括权力边界、利益边界和规范边界三个方面。

6.3.1 权力边界

一个国家的公共政策体系结构的结构是很复杂的。从纵向的角度来说,它由中央政策和地方政策构成。从横向上来说,政策体系的结构由各个政策领域的一系列政策构成,包括工业政策、农业政策、环境政策、教育政策、社会保障政策、安全政策、外交政策等。由于政府是分部化的,因此,纵向的政策体系结构和横向的政策体系结构,大量交织着每一个具体政府层级的各部门的政策。在这个复杂的政策体系结构中,每一个政策的权力边界是不同的。各个政策的边界都受到政策主体的职能所确定,职能不同,其权力边界有差异。同时,每个政策的职能范围和政策主体的权力范围,都由法律确定,并受法律约束。"政策的制定和执行都是权力的具体化,权力的形式必须通过政策体现出来。政策在制定与执行中的复杂性,是因为权力结构的复杂性。从另一方面来看,政策总是与一定的政府职能紧密相连,只能在不同管理者和相对人之间的不同划分,使得政策的作用范围也按照一定的方向辐射,辐射面总是和职能体相重叠。"(程杞国,2000)

在这样的基础上,我们考察土政策产生的必然性与合理性,就会形成两个方面的考察维度:一是纵向上的政府间关系,笼统地说是中央地方关系;二是政府与市场和社会的关系。在转型中的中国,这两个层面的关系也处于转型、变化和发展之中,虽然有越来越完善的法律和制度来规范之,但灵活性和弹性的空间依然很大。

中国单一制国家结构形式有着自身很多的特殊性,央地关系也经历了从中央集权到向地方放权再到集分平衡的演变过程,但直到目前还处于一种调整和规范化努力中。改革前的中央高度集权限制了地方积极性和主动性,中央向地方的分权化改革恰恰是为了调动地方的积极性。地方政府在微观领域内获得了较大的资源配置权力,集权模式逐步向分权模式转变。这既强化了中国经济发展的动力机制,又加大了地方政府与中央政府的博弈能力。虽然有学者评论道,中央与地方关系"将从单纯的中央行政性集权的权力关系逐步发展为在制度和法律保障下的中央集权和地方分权并存的关系"(林尚立,1998:354—365),但制度和法律规范依然还是不完善的,央地之间还存在着传统的在制度外进行讨价还价的现象,它在性质上是一种"不合作博弈关系"(邢孟军,2004)。

土政策的大量出现不只是中央向地方放权的结果,更还是这样的放权改革的需要。放权是为了推动经济发展,形成市场,而经济怎么搞,市场如何建设,中央只提供政策精神,而不提供具体的方法,这就给地方政府留下了相当的制定规则的空间。改革以来很长时间里,中央政府和地方政府各自的公共事务范围是什么,职能是什么,一直不是很明确,也不可能明确,边界的清晰化是改革后很晚近的事情。这样,在改革进程中,就出现了两个主要的现象。第一,一些地方政府以推动地方经济发展为理由,不断突破自己的权力边界,一方面向中央政府充分表达自己的诉求,争取更多的资源;另一方面,在执行中央政策时,以因地制宜和地方实际情况这些所谓"合理"的理由为借口,变通甚至扭曲中央政策。改革后地方拥有了很大的控制和调控资源的能力,中央政府也希望在提高自身宏观调控能力的前提下不损害地方的积极性,这为土政策的产生、为土政策发挥推动地方发展和增进地方利益提供了条件。因此,土政策是"发展型地方主义"(王文华,1999)的产物。说地方的某个政策是不是土政策,我们要看的是地方政府制定和实施该政策时是否突破了其权力边界,而不唯其是积极的还是消极的。第二,地方政府在搞经济建设,推动地方经济发展的过程中,经常不清楚政府的角色和功能边界在何处。虽然地方政府是经济建设的组织者,也是市场的建设者和推动者,但只要说市场经济建设,则必然存在政府与市场之间的边界问题。确立这个边界,是政府公共政策设计的基础。但是,地方政府制定的大量为推动市场发展的规则,在实践中可能恰恰是反市场的。一个可能的可以接受的理由是,在改革和经济发展的一定时期里,尤其是在初期阶段,政府不这么做的话,就无法有效地来汲取和积累资源,比如开始阶段政府运用其行政权力和控制着大量资源,来进行招商引资,并给外资大量的优惠政策,这在推动经济增长上的作用是很明显的。但这么做的结果,也可能损害市场经济的规则和健康发展。所以,判断某个政策是否是土政策,我们只要看政府的政策行为有没有越过市场这个边界。只要越过了边界,无论它对推动经济增长有多大的益处,它就属于土政策的范畴。

总之,在中国的改革和转型中,中央与地方关系,以及政府与市场关系,都是变动的和可塑的,这种弹性为土政策的产生提供了条件,也为土政策的运作提供了空间。中央因发展的需要而容忍甚至肯定土政策的必要性与合理性,这时候是以"鼓励大胆探索"来修辞的。但当地方政府权力和能量的扩张会威胁到中央权威的时,中央政府又会以土政策冲击正常的经济和市场秩序为理由来削弱和控制地方政府制定土政策的权力,这时候则是以"宏观调控""规范市场"等修辞体现出来的。因此,土政策本质上是中央与地方博弈、权力与市场博弈的产物。

6.3.2 规范边界

一个国家的规范体系呈现出等级结构的特点,作为一种规范形式的公共政策,也是这样一个结构,这就是前面我们提到的公共政策体系的纵向结构。在规范等级结构下,一般而言,较高层次的规范可以成为较低层级规范的合法性来源。因此,较低层次规范(政策)的产生和运作,就必然会存在一个由较高层次的规范所设定或提供的规范性边界。没有这样的边界,规范之间就会打架,规范体系就会出现紊乱和失效。

但是,较高层次的规范为较低层次的规范所设定的规范性边界,并不是固定的、不可渗透和不可改变的,而是具有一定的弹性。事实上,任何规范体系不可能是完善得没有任何瑕疵的,总会有意无意地留下一些漏洞。一种可能是为规则下的行为体博弈提供可能,另一种更可能的情形是很多被制定出来的规则和规范正是各种行为体竞争和博弈的结果。尽管如此,只要较低层次的规范是因为其制定者突破较高层次规范的边界的结果,那么,我们就有理由把该较低层次的规范归入土政策的范畴。在这里,为土政策所设定的规范边界本身是否合理有效,不是判断中所要考虑的因素。

第6章 政策边界与大国治理的弹性:"土政策"的合理性及其规范

在本书第5章中,我们论述政府偏好与政策变迁的关系时,描述了地方政府的行为如何扭曲国家政策。我们在那里所看到的地方政策和地方性规范,实际上既是地方政府对权力边界的突破,也是地方政府对政策规范边界(在那个案例中,主要是宪法,法律和国务院的行政法规)的冲击。因而它们都属于土政策的范畴。法学家陈晓枫(2004)从立法实践中的"本"与"文"的关系,论证了事实上存在的分权化如何驱使地方政府在执行收容遣送政策的过程中扭曲了国家政策。他认为,中国的立法体制体现了"有本有文"的特征,各部门的基本法律和法规是"本",实施细则、地方法规以及司法解释和经典判例是"文"。当立法者发出文"本"的法令后,执行者须根据自己的从政经历和执法经验,领悟法令中的符号意义,并结合宜时宜地的实情,摸索该法适用的条件,从而形成事例、判例、丰富文"本",落实文"本"。陈晓枫据此得出一个结论,正是在这个过程中,地方政府实现了在"文"中编入自己利益、体现自己偏好的目的,从而使得立法者颁布适用范围模糊的法律,经过执法者的领悟与创造,变成了执法者借法逐利的工具。法律和政策过程存在这种"文"与"本"关系,体现中国这个超大社会的复杂性,也是超大社会的治理之所需。当然,我们在承认一些土政策是地方执法者的逐利工具时,也不要忘记,也正是土政策的存在把国家政策贯彻了下去。

由于规范是存在边界的,规范的边界性使很多政策在面临社会问题时,不能完全依照权力和利益的理性需求作出相应的政策产出和政策调整。因此,在公共政策实践中,有一些政策的产生是政策主体突破政策规范边界的结果。突破边界的行为,有些是为了打破现有制度的束缚以便于更好地实现公共利益,有些则是利用制度的空隙而满足特殊的利益需求。"土政策"形成的规则性因素因而也表现出多样性。

如果把地方政策同国家法律相冲突的领域称作土政策存在的领域，那么，我们有必要对土政策的功能及其这种冲突的性质作出相应的类型学上的区分。土政策的一个本意是，它们是地方或部门因地制宜制定的，适用于某地区、某部门、某行业、某单位的规章制度。它们可能是没有得到法律的认可，但在一定范围里具有配置资源和管制能力。它们也可能是获得国家法律和政策的许可（明示的和默示的），起到补国家法律和政策之不足的功能，并有利于法律的实施和政令的贯彻。当然，有些地方的政策规则在现实中是远离了国家法律和政策的轨道，使地方政府处于"上有政策下有对策"的法律盲区之中。在这样的盲区里，土政策的功能基本上是负面性的。

但是，负面性的存在不能否定土政策的正当性以及土政策的治理功能。无论如何，适应复杂社会和大国治理的需要，政策的弹性与法律的刚性应该是并行不悖的。正如行政法学领域的一些学者提出的"公域软法"观点所强调的，软法主体和形式的多样性、内容和效力的非强制性以及形成和实施过程的开放性，决定了软法比传统的法律更具有现实意义上的制度特征（宋功德，2006：173）。软法的外延包括传统法律规则之外的政法惯例（包括宪法惯例、立法惯例、行政惯例、司法惯例和政治惯例）、公共政策（包括国家性政策、社会性政策和正当性政策）、自律规范（国家机构和非国家机构等权力主体自我创制和实施的自律性规范）、专业标准（具有专业领域性质的规范标准）以及一些弹性法条（柔性法律文本和自由裁量性的弹性条款）。从政策执行的意义上讲，法律规范与政策之间的关系就此出现了多元的纬度，法律规范自身的开放性决定了政策执行边界的弹性。这些规范体系中不同因素之间的法制性关系、效力层次关系和对政策执行要求的规范化程度，决定了不同领域中的具体政策执行所面临的边界和自主性空间。

6.3.3 利益边界

本书第 3 章论述了公共利益对于公共政策的意义,以及由公共利益的价值所规范的中国公共政策的变迁逻辑。在那里,我们强调了在现代社会,任何政策只要够得上姓"公共",它必须是以追求公共利益的面目出现的,因为公共利益是公共政策和政府行为的合法性证明。翟学伟(1997)提到了土政策性质的两面性:土政策再如何具有政策的特点,它也是土的政策;土政策再怎么土也是公共政策,具有形式上公共政策的属性。在这里,公共利益并不是我们判断某项政策是否是土政策的标准,我们不能说某项公共政策违背了公共利益的目的,或者说未能实现公共利益,就把该政策说成是土政策。我们想说的是,公共利益为土政策的存在、为制定土政策的政策主体的行为设定了一个边界,这就是说,超过了这个边界,土政策是没有理由存在的,制定土政策的主体的行为就失去了合法性。这样,潜在的一个说法和判断是,在实现公共利益问题上,土政策并非总是消极的。

在新古典经济学那里,公共利益是由社会福利函数来表示的,即"它是以组成的全体成员的个人偏好为基础,对于大家利益相关的,可供选择的各种事物或各种社会安排的一种优劣安排。如果这一社会福利函数能够存在,这种秩序能够排出,在这当中所体现的便是所谓的公共利益"(樊纲,1996:76)。这个定义引起了很多质疑和争论。实际上,想要给出一个能够得到理论界或实际工作者公认的公共利益定义是不可能的。公共利益作为一个价值取向,人们其实很难指出它具体包括哪些内容,而只能阐明利益指向的公共性、客观性、共享性以及相应的政府承载性。公共利益从本质上取决于人们对于政策所包含的社会利益与价值之"导向—调整—分配"方案的一致同意,然而,由于现代社会各种价值学说是如此分歧、分裂、不可通约（incommensurability）以至没有任何一种观点可以说服对方，加之共识缺乏的必然后果是"情感主义"的盛行。所以在公共政策的讨论中，不仅人们对于政策目标是否符合公共利益可能存在分歧，公共利益还可能沦落为政治上得势者的"私人财产"（李春成，2006）。这种危险性在实际的政策过程中的确是存在的，我们在讨论土政策时尤其会遇到这点。

讨论土政策的公共利益边界，需要去分析的是地方政府利益和地方性利益是什么关系，它们离公共利益有多远。地方性利益由两个利益构成：一是地方居民利益，如较高的工资水平、较多的就业机会、较好的福利待遇以及舒适的环境等方面；二是地方政府的利益，如地方财政中用于集团消费、个人消费的部分所形成的经济利益，以及由于政绩所引起的利益（洪远鹏、陈波，2001）。地方政府制定公共政策，必然首先要去考虑它是否会增进地方公共利益。然而，这两个利益并不必然就是公共利益，因为它们有可能与整个国家的公共利益相冲突。虽然公共利益可以在层次上分为国家公共利益和地方公共利益，但即便在两者并不冲突的情形下，地方性利益中的两个构成要素，也经常存在不一致的时候。常见的情形是地方政府自身的利益凌驾于地方民众的利益之上，却以形式上以体现地方民众利益的方式出现。只有政府自身的利益被规范在法律和民众可以承受的范围内，并服务于地方民众利益，它才有合法性。这正是那些致力于追求地方公共利益的土政策的活动边界所在，超过了这个边界，它连在贬义意义上被使用的土政策都够不上。

土政策是能够在公共利益的"修辞"之下得以产生、存在和运行的。国家公共利益落实到地方层面上，往往表现为地方内部发展的效率和效益，这一方面源于对中央宏观政策的遵从，另一方面则是地方利益在地方政府政策权力范围内的自我塑造，地方政府在可以依据自身需要(无论是地方社会需要还是地方政府自身需要),在宏观政策弹性范围内塑造地方公共政策。这样,土政策就是中央与地方关系、公共利益与政府特殊利益之间的边界冲突的产物。土政策并非像很多研究者所认为的那样总是消极的,它可以同国家普遍主义的政策相冲突,在一定范围内也是对地方公共利益是有利的。

6.4 土政策的运作及其功能:案例分析

6.4.1 案例一:"温州模式"的发展经验

地方政府如何因地制宜地进行政策创新,从而推动地方经济发展,被称为"温州模式"的经验或许是我们分析土政策功能的恰当案例。从中国社会和经济已经发展到较高水平的今天来反观"温州模式",该模式的意义或许已不再那么深刻和伟大,但从中国的发展历程来看,应该给该模式在中国的制度变迁与经济发展的历史上留下恰当的位置。在我们的论题下,我们看到的是,温州的土政策表现出了很大的适应性和不断自我调整的能力,面对现实的政策权力边界和规则体系边界,地方政府试图去实现地方各个层面上的利益调整和协调。"温州模式"的形成与发展,是以地方政府为主导的公共权力部门制定和实行相应政策的结果。

"温州模式"孕育了中国市场经济和民营经济的最早胚胎,走的是一条城乡经济、治穷致富的新路子。其地方经济发展政策也经历了从遭到诟病到逐渐赢得认同再到成为地方发展政策典范的过程。

改革开放以后,人多地少的现实困境迫使温州上百万农村剩余劳动力向二、三产业转移,在这一过程中涌现出一大批冲破阻力从事商品生产和经营活动的农村"重点户""专业户"这一个体家庭工业基础形式。由于在改革开放初期,计划体制没有给个体经营以生存空间,国家经济管理的法律、法规大多不利于民营经济的发展,因此,温州民间的许多做法有悖于这些法律、法规和政策,这自然会引起社会争论和上级的限制与打压。这显然给地方政府造成了"扩散的忧虑和初始紧张"(陈国权、麻小丽,2004),如果温州市政府要保护和支持民间的创新,就需要冒极大的政治风险。个体生产经营形式不被国家政策和体制认可,意味着社会期望与公共政策供给之间存在着巨大落差。要发展还是要遵循国家的政策,温州地方政府必须作出选择。温州地方政府还是选择了突破政策边界以实现经济发展。20世纪80年代曾任温州市委书记的袁芳烈说到他这样做是"把乌纱帽挂在裤腰带上顶风做事",并认为政府这样做是"最大的有为"(张剑荆,2006)。温州地方政府要做的是为转型期的企业活动提供环境和保护,让政府政策成为一项重要的生产要素,以降低民间经济发展的风险和成本。突破国家法律和政策边界的第一步,就是温州地方政府出台了一系列保护民营企业产权的地方规范性文件:《温州市挂户经营管理暂行规定》(1978年)、《温州市私人企业管理暂行办法》(1978年)、《关于农村股份合作企业若干问题的暂行规定》(1978年)、《关于对个体工商业户进行全面整顿、登记、发证工作的报告》(1980年)、《关于私营企业和股份合作企业若干问题的通知》(1988年)、《关于股份合作企业规范化若干政策问题的通知》(1989年)。这些地方性规则大大放宽了对个体经济的政策限制,推动了温州模式的产生和发展。例如,《关于对个体工商业户进行全面整顿、登记、发证工作的报告》让温州成为中国第一个发放个体工商执照的城市。

早在改革之初就使作为非公有制经济的个体经济得到承认和发展,不仅标志着温州市场经济的探索迈开了第一步,而且一大批个体工商户因为有了资本积累转而成为后来的民营企业家,这使得个体经济成了民营经济赖以发展和完善的重要基础和初始形态(陈国权、麻小丽,2007;余潇枫、陈劲,2007:12)。此后几年温州市政府在此基础上连续颁布了若干加强管理和整顿个体经济实体的政策,并通过召开"两户"代表大会的形式,深化政策精神的宣传和政策内容的贯彻,以增强民营经济的发展动力。但后来出现了全国范围内对温州发展民营经济模式的争议和批评。原因在于20世纪80年代中后期,温州民营企业严重的假冒伪劣产品在全国造成了恶劣的影响。不过,政府没有在这种压力下让政策回头,而是加大政策供给,建立和完善规范的民营经济发展的政策体系,包括《关于股份合作企业规范化若干问题的通知》《关于治理整顿市区劳务市场,加强外来劳动力管理的通告》《关于加快我市市场建设的决定》等政策规范,通过规范股份合作制企业实体,积极建设各种市场体系,把民营企业的发展纳入有序的政策轨道。此后,地方政府开始有针对性地寻求最优经济效益、最强政策效能和最大组织力量的结合,通过进一步的政策和制度创新,推进符合"温州模式"发展的政策体系的构建。

1992年中央出台了一项重大政策——《关于加快第三产业发展的决定》(中发〔1992〕5号)。这项政策的出台是以邓小平南方谈话为背景的。有了中央的政策精神,温州市在同年也出台了《关于鼓励个体和私营经济进一步发展的决定》和《关于大力发展股份合作企业的规定》,进一步推动产业结构的调整以及扩大民营经济在经济发展中的作用。如果此前温州市制定和实施推进民营经济发展的地方土政策是一种突破政策边界的"冒险"的话,那此时的地方政策便有了中央的政策依据,温州市的政策创新的潜能不能被激发出来。比如,1994年颁布了中国第一部"质量立市"的地方性法规《温州市质量立市实施办法》,逐步扭转并树立了温州民营企业的质量信誉。为了加快民营经济的配套改革,温州政府制定了《关于全面实施企业职工社会养老保险的改革》等相关政策文件,提高民营经济政策的适用性。这一系列改革的最大特点在于,在传统的政策体系中寻找突破口,通过政府引导的方式,以自主政策创制为工具,构建适应自身发展优势的政策体系。地方政策在突破政策边界限制的同时,在本区域内不断提高民众和民间经济实体对政策供给的认同感,政策的实效性为其合理性提供了有力的证明。

温州模式为我们认识土政策如何在制度变迁中扮演积极的角色提供了生动的案例。在这个案例中,"温州政府既没有走上前台成为引领的主角,但也不是无所事事放任自流,而是通过公共政策供给这一方式不动声色地扮演了一个关键的角色,最终促成了这场深刻的制度变迁"(余潇枫、陈劲,2007:12)。地方政府在既有的制度规则体系下进行政策创新,既需要有让土政策突破国家政策边界的勇气,又要尽力做到不断加大的公共政策供给能持续地体现出其合理性。否则,突破了政策边界的土政策,不可能为国家的制度变迁提供经验上的支持。至此,我们可以对温州模式中土政策的产生和作用形成如下几个方面的认识。

首先,推动温州模式形成的地方政策,是对整个地方存在的生存压力的一个回应。在改革开放初期,温州的各种生产要素都相当匮乏,而其所面临的政策环境与全国其他地方则是相同的。因此,仅看这些条件,温州就最不可能成为经济先发地区。但温州民间有着非常强烈的制度创新的内生需要,并自发地形成许多卓有成效的非正式制度,将所有资源组织起来,即便被没有要素,他们也试图将外地的要素组织进来。这些异质性的新制度安排形成强烈的推动力,对旧有制度安排产生冲击。而温州地方政府这一面,也对生存危机和自身发展困境有着深刻的感知和认识,默许甚至直接参与了制度创新①。由此形成了地方范围内上下的合力,并逐渐突破意识形态和国家原有制度的约束。地方政府的政策与社会偏好相吻合,一方面,民间的这些非正式制度促进了民营经济的发展;另一方面,地方政府的政策也因此获得了民间的强烈认同。土政策突破了政策边界,但产生了效益。"温州地方政府发展民营经济的政策创新,是在民营企业已广泛存在,地方政府不但无力扭转这一问题情势,而且双方相互均已找到了自身利益结合点的情况下实现的。"(余潇枫、陈劲,2007:26)

其次,在中国的政治结构中,地方政府土政策的合法性,不在于地方政府治下的民众的认同和支持,虽然它是因地制宜的,适合与满足地方发展需要的;而关键在于上级的理解和支持,至少应该是上级的不反对。而要做到这一点,地方政府的土政策就必须至少在形式上体现中央和上级政策的精神。根据翟学伟(1997)的观点,能够把上级政策精神和本地实际结合起来的"混合型"土政策,能在普遍主义与特殊主义之间找到平衡点,它的产生和存在,既不会有太大的政治风险,也可以获得地方上的支持。从温州模式的实际情形来看,温州地方政府对政策边界的把握很到位,制定土政策的途径和方法也得当。比如,改革初始时的宏观政策法律基本都是明确限制民营企业发展的,但温州政府通过合理变通和选择性的解释出台了一些支持民营经济发展的政策,像挂户经营和股份合作等对于私有产权方式有利的制度安排,在很大程度上能与传统合作经济制度靠拢,"集体""合作"等限定词对具有刚性约束

---

① 一个事实或许可以说明温州地方政府的态度。20世纪八九十年代,先后几任市委书记都是抱着"整顿"温州的目的而来的,上任之初也确实进行了一些整顿,但是没多久,他们都成了企业家的盟友和支持者。这虽然可以说明温州的企业家有整合生产要素的强大能力,能把那些不利的政府政策也组织成生产要素,即企业家把政府政策组织进了自己的目标体系,但是,如果没有政府对发展认识和民间制度创新的态度的变化,没有自身偏好的变化,制度变迁便不可能很顺利。

的意识形态起了模糊作用。这样既达到了允许民营经济存在的目的,又使地方政府在成功动员经济发展的各种资源时,不会完全背离意识形态和既存体制的边界。总之,在符合中央提出的进行试点改革的目标下,温州地方政府运用温和的、渐进的政策变通方式,实现了相关主体利益(中央权力中心—地方政府—温州地方民营企业)之间的利益平衡,从而使土政策实现了权力合法性、利益合理性和规则可接受性的统一。

最后,支持和支撑温州模式发展的土政策,在中国的改革进程中具有"溢出"效应。随着宏观政策环境的变化,温州模式越来越受到肯定。中央对地方分权和民营经济的肯定,以及相应法规制度的调整,不仅使温州的"土政策"有了发挥作用的制度空间,而且其妥协性、模糊性的政策形式特点也发生了变化,成为具有"明显的自上而下、由内而外的融合性特征"(余潇枫、陈劲,2007:26)的正式制度。温州模式一度成为越来越多的地方政府主导地方经济发展的坐标。温州模式是特殊的,它是一种属于温州特定的经济、政治、人文、社会甚至区位环境的制度变迁,但它也反映了土政策功能也具有一定的开放性特点,体现了土政策的过程是一个开放的、灵活的、渐进的和协调的治理过程。

6.4.2 案例二:"铁本"事件与治理土政策

铁本钢铁有限公司在江苏常州市政府及当地银行的支持下,通过以大化小、违规征地等手段,上马了一个100亿人民币800万吨的钢铁项目。这个项目在中央宏观调控的背景下于2004年被严厉查处,称为"铁本事件"。该事件被认为是当年中央政府为维护宏观调控政令畅通而抓出的一个典型。从形式上看,这个案例是中央政府为规范地方政府招商引资和经济发展行为而采取的行动,其背后则是中央与地方之间的博弈关系。但与上一个温州模式的案例不同,这个案例使我们能从另一个角度来认识地方政府的土政策对政策边界的突破导致了土政策的相反命运。土政策的合理性与合法性贯穿于中国的国家治理进程,并表现出很多方面的复杂性。

2002年年初,铁本钢铁有限公司筹划在常州市新北区魏村镇、镇江扬中市西来桥镇建设新的大型钢铁联合项目。该项目设计能力840万吨,概算总投资105.9亿元人民币。是年5月,铁本公司法人代表戴国芳先后成立7家合资(独资)公司,把项目化整为零,拆分为22个项目向有关部门报批。常州国家高新技术产业开发区管委会、江苏省发展计划委员会、扬中市发展计划与经济贸易局先后越权、违规、拆项审批了铁本合资公司的建设项目。在"审批程序"完成之前,铁本于2003年6月就进入现场施工。2004年3月,江苏省政府责令其全面停工。国务院则派出了由发改委、监察部、国土资源部、人民银行、税务总局、工商总局、环保总局、审计署、银监会等机构人员组成的检查组,对铁本项目进行全面调查。公安机关对戴国芳等犯罪嫌疑人采取了刑拘强制措施。

在4月28日的国务院常务会议上,时任国务院总理温家宝听取了九部委的汇报,该会议将铁本项目定性为"一起典型的地方政府及有关部门严重失职违规、企业涉嫌违法犯罪的重大案件"①,责成江苏省和有关部门对项目有关责任人作出处理。

新华社次日向全国播发通稿,列举了联合调查组认定的铁本五大问题:(1)当地政府及有关部门严重违反国家有关法律法规,越权分22次将投资高达105.9亿元的项目分拆审批;(2)违规审

---

① 这个定性正式出现于次日的《人民日报》的社论文章《坚决维护宏观调控政令畅通》中。

批征用土地6541亩,违规组织实施征地拆迁;(3)铁本公司通过提供虚假财务报表骗取银行信用和贷款,挪用银行流动资金贷款20多亿元用于固定资产投资;(4)有关金融机构严重违反国家固定资产贷款审贷和现金管理规定;(5)铁本公司大量偷税漏税。《人民日报》在题为《坚决维护宏观调控政令畅通》的社论中称,这个项目违法违规审批,擅自开工建设,规模之大、投资之巨、占地之多,"造成后果之严重,令人触目惊心",并称"对这一案件涉及的有关责任人作出严肃处理,是严格依法行政、维护宏观调控政令畅通的重要举措"。在这个案件里,有8名政府官员和银行官员受到严厉惩处,包括常州市委书记、市人大常委会副主任、扬中市委书记、江苏省国土资源厅副厅长、省发改委副主任、中国银行常州分行行长等人。中行、建行、农行等6家银行因涉及铁本项目的贷款有160多笔而深陷漩涡。

  铁本公司被高调严厉处理,是2004年度宏观调控的一个标志性事件,被认为是当时一直进行中的宏观调控的分水岭。因为在此之前,中央政府一直试图通过货币政策的调整来达到控制投资过热的目的,在成效不明显的情况下,政府采取了加大行政调控力度的措施。铁本事件已经过去,但围绕宏观调控问题而展开的中央与地方间关系存在的困惑,则不是通过个案问题的处理能得到解决的,事实上,这个层面上的困惑与难题到目前为止都还存在着。因此,我们在分析中国的公共政策时,对土政策在国家治理中存在的负面功能需要加以必要的关注。

  地方政府以"土政策"(需要再次强调一下,笔者是从中性意义上来使用这个术语的)来与中央政府进行博弈,这是一个正常的政治过程。问题不在于地方政府可以不可以与中央政府进行博弈,而在于这种博弈是否增进了公共利益,是否调动了两个积极性,尤其重要的,是否被纳入合理有效的制度化框架下进行的。土政策被地方政府当作进行这种博弈的一个工具,实际上也是中央与地方博弈的一个结果,其主要原因有如下两点。

其一,中国分权化和分利化的改革战略,以及市场经济的发展,既使地方政府更成为一个独立的利益主体,也增强了地方政府与中央的博弈能力。因此,地方政府搞"上有政策,下有对策",以突破政策边界的方式挑战中央权威,侵蚀中央权力,是在改革过程中慢慢积累起来的矛盾的体现。这说明中央与地方间的权力关系出现了结构性问题。在中国这样的大国,中央政令不畅的确是一个严重的政治问题,因为历史经验已经表明,近代以来中国社会"长期落后的一个主要原因是中央政府的权威衰微和地方主义的猖獗"(胡伟、唐贤兴,1996:250)。然而,针对地方政府对中央权威的挑战,中央政府到目前为止的常用约束手段却是人事控制,即选拔和任命地方政府官员。这甚至成为唯一有效的手段。显然,仅靠这种政治手段并不能有效地约束地方行为。既然博弈的存在是客观的、必然的,那么,形成两者博弈的合理、稳定和有效的规则,才是规范土政策行为,从而解决中央与地方关系矛盾的最终途径。

其二,中央与地方的博弈不只是体现为两者间"你挑战我,我打压你"的游戏。的确,负面性的地方土政策大量存在,必然会引起中央政府基于宏观调控的需要对土政策进行严格的调控和处理。但正如前面所述,土政策实质上是两者博弈的产物,也就是说,两者的博弈实际上需要有土政策的存在。地方政府之所以要利用土政策与中央做博弈,不仅是因为地方政府已经成为独立的利益主体,更重要的是,地方政府在发展本地经济方面存在着很大的急迫性。就本案例来说,自20世纪80年代中期以来,北倚长江、南濒太湖的常州,其经济发展已经远远落在邻近的苏州和无锡后面,在地方政府间的政绩竞争(或攀比)中,常州没有竞争力。尤其是,常州并没有多少可以与苏州无锡竞争、缩小与其差距的资本,既没有国有企业可以依赖,外资引进又很是不足,这就迫使常州的经济法发展只能依靠民营资本。造成常州发展窘境的还有政策和制度根源,这就是分税制后地方财政收入下降的情况下,地方政府仍要一如既往地承担着发展本地经济、增加本地税收和就业、形成本地产业竞争力、维护社会稳定等多种职能。而地方经济的好坏又是中央和上级考核地方和下级政绩的主要衡量指标。在这样的制度背景下,地方政府运用政策手段来实现经济快速增长的冲动,客观上说是可以理解的。铁本的扩张计划正是在地方政府的"强力推动"下产生的,是地方政府和民营资本结成联盟来同国家宏观调控进行博弈,而不是民营资本独自与中央政策进行博弈。戴国芳在狱中说,越权项目审批和违规土地审批都不是他所能做到的,而实际是各方面的博弈后果[1]。

与大多数土政策泛滥的案例一样,铁本事件也反映出了土政策对于国家治理的负面功能。国务院检查组的调查显示,截至2004年2月末,中国银行常州分行等金融机构对铁本公司及其关联企业合计授信余额折合人民币43.39亿元,其中25.6亿元的银行贷款已实际投入到项目中去。同时,被占用的6 000多亩耕地无法复耕,4 000多名被拆迁农民仍流离失所;参加项目建设的6 000多工人面临失业,工资无法保障[2]。不能把这些后果归咎于中央对铁本事件的处理迫使项目中止所致,本质上是地方的土政策违法审批项目的必然结果。因此,就宏观调控和国家治理的需要来说,舆论所认为的中央为收到"一石三鸟"——遏制屡禁不止

---

[1] 《剖析江苏铁本事件内幕:求解中央与"诸侯"之结》,《中国新闻周刊》,2004年12月29日。
[2] 陈芳、牛纪伟、姜涛,《江苏"铁本事件"始末:违规上马偏离科学发展观》(2004年5月10日),人民网,http://www.people.com.cn/GB/keji/1059/2487247.html,最后浏览日期:2019年6月25日。

的重复建设之风,杀鸡儆猴以保证中央政令畅通,制止泛滥的地方政府违法征地行为——之功效而严厉查处铁本,也是国家治理的题中应有之意。问题在于,中央与地方之间的正常博弈关系,不能总是停留于地方通过土政策扩大权力、中央以行政手段加强调控这样的水平上,而需要透过法定化的途径来划分两者的职责权力关系,建立一个能引导双方倾向于协商与合作、能以最低的成本降低冲突代价的制度框架。这个框架既是确立中央与地方(在本案例中还包括金融机构和企业)之间的行为边界,也是确立土政策的权力、利益、合法性边界从而能让土政策堂而皇之地进入公共政策体系的有效途径。显然,当前中国在中央与地方之间事权和财权的划分尚未法律化的情况下,仅靠一些决定、条例等行政法规,靠强调纪律和人事途径,离建立这样的游戏规则和制度框架,还有很长的一段路要走。正如当时的中国经济体制改革研究会秘书长石小敏对铁本事件所评价的:事件彰显出中央和地方的矛盾,这是当前体制改革需要面对的最大难点之一(孙亚菲、常楠溪,2004)。

6.5 正面功能:土政策与治理的契合

尽管在很多情况下土政策经常表现出一种政策扭曲和失效,但在政策变迁的整个过程中,土政策也有推动政策过程朝着治理的方向变化的一面。土政策可以被看成一种治理工具,可以表现出与治理所包含的分权、参与、责任等基本内涵相一致。在地方层面上,自下而上和自内而外的政策创新方式,既可以回应地方和民众的需求,也会对宏观上的制度变迁起到创制试验的作用。土政策与地方和国家的治理的契合,可以从土政策扮演的积极的治理功能上来解释。

6.5.1　补实政治合法性

尽管每一个不同的社会和文化均有自己一套界定合法性（或政治合法性）的方法与标准，因而很难一概而论（Lowenthal，1979），但作为政治学的一个关键性概念，人们一般认为可以把合法性或政治合法性理解为社会公众对政治系统的认同和忠诚。诚如美国政治学家加布里埃尔·A.阿尔蒙德和小 G.宾厄姆·鲍威尔（2007：32）所指出的："如果某一社会中的公民都愿意遵守当权者制定和实施的法规，而且还不仅仅是因为若不遵守就会受到惩处，而是因为他们确信遵守是应该的，那么，这种政治权威就是合法的。"这种把合法性等同于社会公众对政治系统的认同和忠诚的观念，代表了当代社会对于合法性概念的最一般、最普遍的认识。毫无疑问，这样的合法性是有效统治和政治稳定的基础。利普塞特（1993：53）说："任一民主国家的稳定不仅取决于经济发展。也取决于它的政治制度的合法性与有效性。"

受到西方政治学和社会学理论的影响，合法性含义、要素和基础的争议，也体现在中国学界对中国合法性建设的讨论上。有人认为，中国社会的转型给政治合法性基础的建构与维系带来了很大的挑战，执政党不仅要努力维护传统的政治合法性基础，还应该及时创建政治合法性的新基础。但也有人认为，虽然意识形态（政治权力从人们的认知、价值观、信仰等理念方面获得支持）和制度基础（政治权力的获得和运作必须遵循宪制原则）是政治权力合法性的重要基础，但在转型期的中国，政治权力和政治体系的合法性或许更应该从有效性（保持政治体系的效率，有效满足社会的需要和利益）着手去建设（马宝成，2002）。

这样的学术争论也许暂时不会有结果，但代表着人们对中国政治发展的理性思考。应该确定的是，在实践中，当今中国的合法性基础的建设也是从多方面进行的。结合改革开放以来中国公共政策变革的实践,如何在政策层面上实现有效的供给,一直是执政党和政府在思考和实施的战略。国家致力于长期地推动经济增长以满足民众的利益和需求,就是改革以来这种战略的核心内容。我们在分析中国公共政策的短期化时,曾提到有人因此而把邓小平的这个改革发展战略称为实用主义,并对因此而带来的后果进行了批评。但是,从中国大国治理的实际逻辑来说,在现代化和发展的一定时期里,通过公共政策的有效性和绩效而获得政治合法化,不失为一种现实可行的途径。

通过公共政策的有效供给来获得人民对执政党和政府的认同和支持,既有国家宏观层面的努力,也有地方治理上的实践。对中央政府来说,它不但要制定出能够指引整个国家的现代化建设的宏观政策,也即我们通常所说的路线、方针和政策,而且要保证这些政策能够得到有效的执行。而宏观政策的价值和目标,则必须定位于国家的兴旺发达,人民的富裕幸福。为此,国家政策必须要具有能解放生产力、快速而持续地推动经济增长和发展的功能。唯其如此,执政党和政府才会在传统的意识形态不再能有效提供政治合法性基础的情况下,实现民众对它的认同和支持。可以说,邓小平主导的整个改革时期,就是试图让政治制度长期保持效率以增进合法性。早在1979年,邓小平(1994:209)就提出"衡量一切工作的最根本的是非标准"应当看"对实现四个现代化是有利还是有害"。1980年邓小平(1994:314)进一步指出:"社会主义经济政策对不对,归根到底是要看生产力是否发展,人民收入是否增加。这是压倒一切的标准,空讲社会主义不行,人民不信。"很明显,邓小平清醒地意识到了,仅仅靠意识形态已经难以在新时代背景下为党和国家的统治、治理提供合法性基础。在1983年的一个讲话中,从建设中国特色社会主义的角度邓小平(2001:23)再次强调了"工作标准"问题:"各项工作都要有助于建设有中国特色社会主义,都要以是否有助于人民的富裕幸福,是否有助于国家的兴旺发达,作为衡量做得对或不对的标准。"在1992年著名的"南方谈话"中,邓小平(2001:372)总结性地用"三个有利于"的价值标准阐述了必须从现实主义的角度来增进政治合法性的基础,并敦促要加大改革的步伐:"改革开放迈不开步子,不敢闯,说来说去就是怕资本主义的东西多了,走资本主义道路。要害是姓资还是姓社的问题。判断的标准,应该主要看是否有利于发展社会主义社会的生产力,是否有利于增强社会主义国家的综合国力,是否有利于提高人民的生活水平。"

政治权力或政治体制的合法性"涉及该制度产生并保持现存政治机构最符合社会需要的这种信念的能力"(利普塞特,1993:53),而在现代社会,这种能力又主要体现在成功地实现持续的经济发展上。因此,现代国家都很重视制度(政策)的有效性,努力实现有效性与合法性之间的正相关性。这种有效性与其合法性之间的正相关性,在很多政治学研究者那里是深信不疑的[1]。从改革以来中国执政党的价值取向的变化来看,像增进人民幸福、实现共同富裕、体现以人为本等这样的价值信念已经被确立了起来,执政党也希望政治制度能借长期保持效率和绩效——即不断的经济增长和发展——来获得合法性。

执政党和政府宏观层面上的政策,最终是要落实在地方执行上的。因此,就地方治理实践来说,如何保持制度和政策的有效性,似乎更为重要。在中国这个超大社会里,地方之间的差异性和多样性特点决定了执政党和政府宏观层面上的政策只能是抽象

---

[1] 比如罗斯柴尔德(Rothschild,1979:38-39)认为,如果政治体系能长期满足成员的需要和利益,也可赢得统治的合法性;同时,即使一传统的政治体系完全拥有统治的合法性,但如其长久以来表现得昏庸无能,其合法性基础亦会被侵耗。

的,可操作性不强,因此,它们不可能为每个地方安排出非常具体的、便于操作的政策。可以想见,地方政府如果制定不适合地方特点的政策,不能因地制宜地进行治理,就很有可能会产生多方面的后果。第一,降低解决问题的有效性。地方政策之所以是具体的、细化的、可以操作的,原因就在于它们是针对特定的政策问题的,每个地方的政策问题存在差异性的。因此,即便地方政策符合中央政策精神,但如果远离地方实际,那么无法想象它还能有效地解决地方的发展问题。人们通常所说的土政策的灵活性,就是针对问题的特殊性和解决的有效性而言的。第二,损害政策的甚至政治的合法性。土政策的存在为地方政府自身和民众提供了诸多的"获利机会"。地方政府制定和实施土政策以促进地方经济发展,固然有地方领导和政府部门自身利益的考虑,比如获得晋升,但谁也不能否认,高速的经济发展最终也是有助于地方民众生活水平的提高的。地方政府有推动经济发展和投资基础设施和提供公共服务的动力,民众对地方政策也常会有积极的评价。因此,有效性不强的地方政策,首先不会获得地方政府治下的民众的认同和拥护。进一步而言,它还会损害中央政策的合法性。由于地方土政策是地方政府根据地方特点对中央政策的细化和具体化,而在"天高皇帝远"的情况下,民众对土政策的理解、认识和评价,就是对执政党和国家政策的评价。在许多民众那里,地方的土政策就是国家的政策。从这个意义上来说,土政策实际上构成了政治体系合法性的表达舞台。

因此,问题已经变得越来越明显。宏观层面的政策再怎么正确,它也不会自动地给政治体系带来合法性。地方政府对国家政策的自上而下的遵从,不会带来民众自下而上的合法性认同。民众的认同更依赖于具体政策符合民众的利益分配需要和文化心理需要。因此,土政策显而易见的功能是,它补实了国家政策的合法性。当然,这个功能的前提是,土政策必须是规范合理的。

另外需要强调的一点是,土政策可能是有利于地方性公共利益的,但每个地方的公共利益却又是有不同的,因此地方间的土政策可能会产生冲突(各地的地方保护主义是最常见的形式)。这会损害致力于协调和实现全国性公共利益的中央政策的权威和有效性。而如何解决这个问题,不在于土政策本身的功效,而在于地方政府间的合作。我们在下文对有关跨越治理的讨论,可能有助于启发我们思考另一个问题,即:地方间土政策如何实现协调与合作以增进土政策的有效性。

6.5.2 使政策体系的结构运作起来

一个国家公共政策体系的结构并非只是由国家的(也就是中央政府的)公共政策所构成的,同样,中国超大社会的治理也并不是仅仅依赖国家的公共政策体系就可以有效运作起来。前面所述土政策与治理的合法性问题显示,必须在公共政策体系结构中给土政策保留必要的位置。

政策体系结构的合理性,决定了政策体系的功能发挥。公共政策的功能是多样的,美国政治学家西奥多·洛伊(Lowi, 1972: 298-310)所说的规制的、分配的、再分配的和构成性的四类公共政策,实际上就是公共政策的四种典型功能。一般认为,分配是公共政策最为重要的功能,美国政治学家戴维·伊斯顿(Easton, 1953: 129)甚至把公共政策定义为政治体系(确切地说是公共权威机构)对全社会的价值进行权威性的分配。全社会的价值包括商品、资金、财富、权力、荣誉、机会、地位等一系列现实的和潜在可用的资源,它们都需要通过某种或某些特定形式分配到不同的人群之间。在中国,土政策具有很强大的资源分配功能已经是一个事实,其这一功能发挥得如何,直接影响到整个政策体系的功效。

在计划经济时代,所有的这些资源都是由中央政府根据计划体制来分配的,因此,土政策就没有产生和存在的合理性。分权化和分利化改革后,地方政府开始拥有了很多资源,并具有对这些资源进行调配和调控的权力。这为土政策的产生和存在提供了巨大的空间。国家需要对不断分化的利益格局和利益主体多样化的需求作出回应,但中央政府的政策是立足于普遍主义立场的,对每个地方特殊主义的利益需求的敏感性和回应能力,远比不上地方政府;而地方政府在信息获取成本和问题感知效果上,具有明显的优势,因而更能提供满足社会需求的政策供给。

要让政策体系的结构有效运行起来,必须建立政策制定与执行之间正确的逻辑联系。人们一般把制定和执行看成是两个虽然不是毫不相干但却是相互独立的政策过程。相应地,在组织结构中,处于高层的中央政府被定位于政策的制定者,在其下的地方政府和基层单位则被看作公共政策的执行者。这是对中国单一制国家的政策结构与过程的最常见的认识。对土政策的功能,无论是好的还是不好的,积极的还是消极的,也多被置于政策执行过程来认识的。如果这样的认识视角是可以接受的,那我们可以作出这样的判断:土政策的实际运作情况直接决定了政策执行的结果,并最终影响政策体系运作的效果。中国和其他国家大量的经验事实表明,许多政策的成功或失败经常取决于执行者尤其是底层政策行为体的责任心与技巧(Lipsky,1980:122)。如果把责任心理解为政策执行者要忠实地去执行决策者制定的政策,那么,执行者的技巧应该被看作如何创造性地完成决策者的目标。在通常情况下,政策执行者"把自己的工作看作是被要求用一种创造性但可以证明其正当性的方法来实现公共政策"(迈克·希尔、彼特·休普,2011:222)。在中国的政治结构和政策过程中,地方政府——土政策的制定者和实施者——在很多压力下需要不断地去思考和回答关于如何工作的问题。发挥土政策的正面功能是他们的答案，因为，地方政府往往认为他们的土政策体现了创造性地遵循了中央政策的精神。

但是，如果土政策确实反映了地方政府的创造性工作的话，那么，政策制定与执行之间的逻辑关系就不应该只是地方政府执行中央政策这样单一的一个方面。在中国的纵向权力结构中，中央的领导与地方的服从是首要的一个方面，但这并不排斥两者之间存在博弈之后的相互理解。组织理论研究者施特劳斯（Strauss，1978：262）提出了"谈判形成的规则"概念来说明，很多行动的成功完成取决于同一组织内来自不同部门的或是相关组织中的人员之间所达成的协议。我们应该把中国很多地方政府的土政策，尤其是那些成功的、被中央认为是具有合法性的土政策，看成是中央与地方间博弈的结果。在改革进程中，地方政府一些突破中央政策边界的尝试之所以能获得成功，是中央默许甚至公开允许的结果。博弈和妥协事实上的存在使地方政府的角色发生了一定的变化：它既是中央政策的执行者，也是土政策的制定者。西方的一些公共政策执行理论认为，执行者在事实上可能在政策已经正式确定之后还扮演着"政策规划者和决策"的角色（迈克·希尔、彼特·休普，2011：222）。这种决策角色主要体现为执行者在执行过程中对政策的调适，"政策执行者要根据自己所认识政策环境在执行政策时相机进退，并且不可避免地要依据其理解对政策进行解释和修改，甚至在某些情况下对政策作颠覆性的变动"（Barrett & Fudge, 1981：251）。

无论地方政府是一个政策执行者（贯彻中央政策），还是政策制定者（制定土政策以对中央政策进行调适），表明土政策对于让整个政策体系运作起来而言是不可或缺的。从理论逻辑上来说，将地方政府仅仅定位于政策执行也会导致中央决策者自身的尴尬。因为,如果政策执行被定义为地方政府将(中央决策者的)政策付诸实施,那么"决策者的任何妥协都将被视为政策的失败";但如果政策被看作"完成某件事"(例如,在中国,政策是要推进经济增长),那么,政策的主要目标是执行绩效,而不是执行者的顺从即保持与政策的一致(Barrett & Fudge, 1981: 258)。中央允许土政策存在,能较好地避免这种尴尬——要求地方严格服从中央政策精神,又鼓励地方因地制宜地进行政策创新。前一个要求所表示的无非是在单一制和集权体制下中央不可能与地方妥协的;后一个要求则反映了中央希望政策能很快见绩效的迫切心情。这说明中国的政策结构体系和运作是有弹性的,土政策适应了这种弹性要求。

6.6 土政策的未来

运作良好的土政策多为普遍主义(国家政策)和特殊主义(地方需求)的恰当融合与平衡。这里不存在为土政策正名的问题。土政策只是适应改革以来国家弹性化治理的需要而产生的,对它在政策体系中的位置和治理过程中合理作用的认识,只是一种中性化的描述和分析。在政策实践中,土政策确实须为大量令人不满的结果负责。在发展进程中,经常出现的情形是:中央的政策偏好和预期与地方的利益诉求存在不一致;地方的政策偏好不是地方层面上大多数人的偏好体现。民有不满,源于土政策的泛滥。中央对之批评,实因土政策纷扰国家调控。不过,土政策的角色固然尴尬,但其负面功能也应该是可以避免的。探寻规范土政策行为的制度化途径,应是未来公共政策体系变革的一个重要内容。

6.6.1 土政策的负面功能

没有发挥应该发挥的功能,发挥了不应该发挥的功能,都属于功能失调。土政策的一个负功能是没有在分配问题上体现公平性原则。土政策的产生本来就是因应中央政策无法在地方范围内满足多样性的需求的产物。经由土政策,一方面,地方政府从中央政府那里获得了比以往更多的资源和权力,地方政府从纯粹的政策执行者变成了执行者和地方资源的实际控制者;另一方面,地方政府为此还要承担起地方范围内的资源分配、地方治理和公共服务的提供。

然而,受到传统发展战略和转型过程中的制度安排的制约(我们在第8章中对该战略的特点及其相应的制度安排作出了分析),土政策并未很好地履行了公平分配地方资源的职能。有分析者看到土政策面临着"地方实力派的操纵和一般民众接受的两难"(郭剑鸣,2006:63),政策边界的存在和资源约束的现实性,决定了地方政府会采取取悦大户、伤及一般民众的政策,因为大户(开发商、投资者等)对地方经济的贡献率从而对地方政府产生的支持是特定的、具体的和集中的,而地方政府采取惠及一般民众的政策,则它得到的支持却是分散的、不明显的(缺乏集中的表达机制)。实现了经济增长的土政策获得了中央的认可而具有了形式上的合法性,地方领导人也有了政绩的积累,但分配的不公正却伤害了国家治理中最基础阶层民众的利益。地方上大量产生的社会冲突实际上可以被看作对土政策负功能的一种质疑,然而,正如我们在本书第12章中所看到的,社会冲突对土政策和整个公共政策体系的矫正能力是很有限的。经常所见的情形是,平息冲突事件代替了政策变革思考,中央惩罚了与土政策相关的责任人和领导人,但土政策及其产生负面功能的土壤依旧。民众透过社会冲突和对冲突事件的解决,在脑子里也刻下了对土政策这样的印象和认识,即:"中央是亲人、省里是好人、县里是恶人、乡里是仇人"。

"反程序主义"是土政策的另一个负功能。土政策要获得其自身的合法性,必须符合普遍主义的政策要求,也有满足地方特殊主义的利益需求。如果我们把增进地方公共利益、推动整个国家的经济增长等政策结果看作土政策合法性的实体性内容,那么,人们也不应忘记,实体性合法需要由程序性合法来保障和体现。土政策的合法性既是实质性的,也是程序性的。

程序性强调的是作为公共政策的土政策必须经历规范程序的过程。因为公共政策虽然是一个体现利益博弈的政治过程,这是公共政策的本质,但规范的政策过程必须在政策问题的酝酿与分析、政策议程的确定、政策方案的选择、政策合法化、控制与反馈等环节上符合法律程序。但在现实中,土政策经常超越或简化法律上的程序。比如,国家有专门的法律和政策来对地方政府的征地和拆迁作出程序上的规定,也有专门的规范来约束地方政府的招商引资行为,但是,地方政府不见得总是愿意遵循这些规则。与其说这些规范和规则本身还存在问题,倒不如说发展的迫切性和违规行为的低成本导致了一些地方政府倾向于违反程序。程序经常被颠倒,甚至干脆被置于一边。也正因为这样,当中央政府感觉到土政策已经触及其宏观调控的底线时,它便会采取对土政策的治理行动,而最能够被广泛接受的理由,正是在于土政策对程序主义的破坏。

当然,土政策对程序主义的侵蚀并非源于土政策的内在基因,而在于转型中的权力分配结构存在制度规范上的不足。但反程序主义的泛滥已持续显现诸多恶果。不规范的土政策已成为当下损害自由和民权的最大威胁。民众既无望从土政策那里获得维权救济,民众与高层政治间存在的巨大距离也决定了高成本的上访不是解决问题的最佳途径。从大量的群体性事件和民众的抵抗行动,以及国家被迫实施高成本的维稳体制可以看到,土政策的泛滥已经成为大国治理的一个沉重负担。就政策体系的结构来说,这些不规范的土政策会损害公共政策体系的整体性和完善性,削弱公共政策的治理功能。

无须再赘述土政策的负面功能,规范土政策、变革公共政策体系到了应被提上议程之时。

6.6.2　治理和规范土政策:基于发展的途径

土政策的产生是中央政府政策的积极性与地方政府政策的积极性逆向运行的结果。中央政府权力的边界在于扩大地方在市场经济上的竞争能力和竞争效果,同时扩大自身的宏观调节能力,这是选择性的集权。地方政府权力的边界则在于对"发展型地方主义"的坚持,以地方利益为导向推动地方的经济发展。在这个意义上,央地政府的冲突就表现为中央政策要扩大地方竞争能力和肯定地方利益的政策取向,与保持中央调控能力的政策取向之间的冲突,也表现为地方的自我扩张与中央对民众利益的维护的冲突。由此,规范土政策的一个路径,就是要对转型中的中央与地方关系作出法治化、法定化和制度化的安排。总的方向是要实现集分平衡,使央地之间能产生合作性博弈。

改变地方政府的治理模式,是让土政策得以规范化运行的另一个发展途径。土政策是分权化和分利化改革模式下地方政府组织资源实现发展的需要的产物。在市场不完善,需要通过政策来培育市场的背景下,土政策可以扮演直接分配资源的角色,但一旦市场发展起来,土政策与市场之间也会因此产生冲突。从逻辑上来说,如果政府的职能和行为可以从直接配置资源、干预市场中退出来,土政策的数量就会大大减少,地方政府所要做的,也可能更多地在通过土政策来提供公共服务上。温州模式或许走的是市场化政府的道路,而铁本事件中的常州市政府则依然采取政府直接介入市场的反程序主义治理模式。如果今后地方政府的土政策主要扮演引导市场、为市场服务的角色,扮演公共服务提供者的角色,扮演扩大民众有序参与的角色,土政策自然会找到它合理合法存在的位置。

第 7 章 传统发展战略与地方政府的短期行为：政策变革的限度和难度

公共政策的短期化既是一种观念和价值，也是一种政治过程和制度。它与国家的发展战略和大政策相关，也是地方政府自身政策过程的产物。本章要探讨和分析的是，在（尤其是地方政府的）公共政策过程中，是什么因素诱导着政策主体选择短期化行为，这种选择又会对中国这个大国的治理带来什么样的影响。透过这样的分析，我们试图发现，变革公共政策的动力何在，难度如何。

7.1 问题的提出

制定和实施什么样的公共政策，与现代国家成长过程中的发展战略密切相关。在传统以经济建设为中心的发展战略下，中国的公共政策强调效率的重要性，而政策质量在相当长时期里没有受到应有的重视。"加快发展""快速发展""跨越式发展"成了"发展是硬道理"的重要注脚。这种情形在 2006 年中央高层提出"又好又快发展"理念之后开始得到初步改变。从"又快又好发展"调整为"又好又快发展",把原来的"经济增长方式"改提为"经济发展方式",由强调发展的速度到注重发展的效益和增长的质量,反映了中国经济发展理念的一大转变。

这种发展战略理念的转变,是我们分析中国公共政策可能会发生变革的一个重要背景。在特定的发展阶段,为了推动经济增长,地方政府制定和实施具有强烈时间偏好的、急功近利的、负效应极大的短期化公共政策,即短期行为,具有时代的必然性,某种程度上可能还是必要的。不同时代有该时代的发展需要,也有该时代的局限性,包括政策主体认识和能力上的局限性。从今天的眼光来审视属于短期行为消极后果的东西,肯定是不符合经济和社会发展的长远利益和整体利益的。不过,即便当初在制定和实施这些短期政策时已经看到或预料到会有这样一些后果,也不一定在当时就作出相应的努力来避免的,因为这涉及政治过程中的选择和竞争。因此,人们对先前的政策进行反思,亦并非要对先前的政策行为及其制度基础做全盘的否定,也不是要从今天已经发展了的价值观颠覆整个治理逻辑。政策的短期化行为,不是陷进,而是一种"误区",一种"诱惑"(唐贤兴、唐豫鹏,1997)。当政策主体追求短期利益成为一种选择依赖,那么,要顺利地推进社会转型和公共政策的变革,就会有很大的难度。考虑到社会发展已经到了今天这样程度的时候,中国的公共政策过程似乎还远未跳出短期化的误区,因此,反思政策短期行为、从而从现代国家治理逻辑的内在规定性中来探寻今后的发展所必须具有的合理性,便显得十分迫切。

7.2 对短期行为的认识和批评:文献的而非政治的

从现象和本质两个层面上来看,中国公共政策过程尤其是地方治理实践中的短期化行为,表现出四个方面的特点。首先,短期政策在解决一个政策问题之后,它本身却成了产生另一个政策问题产生的起因。本书第13章提到了有关招商引资政策在中国对外开放进程中的作用,但不可否认的是,中国上下的招商引资政策都存在着短期化倾向。很多地方政府制定了给予外资没有特定技术规制限制的优惠政策,引进的高耗能、高排放、高污染型企业虽然在一定时期内有助于经济总量的增长,但却直接导致了严重的生态环境问题。其次,有些短期化政策表面上看似解决了某个政策问题,但事后人们却发现,原先的政策问题依然存在。输血式扶贫政策在实施很多年之后还是出现了返贫问题,或许是这方面的典型例子。再次,大量短期政策行为是以治理的面目出现的,但在既有的制度结构下,很多治理政策问题的行为被扭曲了,成了决策者的"政绩"行为。不少地方随处可见政绩工程、形象工程,造成了资源的极大浪费,削弱了地方政府的治理能力。最后,由于政策问题的复杂性决定了其不可能在短时期内从根本上得到治理,因此,很多短期化的政策行为企图缩短政策执行议程,使公共政策陷于不能治理政策问题的"时间陷阱",进而导致公共政策本身缺乏生命力。一些地方的综合性环境治理政策,也被刻上"时间烙印",一些地方政府投注了大量资金来治理河道污染,但这种治理却表现为一次性的行为,其效果是可想而知的。

由于公共政策的短期化存在着这样一些特点,因此,它一直受到人们多方面的质疑和批评。当然,这些批评大多来自学术研究,以及一些有限的媒体评论,鲜见政策体系内部的争论,这是由中国的政治结构、过程和决策体制的特点所决定的。就学术研究而言,对公共政策短期化的批评,又表现出较高程度的一致性。一方面,不少批评性研究文献未从客观上看待"短期行为"产生的客观条件约束(比如,贫困、政策资源的约束)和现实的政治过程(比如,宏观政治过程、决策体制的缺陷、治理能力的欠缺)。另一方面,对短期行为的批评性较多地从价值的角度进行否定性评价,忽视了客观中立的研究立场,从而忽视了短期行为某种程度的合理性和必然性。事实上,在中国的发展过程中,产生短政策行为的原因很复杂,既有特定经济社会发展的客观背景,也有特定历史条件下决策者的认知能力问题,以及在较长时期里特定政治结构和过程的稳定性。任何公共政策都是政治系统的产出,经由决策者就一定的政策问题,在特定的"政治场域"中,通过一定的政治过程而产生的。因此,对短期行为的研究,重要的是认识这样的政治过程的特质对中国社会会产生什么样的影响。

7.2.1 短期行为是一个制度现象

公共政策的短期化既然是一种行为现象,那肯定与政策系统中的行为体的行为有关。但是,同样受到人的行为的影响,在不同的政治体制下,短期化行为的普遍性和程度是有很大差异的。这就迫使人们把视野投向制度因素,因为制度既是对人的行为的规范,也是对人的行为的激励和诱导。

就中国公共政策的短期化现象来说,政府体制尤其是决策体制的不完善是导致短期政策普遍化的重要根源。李军杰(2005)认为,在中国,纵向政府间的关系是一种委托-代理关系,对作为代理人的地方政府的机会主义行为产生诱导因素的,是地方政府面临的相对"软化"的产权制度环境,"任期制"则强化了地方政府的"政绩"冲动。在改革前的中央集权体制下,地方政府的角色主要是中央政策的执行者,处于传声筒和二传手的位置。但中央放权改革以后,地方政府逐渐成长为一个显而易见的利益主体,因此它以更积极的方式参与到改革开放过程之中。但问题是,激发地方政府积极性的制度未能对地方政府的利益边界作出恰当安排。相反,在既有的激励制度下,地方政府追逐短期利益的冲动有了制度上的依据和空间。何显明(2008：424-455)通过对很多经验事实的细致分析，认为任期制、中央对地方的政绩考核制导致了地方政府短期政绩的最大化与政府行为的短期化。这是因为，地方领导人要想在激励的政绩竞争中赢得优势，客观上只能将目光聚焦于那些能够在短期内见到政绩效应的政绩工程上，而新一届政府上任后基于最大限度地发挥有限资源创造本届政府政绩的考虑，往往不太有履行上届政府政策的动力。

上述这些研究者较多地强调了纵向政府间关系在制度上存在的问题。的确，中央与地方关系存在的问题和矛盾贯穿了几千年的中国历史，它是一个始终摆在历史上每一个时期中央政府面前的难题，在改革开放以后，集权与分权的矛盾以一种新的形式表现了出来。早在20世纪90年代初，王沪宁(1991a)就观察到了由中央放权改革所带来的央地关系的失衡问题，认为在中国这样的"超大社会"里，如果不能实现中央与地方之间的协同关系，就会影响到中国的现代化和社会发展进程。可以这么认为，无论是地方领导的任期制还是中央对地方领导的考绩制，都是中央与地方关系在某种失衡状态下的制度安排，体现了中央集权和向地方放权之间的摇摆性，也说明了中国中央和地方之间的关系结构、制度、过程和国家治理的复杂性。因此，纵向政府间关系的制度结构是分析政策短期化所必须要考虑的一个因素。但是，这并不是说中观层次上的制度(比如政府决策制度)的重要性就显得不再重要。还有研究认为，中国地方政府的公共决策过程中存在的决策中枢系统不健全、决策信息系统不完善、决策咨询系统作用有限、决策监控系统不到位等因素也是导致地方政府决策短期化倾向的重要原因(后小仙、张建、张勇，2005)。

7.2.2　短期政策受利益驱动

理性经济人、利益是经济学分析人类行为的最关键性的假设和概念,很多政治科学家在分析政府的公共政策行为时,也喜欢运用这样的假设和概念。如果经济人这样的假设被当成分析行为的逻辑出发点的话,那么,短期行为便是一种普遍的社会行为模式,公共政策的短期化也可以存在于任何一种类型的政治体系中。这是因为,现实中的人都是趋利避害的理性经济人,一般都是经过成本-收益的理性计算之后才作出他的行为选择的。但是,由于现实世界的复杂性和充满着不确定性,人的理性计算能力受到多方面的限制,使得他难以精确计算某种长期行为(长期成本)是否能如期获得收益。因此,追求眼前能实现的利益便成为经济人最现实的选择。假如没有道德和外在的制度限制,人很难抵御短期化利益的诱惑。

也正是因为对经济人假设的运用,一些公共政策分析者认为政府倾向于追逐短期利益的行为,其最深刻根源在于作为理性人的决策者受到任期制的限制,他们往往不愿扮演只承担长期决策的成本而不享有未来收益的角色。唐贤兴和唐豫鹏(1997)认为,"经济人"假设可以从理论逻辑上说明政府短期行为的普遍性,但要走出公共政策短期化的诱惑,还是必须要强化制度约束。一些论者指出了短期行为的危害,认为急功近利的短期化倾向使公共政策往往是以牺牲长远利益为代价来换取眼前的利益,直接损害了公共政策的价值取向,其负面效应将严重影响中国改革、发展与稳定的进程(苏天旺,2002)。在很多具体的个案中,人们随处可见这种危害性,比如,白静(2006)通过个案分析发现,一些地方政府在政策制定过程中经常忽视长期利益和弱势群体利益。在一些地方保护主义政策的案例中,一些研究者发现地方保护主义政策的产生与政府间的利益博弈密切相关,正是这种利益博弈,使得实现整个社会的利益最大化存在很大的困难(王震、赵继峰,2008)。虽然"经济人"假设本身暴露了现代经济学在方法论上的局限性(赵磊,2009),不能完整地解释代表公共利益的"政府"或"决策者"在客观因素制约的情况下为什么会作出"短期行为"的决策,但这个假设认为个人和政府经常采取短期行为是因为利益使然的观点,还是值得公共政策实践重视的。

7.2.3 精英政绩化的危害

政治体制不同,但政治家都追求短期利益的倾向,这或许是一个共性问题。在民主体制里,选举诱导政治家和政客追求短期利益。在民主体制不完善的国家,晋升的需要激励官员的行为。德国学者汉斯·吉斯巴克(Gersbach,2004:12-28)运用动态博弈模型分析了政治家在选举前会作出以短期政策代替长期政策的选择。采取短期政策可以暂时增加民众的福利,至少增加民主的预期,政治家本人也可以从短期政策中获取私利(选票支持),因此,他较少会考虑短期政策的负面影响。而在中国的公共政策实践中,一些地方政治精英在任期内追求个人政绩最大化,以期实现政治晋升的目的,而这种追求短期利益的政府决策甚至缺乏最低限度的监督。诸如"领导干部短期行为""领导干部行为短期化""从政行为短期化"这些现象实际上已经为体制内外的人们所觉察(吕俊岭,1994;潘其胜,2003;周媛、肖艳蓉,2004;谷仍桂,2006)。

以精英政绩化为表现形式的公共政策短期化对中国的社会发展进程产生了诸多消极影响。美国经济学家林顿·拉罗却尔(1995)通过对中国传统发展战略的审视,认为片面"以经济建设为中心"而追求效率的短期行为使得中国的发展不具有可持续性。薛刚(2005)把地方政府公共决策中的短期行为的危害概括为五个方面,即,严重削弱了国家的可持续发展能力,迟滞了改革发展目标的实现,影响了中央政府的权威和国家形象,阻碍了国家国际竞争能力的提高,动摇了地方政府的权威与合法性。

7.3 地方公共政策行为的嵌入性:传统发展战略与制度

对于公共政策短期化的含义,很容易从字面意义上得到理解。它是一个时间性的概念,反映了政策主体强烈的时间偏好[①],是以牺牲明天的利益来换取今天的利益、以整体的破坏来换取局部的发展的行为(姜淑芝、赵连章,1997),当然,政府放弃或漠视长远利益而追逐短期利益的倾向,既是一种行为,也是一种观念体系(唐贤兴、唐豫鹏,1997)。前面综述了学术研究中人们对短期化的认识和批评,这些认识在很多方面丰富和深化了我们对公共政策短期化的理解。然而,现有的这些理论研究依然存在不足。因为地方政府的决策者追求短期利益的行为,不是他决策者一个人的行为,而是要受到决策机构内外各种制度和关系的制约和影响。即便是决策者一个人的行为,我们也无法从经济人假设的内涵中得到全部的解释,因为在很多时候,追逐利益并非是决策者某个政策行为的全部或唯一动机。考虑到中国国家治理的复杂性,我们还必须寻求其他更为合理的解释途径。

7.3.1 嵌入性理论

美国的经济社会学家马克·格兰诺维特(Mark Granovetter)的嵌入性理论或许有助于我们更好地认识中国公共政策短期化现象。格兰诺维特(Granovetter,1985:481-510)在 1985 年发表的《经济行动与社会结构:嵌入问题》一文中,对经济学理论的"经济

---

① 李春成(1999)认为:"短期行为是公共政策制定者强烈的时间偏好。政策制定者的时间偏好越强,表明他越追求短期利益或者说眼前利益。对短期利益的强烈偏好,将导致对长远利益的漠视,对社会公共事业可持续发展规律的背逆。"

人"传统假设和社会学理论中的"社会人"假设在分析人的(经济)行为方面存在的严重不足提出了批评。在他看来,经济行动不是孤立的、单纯的经济行为,而是嵌入社会结构之中的:"行动者既不是像独立原子一样运行在社会脉络之外,也不会奴隶般地依附于他/她所属社会类别赋予的角色。他们具有目的性的行为企图实际上是嵌入在真实的、正在运转的社会关系系统之中的","大多数的(经济)行为都紧密地嵌入在社会网络之中"(Granovetter,1985:486-487)。

在这篇影响深远的论文中,格兰诺维特提出了"内嵌"或"嵌入"(embedded)、"内嵌性"或"嵌入性"(embeddedness)等概念来建构他的嵌入性理论,但真正完善这个理论的,则是他的另一篇重要文献《作为社会建构的经济制度:一个分析框架》(Granovetter,1992:3-11)。这篇论文将"嵌入"概念与制度理论结合起来,认为制度是"凝固化网络"(congealed networks),从而提出了三个基于嵌入性观点的新经济社会学命题:(1)经济目标的追逐通常是伴随着一些非经济目标的实现,如社交活动、赞扬、地位和权力;(2)像所有的行为一样,处于社会中的经济行为不能被独立的单个主题所解释,它被嵌入于私人关系不间断的网络之中,而不是被支离的行动者所实行;(3)像所有的制度一样,经济制度不会以某种必然发生的形式从外部环境中自动生成,而是"被社会地建构的"。

格兰诺维特的嵌入性理论观点存在着很多方面有待进一步去辨析和完善的问题,比如他强调经济行为深深地嵌入于社会结构之中,但社会结构是如何形成的,却缺乏相应的解释。再比如,行为体的(经济)行为虽然受到既定制度的规范和约束,但是,如果制度本身的效率与合法性存在问题的话,那制度又如何能合理地规范人们的理性行为?这个问题显然也被嵌入性理论回避或忽视了。尽管如此,格兰诺维特从目标—行为—(经济)制度三个层面建立起来的嵌入性理论,依然对分析公共政策的短期化具有相当的解释力。

7.3.2 现实主义取向的中国现代化

对中国公共政策的任何分析,都必须与中国的现代化战略和历程联系起来。中国的现代化历程始于近代时期,但分析当代中国公共政策的变革,我们无需追溯到那么远,结合公共政策的性质和本质特点,我们只需要把目前聚焦于发轫于改革开放以来的现代化进程。

改革开放政策让中国的现代化进入了一个新的发展阶段。但是,当初启动改革的最现实考虑,则是解决几亿人口尤其是农民的温饱问题,因为农村长期的贫困已经导致严重的政治问题,即农民对政府的政治支持出现了明显的下降(唐贤兴,2002:70)。显然,改革要解决贫困问题和提高执政党的合法性问题,是一个问题的两个方面。也正是因为这样,邓小平启动改革道路的时候,对中国的发展、社会现实和社会主义性质进行了反思,认为社会主义的特点不是贫穷,"贫穷不是社会主义,发展太慢也不是社会主义",社会主义的根本目的是要消灭贫穷,实现共同富裕。因此,改革以来的中国现代化战略,是一种反贫困的战略,至少在改革的早起阶段是这样的。实际上,这个过程在中国持续的时间并不是很短,直到1997年国务院发展研究中心发表《当前国民经济运行的新特点及其政策选择》的报告,才明确指出"短缺经济"在中国大多数领域基本结束。然而,尽管国家逐渐远离贫困,但与同时期的世界主要发达国家相比,中国国家的整体经济发展程度、人民的经济与物质生活水平在总体上仍然处于相对贫困的状态。在改革开始的1978年,中国国民生产总值仅为3 645.2亿元,人均国民生产总值只有381.2元,而到了提出小康社会的2002年,国民生产总值虽然历史性地超过了10万亿元,但是人均国民生产总值却依然不高,只有

8 184元(《中国经济年鉴2003》)。

因此,当我们把贫困和反贫困当作中国公共政策的一个分析背景来考虑的时候,自然需要考察邓小平的现实主义改革战略对公共政策的影响。一般认为,邓小平的改革把执政党和政府的工作中心从"以阶级斗争为纲"转向了"以经济建设为中心",致力于繁荣经济文化以满足民众的世俗需要。因此,邓小平被评价为是一个脚踏实地的现实主义者(徐圻,2004)。在他那里,动机(即道德的约束、政治的要求、意识形态的考虑等)固然意义重大,但效果(即行动的现实目的、手段、最终结局等)才是判断真假是非的最终标准。这可以被理解为邓小平在设计改革政策的时候,对人性没有过高的期待,而对人的现实需求(物质激励)有着充分的理解,因而这是一种对人性的理性主义认识。因此,"尽快让人民富起来"必然会成为改革政策和相应的公共政策的主导思想,家庭联产承包责任制的制度变迁就是这种主导思想的体现。

尽快让人民脱贫致富的改革和现代化战略,之所以会诱导公共政策的短期化,关键因素在于意识形态已经逐渐丧失了对社会、政治和民众的规范作用。脱贫致富是一个长期而艰巨的过程,如果政策设计不能在尽可能较短的时间里让老百姓得到看得见摸得着的实惠,那么,改革号召和致富口号又会变成另一种无效的意识形态。安东尼·吉登斯(2000:69)曾经说过:"在一个传统和习俗正在失去其支配力的社会之中,树立权威的唯一途径就是通过民主。"在一个民主的市场国家里,合法性的主要来源是政府提供公共服务的绩效。但在改革之初甚至后来很长时间里,一方面,意识形态不再如以往那样可以成为合法性的一个重要来源;另一方面,我们今天讲的政治学意义上的现代民主政治建设还没有被提上国家建设和发展的议事日程。因此,调动各方面积极性、尽快实现经济的快速增长便成为重塑合法性的最现实选择。这可以成为邓小平(2001:242)的"调动积极性是最大的民主"这一命题的注脚,也被后来的经验所证明。当"三个有利于"的标准不仅成为一种政策观念和价值,而且被嵌入于实际的政策过程的时候,公共政策便被涂上浓厚的现实主义色彩。现实的情形也恰恰是,在很长时期里,带有实用主义色彩的政策短期化被高度扭曲,政策主体(尤其是地方政府的)信仰"GDP中心主义",而政府还更应该做的有效地提供各种公共服务的职能被淡化了,公共服务的能力也被削弱了。正如有学者所尖锐批评的,一些地方政府尤其是基层变成了奉行实用主义的地地道道的理性经济人,组织目标仅仅是"执政",一些党政官员的价值观也彻底"庸俗化",对于他们来说,最有价值的东西就是金钱和权力(康晓光,2000)。

7.3.3 传统发展战略:政策行为的选择

如果说国家贫困是地方政府短期行为形成的政策议题之源的话,那么传统的发展战略为地方政府倾向于选择短期化的政策提供了政策上的依据。

在现代民族国家的成长与发展过程中,西方发达国家与新兴工业化国家无一例外都实施过传统的经济发展战略。传统发展战略的战略目标是国民生产总值和国民收入的增长。而国民生产总值与人均国民收入的增长成为"发展"的衡量标准,甚至是唯一标准。本质上说,传统发展战略下的经济增长方式是粗放型的。

这种发展战略的一个显著特征是单一性,即战略目标集中于单一的经济增长,而且用量化的指标来评价"发展"。这样先行确立的发展目标成为随后政策设计的行动指南[①]。一开始,从国家

---

① 魏宏森等(1988:36)认为,传统发展战略的基本主张就是:"最大限度地提高国民生产总值的增长率乃是关键的目标。为实现这一目标,进一步的主张也就随之而来。"

层面到各级地方政府的政策,都对高速实现国民经济的增长表现出极大的热情。这可以从上至中央政府,下至县级政府的年度政府工作报告中得到证明。改革开放以后20多年时间里,除极个别年份外,大部分年份的经济增长都达到了两位数,某种程度上可以说是对这种热情的一个回报。从逻辑上来说,围绕增长而设计的公共政策不一定总会忽略现代化的其他方面,比如,资源分配的公平性、人文发展,以及像环境保护这种涉及人的代际发展的政策议题。但是,一旦高速促进经济增长的观念深入政府体系内部的"人心",而现代化和发展的其他层面的目标又因为受到资源匮乏等客观因素制约时,发展内涵的"多样化"就极易被忽视,事实上也正是这样的。按照杨鲁慧(2005:120)的评价,"所谓的'增长',只是外在的经济发展,是对获取财富和积累资本的卑鄙的迷恋,是对'最大值'的企求,而不是对'最适度'发展的追求。"迪文和利文斯顿在《替代发展战略与适用技术》一书中曾对传统发展战略有着这样的认识:"人们已经愈来愈认识到传统发展战略远不是解决发展中国家问题的有效途径。退一步说,即使这种发展战略最终会给穷人带来好处,也需要经过漫长的岁月。"(转引自孙立平,1987)在改革后相当长的时期里,中国的决策者不大愿意否定经济增长对于解决中国问题的意义,但确实认识到了很多因此而来的问题只有在很多年之后有条件时再去解决。20世纪90年代中期之前一直秉持的"效率优先、兼顾公平"的政策伦理准则,就说明了这一点。

　　传统发展战略之所以导致政策设计的短期化,是受到诸多客观的约束性条件制约的。这方面首要的一个因素是资源的匮乏。王沪宁(1990)认为,中国社会的资源总量是有限甚至贫弱的,因为中国超大社会的人口超大性,意味着管理规模的超大性,也意味着调控成本的超大性,因而意味着所消耗的资源总量的超大性。这是一个符合中国实际情况的正确判断,它意味着社会调控形式和国家治理模式与资源状况之间存在着内在的关联。"资源总是制约着社会选择组织形式,一个社会没有足够的资源总量,它就只能选择较为古老和简单的组织形式。资源总量的多寡与生产力发展水平密切相关:生产力发展水平越高,社会的资源总量就多;生产力发展水平低,社会的资源总量就寡。"(王沪宁,1991c:32)但如果由此得出结论,认为社会调控方式不可能超越一定社会的社会资源总量,则似乎过于宿命。实际上,无论是人,还是政府,如果要生活下去(甚至生活得更好),如果要获得发展,都会去寻求扩大资源总量的方法。当国家开始鼓励人们可以去追求自己的利益,去鼓励地方政府要大胆创新实现经济的快速增长,扩大资源总量的方法和途径就会被探索出来。比如,在国家给地方渐次地下放权力的过程中,在有机会有条件进行改革、试验和探索的地区(比如,起先是东南沿海地区,进入21世纪后扩大到中西部地区),都想方设法通过制定和实施各种具有短期行为属性的公共政策营造政策优势与政策环境支持,以吸引资金、技术、外商等要素流入。地方政府不会也没有"坐等"机会,各地很多"优惠"引资政策都是通过游说才获得中央的政策支持的。

地方政府扩大资源总量的政策措施很多是短期性的,无论是一段时间里形形色色开发区的泛滥,还是从对外开放以来至今还属于政府行为的招商引资,都是围绕一个主要的目的,即经济增长。与此同时,公平分配,教育、医疗等基本公共服务的提供,环境保护等涉及长远公共利益的问题,在很多地方并没有进入公共政策的主要议程。地方政府选择短期化的政策行为,是国家和地方政治过程的产物,是被嵌入这种政治过程之中的。

中国的环境保护政策的变化及其问题,可以很好地说明政策短期化是如何被嵌入于特定的政治结构与过程之中。与任何其他公共政策一样,环境政策的制定和实施过程也是一个充满利益博弈的政治过程。当实现经济增长和发展被界定为"最大的政治"的情况下,环境政策演变成保护GDP增长的政策,虽然之间也存在着中央政策与地方行为、政府与企业、企业与民众等的博弈、矛盾甚至冲突,但保护增长的政策目标早已嵌入政治过程之中,这也成为环境政策转型和变革的一个很大障碍。

环境政策为短期化的经济增长服务,并最终使得环境治理本身也常常变成短期行为,某种程度上也是环境监管机构在政治过程中被边缘化的结果。在过去30多年来,中国从"发展与环保谁先谁后"的争论,到"边发展边环保"战略的实施,再到掀起"环保风暴",这一进程体现了国家对环境保护重视程度的逐渐增强。但是,在长时间里贯彻"环保为发展让路"的战略下,具体承担环保重任的环境保护部门的地位却被边缘化(唐贤兴,2009b:102)。早在1982年的机构改革就曾经提出过建立环保部的设想,但由于当时环保问题远未成为全社会的共识,最终未被采纳。当年5月4日,成立了城乡建设环境保护部①,1988年的机构改革又撤销了城乡建设环境保护部,改为建设部,环境保护部门分出成立国家环境保护局,升格为国家直属局。10年之后,成立环保部的呼声已经甚高,但因为当时机构改革的主旋律是削减过多的国务院组成部门,因此,1998年环保局仅仅是升格成了国家环保总局。国家环保局的升格并没有从根本上改变其弱势状态。当初国家环保总局决定开始尝试建立符合新时代要求的环境保护政策体系时,面临的最艰难格局是如何在部委分割明显的环境保护领域内树立起环

---

① 该机构是由国家城市建设总局、国家建筑工程总局、国家测绘总局和国家基本建设委员会的部分机构与国务院环境保护领导小组办公室合并而成的。

保总局的执法必要性和执法严肃性①。由于中国的环保系统采取的是分散式而非垂直式的管理机制,地方环保部门在资金约束和人事受困下,无法对地方主管和企业损坏环境的行为采取有效的监管措施。更为严重的是,当时"先发展后环保"还是"环保前行发展后置"的观念分歧影响到了环保基础政策的导向,这个分歧被最终弱化为"边发展边环保"。因此,环保新政实施困难重重,很多环保政策和法律无法得到有效的实施。当前,伴随着生态环保部这一职能更明确、权力更集中、结构更合理的行政机构的变革,环保新政在生态文明建设的大战略下在诸多方面改变着政策短期化行为,并值得学术界后续的观察与评估。

环境政策的短期化特点,对政策主体的政策工具选择以及工具的有效性产生了直接的制约。比如,至少在 2000 年以前的排污收费制度中,其公平性和效率都是存在问题的。排污收费作为中国最主要的一种环境政策工具自 1982 年以来在全国范围内实行。这是一种对排放污染物超过排放标准的企事业单位进行收费的制度,也就是只对超过规定标准排放污染收费。这就意味着,排污者只要不超标排污,就可无偿使用环境纳污能力资源。毫无疑问,这种政策工具在保护 GDP 增长的同时,缺乏对排污者的制约能力。在全国 700 多万个乡镇工业企业中,环保部门只向 40 万个企业征收了排污费,乡镇企业的排污收费比例远远低于其在工业总产值中的比例(张世秋、安树民、王仲成,2001)。当增长而不是环境,企业家而不是分散的民众更直接影响官员的政绩和政治前程时,作

---

① 比如,当初在审议《环境影响评价法》草案时,由于存在部门利益的冲突,草案的审议曾一度中断。《环境影响评价法》规定,任何规划和建设项目在开工前,必须经过环境影响评价,并报环保机构审批,否则,环保机构将责令停工和处以罚款。该法于 2003 年 9 月 1 日正式实施。环保总局开始逐步告别弱势影子,试图用更多的技术性手段来解决环保问题。

为国家意志和民众诉求的"环境保护"这一基本国策,在具体的政策执行过程中就必然要大打折扣(唐贤兴,2008c:54)。从结果上看,环境保护在实践中就常常异化为"污染保护"。而当污染严重的行业都是当地的支柱产业、引发冲突的企业均为利税大户的情况下,这种污染保护主义倾向就更加明显。

环境治理理所当然被认为是经济发展之后所要做的事情。联合国开发计划署(The United Nations Development Programme, UNDP)对中国当时这种以追求 GDP 为重要政策目标的发展战略提出了尖锐的批评,认为"快致富、后清理"战略对中国特别不实际,传统的方法已经不足以战胜经济增长和社会发展给环境带来的巨大挑战,需要有更多的创新的思想和整体的方法来确保环境与能源的可持续性[①]。

因此,当前和未来中国面临的一个紧迫挑战,应该是如何平衡经济增长与环境保护。这就要求中国必须"在发展中解决环境问题"。正在积极推进的生态文明建设,以及由此所驱动的经济结构调整和经济增长方式的根本性转变的努力,正在为切实改变"先污染后治理、边治理边破坏"的状况提供战略上的基础。

7.3.4 制度安排:政策短期化的基础与空间

本章上面的论述说明了 GDP 至上主义如何在很长一段时间里成为中国不少地方政府的最高目标和价值,但政策短期化的行为可能既与政策主体(个人和机构)的利益诉求相关(比如,地方政府招商引资过程中的寻租行为,环境监管部门被污染企业所俘获,以及几乎所有的政府组织及其人员的政绩冲动,等等),又与政策

---

① 参见联合国开发计划署的《2002 年中国人类发展报告》《2004 年中国国别评估报告》《关于中国的国别项目纲要(2006—2010)》等报告。

主体的行为受到政治结构和过程的制约相关。因此,短期化政策行为是一个制度化的过程。其中,政绩考核制度和地方决策体制为短期行为的产生和强化提供了相应的基础和空间。

1. 政绩考核制度对短期行为的影响

在经济权力下放和市场化过程中,经济发展成为考核地方官员业绩的最重要指标之一。地方政府官员发展地方经济,推动 GDP 的增长,一方面可为自己赢得上层的肯定,另一方面通过为辖区内的人民提供广泛的社会福利,又可获得地方人民的支持和认可,成了所谓的"政绩合法性"。有学者指出,在中国现行政治制度下,越来越出现一种倾向,表明地方政府官员的提升与当地的经济发展成正比(周黎安,2004)。为了获得提升,或者为了提高政治体系的合法性程度,各级政府围绕着政绩展开了异常激烈的竞争。

政绩考核制度具有两面性:一方面,它促进了经济增长;另一方面,它又是导致政策短期化的罪魁祸首。经济学家周黎安(2008:121)认为,中国经济在从 1978 年到 2008 年短短的 30 年的时间里以世界罕见的增长速度创造经济奇迹,使中国从一个落后封闭、积贫积弱的国家一跃成为极具全球竞争力的世界第三大经济体[①],其真正的"秘密"在于"政绩考核制度";而与此同时,中国的地方官员之所以热衷于发展经济,显然也是受到政绩考核方式决定的。由此,中国的经济学们建构起了"国家的 GDP 增长战略—地方政府政绩考核机制—官员的晋升—地方政策的短期化"的分析框架。

在传统发展战略时期,中国的政绩考核制度作为一种考核领导干部的政治性工具,呈现出两种特征:政绩考核制度促成地方政府"唯上负责",政绩考核制度狭隘的经济中心主义取向。

(1) 政绩考核制度促成地方政府"唯上负责"。政绩考核制度

---

① 中国 GDP 总量在 2010 年超越日本,从而成为世界第二大经济体。

第7章 传统发展战略与地方政府的短期行为：政策变革的限度和难度

作为一种政治性工具，是上级党政部门考核下级党政部门的标杆，这种考核制度与自上而下的考核方式在实践中使得地方政府在制定公共政策之时几乎总是围绕着上级考核的标杆而行，从而使得地方公共政策的效用在事实上表现出"唯上负责"。从传统发展战略时期的政绩考核制度来看，不仅中国自上而下的干部选拔任用体制是转型时期国家控制政治生活秩序、社会生活秩序的最重要、最有效的机制，而且这种机制基本上是通过政绩考核的方式实现的。由于经济增长成为地方各级政府贯彻落实传统发展战略的根本使命，因而，在政绩考核和领导干部选拔过程中，政绩被摆到极为重要的位置。

1979年，中央组织部颁发《关于施行干部考核制度的意见》，明确以"德、能、勤、绩"为考核的基本内容。从20世纪80年代后期起，政绩考核受到特别重视。中央组织部先后于1988年和1989年颁布《县（市、区）党政干部年度考核方案》和《地方政府工作部门领导干部年度工作考核方案》，明确规定了干部政绩考核的量化指标体系，并对后来各级政府领导干部考核产生重大影响。1989年，邓小平（2001：300）强调："我们现在就是要选人民公认是坚持改革开放路线并有政绩的人，大胆地将他们放进新的领导机构里，使人民感受到我们真心诚意要搞改革开放。"20世纪90年代以来，政绩考核进一步趋于规范化和系统化。1995年中共中央颁布的《党政领导干部选拔任用工作暂行条例》明确规定，选拔任用领导干部必须坚持"群众公认、注重实绩的原则"。1998年中央组织部颁布《党政领导干部考核工作暂行规定》中对"工作实绩"作了明确的界定。

从政绩考核的逻辑程序来看，政绩考核采用的是自上而下的考核机制，这在客观上造成了地方政府及其官员"只对上负责不对下负责"，"不怕群众不满意，只怕领导不注意"的局面。这就给了地方政府借助公共政策完成政绩考核的要求提供了很大的余地。政绩作为上级任用和选拔下级政府官员的主要依据,使得作为"政治人"的政府官员自然而然、不由自主地关心着自己的政治升迁与政治前景。因而,这种具有"唯上负责"特征的政绩考核制度使地方政府及其决策者自然希望借助那些最能实现政绩考核目标的公共政策,为此,最能体现政绩的"短期行为"在实践中毋庸置疑地成为地方政府的"优先选择"。

(2)政绩考核制度的经济中心主义。"以经济建设为中心"的增长战略目标是通过政绩考核方式嵌入地方政治过程实现的。政绩考核制度的设计和运作体现了一段时间里决策者对中国现代化的认识误区——现代化等同于经济发展,经济发展等同于经济增长,经济增长最后被等同于 GDP。因此,在政绩考核制的各项具体指标中,经济指标所占的权重非常之大。上面提及的中央组织部于1988年和1989年出台的关于地方领导干部考核方案的考核内容中,总共涉及18项政绩考核的量化指标,其中12项均属于经济考核范畴。这些经济考核项目是:国民生产总值、工业生产总值、农业生产总值、乡镇企业生产总值、人均国民收入、农村人均收入、上缴利税、财政收入、农副产品收购、商业零售总额、地方预算收入、地方预算支出。由此可见,"地方经济绩效成为上级政府衡量下级政府以及高层官员评估低层官员的重要标准之一"(Li & Zhou,2005:1743-1762)。在这种具有"经济中心主义"特征的政绩考核制度下,地方政府及其领导干部势必要重视发展地方经济,势必要通过制定和实施公共政策来促进地方经济的发展,以此作为政绩才方可获得上级的政治认可和信任。周黎安的实证研究已经证明了这一点。

被考核的政绩是地方领导人的任期政绩,也就是说,领导人为获得考核通过,甚至为获得政治上的晋升而实施短期化政策,他们无需对政策的消极后果负责,除非因为腐败问题而受到"倒算"。因此,公共政策短期化的行为本质上是一种"任期行为"(郭剑鸣,2006:103)。在其他现代制度(比如,公共预算制度、民主决策制度、法治等)缺乏或不完善的条件下,政绩考核制度诱导了地方领导的短期行为,迫使他们把有限的资源集中于任期政绩的实现上。有学者评论道:"政治上目光浅短的趋势导致政府采用那些在短期内见效的政策方案,回避那些现在花费而未来获益的政策方案。政治家往往不愿干那种'前人栽树,后人乘凉'的事。"(方福前,2000:199)从制度过程来分析,地方政府的短期行为不是(至少不首先是)一个道德问题,而是一个制度问题。

2. 地方政府的决策制度对短期行为的影响

政绩考核制主要是中国纵向层次上的政治结构安排,为地方政府短期化行为提供制度基础和空间的,还有其他一些关键的制度。中国在改革进程中没有确立明显的地方分权底线或边界的背景下,地方政府体系的决策制度在激励地方短期行为方面显得至关重要。

地方决策体制存在的问题,可以从三个方面得到观察。首先,"一把手决策"缺乏有效的监督和制约。形式上(法律规定),地方政府决策实行首长负责制,但实质上(制度运作结果),地方政府决策权主要集中于地方各级党委尤其是党委一把手。这样的决策体制在设计上的缺陷就是监督的缺失。根据相关法律,地方各级人大拥有对地方各级人民政府决策的监督权,但实践中,这种监督并没有真正、有效地运作起来。当政策问题进入地方决策议程后,从决策到政策执行的整个过程,地方各级人大基本上处于监督缺位状态。其次,决策机制的封闭性。中国的决策体制具有明显的"内输入"特征。无论是政治过程的制度结构还是非制度性结构,都赋予了权力精英在决策中的关键性作用,政府精英代替人们进行利益的综合与表达,决策表现为权力精英之间的政治妥协,而不具有多元决策下的社会互动(胡伟,1998：138)。这种内输入机制与改革开放以来日益明显和日益加快的利益分化趋势之间形成了很大的张力,形式上在提倡的"群众路线"的决策准则,并没有在决策实践中得到贯彻,社会各个阶层、各个领域、各个范围的政策和利益诉求没有较好地被纳入政策过程中来。大量社会冲突案例的产生,实际上是上述这种张力没有被缓解的结果。正如本书第12章所显示的,正是很多短期化政策对民众利益和地方长远利益的损害,而这种损害又缺乏制度化的救济,造成了大量的社会冲突。最后,地方决策过程表现出过多的随意性。一方面,地方政府间因为GDP和政绩的恶性竞争导致了很多盲目决策;另一方面,迫于短期利益的需求和时间压力,决策程序常常被大大简化了。比如,很多地方的招商引资项目和开发区的建设是盲目决策的结果,从而成为烂摊子的例子比比皆是。再比如,很多地方经常绕开法律程序而匆匆上政策项目,先上马再环评,先拆迁再谈判,是决策程序被简化的最典型例子。违反决策程序不仅是违法的,而且会带来很多严重的不良后果。

7.4 治理短期行为：公共政策的转型及其限度

在分析中国公共政策短期化的原因和后果时,人们也不应忘记,在中国的公共政策和国家治理过程中,也并不是任由短期行为随意泛滥的。实际上,中国政策过程的一个真实图景是,一方面存在大量的政策短期化行为,另一方面又存在对短期行为进行必要治理的行动。中国的治理有中国的特殊性,中国公共政策的变革有中国自身的逻辑。在治理短期行为的过程中,原有的一些公共政策得到修正,新的政策设计也在产生。公共政策的变迁是一个政策学习的过程。与此相关联的一个问题是,政策变革和变迁并不总是一件容易的事情,中国走出短期化诱惑的治理变革还存在着很多方面的限制。

7.4.1 对开发区的治理整顿

我们将以国家对开发区的清理和整顿来说明治理短期行为的意义和难度。2003年,国务院在全国范围内掀起治理各地"开发区"的宏观政策行动。这次治理行动规模和范围很大,而且是在国家提出要转变经济发展的方式、落实科学发展观的背景下展开的。实际上,早在1993—1994年,国家也有过一次对各地开发区进行整顿的行动,只不过当时的治理范围较小,主要是针对规模小、不规范的开发区,以及对已批准和已开工建设的开发区进行清理。对开发区的清理和整顿可看作是地方公共政策短期化行为的一个矫正。

始于20世纪80年代初的开发区建设,是改革开放的产物,也是中央政府和地方各级政府渴求发展的产物。1984年5月,中共中央、国务院决定进一步开放14个沿海开放城市。同年底,国务院在14个沿海开放城市批准成立了14个经济技术开发区。主要的做法是划定一个有明确地域界限的区域,对利用外资项目进一步放宽政策,大体上比照经济特区的规定执行。初创时期的开发区,其设立都带有鲜明的中央主导型特点,地方相当被动,基本上是中央事先确定下来,然后地方开启建设步伐。由于放权改革大大提升了各级地方政府的资源配置能力,受首批开发区成功运作的鼓舞,1992年之后,省级、市县级乃至乡镇级等各级各类"开发区"如雨后春笋般地冒了出来。各项建设占用土地大量增加,乱占滥用耕地现象日趋严重,这直接导致了中央1993年的清理整顿行动。但现实是,清理整顿并没有遏制地方的扩张冲动。

2003年开始了一场被称作"风暴"的清理整顿行动。7月国务院办公厅发布了《关于暂停审批各类开发区的紧急通知》,在肯定开发区建设的意义的同时,也对各级政府兴办开发区的弊病提出了批评:"改革开放以来,我国先后兴办了一批经济技术开发区、高新技术产业开发区、出口加工区和保税区,对发展外向型经济、推动体制和技术创新、增加就业等发挥了重要作用。但有些地方也出现了不顾实际条件,盲目设立和扩建名目繁多的各类开发区,造成大量圈占耕地和违法出让、转让国有土地的现象,严重损害了农民利益和国家利益。为引导和促进各类开发区健康发展,合理利用和保护土地资源,国务院正在组织有关部门研究对各类开发区进行清理并规范发展的政策措施。"就在同一个月,两份红头文件接连出台:《国务院办公厅关于清理整顿各类开发区加强建设用地管理的通知》和《国务院关于加大工作力度进一步治理整顿土地市场秩序的紧急通知》。为了给清理整顿行动提供明确的政策标准,由发展与改革委员会、国土资源部、建设部和商务部联合制定《清理整顿现有各类开发区的具体标准和政策界限》在同年12月被国务院批准。这一轮清理行动的根本目的,在于通过宏观政策来调控与严格控制开发区泛滥,改进开发区质量,调整开发区的发展方式,转变地方政府的发展理念。

经过近一年的治理,被清理出的各级各类开发区达到6 866个,其中4 813个因不符合《清理整顿现有各类开发区的具体标准和政策界限》的政策规定而被撤销,占开发区总量的70.1%[①]。这类开发区绝大多数仅有空名,既缺乏基本的建设条件,也缺乏具体的建设项目。各类开发区数量膨胀的后果是多方面的,首先是耕地面积的减少,其次是因对农业耕地的大量占用而带来了粮食的减产,再次是制造了大量的失地农民。全国各类开发区竟有43%

---

① 《土地市场治理整顿取得重要进展〈宏观调控见成效〉》,《人民日报》2004年8月22日,第1版。

的土地被闲置(《领导决策信息》数据分析员,2004),足以说明圈地式的短期行为的后果有多么严重。

开发区泛滥的后果不只土地问题一个方面,而且还会扭曲国家的政策,并造成土政策的泛滥。各地圈地建开发区的一个短期目的是为吸引资本尤其是外资建立平台。当初中央政府制定的引资政策规定,只要是外资,就能得到所得税减半以及"三免两减"、享受"土地优惠"等各项优惠政策。这些政策是以尽可能多地引进资金、技术、管理方式为取向的。但随着对外开放步伐的加快,地方政府不再满足于中央政策所提供的空间,竭力突破中央政策的"规范边界",不断出台各种"超优惠""低质量"的引资政策。"超优惠""低质量"引资政策主要分为如下两大类。一类是擅自制定"两免六减半""五免六减半""七免七减半""十免十减半""零地价"等引资政策,随意减免或停征地方税。政策一个比一个"优惠",一个比一个"特殊",形成了地方政府间罕见的"政策大战"或"引资大战"。另一类是通过政策手段放宽外商投资企业的设立审查标准,为其违法违规地享受外资税收优惠创造政策条件,允许外资企业打着高新技术企业、新办第三产业企业、劳动就业服务企业、社会福利企业等招聘,从而享受国家政策规定的企业所得税优惠政策。这两类地方引资政策反映出了地方政府"以政策换资本"的政策思路,而在具体的实践中,却又很难把握国家政策的、经济发展逻辑的边界。这种短期化政策的代价是多方面的,也很严重,包括:技术含量低、高污染、高消耗、高排放的外资企业被引进后导致了环境破坏;外资享受的超国民待遇破坏了市场的公平竞争;地方政府把引进外资的市场行为变成行政行为,扭曲了引进外资政策的本质;等等。

7.4.2 短期利益的诱惑:政策转型的难度

对地方政府有关开发区建设和招商引资工作的批评,并不是要否定他们在促进中国的经济增长和发展中的意义和作用。也不是说经济增长有什么不对,要分析和反思的不是经济增长本身,而是促进增长的方式及其长远后果。这个认识应该成为我们评价公共政策短期化以及促进政策变革的前提。

没有增长作基础,发展就无从谈起。美国著名经济学家本杰明·M.弗里德曼(2005:138)充分肯定了经济增长对于发展中国家的至关重要性,认为发展中国家之间的区别不是快速增长和慢速增长的问题,而在于有增长和没有增长的区别。对于中国的决策者们来说,增长是第一要义的,没有了快速的经济增长,就无法解决人民的贫困问题,也无从巩固政权的合法性。因此,短期利益的实现,无论是对民众,还是对政府,都是一种诱惑。

因此,在分析公共政策尤其是地方政府公共政策转型的难度上,利益依然是一个有价值的分析途径。地方政府一开始便是中国改革和对外开放的积极参与者,它们不仅在推动中国的经济增长上做出了贡献,更重要的,它们还是改革以来制度创新的重要主体。地方政府领导人和官员之所以有如此之积极性,根本原因在于他们作为利益主体的地位得到了中央政策的认可,实际的分权化改革进程也给了地方政府巨大的利益"奖赏"。正如刘泰洪(2010)所指出的:"我国以经济性分权和行政性分权为主要特征的改革,其实质就是承认地方利益并希望通过地方利益的实现来促进经济发展。"这是改革时代与以前的计划经济时代在中央与地方关系上的一个根本性的区别。尽管毛泽东在1956年的《论十大关系》讲话强调了"两个积极性"和"两条腿走路"的重要性,提出要给地方政府下放更多权力和事权,但总体上说,直到改革之前,地方政府在中央集权体制下并没有跳出其传声筒的角色。

利益是行为的动力。地方政府既是改革开放和经济增长的推动者,也是因此而来的受益者。短期行为的产生,固然有推进经济增长的功能,但如果排斥地方政府的利益需求,地方政府及其官员就不会有搞经济的动力。尽管中国高层决策者已经开始转向选择又好又快的发展战略,但并不是说经济增长的使命已经完成,更重要的是,相对于庞大的人口数量和人们需求向更高层次的发展,中国的现代化和发展依然面临着资源不足的瓶颈。在较长时期里,要让地方政府放弃短期行为还存在较大难度,其中主要的制约因素包括:业已形成的刚性利益结构难以调整;国家对产业结构和增长发展方式的调整是一个长期性的任务;传统增长方式得以实现经济快速增长的人口红利在今后不再存在,汲取资源将更多地依赖于扩大开放,但因全球化和国际关系的变动性所致的不确定性对地方政府的能力是一个重大的考验。

7.4.3 制度惯性:政策转型的限度

政府组织的及其成员的行为和选择,虽然受到利益驱动,但同时也受制度的塑造和规范。然而,制度一旦形成之后,就会带来稳定性。当然,根据制度变迁的一些理论,任何制度都是会变化的,它可能是"设计糟糕"的制度不稳定的结果,也可以是技术、知识或文化的变化的产物,它都可以在经济繁荣或衰退时而发生(埃里克·弗鲁博顿等,2006:31)。在诺思(North,1991:239;1990:97-112)看来,制度产生的理由是因为制度具有降低交换行为的不确定性,为日常生活活动提供了一种行为准绳。既然制度的目的是为个人行为提供一种指引,降低不确定性,形成社会秩序,那么,稳定性便不仅是制度自身的特点和要求,也是受制度规范的行为体的所预期的。同时,从长时距的历史角度来看,制度的变化总是滞后于社会变迁,这也是制度变迁总是不那么容易发生的重要原因,就是人们一般所说的制度惯性。

嵌入制度结构中的短期化政策行为已经被制度较长时间地激

励和强化而变成政策过程中的一种日常化的行为模式。在中国的政治结构中,地方和基层领导人固然负有报一方平安造一方福的道义和政治责任,但获得升迁是大多数领导人的一个理想追求。这种荣誉、权力和声誉,经常比物质利益来得重要。就中国实际的政治过程来说,高层对地方和基层领导的政绩考核,一个重要目的就是判断和选择什么样领导人可以被晋升到更高层级的领导岗位上。这是中国政治录用制度和人事制度的重要内容。如果政绩考核与官员晋升相脱钩,地方领导人就很容易被看作一个碌碌无为者。现在,这样对地方官员的政绩考核正在作出调整,官员在任期内的 GDP 贡献不再是考核的唯一甚至最重要的指标,提供公共服务的绩效在考核中的重要性在上升。

但是,这种做法是属于调整而不是彻底变革。因为一个显而易见的事实是,在没有经济增长,或者增长很慢的地方,地方领导人可以控制和运用的资源就会显得极其有限,他们要为社会和公众提供优质的公共服务的可能性就很小。只要地方领导人依然还是由上级任命而不是地方选举产生的,那么,上级对下级的政绩考核依然会是进行政治控制的一种方式,获得晋升便会继续成为地方领导人的一种激励力量。对地方政府的激励——其中最重要的激励机制是,把正确的市场激励引入了地方官僚系统并能保持着政治上和人事上的集中制度——被看成是中国政治治理的一个优势加以推崇(张军,2006),而不仅仅被看成诱导地方政府政策短期化的一个制度根源来加以批评,说明中国公共政策的转型和变革既是困难的,也是有限度的。

第8章　地方政府间的政策博弈与合作的困境：跨域治理的视角

政府间关系是考察公共政策及其变迁的一个重要视角。在中国，府际关系纵向结构中的压力型体制，和横向结构中地方政府之间的竞合体制，共同塑造着当代中国公共政策的型态和特征。改革开放以来，地方政府之间在汲取和利用资源、扩大地方经济发展的政策空间、领导人获得更大的晋升机会等方面，一直存在着激烈的竞争，从而呈现出复杂、丰富、生动的政策博弈过程和画面。

在传统的国家治理结构下，地方政府间的竞争性和政策博弈是驱动中国经济增长的一个重要动力，因此，那些无助于形成双赢或共赢格局的过度竞争和博弈，或许不会引致过多的批评。然而，随着跨域问题的不断涌现，致力于寻求自利的各个地方政府不能对这些跨域问题进行有效治理的情形下，人们便开始反思地方政府间政策博弈的负面影响，推进府际之间的合作与共赢也由此被提上了议事日程。

本章叙述跨域问题治理上所存在的地方政府间的政策博弈与合作现象，分析了引起政策博弈的动力和要素，以及诱致政府间合作的动力。本章选取了异地高考和太湖水域治理两个跨域问题作为案例,来解释地方政府间的政策博弈与合作选择的条件。

8.1 问题的提出

作为理论和实践的跨域治理(across boundary governance),是为了应对和解决跨行政区域的公共产品的供给难题而产生的。如今地方政府所面对公共事务越来越具有跨界的性质,原先单一行政区域内的问题,包括教育、都市发展、河川整治、交通运输和环境保护等,都演变成复杂的跨部门、跨区域事务。这对原有的地方政府管理和公共政策过程都提出了新的要求和挑战。

跨域治理是指两个或两个以上的治理主体,包括政府(中央政府和地方政府)、企业、非政府组织和市民社会,基于对公共利益和公共价值的追求,共同参与和联合治理公共事务的过程(张成福、李昊城、边晓慧,2012)。在西方国家,有效的跨域治理是以各治理主体基于共同利益、平等协商、网络互动而形成伙伴关系为特征。按照威尔逊和查尔顿(Wilson & Charlton,1997:19—22)的看法,这种伙伴关系的形成和运作分为五个不同的阶段:(1)合作伙伴为了实现共同需要,或合力获得公共基金的认同而走到一起;(2)经过沟通和决策程序,合作伙伴间建立共同的工作基础;(3)形成正式伙伴关系的组织结构及框架;(4)实施行动计划;(5)合作伙伴建立更为前瞻性的战略,并积极发展新的目标。

显然,跨域治理与政府间关系(它包括中央与地方的垂直府际关系,地方政府之间的横向关系,一级政府体系内部的部门间关系)不是同一个概念。很多研究文献把跨域治理等同于地方政府之间为解决跨越地方政府管辖边界的公共问题而形成合作伙伴关系,这就大大缩小了跨域治理的外延。当然,地方政府间合作关系的建立是非常重要的,本章也主要探讨跨域治理中的地方政府间关系。中国自改革开放以来,在地方政府间关系上出现了诸多日益严重的区域性问题,比如,地区间的恶性竞争,区域发展差距的拉大,资源的过度开发,生态环境的严重破坏,流域治理的矛盾复杂化,城市竞争力不足,等等。传统的以政府为唯一主体、囿于行政区划各自为政的管控型治理模式已经无法有效地解决这些问题。不仅如此,每个地方的经济发展和公共服务的提供,都不再是单个地方范围内的事情,大量突发性事件使邻近地方政府变成利害相关者,因而其应急应变管理也需要取得邻近地方政府的支持,包括资源互助和人员交流。这些区域性公共议题的凸显,促使地方政府去思考"如何通过政府间的相互关系的创新,来形成自行调整的合作机制"(严强,2009)。

这种合作机制构成了西方国家常说的地方政府间伙伴关系的一个主要内容。根据经济合作与发展组织(OECD,1997:15)的定义,"伙伴关系是正式的合作关系,是建立在受法律约定或非正式的理解上的组织;它们存在相互合作的工作关系;在组织内一定数量机构间的计划被相互采用。在一定的时间内,合作伙伴介入政策与进度的制定,分担并分享责任、资源、风险和利益。"后来,经济合作与发展组织(OECD,2001:39)进一步提出战略性伙伴关系概念,用以指地方政府将依不同的时间和不同的目的,与邻近或利害相关的地方政府联结成各种不同的政策社群或政策网络。在中国,地方政府间建立合作关系的实践刚刚起步,远未达到OECD国家建立那种战略性伙伴关系的程度。但是,一方的行动必须考虑其他各方的反应,超越行政法的限制和行政区域的界限实现合作,做到地方政府间资源优势的共享和资源劣势的互补,这些方面的需求、要求和目标,在中国的地方政府间关系上也已经越来越凸显了出来。至于如何建立有效的跨域治理制度,考虑到它是一个综合的社会化过程,可以由易到难地推进(李广斌、王勇,2005)。

比如,像于涛方和李娜(2005)提出长三角区域整合的驱动机制可以按三个阶段循序渐进,即:自上而下的中央政府推动,市场主导＋地方政府促进,市场主导＋制度驱动。总之,跨域治理要以政策议题为导向,在多元行为体间逐渐建立各种合作伙伴关系,整合资源以发挥协同作用,解决跨域公共问题,进而提升区域竞争力。

本章将以两个具体的政策和治理案例为基础,来探究在跨域治理的需求下,中国地方政府间形成合作关系的困难和困境在哪里。案例分析显示,尽管跨域治理已经成为完善中国地方治理的一个迫切议题,但现有的宏观制度结构和政策框架对地方政府的合作行为存在激励不足的局限,地方政府间基于地方利益的竞争需求大于基于区域共同利益的合作需求。因此,既很矛盾却又很现实的问题是,在中短期阶段,地方政府间跨域治理的形成离不开中央政府的主导和推动,还不得不通过中央政府的行政命令或政策支持的方式来促进。

8.2 作为一种问题和处方的跨域治理

治理的概念是人们基于社会现实问题和在对传统政府管理模式的反思基础上发展起来的。治理理念意味着,无论是针对公共领域还是私人领域内问题的解决,本质上都试图寻求不同利益的调和、不同主体的合作以及共同行动的可持续性。在科伊曼(Kooiman,1999:67-92)看来,为应对"日益增长的社会及其政策议题或问题的复杂性、多样性和动态性",国家与社会及市场以新方式互动,需要多元化的治理主体提高资源的相互依赖性程度,实现了权力的分享和责任共担。

自从提出治理观念后,产生了各种各样的治理概念。实际上,善治、全球治理、多层次治理、多中心治理、互动治理、元治理、智性治理、没有政府的治理、整体性治理、网络化治理以及跨域治理只是根据不同的标准划分的不同类型(臧雷振,2011)。虽然这些治理模式在分析单位、策略的选择、互动机制等方面存在差异,但在其治理的价值取向、多元主体权力分享的事实等方面却表现出较高的一致性。现有关于治理理论发展及其应用的许多实证研究加深了我们对治理本身及其致力于解决的问题之复杂性的理解。这里我们关注的是"跨域治理问题"。但到目前为止,这些治理模式对"跨域性治理问题"的认识还还有待深化。

关于这一点,我们可以从如下五个方面来理解。第一,跨域治理问题要比一般的治理问题复杂得多。随着全球化、工业化、城市化和区域一体化的发展趋势不断加强,不同行政区域之间的联系日益紧密,跨域性治理的公共问题和公共议题日益凸显。跨域治理一般涉及多个行政区划、多个政策领域、多个利益相关者等相关问题,这无疑增强了跨域治理问题的复杂性和难度。第二,跨域治理问题可能涉及更多的行动者和利益相关者。跨越治理问题超越了单一行政区划的管辖范围,它往往涉及两个或两个以上的行政区域,因此它可能牵涉具有不同历史背景、不同文化传统与习俗、不同心理素质与认知水平、不同公共参与能力的利益相关者和组织。第三,跨域治理的脆弱性可能更高。跨域治理往往需要更多的资源,有赖于不同参与主体的通力协作,但现实的资源稀缺性、权力分散化、各参与者对利益的追逐和偏好性、协调的困难性、可持续的制度化程度低等问题,往往会削弱跨域治理中政府合作的有效性。第四,跨域治理问题可能需要更高层次的合作。跨域治理问题往往需要战略性的合作框架和强有力的合作能力,因此对合作的层次和水平具有更高的要求,这要求利益相关者从战略性的高度来审视治理问题。第五,跨域治理问题往往呈现出一定的流变性。现代政府之间面临的跨域治理对象,或者说跨域治理问题时,面临着越来越大的困境,即"府际关系的权力相对位移,以及地方政府自治权力的增大,并不意味着'区域公共问题'将会迎刃而解"(王鹏,2013)。由此可见,"跨域性治理中的政府合作问题"仍然是一个值得深入研究的问题。

针对跨域治理中存在的一些问题,不同的研究者给出了他们自己的处方。有研究者试图将市场导向的激励机制引入政府管理领域,探讨了在市场化治理模式下政府职能和角色定位问题,希望以此形成新的政府治理模式(毛寿龙,1998:101)。伴随中国社会的多重转型,国家(政府)向市场和社会释放了大量权力和空间,这为社会新兴力量的产生提供了发展的可能。社会领域的各种力量也随着不断增强的公共行政的开放性而加入公共治理网络中来。一些研究者以此为背景描述了改革开放后中国社会公民力量的兴起,并就其如何影响中国社会的治理展开了分析(俞可平,2000a:74)。主张通过"新公共管理运动"来解决跨域治理困境的人认为,通过新公共管理运动来有效率和有效果地解决不同区域的问题,回应企业、非政府组织和公民社会不断提出的参与需求,成为公共治理模式创新的挑战与动力,因此,"跨域治理作为强调多元主体参与、注重伙伴关系构建、共享利益共担风险的协作治理模式应运而生"(张成福、李昊城、边晓慧,2012)。

面对跨域性问题的治理,地方政府之间往往会形成或竞争或合作的府际关系模式。无论是竞争还是合作,都是面对跨域性治理问题而形成的不同的治理方案和模式。因此,从政府间关系的视角来研究跨域治理成为一种主流的做法。这种分析思路具有很强的操作性,也能够为在该领域建立公共政策体系提供帮助。不管不同国家的结构形式存在多大程度的差别,但政府间关系在权力配置上,具有一些基本的共同点。美国学者保罗·R.多梅尔

(1997：162)指出："如果说政府间关系的纵向体系接近于一种命令服从的等级结构,那么横向政府之间的关系则可以设想为一种受竞争和协商合作的动力支配的对等权力的分割体系。"由命令服从的等级结构与对等权力的分割体系所形成的公共政策体系不是固定不变的,而会在治理过程中随着环境的变化和问题的挑战而发生变化。

8.3 跨域治理中的政策博弈：动力、要素与政策选择

8.3.1 政策博弈的动力与目标

从政治过程来看,政策从出台到执行的过程往往是众多行为体多方博弈的过程,而政府也会通过对博弈进行分析来调整自己的政策行为,从而提高政策的理性和效率(任敏,2001)。这种现象在处理政府间关系上更为常见。跨域治理要求地方政府的政策过程更加开放,因而,更多的因素都将影响到政府之间政策问题的形成、政策输出以及政策的执行。政府之间必须通过调整自己的政策行为进行相互间的调适,否则,既难以解决面临的问题,也无法实现自己的利益。

分析政府间政策博弈的动力与目标,首先需要从政府利益来思考。程臻宇(2011：49-51)在分析中国同级政府间的竞争时,指出"政绩性竞争"和"公共性竞争"两类竞争是同时存在的。但具体来分析政策博弈的目标,人们发现政府之间进行的政策博弈可分成两个阶段。第一阶段是政策问题的确定。一个公共问题得以解决必然要进入政策议程,当政策窗口打开之时,政策问题是否得以确定是前提条件。谢庆奎(1998：422)曾指出："这样的问题必须是公共的,私人的问题不会成为政府决策的对象,除非私人问题已

演变成为、拓展成为公共性问题,引起社会普遍的关注。"也就是说,强调政府政策问题的公共性,是由于政府的政策行为是宪法赋予其行使公共权力的结果,进而导致在开放的政策过程中形成政府之间对于政策问题确认的博弈。例如,一个地区中在经过详细调研之后,在未来的时间里住房、交通、教育等不同治理领域会出现治理问题,然而政策问题的紧迫性对于不同政府主体的排序是不同的。那些认为当前执行的某一治理领域的政策是符合自身利益的政府,往往会阻止新政策问题的排序和新政策的改革。所以说最初阶段政策博弈的目标也表现出政策主体利益的维护。第二阶段的政策博弈的目标是政策过程中政府利益的维护和争取,确保各自利益能够得到合适的保护。所以在第二阶段政策博弈目标是政府间政策行为进入政策制定和执行环节中体现出来,通过政府之间恰当的政策行为来实现,包括调整已有政策、出台新政策和执行政策等行为。

8.3.2 政策博弈要素

分析政策博弈的要素,就是对影响政府之间彼此博弈的动力条件进行分析。有学者将这些条件分为"一般性约束条件"和"特殊性约束条件"两类,前者包括"信息因素、权力因素与公共利益因素",后者包括"区域差异"(郭凤,2006)。这些条件影响到中央政府与地方政府之间博弈行为的选择,以及博弈模型的建立。前面我们强调了政府利益这个主观要素会对政府间的政策博弈产生影响。但是,政府对自身利益的追求不能不受到客观因素的制约。客观性要素是因政治体制、社会发展和现实环境而存在的,比如,政府层级制度、地方生存环境条件以及社会民众的公共参与等。在这里,我们把影响政府间政策博弈的客观性要素分为四个基本的类型。

层级性要素。层级性要素指的是政府之间的行政层级要素，它对于政府间政策博弈有着约束性影响。现代政治体制的一大特点就是严密的层级制度，下级对上级的服从是行政效率和政策执行的保障。马克斯·韦伯提出的科层制组织的几个特征，实际上会对政府间的政策博弈产生较大影响。比如说，一个较强的层级性要素影响下（存在隶属关系的上下级政府之间），地方政府对于中央政府倾向于实施合作性的政府行为，以谋求利益共赢；而相对而言，无隶属关系中的横向地方政府之间，更倾向于竞争性的政策行为，除非有特殊的制度性约束，一般会无视其他政府的利益。这种现象在长三角地区的招商引资中经常出现。所以说，层级性要素的约束性作用表现为约束政府之间寻求合作而不是进行一味地竞争，其中致使层级性要素发挥约束性作用大小的前提条件往往是政府之间是否存在隶属关系。

差异性要素。在一般情况下，中央政府的政策输出往往会考虑地方之间存在的差异性，以便能针对性地解决相应的政策问题。比如说，在财政收入分配问题上，往往富裕省份会被要求上缴较多的地方财政收入，而穷困省份则会得到较多的财政补贴。这些都在一项具体的政策体系中实现，这样的政策博弈行为，往往造就了不同的政府间关系。林尚立（1998：103-104）认为，政府间关系的形成与发展受到一个社会的自然地理结构与经济地理结构的根本性影响，其中政治、经济、文化、军事、宗教、民族与人口等要素影响政府间关系的动态发展。具体来说，影响政府间政策博弈的差异性要素包括：经济实力差异、民族区域差异、地理自然环境差异、民俗习惯差异等。以上这些因素在纵向政府间政策博弈中影响较大，上级政府一般会充分考虑下级政府区域之间的差异性要素，寻求合作性的政策行为，以谋求政策目的实现。

20世纪80年代初，中央政府针对一些地区因自然、历史原因导致发展缓慢,部分群众生产生活非常困难的情况,开始着手解决贫困地区发展问题。东西部发展速度和经济基础的差异促使国务院制定发达省份与贫困省份的帮扶脱贫政策,比如1994年制定的《国家八七扶贫攻坚计划》,2001年发布的《中国农村扶贫开发纲要(2001—2010)》等扶贫方案。这些方案试图在"优势互补、互惠互利、长期合作、共同发展"的原则下,促使地方政府之间开展多层次、全方位的扶贫协作。当然,在中央政府的推动下,地方间的差异性要素是形成政府间合作关系的前提,但这并不排除引发竞争性关系的可能,因为一旦差异性要素造成了一些政府的利益受损和资源分配的不均,则依然会导致政府间的竞争性关系。

资源性要素。资源是一个非常宽泛的概念,它可以泛指人类社会物质生产活动所需要的所有要素(李名泉、马广水,2000:6)。对政府管理和国家治理来说,"资源稀缺性是一个永恒的前提,只有资源是稀缺的,竞争才可能存在"(程臻宇,2011:57)。政府的自利性和对本地公共利益的追求,决定了政府之间对资源的争夺不可避免。由于政府扮演着资源的使用者、保护者和管理者的角色,从根本上来说,每一个"资源型政府"都会制定各种资源政策来达到资源管理和政府管理的目标。资源政策和政策手段各异,对资源的使用结果也不一样。长期以来,地方政府间的资源争夺及由此带来的资源浪费和破坏问题,一直没有得到很好的解决。但致力于有效地管理资源和提高资源使用效益的探索,也开始出现于地方政府的协调和协作关系中,比如,探索一种可行的资源分享模式,正在被越来越多的地方政府所重视。在跨域治理的制度化要求下,资源型政府需要实现政府角色的转型(孟继明,2000:38)。

外部压力要素。政府政策行为受到的外部压力,包括来自法律规范、利益集团、舆论压力、民众团体、NGO组织等方面的力量。

外部压力对公共政策的影响贯穿于整个政策过程,集中体现在政策环节的前期与后期,即政策问题的确定、政策制度以及政策评估和反馈阶段。王绍光(2006)对中国公共政策议程设置六类模式的分类,让我们看到政策过程在议程设置上如何受到外部压力的影响。外部压力要素会对某个特定的政府体系的决策产生影响,这是毫无疑问的,但对于政府间关系上的政策制定,其影响是否存在,以及影响的程度,则还需要仔细观察和分类。

8.3.3 政策博弈中的政策选择

由于政府之间存在各种约束性条件,各地政府的目标和利益存在差异,因此,在政府间的互动中,不同的政府会倾向于选择不同性质的政策博弈。政策选择的差异产生了不同性质类型的政府间关系,竞争性政策博弈与合作性政策博弈是两种基本的政策选择型态。

地方政府之间存在激烈的竞争是改革以来的一个现象和事实。樊纲和张曙光(1994:191)早在20世纪90年代初就生动地描述了地方政府间的竞争关系,这种竞争主要是通过行政手段的"地方保护主义"来争夺中央政府分配的"生产原材料"。他们由此认为,地方政府间是一种竞争关系,而不是"兄弟关系"。当然,在地方范围内,地方政府制定的竞争性政策,在性质上是政府自利性和公共性的统一。冯兴元(2011:5)认为,地方政府间"围绕吸引具有流动性的要素、促进提高本地产品的竞争力和外销市场份额而展开的竞争",是以"增强各地方经济体自己的总体竞争力和当地的福利和人均收入"为目标的。冯兴元将地方政府与中央政府之间的竞争,也纳入了地方政府间竞争的范畴。这在中国是很容易理解的。改革以来中央在地方上的资源倾斜配置体制,促使每个地方都会与中央博弈,以获得更能多的财政、物质和政策资源,以增强自己相对于其他地区的竞争力。而在集权制和权威-服从体制下，出于制度和纪律的约束，中央政府是不允许地方政府明目张胆地与中央博弈的，这也是土政策能够得以存在并发挥作用的一个重要原因（详见本书第 6 章）。因此，央地之间的竞争是从属于地方政府间的竞争的。从各个方面来说，政府间的竞争关系是一种政策博弈关系，而较少表现为层级之间和横向府际之间的冲突关系。迈克尔·波特（1997：92）有关竞争的理论观点，即，竞争被看作是企业、政府乃至国家治理为提高其自身竞争力、实力和能力的一种战略和策略，对于我们认识政府间的竞争性政策博弈的性质或许是有帮助的。

竞争性政策博弈的前提假设是政府之间受到压力，而不得不进行一场"实现自我"的竞争。结合以上四类条件要素，具体来说竞争性政策博弈是政府在资源争夺激烈和外部压力重重的情形下，与相关政府之间展开竞争的政策行为。

与竞争性政策博弈不同，政府间的合作性政策博弈将带来另一种政府间关系型态。这并不是说地方政府的竞争性政策是不好的政策，也并不意味着竞争性政策博弈必然引起政府间的冲突，而是说，这种博弈形式会使政府间关系处于持续的紧张关系中。一方面，政策性博弈会诱发跨越政府管辖边界的公共问题，另一方面，地方政府间紧张的竞争关系的存在会迫使各地政府无暇去顾及这些跨域问题，从而加大这种问题的严重性。因此，为了避免一些跨域问题的产生，或者为了有效应对已经产生的跨域问题，地方政府在制定有利于提升自身竞争力的政策时，就首先必须顾及其他地方的利益，因为任何一个地方政府的竞争性政策行为及其后果，都会"外溢"到与其毗邻的其他地方。同时，地方政府之间还必须从区域公共利益的目标出发，进行有效的政策沟通和协调。如果地方政府都愿意去面对这两个方面的问题，那么，基于区域共同利益的政府间合作关系就会产生,就会代替以纯粹的地方利益为目的的竞争性紧张关系。

当然,人们不能从二元论的角度简单地把竞争和与作对立起来进行理解,视竞争性政策博弈与合作性政策博弈是两种对立的政策行为,而所形成的政府间关系被看成是两种对立的型态。实际上,府际合作的政策网络体系的形成,很多时候恰恰是政府间竞争的产物。"在追逐地方利益的内力驱动下,不论是发达国家还是发展中国家,地方政府间的横向合作关系都获得了长足发展……各级各类政府组织基于复杂的利益纠葛和利益博弈关系,在政策制定和执行过程中,形成了相互依赖、资源互惠和利益共生关系。"(杨宏山,2005:18-19)美国经济学家罗伯特·阿克塞尔罗德(Robert Axelrod)的有关合作的理论,可以为上述这个判断提供经济学理论上的支持。在其《合作的进化》这本开创性的著作中,罗伯特·阿克塞尔罗德(2007:17)认为合作是文明的基础,是人类关系中最基本的行为。他试图用"重复的囚徒困境模型"去回答一个有关人类行为的基本问题,即:一个自私自利的理性行为体为何在无政府状态下会采取友善和利他的行为,从而实现与他人的真正合作?阿克塞尔罗德发现,行为体之间的合作不是在精神歌颂下产生的,而是在"一报还一报"的博弈关系中实现的,因为行为体发现,只有选择合作才能实现利己成本的最小化。

当前央地之间和地方政府之间已不再是过去那种由不平衡的权力制约和不均衡的资源布局所引起的政府间紧张关系,因而选择合作博弈的条件已逐渐成熟。作为区域一体化过程中政府治理模式的创新,地方政府之间通过成熟的行政协调机制、制度化的契约治理模式、政府间职能的整合等途径,来实现政府间的有效合作,从而增进了合作各方的"权力和利益"(杨龙、郑春勇,2011)。

8.4 跨域治理中的公共物品提供:"异地高考"的政策博弈

8.4.1 "异地高考"政策的由来

自1977年中国恢复高考以来,高等教育学校招生政策从未间断,而高考资格地与户籍地必须一致的政策,也由来已久。目前中国高考政策存有两大特点:一是与户籍挂钩的高考资格确认,二是分省高考招录。这两个特点造成了我国当前高考政策有失公平、社会不满的主要问题。

"所谓的'异地高考'其实是一个专有名词,指的是不在这个地方上学却在这里参加高考。而我们要解决的是进城务工子女的高考问题,指的是父母在这里务工,达到一定年限,孩子是在这里上学能够就地高考。"这是教育部长袁贵仁在2012年"两会"期间接受记者采访时对这个概念做出的一种解释性界定。这一概念道出了"异地高考"政策改革的目的,就是解决无户籍而有求学经历的外来人口子女高考资格问题,而不是所谓的"高考移民"。

2003年9月,国务院相继发布的两个文件是最早关于"异地高考"的政策性规范,即:《国务院关于进一步加强农村教育工作的决定》(国发〔2003〕19号)和《国务院办公厅转发教育部等部门〈关于进一步做好进城务工就业农民子女义务教育工作的意见〉的通知》(国办发〔2003〕78号)。由教育部、中央编办、公安部、发展改革委、财政部、劳动保障部等制定的这个"意见",其主要目标在于动员各级政府发挥各自功能,承担相应责任来解决进城务工农民子女的"九年义务教育"问题。但是,解决了外迁务工子女的"九年义务教育"问题之后,又带来了这些农民工子女的"异地高考"问题,这是家庭和政府都必须去面对的。自 2012 年开始的异地高考政策博弈随即展开。

在各地"异地高考"政策"十个月"时间表宣布之前①,即全国正式启动"异地高考"政策输出之前,各地政府对"异地高考"政策的调整步伐已经启动。以上海为例,2012 年,有 10 类非上海户籍考生可以在上海市参加全国高考,两年前只有 8 类人可以参加,6 年前这个数字是 6 类。这 10 类非沪籍考生主要包括了持引进类人才居住证人才的子女,市外在沪工作人员的子女,在沪高校、科研机构博士后流动站在站人员的子女,支内支边知青的子女等。陕西省也于 2011 年年末发布了有关"农民工子女在陕西可以在流入地参加中考"的政策。以上这些政策变动显示了"异地高考"政策改革逐渐开启,但真正满足社会呼吁有待各级政府的努力。

8.4.2 "异地高考"政策改革的呼吁

社会发出"异地高考"改革的呼吁,本质上是公众对于教育资源公平分配的诉求。从目前的义务教育现状来看,学生要升入高等学府深造,必然首先会受到户籍制度的限制。改革开放以来,地区经济发展的差异化愈来愈明显,发达地区与中西部地区之间的教育资源越来越不平衡。以北京、上海等地为代表的发达地区,其教育资源之所以越来越富,既得益于其经济发达,更得益于教育资源的人为(政策性的)集中。大量的高校本地录取名额与较少的高考学生数量,是这些地区存在教育"特权"的表现,也因此使这些地区成为全国"高考移民"的圣地。所以,要求改革高考政策的呼声愈来愈大。其中,代表性的主张有"废除高考""大统一高考""异地高考"等几种,而在当前的具体国情下,"异地高考"的政策路径被

---

① 教育部部长在 2012 年"两会"期间接受媒体采访时称,十个月内全国各地将给出各自的"异地高考"政策。

很多人看作是政策改革的过渡性选项。法学家张千帆在接受媒体采访时这样说道:"解决随迁子女高考问题大致采取两步,一是立即允许他们高中毕业后在学籍所在地参加高考,并按当地考生的同样标准进行录取;二是尽快恢复全国统一考试,从根本上解决随迁子女高考的困惑。"(于霏,2012)

2010年11月8日,北京大学11名教授联名致信北大校长,呼吁启动高考招生改革,引发了舆论广泛关注。有人认为,此信件内容被公开,其实是北京大学为出台新的招生改革方案"投石问路"。2010年11月北京高考报名前夕,9名在京外地家长代表及1名志愿者将含有一万余名在京外地家长的签名的《呼吁书》递交给教育部和北京市教委,建议北京出台临时措施,允许外地考生在京报名,参加2011年高考。家长的《呼吁书》被相关部门所接受。2011年1月,《求是》杂志发表题为《坚持公正公平深化高考改革》的文章,强调"公平原则"是高考的核心价值理念,指出改革是目前高考政策的必然选择(戴家干,2011)。2012年10月,北大张千帆教授等30位专家学者联名向国务院、教育部及北京、上海、广州三地的教育部门领导递交了《进城务工人员随迁子女在就读地参加升学考试的建议方案》,对随迁子女的认定条件、父母条件、政策落实时间等方面提出建议。2012年7月,河南、山东、安徽、湖北四省的8位律师联合致信教育部,反映北京部属高校招生中存在严重的"地域歧视"问题,建议教育部改革招生制度,取消高考的户籍限制,增加河南等地的高等教育投资,并增加这些省份的招生名额。来自社会各界的压力推动着政府"异地高考"政策改革的步伐,2012年"异地高考"新政策进入政策输出阶段。

8.4.3 地方政府的"异地高考"政策

教育部作为中央政府的"异地高考"教育政策改革的启动者,

对于"异地高考"改革的必要性和困难度应该说是很清楚的。时任教育部副部长杜玉波在 2012 年两会期间接受媒体采访时一语道出难处所在:"解决'异地高考'的问题,'既想到要解决随迁子女的考试问题,又不能影响北京、上海当地考生的权益',难就难在'既有要解决的问题,又有不能碰的问题'。"(张璐晶,2012)很明显,高考制度改革的难度表面上是教育资源不足的问题,但其背后则是已有的教育政策对教育资源的配置所形成的利益格局难以打破的问题。实行"异地高考"政策一旦要突破高等教育资源分配的不公正性,引起既得利益地区的抵制便难以避免。决策者显然面临着两难处境。

2012 年年初,教育部印发《教育部 2012 年工作要点》,要求积极稳妥地推进考试招生制度改革,研究高考改革并制定改革方案,规范高校自主选拔录取改革,规范高考加分。与教育部酝酿宏观改革方案的同时,山东省于 2012 年 2 月底出台了最新"异地高考"政策。根据《山东省普通高校考试招生制度改革实施意见》,从 2014 年起,凡在山东高中段有完整学习经历的非户籍考生均可在山东就地报名参加高考,与山东考生享受同等权利。在山东省作出新政策尝试的同时,教育部部长在接受媒体采访时说明,新的"异地高考"政策出台正在"冲刺阶段"。

按照教育部的政策时间表要求,在 2012 年年底之前各地必须出台各自的政策。各地政策出台情况如表 8-1 所示。

表 8-1 各地异地高考政策一览表

省(自治区、直辖市)	实施时间	条 件
北京市	2014 年	2014 年起,有居住证明及稳定住所,稳定职业及社保满 6 年,子女有学籍且连读高中 3 年,可参加高职考试录取。
上海市	2014 年	持《居住证》A 证者子女 2014 年可在沪高考。

(续表)

省(自治区、直辖市)	实施时间	条件
天津市	2013年	家长条件是在津有合法稳定职业并依法纳税;有合法稳定住所;参加社会保险等。
重庆市	2013年	学生要普通高中三年在渝读书,父母一方在渝有合法稳定职业与住所。
广东省	2013年	2013年起,积分入户者随迁子女不受限制,2016年随迁子女可高考。
黑龙江省	2013年	学生在黑龙江省累读三年,父母拥有合法职业与合法固定住所。
吉林省	2013年	父母在吉林省有合法职业、稳定住所并参加社保3年以上,其子女在吉有完整高中经历。
辽宁省	2013年	学生要在辽宁省高中阶段有三年学籍,并有完整学习经历。
河北省	2013年	要求考生在流入地具有两年高中学籍,家长也不需要提供社保证明。
河南省	2013年	只要有流入地正式学籍的应届初中毕业生和高中毕业生,均可与当地学生一样参加高考。
山东省	2014年	考生须具备山东省"高中段学校学籍并有完整学习经历",其父母的条件则由各市制定。
山西省	2014年	在山西连续三年接受高中教育并有正式学籍的,家长有合法稳定职业、稳定住所。
湖北省	2013年	在省内拥有三年完整高中学习经历并取得完整学籍,父母一方有合法职业和稳定住所。
湖南省	2013年	考生只需提供其父母的居住证,不需提供其父母的工作证明、住所证明等。
安徽省	2013年	考生只需在安徽省高中阶段的完整学籍。
江苏省	2013年	在江苏省取得高中学籍并有完整学习经历,其监护人有合法稳定职业、合法稳定住所。
浙江省	2013年	考生需在浙江有完整高中学习经历和学籍。
福建省	2014年	考生需要在福建高中有三年完整学习经历。

第8章 地方政府间的政策博弈与合作的困境：跨域治理的视角 251

(续 表)

省（自治区、直辖市）	实施时间	条件
江西省	2014年	考生只需在江西省高中阶段具有一年以上学习经历并取得学籍。
海南省	2014年	将外省籍务工人员随迁子女在海南的就读、居住年限和外省籍务工人员在海南缴纳社会保险、居住年限以及从业情况，作为在海南报名参加高考的准入条件和报考批次的资格。以下三类外省籍务工人员随迁子女可在海南报名参加高考。 "3个6"，即6年学籍、6年居住、6年社保，不限报。 "3个3"，即3年学籍、3年居住、3年社保，限报本科第三批及高职专科学校。 有就读经历、有合法稳定住所、有合法稳定职业，可报考本省高职专科学校。
贵州省	2014年	有三年完整学籍，其父母在贵州有合法稳定住所、职业，持有居住证和缴纳社保三年。
云南省	2013年	挂钩户籍学满3年可无障碍高考，无云南籍考生仅可报考三本、专科和高职院校。
四川省	2013年	有重庆高中三年连续完整的学籍并就读；家长还应在重庆有合法稳定职业、合法稳定住所。
陕西省	2014年	完整学籍、父母社保缴纳证明及居住证均成为"硬指标"。
青海省	2013年	规定若考生及家长在高考报名前在青海落户且学籍已转入青海，并且其原籍所在地高考科目与青海高考科目一致，就可以在青海参加高考。
甘肃省	2013年	2015年起，随迁子女具有甘肃省连续高中三年学籍的，可在该省报名参加普通高考。
内蒙古自治区	2014年	有内蒙古高中学籍且连续就读满2年；本人取得内蒙古户籍满2年。家长在内蒙古拥有合法稳定住所、合法职业且纳税（或社保）均满2年。
宁夏回族自治区	2014年	在宁夏初高中连续就读满6年，具有高中学籍和考试成绩；家长有连续6年合法稳定职业、合法稳定住所，并纳3年以上社保。
广西壮族自治区	2013年10月	有广西高中学籍并实际就读，其家长有合法稳定职业、合法稳定住所3年以上，可不受户籍限制。

(续 表)

省(自治区、直辖市)	实施时间	条件
新疆维吾尔自治区	具体操作细节尚未公布	随迁子女就地高考要有条件准入,包括家长、学生和所在城市三方面需要符合基本条件。
西藏自治区		暂未公布

以上各地方的"异地高考"政策是可大致分为两类:一类是谨慎前行、门槛依旧明显的政策改革;另一类倾向于迎合社会呼吁,不受户籍限制,只需要有学籍即可。

8.4.4 "异地高考"改革:跨域治理中的各省级政府之间合作困境

"异地高考"政策的出台,虽然不尽如人意,比如,北京的政策出现过渡期方案,同时在新政策中尚未允许本科部分的招生政策,但从政策博弈视角分析,我们可以发现地方政府之间对于同一项改革存在着不同的政策选择。

按照政策博弈的内涵界定来看,政策博弈发生在政策过程的一系列环节中。对于地方政府之间的"异地高考"政策博弈的现状而言,主要是集中在政策制定和政策执行环节。从前面的论述中可知,地方政府作为"异地高考"政策博弈的主体,具有几点特殊性:(1)地方政府中的同级政府间博弈,"异地高考"政策的制定和出台以地方政府为主导,省级政府是核心;(2)高等教育资源的分布与经济发达程度成正比,使这样的政策博弈具有代表性,是资源缺乏的地方政府与资源丰富的地方政府之间的博弈;(3)除了资源性要素等之外,外部性要素在"异地高考"政策博弈中作用明显。下文首先从四要素来分析异地高考的政策博弈,然后在此基础上来探究这种博弈所呈现出的政府间关系。

1. "异地高考"政策博弈：四要素分析

（1）层级性要素分析。在"异地高考"政策中，省级政府很明显受到国务院的层级性约束，即贯彻中央关于教育公平的改革政策。横向的省级政府之间则没有收到受到彼此的层级性限制，这为彼此之间形成竞争性博弈提供了制度性前提。从"异地高考"政策改革的地方政府在向教育部给出的时间表中，彼此之间不受影响，各自满足自己的政策目标而出台相应政策。可以说，层级性要素的影响较小。对于无隶属关系的地方政府之间关系而言，容易出现竞争性政策博弈，进而表现为竞争性政府间关系。

（2）差异性要素分析。"异地高考"政策中的差异性要素主要表现在各省的情况不同，各自有着不同的教育、户籍、招录、考试制度以及考试人口结构。以安徽省和上海市比较为例。安徽省每年有大量在外省市读高中的安徽籍学生因没有外省户籍而返回安徽本省参加高考。因此，安徽省的"异地高考"政策也允许无"省内三年学习经历"的学生回安徽参加高考。而上海则是依旧对户籍作出了明确要求，只有持有A证（即人才引进居住证）的考生可以在上海市参加高考。因此，地方政府间的差异性要素客观上为政府间采取竞争性政策博弈提供了动力，更确切地说，若无差异性要素，就不会有政府间政策博弈，也不会产生政府间关系的动态变化。

（3）资源性要素分析。"异地高考"政策改革中令所有政策相关者最为关切的要素就是资源性要素。"异地高考"政策涉及的核心问题就是高等教育资源分配问题。由于历史原因和中国的办学特点，高等院校资源集中分布在经济发达地区，同时地方财政也成为大学发展的重要经济支柱。

以本科高校为例，可以分为央地共建高校（也称为"部属共建")与地方建设高校,前者基本上囊括了我国的优质高等教育资源,即我们所知道的111所"211工程"大学,而地方建设的高等院校数量更为庞大,共计640多所。央地共建大学每年的费用来源来自三块:学费、央地财政支持和自筹。以上海F大学为例,作为国家"985""211"工程的央地共建大学,每年央地财政支持达到60%,其中地方财政占其中的15%—20%,本地招生人数接近了30%的红线。但是对于上海大量的地方建设本科院校而言,它们实际上是每年招生的主力军,地方财政支持与本地生源占大多数便成为同义词。所以,由地方财政支持的本科院校资源对于不同政府而言,占有的程度是不一样的,上海31所本科院校每年面对的本地考生只有6万人,而同样本科院校数量的河南省,却要面对95万本地高考学生。可想而知,高等院校资源匮乏的地方政府面临着巨大的决策压力,这些地方政府响应"异地高考"政策改革的态度也更加积极。

资源分配不均成为政策制度博弈的最大根源。地方政府之间对同样的政策问题产生不同的态度,形成不同的政策方案,进而在整个社会上形成鲜明对比,地方政府间关系在该领域不是为了实现合作共赢,而是表现为竞争性的政府间关系。

(4)外部性压力分析。"异地高考"作为一个社会民生问题,相对于其他政策问题更能够引起社会公众的关注。分配教育资源作为一种基本的公共服务,理论上讲,每一个家庭都应该是资源的受益者。给"异地高考"改革政策施加外部压力的主体,主要是两类:一类是要求在几年求学之后能够获得高考资格,进而获得公平录取机会的外来人口,他们在经济和教育资源发达的地区生活、工作但没有取得本地户籍;另一类是已经或即将占据丰富高等教育资源的本地家庭,他们不能接受既得优质教育资源被瓜分。当然,广义地看,那些极力反对"异地高考"政策人群后面有一群"模糊的既得利益者","非决策层的普通官员和一般的市民"搭了便车,他们是站在那些极力反对者一边的。同时,在强烈要求获得"异地高考"资格的家庭后面,也存在一批模糊的支持者。这是因为新的政策开启,他们可能是未来不确定的受益者。另外一些外部压力因素还包括由媒体、学者、律师等能对政策制定产生较大影响的团体。

综上所述,四类要素构成了"异地高考"政策博弈的分析框架。这四个要素影响政府之间政策博弈的立场和态度,进而推动了政府之间关系的动态变化。在"异地高考"政策制定环节的博弈中,层级性要素的缺失为省级政府之间就政策问题持不同意见提供了基本条件;差异性要素是构成地方政府各自出台政策的充分条件,没有地方差异就谈不上寻求政策改革。即使在持支持态度的地方政府中,仍然因差异性要素而在政策文本上有所不同,如安徽省与浙江省之间的政策文本,前者不要求有三年高中的求学经历,只要有学籍即可。"异地高考"政策博弈中影响力最大的是资源要素和外部压力要素。资源要素是本次政策改革的根本原因,实现资源分配公平是本次政策改革的目标所在。各省级地方政府之间,在政策制定环节中,为了优质高等教育资源而出台不同性质的政策。以河南、山东等高等资源不足的地方为代表,地方政府将新的高考政策完全排除与户籍制度的关系;而上海、北京等高等教育资源丰富的地方,当地政府仍然倾向于维持现有的制度和政策。

2."异地高考"政策博弈与政府间关系

在政策制定环节中,我们知道,不同省份的政府对于相同的"异地高考"政策问题有着不同的立场,并且几乎同时出台了不同利益诉求的政策。政策博弈过程从一开始就产生,不同省级政府之间由于受到层级性要素、差异性要素、资源性要素和外部压力要素的影响,而采取了不同的立场和态度,进而在维护本地政府利益的前提下，选择了竞争性的政策博弈。高等教育资源丰富的省份受长期的户籍制度红利、本地民众的外部压力，以及政策松动后可能出现的治理困境等原因的影响，出台了保守的改革政策。与此相对，高等教育资源稀缺的地区，政府主要受到中央层面新政策改革倡议、外部民众强烈呼吁以及政府自身对于高等教育资源分配不均的改革诉求等原因的影响而出台了较为积极的改革政策。不难看出，"异地高考"政策改革中地方政府间关系依然是一种竞争性关系。

各地"异地高考"政策出台之后，即将面临的是如何去执行的问题。如果这种竞争性关系不断持续下去，中央的"异地高考"政策改革就难以推进，既有悖中央政策的改革初衷，更有损于广大民众的利益。目前看，人们还看不到各省级政府之间主动进行合作与协作来解决教育资源分配不公的问题，因而，像教育这样的跨域问题的治理，依然面临着很多的困境。

8.5 太湖水污染治理的困境

跨域水污染是某水域（如河流、湖泊等）跨越不同行政区域，受到水域周边的工业、农业与生活等的污水排放而污染，并对水域水质、生态环境及水域周边（包括河流中下游）居民生活带来负面影响。这样的水污染不仅仅是对污染排放地区的影响，也对水域其他地区的人们生活造成侵害。跨域水污染如今已成为中国最严重的环境治理问题之一，它所引起的政府间的紧张关系已经很现实地摆在地方政府的面前。仅进入21世纪以来，这样的跨域水污染事件已经频繁出现，比如，2001年江浙交界水污染引发的筑坝事件，2003年山东薛新河污染导致江苏徐州市停水半个月，2004年河南安徽污水下泄导致淮河污染的爆发，2005年松花江重大跨行政区水污染事故,2013年贺江上游的广西贺州铊、镉水污染导致下游的广东贺江下游封开南丰段出现大量鱼死亡以及肇庆市等下游城市紧急停止饮用贺江受污染水源。

8.5.1 太湖水域的污染及其治理困境

太湖流域面积 36 500 km^2,从行政区域上来分,江苏省苏南地区占到 33.4%,浙江省杭嘉湖地区占到 33.4%,上海市占到 13.5%,安徽省占 0.1%。太湖流域以平原为主,占总面积的 4/6,水面占 1/6,其余为丘陵和山地。太湖流域三面滨江临海,西部自北而南分别以茅山山脉、界岭和天目山与秦淮河、水阳江、钱塘江流域为界。地形特点表现为四周高、中间低。中间为平原、洼地,包括太湖及湖东中小湖群、湖西一座湖以及南部杭嘉湖平原,西部为天目山、茅山及山麓丘陵。北、东、南三边受长江口及杭州湾影响,泥沙沉积形成沿江及沿海高地。流域水系是以太湖为中心的湖泊河网系统,属长江最下游的一个支流水系。流域内面积在 0.5 km^2 以上的大小湖泊共有 189 个,总的水面积约 3 195 km^2。太湖是我国第五大淡水湖,平均水深 1.89 m,容积为 44 亿 m^2,是一座天然蓄水水库,成为太湖周边省份的重要供水水源。太湖流域的城市带位于我国长三角地区,是中国经济最发达地区之一,包括苏州、无锡、常州、嘉兴和湖州等城市。从 2008 年的数据来看,经济总量达到 11.6%,人均生产总值是全国的 3.4 倍。

然而,太湖流域造成的水污染也是由经济发达而造成的,大量生产制造型企业遍布太湖水域周边的城市,工业废水成为太湖污水的来源之一。太湖水域的农业,自古就是中国著名的鱼米之乡,这也意味着化肥使用量的巨大。

自 1991 年太湖水域发生大洪水之后,中央政府出台了《关于进一步治理淮河和太湖的决定》,20 世纪 90 年代的治理工程缓解了太湖污染带来的问题。1996年《国民经济和社会发展"九五"计划和2010年远景目标计划》，太湖又与淮河、海河、辽河以及巢湖、滇池同时被列为国家水污染重点防治水域。但是，受到经济发展政策和城市带发展的刺激，20世纪90年代中后期的太湖水域的水污染问题日趋严重，在此后很长时间里成为阻碍环太湖城市带经济发展的一个重要因素。1995年1月，嘉兴市与苏州市为落实国家环保总局的处理意见，两地政府环保局曾尝试建立共同监测的机制。然而，双方在具体监测方式上却始终未能达成一致，共同治理的基础没能形成。之后的数年中，两地因上游污水排放超标导致下游渔业、养殖业遭受经济损失要求赔偿未果，引发的水事纠纷频频发生，且事件和冲突的态势呈现逐步升级的趋势。其中，于2001年11月发生的"零点事件"，即嘉兴市北部长期受污染损失严重的渔民自筹资金，以沉船筑坝的方式拦截苏州市南部排放的污水，双方爆发冲突。"零点事件"引起国务院、水利部及环保总局的高度重视，并在事件后出台了《关于江苏苏州与浙江嘉兴边界水污染纠纷和水事矛盾的协调意见》，对两地建立边界水污染防治的工作机制提出了进一步要求，江浙两地开始着手准备建立边界水污染协同防控的协调机制。

太湖水污染的治理存在制度和机制上的诸多问题。我国的水资源由水利部负责统一管理，太湖流域的水资源开发保护工作由太湖流域管理局具体承担。太湖流域管理局内设水资源保护局，由水利部和环境保护部共同领导，专职从事水资源保护工作。此外，流域各省市设立水利厅（局），负责本地区的水资源管理工作。也就是说，太湖流域水资源管理体制是在行政主导下流域管理与区域管理相结合的一种流域管理体制，这是由2002年颁布的新《中华人民共和国水法》规定的。该体制的问题在于，流域管理是以水文区域为管理范围的管理活动，而区域管理是以行政区域为管理范围的管理活动，两者的管理范围存在相互交叉的问题。除了水利和环保部门外，水污染治理还涉及农业、林业、建设等诸多部门。管理体制上的不顺畅降低了太湖流域水污染的治理能力。

区域管理中地方政府之间的不合作或许是治理困境中最大的难题。各地都以自身利益为目标，各自区域内水资源的开发和保护的力度不统一，"一龙治水、多龙管水"的现状在太湖流域特别明显。这与我国针对重点污染河流湖泊的治理机制安排有着很大关系。由于太湖流域管理机构的权威尚未确立，现实中的水资源管理呈现条块分割管理的特点，各地方政府部门、各行业主管部门"大多从自身的角度出发从事水污染治理，人为地形成了水资源管理边界"（胡兴球、汪群，2009）。

目前，中国跨域水污染治理的困境根本上来说是制度性的。太湖流域的情形与长三角地区乃至全国的跨域河流治理存在着很大的共性，最集中的问题是流域层面多层次协商机制的缺乏（周海炜、张阳，2006）。区域内缺少产业的统一规划是关键性的。由于区域省市之间存在社会经济发展的竞争，导致对自身产业的保护，如何协调省市之间在产业结构上的矛盾成为治理跨界水污染的关键。产业结构的统一规划首先需要各行政区内转变经济增长和发展的方式，这是一个长期的艰难的转型过程。而趋于层面上产业结构的调整与统一规则，则依赖于各地方政府是否有发明基于合作的政策网络的内在动力。如果区域内无法实现产业政策结构的转型，那么其他任何制度和机制是无法发挥效力的。这些制度机制需要去解决的问题包括，如何变革现行的水环境管理行政体制，以避免跨界水污染治理处于体制性分割状态；如何完善现行跨界水污染治理的法律法规，以提高其可操作性；跨界水污染治理及水事纠纷的直接当事各方如何能在有效的利益权衡与协商机制下解决争端。

显然，太湖水域乃至长三角范围内的跨域水域治理，都依赖于形成政府间的合作关系，只有在一个政府协调、机制整合的制度框架下，各地方政府才能共同应对越来越严重的跨域水污染问题，退一步说，也只有这样，各地方政府才能实现其各自的利益。

8.5.2 政策博弈与政府间关系

在跨域水污染案例中，改善水质的国家政策与水域内地方政府为了维持高速经济增长之间存在着张力。太湖流域管理局成立后，在2002年曾制定了《太湖流域片省际边界水事协调工作规约》。这是一个太湖流域省际纠纷协调的工作规范，目的是为了解决因跨行政界而产生的矛盾。但是，这个工作规范存在可操作性不强的问题，原因就在于规范本身并不解决流域内各地方政府的经济增长和发展的困境。实现跨域治理的需求已经很明显，但协作机制乏力，政府间竞争所引起的冲突因素依然存在。

（1）层级性要素分析。从太湖治理的权力结构不难看出，国家水利部和环保总局共同成立的太湖治理委员会，统筹负责太湖水域的污染治理问题。准确来说，太湖治理委员会属于中央部委的特设机构，就治理水域污染而言，它是属于治理机构"金字塔"的顶端。相比较而言，太湖各地方政府的水利局和环保局属于"金字塔"的塔身和塔基。从层级性要素来看，太湖水域治理的机构分布是合理的，有着统筹规划、协调治理的特点，为实现部门合作和治理联动提供组织保障。从英国泰晤士河以及国际河流莱茵河的治理经验来看，一个统筹性的治理委员会或者机构是非常必要的，形成"金字塔"式的治理模式，层层负责，相互协作。在太湖治理中，水域治理模式下还存在一个区域治理模式，即各地方政府管理各行各业的发展，而此类行业发展对于太湖水域污染的产生有着直接或间接的关联。

层级困境的出现，与地方政府的区域管理模式有关，即地方政府的经济发展和产业管理是不受太湖治理委员会的管理，导致太湖水污染治理只能治标不治本。所以，似乎有必要将流域内的环保管理权归授于太湖流域管理局，以及各地方的环保局与水利局。当下的行政管理框架是将地方水利局与环保局受同级政府的管理与节制，因此，它们的政策执行效力受到了很大限制。

（2）差异性要素分析。从政府利益分析来看，政府之间治理行为出现差异的原因是地方政府利益的差异，"经济人"假设在地方政府跨域治理中能够体现，尤其是具有强烈公共利益色彩的跨域水域保护。环绕太湖的行政区域来自不同的省份，它们的经济发展水平与发展目的各不相同。每一个水域都存在一定的受污承载力，如果四周排入的污水没有处理又没有统筹规划，必然造成水质的恶化。在太湖水域，受到水污染严重影响的城市成为太湖水污染治理的排头兵。比如，无锡在太湖治污中的投入就较大，从2007年以来积极实施太湖治理工程，三年共投入300多亿元资金实施了产业调整、控源截污、调水引流、底泥清淤、生态修复等系列措施，全面完成了太湖治理各项年度目标任务，太湖无锡区域水质稳定改善。2009年，无锡市太湖水污染防治委员会成立，其设立的主要目标是进一步加大太湖水污染治理力度，加强督促检查，全面改善太湖水环境质量，促进流域经济社会又好又快发展。2011年，无锡市又投资45亿元，用于太湖治理的8大类目标任务，不同于以往"以单一工程项目为主"的治理思路，强化"流域治理"。由于经济发展水平的差异，经济落后的地方政府更加注重经济产业发展，对太湖环保意识不足，自然造成各自污水处理和管制的力度不一。

（3）资源性要素分析。太湖作为各地方行政区域共同的水资源，受到政府间差异性政府利益追求的影响，必然在水资源占有上出现冲突,2001年的"零点事件"正是两地对水资源的争夺而发生。2002年的《太湖流域片省际边界水事协调工作规约》规定了相关的协商机制,试图对太湖水资源的利用纳入合理管理的框架中。该规约的功能体现在如何利用和分配水资源,而不是环境保护。政策文件的落款单位全部是各省的水利管理部门,或许可从中发现一些端倪。其中,江苏省与浙江省作为两大太湖水资源占有的省份,至今没有联合防治的委员会等类似机构,走上联合行政治水而不是联合发文治水的道路。假设这个"公共池塘"的资源将被消耗和破坏殆尽,是否会促使江浙两省最终走向联合的治理行动,这样的假设在理论上是可以成立的,因为作为环湖城市带的母亲湖,没有哪座城市的人民愿意它成为"臭水湖"。但是在经验层面上,这样的假设是非常危险的。生态系统的可恢复性很差意味着不仅治理成本将倍增,还意味着生态恶化到一定程度会葬送任何治理意愿。自然资源的共有和稀缺理应成为各地方政府之间进行合作的理由,但这取决于政策行动体的认识的改变。

(4) 外部压力要素分析。太湖治理的压力主要来自三个方面,即人民生活环境的改善需求、经济发展质量的需求以及中央政府的统筹。随着经济水平的发展,环湖生活的人民急切要求政府有所行动,也就是说,太湖水污染治理是提高民众生活质量的必然要求。2007年,"绿家园志愿者"等民间环保组织呼吁政府直面太湖水污染,称这不是一场自然灾害。其次,长期以来太湖地区经济发展水平较高,但高速经济增长的背后是大量高污染、高能耗企业的存在,以环境污染为代价的产业基础将成为江浙环太湖地区经济发展的瓶颈。所以产业转型与环境保护是未来该地区经济再次发展的必然选择。另外,中央政府的环境保护政策压力成为太湖地区地方政府合作的动力。2001年"零点事件"之后,江苏和浙江两省的地方政府尝试建立协商机制,寻求共同治理的道路,以及太湖流域管理局的成立是在中央环保部和水利部的领导下，建立起来的地方环境保护机构。

总之，太湖水污染跨域治理正在努力建立起合理的治理模式与政策体系。但与"异地高考"教育改革有所不同，流域治理中出现了地方间的合作动力和要素，虽然也存在着阻碍政府合作的消极力量。太湖水污染治理的政府合作不是没有可能的。首先，环太湖的产业经济已进入转型时期，高污染和高耗能的产业已经不是该领域经济发展的主力军，高科技和低耗能产业成为大家未来发展的共识，从经济效益的角度出发，各地政府必然将太湖的环境质量作为产业发展的重要基础。其次，经济发展反哺环境治理是各个国家水域污染治理走过的道路，随着太湖周围地区经济的发展，各地正在逐年加大对水污染治理的投入，这是各地方政府能走向合作治理的前提条件。比如，2001年之前江浙两省已经投入120亿，2009年常州市筹集10亿投入到太湖水污染治理，而"十一五"期间，无锡投入高达300亿。另外，中央政府早在"九五"计划中已将"太湖"纳入国家统筹治理中。从长期来看，太湖治理需要中央政府的总体领导，否则三省一市难以协同。

8.6 中国跨域治理的可能方向

跨域治理关系的实现可能是基于法律授权、地理毗邻、业务相似或者治理客体的特殊性，通过政府、企业、非政府组织与公民社会等多元主体之间的互动、谈判、协商与合作，来实现公共事务治理的良好绩效。

从结构上来说，跨域治理作为一种多元主体的协作治理，存在着三种基本类型（张成福、李昊城、边晓慧，2012）。第一个类型是纵向层面的垂直型协作治理，通常是指中央政府和地方政府、上下级地方政府间的合作治理。从国家结构和行政管理的角度来说，它们之间依然是一种等级关系，但从治理的要求来说，仅以指挥命令为基本特征的等级关系无法发挥治理的作用，而必须是不同层级政府在平等基础上的联合共治。在中国，上下级政府之间要实现联合共治有很大难度，因为政策过程主要表现为制定和执行、权威与服从的关系，因此，"平等基础"是较难建立起来的。这种层级之间的关系状况，会影响甚至制约地方政府在横向层面上协作困难。

第二个类型是横向层面的水平型协作治理。这主要是指不同地方政府之间的合作。从治理的观念出发，地方政府间应当摒弃地方本位主义下的恶性竞争关系，实现协同治理。但是，由于协同治理效应指的是两个或更多个合作者为了共同目标而一起行动时所获得增值效益（Mackintosh，1992：210-224），因此，没有合理的利益分配机制，要实现协同治理是困难的。从逻辑上说，地方政府间的合作行动是一系列相互影响的过程，其中一个合作者的行为会改变另一个合作者的世界观、行为和观念。在竞争性政策博弈下，只要存在某个地方政府实施增进自身利益的政策动力足够强大，那么，它寻求另外的地方政府的协作与合作的可能性就较小，也不大容易指望能获得他方的支持和响应。所以，实现平行政府间的伙伴协作治理，重新定位自己的利益，以及自身利益与他人利益的关系，是一个必要的前提。

第三个类型是跨部门协作治理，在这里不仅仅是指政府体系内的各个职能部门之间的协作，而是指地方政府与企业、非政府组织和公民社会的合作。这是一种战略性伙伴关系的构建，已经超越过去简单的民营化和效率追求，成为公民参与、地方政府塑能与地方民主化进程的体现。从上述一个合作者的行为会改变另一个合作者的世界观、行为和观念而言，跨部门合作关系的建立更能体现这种各行为体相互间的影响和改变。但是,目前在这个领域里的伙伴关系建立,还受到基础性条件的制约,因为中国成长中的非政府组织和民间社会还不足以对政府的政策行为产生重要影响,目前只能对政府决策产生一定的外部压力。

这三个跨域治理的类型构成了未来中国跨域治理的发展方向,从更宏观的意义上来说,它们实际上构成了中国国家治理的转型方向。但之所以说是未来的方向和理想的变革途径,是因为从短期来看变革还存在很多困难。这一点在我们给出的两个现实案例中已经有了最明显的体现。就第一个"异地高考"政策变革案例来说,作为一个跨域公共物品的提供问题,现阶段地方政府间的合作还只是依赖于由中央政府主导、通过中央政府的行政命令或政策支持的方式来推动的起步阶段,建立各方面的治理机制还远远没有被提上政府间关系的议程。而在第二个关于太湖流域水污染治理的案例中,已经有了中央政府积极推动下的一些协作与合作机制,地方政府间也已经开始了一些协商和协调行动,很多协作性规则和行动既有临时性的和权宜性的,也正在考虑如何去建构长期性机制的问题。但从协作与合作行动的效果来看,太湖流域治理中的地方政府合作还停留于政策性博弈多于合作性博弈的阶段。

国外学术界提出的和实践中产生的跨域治理中形成地方政府间伙伴关系的价值、规范、目标和政策网络,我们还离得很远。变革的需求已经产生,各种推动性因素的力量也在增大,现在需要的,是行动的步伐。

第 9 章　突发性公共事件与政府部门间协作：制度、政策与过程

全球化时代充满着各种危机、不确定性和风险，其中，突发性公共危机事件不断发生是这个时代的一个特征。全球化对于世界的影响可以从技术、政治、文化、经济和社会等层面加以理解和分析（弗雷德里克·詹姆逊，2001）。它不仅带来了国家和政府"严重的忠诚感危机"（戴维·赫尔德等，2001：68），国家权威性的角色与功能受到严重挑战，而且加大了公共问题的复杂性和多变性。像"非典"、禽流感等在全球范围内跨越主权国家边界的爆发，证明了全球化背景下跨国界、跨领域、跨部门公共危机治理的重要性，所有制度层级的互动应该成为未来治理的重要内容（Peter，2000：35-47）。

然而，国家与国家之间，甚至国家内部不同的政府组织之间，所存在的机构、职能、权力等的割裂化配置，能有效应对层出不穷的突发性公共危机吗？尤其是当前社会转型过程中的中国，正处于突发性公共危机事件的高发期。2003 年的"非典"、2006 年的禽流感、2008 年的南方雪灾和汶川大地震、2009 年的甲型 H1N1 流感、2010 年的玉树地震和舟曲特大泥石流灾害，人们对这些灾害还记忆犹新。不断见诸媒体的矿难、生产企业的爆炸事件、重大公

共交通事故、公共场所的踩踏事件,以及在河北定州、贵州瓮安、云南孟连、湖北石首等地发生的突发性群体性事件,增加了人们的不安全感,引发了人们对政府的管理、政策和行为中存在问题的广泛批评,一些地方政府的治理能力受到公众的怀疑和质疑。危机事件的多领域化、高频化、规模化、组织化、暴力化、影响国际化等特点越来越凸显,它不仅造成了大量的人员伤亡和财产损失,也对公共领域的生产、生活秩序,以及社会基本的价值和行为准则产生了严重的冲击。

国家、政府和社会必须采取行动。突发性公共危机事件已经超越了地域和部门的界限。靠命令与控制程序、刻板的工作限制以及内向的组织文化和经营模式维系起来的管理系统,已经不适应处理那些常常要跨越组织界限的复杂问题(斯蒂芬·戈德史密斯、威廉·埃格斯,2008:6),因此,加强政府间和部门间的协调合作,成为公共管理变革的一个可能方向。自从凡·德范(Van de Ven,1976:24-36)提出复杂的社会问题需要各种复杂组织共同应对这一观念之后,组织间合作或协作问题成为一个研究热点(Van de Ven,1976:322-338;Ring & Van de Ven,1976:90-118;Schermerhorn,1975:846-856)。有关政府合作的理论似乎都隐含一个相同的假设,即:政府组织内各部门之间的合作与协调已经不再重要。有研究者甚至明确提出,组织间协调和组织间关系治理的重要性要大于内部科层协调和内部治理(罗珉、何长见,2006)。情况果真如此吗?余亚梅和唐贤兴(2012a)通过对运动式治理的研究表明,政府内各部门之间的协调与合作,并非是一个已经不需要加以考察的变量,层级政府之间、横向行政区之间以及政府与非政府组织之间协作与合作的推进,也并非能自动带来科层制组织内部职能部门之间的合作。因此,回避部门间合作的政府间合作理论是不完整的。

突发公共事件作为危机的一种类型,具有突发性和紧急性、不确定性、社会危害性、信息不对称性、扩散性等特点。它是一种具有极大的综合风险的"风险集合体"(唐钧、谢一帆,2008)。由于政府掌控着公共资源和公共权力,它具有较为灵活地通过制定公共政策来应对危机的能力,因此,政府理应成为应对危机事件的最主要的行为体。

本章要解释和分析的核心问题是,政府部门之间在协作应对突发公共事件时,存在什么样的制度和行动上的困境。为此,我们必须解释,政府在复杂的多组织环境中为何,以及如何进行协作,其背后的制度问题是什么。对于促进政府间的合作与协作而言,制度的建构必须要充分考虑如何使合作收益最大化以及合作收益分配的合理化(席恒,等,2009)。制度框架的存在能增加行为体逃避义务的风险,增强互利合作的习惯,达到抑制本能性机会主义的目的(柯武刚、史漫飞,2000:111)。本章梳理了中国在应对突发性公共事件问题上政府部门间的协作经历了怎样的制度演进,以一些典型的案例和对公共管理部门实践者的访谈材料为基础,提出了一个由行动舞台、行动主体、协作机制以及协作要素构成的制度分析框架,来分析在应对突发性公共事件中政府部门间协作存在的制度困境。

9.1　部门协作应对突发性公共事件:一个分析框架

9.1.1　突发事件与公共危机管理

危机可以分为经济危机、社会危机、政治危机、环境危机、文化危机、道德危机等类型。凡涉及公共安全,对社会公众具有巨大现实或潜在危险危害或风险的事件都可称为是公共危机(李燕凌、陈东林、周长青,2004)。2007年颁布的《中华人民共和国突发事件应对法》将突发事件界定为:"突然发生,造成或者可能造成严重社会危害,需要采取应急处置措施予以应对的自然灾害、事故灾害、公共卫生事件和社会安全事件。"我们可以将在社会运行过程中,由于自然灾害,或社会运行机制失灵而引发的,可能危及公共安全和正常秩序的危机事件,都叫作公共危机。突发性公共事件属于公共危机的范畴。

公共危机管理的一个重要内容是治理突发性公共事件。危机管理过程层面的观点认为,危机事件的发生像生命的开始、发展与消亡那样具有周期性,因此,危机管理是一个过程,在不同的阶段具有不同的特点和要求。张成福(2003)认为,"组织性、计划性、持续变动性影响危机管理过程的特点,政府要做的就是在危机事件的相应过程阶段采取有效的预防、应对、消灭危机的管理行为和方法"。当然,危机管理不仅涉及管理的情景和过程,还必须是一个组织化的过程。从危机管理组织层面来看,危机管理是相关行为体的一系列行动,如杨建顺(2003)认为,"危机管理过程中所涉主体,例如相关组织、国家和国际机构,能够有效地制定一套计划性、组织性强的危机应对策略,进而减轻危机发生后所带来的严重损害"。这种行动过程不仅包括采取政策和策略,还包括对资源的有效运用。所以,有关危机管理资源的观点强调危机事件的特性与资源整合的意义之间的关联,要求在危机管理过程中,相关主体必须在有效时间里整合各种可用资源,采取各种可能的或可行的方式方法,使危机造成的损失最小,危机得到有效应对(许文惠、张成福,1998:55)。

9.1.2 部门间协作

协作应对公共危机和突发性事件,是一个系统的结构与过程。

它可以在国家与国家关系的层面上展开,这是一个国际合作的范畴。协作应对还可以在国家内部的纵向与横向政府体系中产生,这是通常所说的府际关系和跨域治理的范畴。在国家内部还可以产生的一种协作应对方式是政府与广泛存在的非政府组织、公众团体和企业等组织间的伙伴关系,从而使通常所说的政府管理体现出含义更为丰富、意义更为深远的"公共治理"特质。

关于协作的表现形式,曼德尔和托蒂(Mandell and Toddi, 2003:197-224)将它分为四种形式:(1)间歇性协调,指两个或者更多组织互相协调来完成某个目标;(2)暂时性的任务团队,当特别和有限的目的达到后团队将会解散;(3)永久性的协作协调,指为了一个或多个特定目的而参与到有限活动中,设计相关制度规则;(4)组织联盟或网络,这是一种最为紧密的协作方式,参与者的相互依赖度很高。就政府组织的协作而言,一些研究者将它分为政府间协作、政府内部协作和政府外部协作三个方面(如表9-1所示)。

表9-1 政府组织间的协作分类

政府间协作	纵向不同层级政府间协作	中央与地方合作生产和提供区域公共物品,如美国联邦与州之间的合作等
	横向不同行政管辖区间协作	跨地区协作,如欧盟区域合作和美国州际区域合作,中国泛珠三角、长三角和京津冀区域合作等
政府内部协作	同层级政府内部不同部门间协作	部门间联合领导小组、部际联席会议、部门间联合委员会、部际协调小组等
	同一部门内部不同机构间协作	机构间联合项目团队、跨机构团队管理
政府外部协作	政府与私人部门合作	公共服务民营化、市场化提供,公私部门伙伴关系
	政府与非政府组织合作	政府与非政府组织合作提供教育资源,应急管理中政府与非政府组织合作实施救援等
	政府与公众合作	基层社区治理中的公众参与等

资料来源:Mayne, J., Wileman, T., and Leeuw, F. (2003:51).

本章所说的"部门间协作"是上述表格中"政府内部协作"中的一个方面。我们把它定义为两个或者两个以上具有不同职能的部门，围绕着共同目标，以互惠、互利、互动为原则，而采取的资源互补、信息交换、利益共享、责任共担的联合行动或协同工作。这个定义体现了政府部门间协作的几个方面的性质和特点。（1）协作是通过不同组织间文化、价值等方面的融合，进而消减不同组织间利益边界和政策边界，形成部门间协作网络。（2）协作过程是以互惠互利为基础，以资源共享互补为过程的行为。（3）协作需要通过政策整合、资源整合、领导整合等行为，最终实现跨越组织的协同工作方式。（4）协作是通过组织间联合为公民和社会提供无缝隙、整体化的公共服务。（5）协作是通过共同的目标、绩效指标、监管制度承担共同的责任和动机。

9.1.3 危机应对和管理：分析框架的设计

为了有效消除危机事件所带来的损害，政府部门间的协作应对成为一种必然选择。这种协作行为发生在纵向上的政府部门间，也出现在横向上的不同政府部门间。然而，通过近些年来政府对突发性公共事件治理的观察和分析，政府部门间的协作行为往往出现在危机发生之后，缺乏日常的协作性的思维和机制。这种情况的存在不但难以有效地化解危机所带来的灾难，甚至还会增加危机管理的混乱与盲目（马奔，2008）。

政府部门间的协作行为是一个制度问题，它的产生需要有制度来激励，它的有效运作需要有制度来规范。制度作为社会运作的一种规则，能够为组织间的相互管理提供一种约束性的条件和有效性的动力。正如道格拉斯·C.诺思（1994：225-226）所述，制度效用是能够约束主体在追逐福利和效用时的行为，实现的基础是有一定的法律规则、伦理道德规则。然而，影响政府部门间开展协作的制度因素包括哪些呢?

首先,政府部门间的信任关系是开展协作的前提。信任是维持稳定社会关系中不可或缺的要素,当社会关系处于高度信任状态时,人们将有较高的意愿与他人进行交易或是任何合作性的互动。在公共危机发生后,政府各个部门间的共同利益追求是消除危机,但在预防危机、恢复危机所造成的危害等问题不是特别显性时,各个部门会将更多的精力倾注于其他方面。利益差异化减弱部门之间的信任关系,信任关系又反过来削弱部门间利益差异。

其次,资源的依赖性是部门间协作的保障。资源是各个组织生存的基本养料,但是在复杂社会,组织并不能独立生产出足以满足自身生存的全部资源,必须通过与其他组织的相互依存、协作关系来交换彼此所需要的资源。在面对突发性公共事件时,单个政府或者部门所拥有的资源是有限的,无法单靠自身力量去应对危机事件,这需要通过形成一种资源相互依赖的协作行为才能得到解决。

再次,政府自身的合法性需求是部门间协作的目的。危机事件的发生所造成的破坏能力无法有一个恒定的估算标准,对于个人生活、社会秩序,甚至是国家政权都会产生极大的影响。政府作为应对突发事件的主体,自然会被民众寄予厚望,有效快速应对危机是政府合法性的一个重要保证。因此,各个部门间的协作行为必然会成为它们的选择。

基于这样的认识,我们提出了行动舞台、行动主体、协作机制、协作要素四个研究角度,来分析部门间协作行动的产生、运作及其面临的制度困境。分析框架如图9-1所示。

在埃里诺·奥斯特罗姆(2004:56)那里,行动舞台是指一个社会空间,在此空间内,个体间相互作用、交换商品和服务、解决问题、相互支配或斗争。笔者将行动舞台定义为部门间协作应对突发事件的制度环境。政府部门间的协作是在现存的制度环境之下

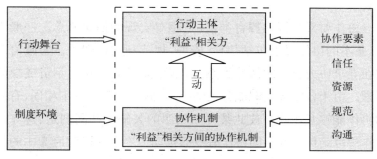

图 9-1 部门协作应对公共危机:分析框架

开展,既包括成文的规范,例如法律、法规、国家政策等;也包括不成文的规范,例如政府运行习惯、传统等。

行动主体是处于行动情景中的独立个体或共同行为体,各个主体是一种原子化的个人,他的行动独立于其他行动者和其所处环境,在整个行动过程中目标设定、决策、实施行动都不会受到其他行动者的影响(任亮、张广利,2007)。作为理性人的政府各个部门,其行使职责的主要动力也是利益驱动。在应对突发性公共事件过程中,政府各部门间是否存在着协作应对的动力,其协作动机、态度、价值观等方面是需要谨慎加以考察的。

动机和动力的存在只是说明了行为体有着协作的意愿,但没能说明协作行为产生的可能性。正是协作机制的存在,使得行为体的协作意愿有了真正转化为具体行动的可能性。协作机制是行动主体之间能够进行协作的平台和渠道,它为行动主体间的合作提供现实支持。在我国"一案三制"的应急管理体系中,要求建立"统一指挥、反应灵敏、协调有序、运转高效"的应急管理机制,其中协调有序正是为部门间协作机制的建立提供了合法性支持。因此,需要考察的是,在应对突发性公共事件过程中,政府部门间的协作机制运行得如何,它是否能够达到保证相关部门间协调有序的要求。

协作要素与行动舞台类似,是相对宏观的抽象概念。一般来说,基本的协作要素包括信任、资源、规范和沟通四种。各政府部门在寻求协力合作的伙伴关系时,信任关系的建立是不可或缺的因素。由于各个部门职能分工的差异,拥有的资源各不相同,有效的协作能够互相弥补彼此某方面资源的欠缺。共同制定、遵守的协作规范是保证部门间协作有效的推动力之一。以政府为主的公共组织为了防止危机的发生、减轻危机造成的破坏或尽快从危机中得到恢复,需要通过一定媒介获取、传递、交流以及反馈信息、思想、态度、情感、价值观,也就是需要进行有效的沟通。

9.2 政府部门间协作:治理危机的实践演进

在应对危机问题上,中国的政府部门间协作,其治理实践,有一个演变和发展的过程。从1949年以来至今,政府部门间的协作应经历了下述几个阶段。

9.2.1 无序期:1949—1978年

1949年后,受苏联管理模式的影响,中国形成了权力高度集中、政府全面控制的全能型政府管理模式。同时,国内基础设施的匮乏加剧了频繁的自然灾害所造成的损害。例如,中华人民共和国成立初期的全国性的水灾,灾情遍及16个省(区)。为加强对国内灾害情况的控制,当时中央和各级地方政府采取了一系列的举措。这是我国应急管理工作体系的起点。

1949年新成立的内务部[①]提出"节约防灾,生产自救,群众互

[①] 民政部前身,1949年10月成立,1969年撤销,1978年民政部设立。

助,以工代赈"的救灾工作指导方针。1950年在中央生产救灾委员会成立大会上,时任国务院副总理的董必武把我国救灾工作的指导方针进一步补充为"生产自救,节约度荒,群众互助,以工代赈,辅之以必要的救济"。此后的救灾工作方针突出了政府或国家的责任,"生产自救,节约度荒,群众互助,辅之以政府必要救济"(1953年),"依靠群众,依靠集体,生产自救为主,辅之以国家必要的救济"(1956年)。

在这一时期,中国的救灾工作机构设置形成了跨部门的协调机制。1950年2月27日政务院政治法律委员会召开会议,正式成立中央生产救灾委员会,统一指导全国救灾工作。该委员会由内务部、财经紧急委员会、财务部、农业部、水利部、铁道部、交通部、食品工业部、合作事业管理局、卫生部等12家单位组成,委员会的办公室设在内务部农村社会救济司。根据中央要求,各地方政府也建立了生产救灾委员会。

这段时期形成的救灾工作的政策或规范,主要由政务院、中央生产救灾委员会、内务部等制定和发布(如表9-2所示)。

表9-2 中华人民共和国成立初期救灾工作的相关政策

综合救灾	1949年12月19日	政务院《关于生产救灾的指示》
	1952年5月14日	内务部《关于生产救灾领导方法的几项指示》
	1956年9月21日	内务部《关于加强救灾工作的指示》
	1957年9月6日	国务院《关于进一步做好救灾工作的决定》
	1963年9月21日	中共中央、国务院《关于生产救灾工作的决定》
	1965年8月2日	内务部《关于做好救灾工作的意见》
灾害统计	1951年3月9日	中央生产救灾委员会《关于统一灾情计算标准的通知》
	1952年11月3日	内务部《关于加强查灾、报灾及灾情统计工作的通知》
	1961年5月19日	内务部《关于报告自然灾害内容的通知》

(续 表)

救灾物资	1955年6月2日	内务部《关于加强发放夏荒救济款具体领导的通知》
	1962年3月6日	内务部、财政部《抚恤、救济事业费管理使用方法》
防灾备灾	1950年5月5日	内务部《关于防止夏灾的指示》
	1951年4月16日	内务部《关于防止和克服春荒的指示》
	1954年6月10日	内务部《关于加强新灾救灾工作的指示》
	1963年8月14日	内务部《关于灾区当前应抓好几项工作的通知》
灾民管理	1949年12月19日	内务部《关于加强生产自救、劝告灾民不往外逃并分配救济粮的指示》
	1950年10月12日	内务部《关于处理灾民逃荒问题的再次指示》
	1957年12月8日	中共中央、国务院《关于制止农村人口盲目外流的指示》
	1958年12月25日	国务院《关于制止农村人口盲目外流的补充通知》
	1963年8月28日	内务部《关于迅速进行灾民的安置、劝阻工作及加强流入城市灾民的收容遣送工作的紧急通知》

囿于当时的实际情况,中国把军事和外交领域里发生的一些突发性公共事件归入公共危机事件,而将自然灾害和公共卫生灾害等归为国内生产救灾事件。如果把这两者纳入今天所言的突发性公共事件框架中来,那么,我们可以归纳出当时应对危机的几个明显特征。政治事件的发生往往阻碍着救灾体制的建立和发展。但一旦出现突发性公共事件,政府具有极强的社会动员能力,可以在全国范围内调动物资和人力,进行统一行动。这种应急管理模式往往带有战时动员的痕迹,宣传力度小,持久性差,管理方式粗放。应急管理偏重于自然灾害的应急处置,着重单一灾种的防灾减灾,其中,对洪水、地震的预防与应对最为重视。显然,从今天的眼光来看,当时并没有形成科学高效的应急管理体制,也并未建立起与此相关的应急管理法律保障,每当遇到重大危机事件,主要考

虑的因素是政治影响和人民呼声,对于政府部门间协作应对的技术考虑层面无暇他顾。

9.2.2 探索期:1978—2003 年

在改革开放所推动的社会快速转型时期,引发社会危机事件的因素逐渐增多。生产事故数量的增加,社会群体事件的增长,自然灾害和疫情的时有发生,对应急管理能力建设提出了新的挑战。

就救灾工作的方针而言,第七次全国民政会议(1978 年)由于政治因素的原因只是再次强调了"文革"阶段践行的救灾方针,但第八次全国民政会议(1983 年)出现了变化,强调了互助互济和国家扶持的作用,提出"坚持依靠群众,依靠集体,生产自救,互助互济,辅之以国家必要的救济和扶持"。这一阶段的法律法规建设进入了新的发展时期。1978—1982 年逐步恢复了大部分于 20 世纪 50 年代制定或计划制定的法律制度;1983 年后,围绕改革开放国家战略,对现有法律法规进行重整;1987 年,开始着手起草关于危机事件的基础法律。相应的机构设置也在机构改革的背景下做出了调整。其中,1988 年撤销了国家经济委员会,将其综合协调全国抗灾救灾工作的职责划归于国家计划委员会的安全生产调度局(如表 9-3 所示)。1989 年 4 月,为响应联合国倡议成立中国国际减灾十年委员会[①],其成员由国务院有关部委局、军队、科研部门和非政府组织等 34 个单位组成。国家减灾委员会主任由国务院领导担任,办公室设在民政部,主要任务是制定中国国际减灾十年活动的方针、政策、行动计划和减灾规划,组织有关部门统一行动,共同开展防灾、抗灾、救灾工作。在 1992 年的国务院机构改革将

---

① 2000 年 10 月更名为中国国际减灾委员会,2005 年 4 月更名为国家减灾委员会。

形成"政府主导、部门分工、对口管理、相互配合、社会协同"的工作管理体制设定为救灾工作体制的建设目标。

表 9-3　1989 年救灾机构设置的基本情况

救灾机构设置	国家计划委员会：安全生产调度局	负责组织协调全国抗灾救灾工作,并对涉及三个以上部门的救灾工作负责牵头处理
	民政部：救灾救济司	主管全国农村的救灾工作,研究制定有关方针政策,并检查监督执行;管理发放救灾款物;开展农村救灾保险试点,接收国际救灾援助
	国家地震局：震害防御司	负责组织研制、推广生命工作仿真和震后救灾技术;参与水库防震、工程防震,以及防震救灾管理工作
	其他相关职能部门	没有针对灾害的常设机构

资料来源：孙绍骋(2004：151-152)。

这一阶段应急管理体制的发展,有两个方面明显的进步。一是应急管理处置机构总数的递增,政府职能专业化进一步提升,"政治"救援为导向的救灾工作向专业化行政化转变。二是中国应急管理体系建设初露端倪,建立了我国应急管理体系的法律基础。诚然,这一时期的发展仍然没有脱离计划经济时期所设定的应急管理工作制度的范畴,治理主体单一化,危机的处理依然被视为政府的内部事务,社会职能薄弱(白亭义、冷向明,2010)。处置突发性公共事件,重在快速应对和处置,缺乏危机预警和恢复等方面的预案和总结,尤其是,部门间的协作尚处在摸索阶段,单一部门处置危机事件的局限性十分明显。从调研中得到的信息可知,这一时期并没有形成较为完善的部门间协作或协同的意识和机制：

> 当时遇到突发事件,并没有什么合作机制或者流程。接到报案,我们公安局会派几个工作人员过去,不论是打架斗殴、群体性事件,或者公共卫生事件,我们首先想到的和要做

的就是迅速平息事态,而不会去考虑这个事件到底归哪个部门管理,是否需要通知其他部门。在一般情况下,我们都是先处理,事后再通报。说我们没有协调意识,那也不完全正确,我们是接到指令去完成任务的,有时候是到了现场才知道需要其他部门一起参与。①

9.2.3 发展期:2003 年之后

2003 年的"非典"事件,是中国应急管理体系快速发展的转折点。"非典"事件是典型的需要跨区域、跨部门,甚至跨国界协作治理的突发性公共卫生事件。在这一阶段,应对突发性公共事件中的政府部门间协作,其发展进程主要表现在几个方面。

首先,成立相应的部门间协作机构。在深刻意识到单一部门应对突发性公共事件的局限性之后,中国成立了相应的应急管理议事协调机构和联席会议。其中,中央层面的现有的 16 个议事协调机构和 9 个联席会议制度当中,有 20 个成立于 2003 年及之后;地方上共成立了 682 个省级专项应急管理指挥机构,这些指挥机构可以分为领导小组和协调小组两种类型。

其次,出台了相应的法律法规、政策和行动指南,涵盖应对突发性公共事件的方方面面(如表 9-4 所示)。隶属于国务院办公厅的"突发公共事件应急预案工作小组"(2003 年 7 月成立),主要负责国家层面的应急预案编制等工作;其 2004 年 5 月发布的《省(区、市)人民政府突发公共事件总体应急预案框架指南》,为各级政府编制突发性公共事件应急预案提供了指导;其 2006 年发布了《国家突发公共事件总体应急预案》,并根据突发事件的不同性质

---

① 访谈记录,编号:005;访谈记录,编号:011。

和相应部门的职能,相继发布了 25 件专项预案和 80 件部门预案。《中华人民共和国突发事件应对法》(2007 年 8 月 30 日)的颁布和实施,为应急管理体系的建设和应急治理行动提供了法律依据。

再次,危机管理的类型学和针对性治理取得了进展。中国将突发性公共事件分为自然灾害、事故灾难、公共卫生和社会安全四大类,并根据不同类型突发事件的特点,形成了相应的预警、处置、恢复等体制和机制。

表 9-4　我国有关应急管理建设的文件(2003—2012 年)

发文日期	有关应急管理体系建设的文件名称
2003 年 8 月 10 日	中共中央办公厅、国务院办公厅《关于进一步改进和加强国内突发事件新闻报道工作的通知》(中办发〔2003〕22 号)
2004 年 2 月 27 日	国务院办公厅《关于改进和加强国内突发事件新闻发布工作的实施意见》(国办发〔2004〕9 号)
2005 年 1 月 15 日	国务院办公厅《关于做好 2004 年各类突发公共事件评估分析的通知》(国办函〔2005〕1 号)
2005 年 1 月 22 日	国务院办公厅《关于征求对特别重大、重大突发公共事件标准和信息报送意见(征求意见稿)意见的通知》(国办密函〔2005〕6 号)
2005 年 4 月 17 日	国务院《关于实施国家突发公共事件总体应急预案的决定》(国发〔2005〕11 号),规定《国家特别重大、重大突发公共事件分级标准(试行)》
2005 年 6 月 7 日	国务院、中央军委公布《军队参加抢险救灾条例》(国令第 436 号)
2005 年 6 月 11 日	国务院办公厅《关于印发国家突发公共事件新闻发布应急预案的函》(国办函〔2005〕63 号)
2005 年 6 月 20 日	国务院办公厅《国务院中央军委关于〈军队参加抢险救灾条例〉实行中有关问题的通知》
2005 年 7 月 11 日	国务院办公厅《关于印发应急管理科普宣教工作总体实施方案的通知》(国办函〔2005〕90 号)
2006 年 6 月 15 日	国务院《关于全面加强应急管理工作的意见》(国办发〔2006〕52 号)

(续 表)

发 文 日 期	有关应急管理体系建设的文件名称
2006年9月20日	国务院办公厅、中央军委办公厅《关于加强自然灾害信息军地共享机制建设的通知》(国发办〔2006〕81号)
2006年12月30日	国务院办公厅《关于加强和改进突发公共事件信息报告工作的意见》和《2006—2010年应急管理培训工作总体实施方案》(国办发〔2006〕105号)
2006年12月31日	国务院办公厅《关于印发"十一五"期间国家突发公共事件应急体系建设规划的通知》(国办发〔2006〕105号)
2007年2月7日	国务院办公厅转发教育部《中小学公共安全教育指导纲要》(国办发〔2007〕9号)
2007年2月28日	国务院办公厅转发安全监管总局等七部委《关于加强企业应急管理工作意见》(国办发〔2007〕13号)
2007年4月9日	国务院《生产安全事故报告和调查处理条例》(国令第493号)
2007年6月11日	国务院办公厅《关于"十一五"期间国家突发公共事件应急体系建设规划的实施意见》(国办函〔2007〕68号)
2007年7月5日	国务院办公厅《关于进一步加强气象灾害防御工作的意见》(国办发〔2007〕49号)
2007年7月11日	国务院《铁路交通事故应急救援和调查处理条例》(国令第501号)
2007年7月31日	国务院办公厅《关于加强基层应急管理工作的意见》(国办发〔2007〕52号)
2007年8月14日	国务院办公厅印发《国家综合减灾"十一五"规划》(国办发〔2007〕55号)
2007年9月18日	国务院办公厅《关于开展重大基础设施安全隐患排查工作的通知》(国办发电〔2007〕16号)
2007年12月30日	国务院办公厅印发《关于突发公共事件信息报告情况通报办法(试行)的通知》(国办函〔2007〕125号)
2008年10月17日	国务院《中华人民共和国外国常驻新闻机构和外国记者采访条例》(国令第537号)
2009年10月18日	国务院办公厅《关于加强基层应急队伍建设的意见》(国办发〔2009〕59号)

(续 表)

发文日期	有关应急管理体系建设的文件名称
2010年1月29日	国务院安委会关于印发《国务院安全生产委员会成员单位安全生产工作职责》的通知(安委〔2010〕2号)
2011年6月13日	国务院关于《加强地质灾害防治工作的决定》(国发〔2011〕20号)
2011年10月17日	国务院《关于加强环境保护重点工作的意见》(国发〔2011〕35号)
2011年11月26日	国务院办公厅印发《关于国家综合防灾减灾规划(2011—2015年)的通知》(国办发〔2011〕55号)
2012年5月20日	国务院办公厅印发《关于国家中长期动物疫病防治规划(2012—2020年)的通知》(国办发〔2012〕31号)
2012年6月28日	国务院办公厅印发《关于国家食品安全监管体系"十二五"规划的通知》(国发〔2012〕36号)

资料来源：钟开斌(2011)；中华人民共和国中央人民政府网站。

9.3 部门间的协作性治理：内生动力

频发的突发公共事件及其危机效应,显然从外部推动着政府部门间协作性治理的形成。进入21世纪以来,中国的公共危机事件呈现频发、高发的态势,对社会生活诸多领域产生极大危害,不少危机事件从客观上暴露了中国在应对过程中协同治理不足的局限。危机事件的不确定性、破坏性、应对方案的不确定性(Ansell & Boinr, 2010),以及跨地域、跨部门——比如,跨越行政边界、跨越功能边界、跨越时间边界——等特征(郭雪松、朱正威,2011),要求在治理过程中必须实现跨域的、跨部门的高效整合。突发性公共危机事件本身加大了决策者的预测、预防和判断难度,如果治理结构无法实现这种高效整合,那么,危机及其有害影响将无法得到有效遏制,所产生的"涟漪效应"会带来更多的次生或衍生危害。

但是,外部挑战因素不足以让我们了解部门间协作性治理行动产生的真实动因。经验显示,其中的内生动力是根本性的,也是真实且可观察到的。在这里,资源互补、秩序恢复、信任重塑三个方面,是最值得加以考察的变量。

9.3.1 资源互补的需求

组织是社会环境中的一个独立节点,正是由各个独立节点的互动依赖关系所编织而成的网状结构,形成了多样性的社会环境关系。在资源依赖理论那里,组织要在复杂的社会环境中合法有效地存活,必须依赖于有效的资源供给。在组织不具备生产资源的条件下,只有通过与其他组织的互补互动来获取其所需之资源(Pfeffer & Salancik,1978:112)。为保证处置危机事件所需的信息、协调等相关资源在危机应对中发挥作用,明确各个部门职责、权限以及责任(钟开斌,2009a),需要打破传统的行政管理组织边界,发挥部门间协作机制的作用,只有这样,才能避免因管理边界的模糊化而产生的部门间的合作冲突问题(江大树、廖俊松,2011:110)。作为部门间协作关系的一个重要内容,资源的相互依赖和交换是各政府部门实现自身目标的需要。在现实中,资源的分割配置所造成的资源依附和交换,实际上强化了政府部门之间的相互依赖,这潜在地意味着,在治理过程中的合作会给各部门带来不同程度的获益(余亚梅、唐贤兴,2012b)。

9.3.2 秩序恢复的需求

突发性公共事件的效应可以通过事件发生后社会秩序的变化得到反映。社会秩序的变化是突发事件发生效应的晴雨表,也是突发事件效应的危害性程度的显示器和催化剂(丁烈云,2008)。

突发性公共危机事件有可能会使正常的社会秩序和制度失效和失灵：从宏观上说，严重的话可能会造成正常的社会政策和结构的断裂，引起各种社会矛盾和冲突，使社会处于混乱和无序状态；从微观上来说，任何危机事件都会对公众安全造成威胁，降低公众的安全感，也会造成日常基础设施（如供水、供电、交通等）的破坏，加剧资源供应的紧张关系。制度的一个关键功能是增进秩序（柯武刚、史漫飞，2000：33），面对危机事件所致的社会秩序失灵，政府部门作为对行政管理和治理负有责任的主体，自然会把恢复秩序视为其首要的职能，这是政府部门寻求建立相关的协作制度的内在推动力。

9.3.3 信任重塑的需求

信任可以分为个体信任和系统信任两种。社会转型时期也是由个体信任逐步向系统信任过渡的时期。突发性公共事件的发生打破了原有社会秩序的均衡，对个体信任和系统信任都产生了多方面的冲击。突发公共危机事件的产生会造成公众之间的不信任。在危机过程中，社会沟通信息往往是不平衡的，如果个人的社会角色、地位、安全、财产等无法在危机情景的社会秩序中得到保障，个人的认知和行为就会出现偏差，产生对他人的不信任感。突发性公共危机事件对信任体系的冲击，最严重的方面是造成公众对政府的不信任。作为公共资源的拥有者、使用者和提供者，政府任何对危机的预警和认识能力不足、应对行动迟缓、救助不力、应急机制不健全等情况，都会招致公众广泛的质疑。倘若这些情形与公民的人身安全和财产损失有着密切的关联，那么，只有在扩大公众参与权、知情权和监督权的情况下，才可以重振政府公信力，消弭危机的危害性。因此，信任重塑构成了危机治理的一个重要目标。

9.4 危机治理：中国部门间协作的现实困惑

我们从需求的角度分析了政府部门间协作治理的内在动力，这些动力的存在，意味着公共管理和政策体系出现某种潜在的变革的紧迫性和可能性。然而，纵观中国对突发性公共危机事件的治理经验，我们发现，实践中的政府部门间协作治理，面临着诸多方面的困惑。

9.4.1 行动舞台：体制的困境

从体制的角度来看，危机治理中的第一个困境表现在对经验管理的依赖。在社会转型过程中，权力高度集中的全能政府管理模式逐渐解体，政府的治理能力在不断提高。但由于制度的惯性，传统的政府治理模式依然"残留"在很多领域之中，并阻碍着政府职能的转变。

中国的应急管理体系建设工作起步较晚，实践工作所积累的经验相对比较有限。目前应急管理体系建设正处在由编制应急预案、理顺体制、完善法制逐步向建立健全运行机制、开发和再造业务流程的重要阶段（高小平、刘一弘，2009）。而在西方国家，应急管理的科学化、规范化、法制化和程序化水平则要高得多（钟开斌，2011：53）。在多部门、多职能的权力结构关系下，中国的应急管理体系建设并不顺利，实践中经常遵循经验式管理和非制度化流程。这是典型的"经验行政"，强调的是以经验为依据，以手工的操作技巧为主要方法，注重领导者个人的作用，不重视科学的制度建设和其他行为体的参与（胡象明，2006）。

体制困境的第二方面的表现，是应急管理体系中存在部门分割的矛盾。2006年颁布的《国家突发公共事件总体应急预案》规定,应对突发性公共事件需要"在党中央、国务院的统一领导下,建立健全分类管理、分级负责,条块结合、属地管理为主的应急管理体制,在各级党委领导下,实行行政领导责任制,充分发挥专业应急指挥机构的作用"。这个文件将突发性公共事件分为自然灾害、事故灾难、公共卫生事件和社会安全事件四种类型,对它们实行分类别、分部门管理,由国务院对口主管部门主要负责相关防治和处置工作,其他相关政府部门参与配合(如表9-5所示)。这是一种典型的"金字塔"式的部门分割的职能型体制,它具有高效率、便于控制等优点,同时也把正常的行政流程分割为若干个环节和部门,使应急管理业务流程中各项活动和关节呈断续和分割状态。

表 9-5 重大突发事件与国务院对口主管部门

类 型	分 类	主 管 部 门
自然灾害	水旱灾害	水利部
	气象灾害	国家气象局
	地震灾害	国家地震局
	地质灾害	国土资源部、建设部、农业部
	海洋灾害	国家海洋局
	生物灾害	农业部
	森林草原火灾	国家林业局
事故灾害	安全事故	国家安监总局、行业主管部门
	交通运输事故	交通运输部、民航总局、铁道部、公安部
	公共设施和设备事故	住房与城乡建设部、工业和信息化部
	核与辐射事故	国防科工委、国家环保局
	环境污染和生态破坏事件	国家环保局
公共卫生事件	传染病疫情	卫生部
	群体性不明原因疾病	卫生部
	食品安全和职业危害	卫生部、国家安监总局
	动物疫情	农业部

(续　表)

类　型	分　类	主　管　部　门
社会安全事件	重大刑事案件	公安部
	恐怖袭击事件	公安部
	经济安全事件	中国人民银行
	群体性事件	国家信访局、公安部、行业主管部门
	涉外突发事件	外交部

部门化分割还比较容易应对单一的突发性公共事件，但在应对复合型突发事件时经常力不从心，部门间不明确的职责分工往往导致部门间协同性程度较低。我们对有关部门的访谈印证了这一点判断：

> 很多突发性的公共安全事件，已经不是我们一个部门所能应对的，需要多个部门的联动。像食品安全监督和安全事件的处置，就涉及工商、卫生、公安等多个部门的职责，如果这种事故发生在学校，那还涉及教育部门。大家职责都有分工，各自又有自己的办事流程，那么，事件发生后，以哪个部门为主进行处置，按照什么样的流程，怎么可以相互配合，多少会产生一些矛盾。①

条块分治的顽疾是危机治理中第三个方面的体制性困境。分灾种、分行业的垂直管理模式，呈现条块分割的特点，在应急管理职责的划分、条块部门的衔接配合等方面，缺乏统一明确的界定，尚未完全形成职责明确、规范有序的应急管理体制。依据突发性公共事件可能造成的危害程度、紧急程度和发展姿态，我国将各类

---

① 访谈记录，编号：015；访谈记录，编号：006。

突发事件一般划分为四级预警级别,分别是Ⅰ级(特别严重)、Ⅱ级(严重)、Ⅲ级(较重)和Ⅳ级(一般),依次用红色、橙色、黄色和蓝色标记,由发生地省级、设区的市级和县级政府统一领导和协调应急处置工作,超出地方处理能力范围或者影响全国的特别严重突发事件,应急处置工作由国务院统一领导和协调。在这个体系中,上级政府依据实际情况和需要,在下级政府的请求下,对下级政府突发事件应急管理工作提供资金、物资、人力支持和技术指导。在实际的应急处置中,预案设置的合理性因为条块分割的体制结构而不能完全体现出来,属于条管理的事情,块一般不干涉;反之亦然。因此,条块并不能总是能很好地产生协同配合,从而延误有效的应对时机。府际关系中那种传统的条条专政和块块各自为政的现象(刘祖云,2007),在应急管理体系中依然难以避免地存在着。

9.4.2　行动主体:各部门激励的困境

公共选择理论假定人是自私的、理性的、效用最大化者。政府体系内部的不同层级、不同部门和不同的成员都存在着利益上的差别,这些行为体的行动都具有自利性冲动。丹尼斯·C.缪勒(1999:99)相信这种自利性动机的客观性和改变的困难性,他说:"同样的人怎么可能仅仅因为从经济市场转入政治市场之后就由自私求利的自利者转变成'大公无私'的利他者呢?这是绝不可能的事。"但是,公共部门同时又是以追求公共利益为目的的行为体,制度的和伦理的规范决定了其行为选择不允许总是受到自利性的驱使。因此,公共性与自利性两方面的选择难免存在着矛盾和冲突,这就产生了激励上的困难。透过这种激励上的困境,人们能够看到危机管理中为什么部门间会出现协同治理上的缺失。

首先,激励困境在于个人的压力。受访者这样告诉我们:

在应急办工作,不管是领导,还是一般工作人员,不管发生什么样的突发事件,不管问题是大还是小,大家都很紧张,甚至还会焦虑。表面上是工作性质的要求,深层次讲,如果问题处置得不好,不仅关系到年度的绩效考核,还会影响到个人的晋升,甚至连"饭碗"都没有了。

这一点不仅发生在应急办,其他政府部门中的其他人,都是这样的想法。近些年这样的例子太多,像河北的三聚氰胺事件,多少地方官员由此撤职的……①

其次,应急管理中的政府部门的自利性,明显受到治理体制的驱使。在职能型应急管理组织体系中,各个参与部门大都受到双重关系制约,存在着职能交叉、多头领导的现象。各部门又是组织内个体利益的共同体,是其成员共同利益的代表者。因此,在危机事件发生之前,各部门往往都只管门前的"一亩三分地"。例如,几年前在应对禽流感问题上,当时的农业部是主管动物传染病的机构,而当时的卫生部则对人类传染病进行负责,因此,在没有迹象表明禽流感从动物转移到人之前,卫生部无权介入疫情防控工作,虽然事实上两个部门应该同步进行调查(钟开斌,2009b:220)。

最后,应急管理部门的自利性动机,既是部门制应急职能体系的产物,也被压力型体制所强化。压力型体制以指标管理的方式塑造了治理者的偏好与动机。荣敬本、崔之元(1998:28)将压力型体制定义为"一级政治组织为了实现经济赶超,完成上级下达的各项指标而采取的数量化任务分解的管理方式和物质化的评价体系"。这种评价体系包括经济增长指标、引资指标,还包括上级下达的社会政治指标,如安全事故指标、社会治安指标、上访人数指

---

① 访谈记录,编号:012。

标等。通过"一票否决制"的形式,上级根据指标完成的情况对下级进行经济、政治方面的奖惩。这种压力型体制在应急管理和危机治理过程中也有体现,在应急管理体制、机制、预案、人员构成、物资配备等各个方面的工作中,上级政府对下级政府下达了硬性任务和指标。在与多名相关部门工作人员访谈中,他们经常表达了在处理突发性公共事件时的"压力大""上面管得紧":

> 目前我们国家经济发展是好了,但是社会问题也越来越多,群体上访、暴力上访等事件让我们做信访工作的压力很大。上级对我们市每年的上访案件有数量限制要求,超过这个数,市里这个年度的绩效考核、评优评先,甚至是市领导的提拔都会受到影响。所以遇到上访事件,我们信访局的协调能力还是很强的,因为各个相关部门头上都有一个"紧箍咒",他们必须要和我们协作。如果他们协作不积极,我们的操作方式是,一方面我们可以写份报告给市长或书记,板子可以直接打到涉事部门身上;另一方面,我们年底可以对各个部门关于信访工作的绩效考核,做的不好的部门分给的低。面对这两方面的压力,各个部门还是会"自觉"地合作的。其实我们也理解他们的难处,但是我们没办法……①

9.4.3 协作机制:有效性的缺失

协作机制的充分性(数量)和有效性(质量)是制约和影响作为行动体的部门能否产生协作行动的诱因。在中国的应急管理体系中,不是说缺乏协作机制,而是说,特定的协作机制因为其自身的

---

① 访谈记录,编号:007。

特点而不能总是很有效地起作用。

在中国的危机治理中,最为常见的协作或协调机制是领导小组或各种议事协调机构。

建立领导小组看起来是各级领导机构对治理突发性公共危机事件的高度重视,但潜在的和真实的考虑还是主要在于这样一个基本事实,即:那些治理危机的相关部门往往缺乏协作与合作的强烈意愿,如果没有自上而下的权威从外部来推动,部门间的协作行动一般很难实现。领导小组是由权力层级较高的领导和部门牵头、联合各相关机构而组成的,它承担着政策研究和规划、信息交流与沟通、政策执行、协调与监督等功能(赖静萍、刘晖,2011)。为快速反应或处置某一突发事件而成立领导小组,可以通过领导的权力和权威将具有不同利益的行动主体"捏合"在一起,加快处置速度,减少推诿、扯皮等现象,同时,也可以实现资源的整合。

然而,问题是,这样的领导体制和应急管理体系并不是总能保证危机治理的有效性。依赖于领导权威而实现的部门间协作行动,具有强烈的"个人化"色彩,领导者个人对危机治理的重视程度、其个人经验和能力、领导者的变动性等因素,都会影响协作行动的有效性。同时,作为应对突发事件的第一责任人,领导的权力经常会被无限放大。为保证责任或完成任务,领导往往会过度动用行政权力,要求相关部门或下属"不惜一切代价"地来完成任务。这是典型的运动式治理,不仅会造成公共资源浪费,也会影响政府日常工作的正常开展(钟开斌,2009c)。对于领导小组(或领导)的作用及其局限,一些应急管理部门的负责人表达了相同的看法:

> 对于公共卫生事件,在正常的应对的过程中,我们卫生局会有自己的应对工作流程,针对不同类型的事件有相应的预案。但真要回答你们所问的预案有效性,这个问题比较难答。

预案这个文本有一定的作用,至少规定了工作的流程,不会手忙脚乱,但是每一个突发事件都有自身的特殊性,真正起作用的还是领导。如果领导重视这个事情,那各方面的资源、人力、政策都会有所倾斜。不仅本级领导要重视,更需要上级领导的重视,这样才能调动各个部门的资源,应对起来才能更加顺畅些,否则,其他部门就只需说一句"这事情不是我们管的",我们就没有办法了……①

我们要考察的第二个协作机制,是议事协调机制。在应对突发性公共事件过程中,我国已经初步实现了由常设性的应急管理办公室统筹和协调若干个议事协调机构的部门间协作机制。议事协调机构由相关部门的负责人等组成专业委员会,往往具有临时性和非正式的特点,其主要职责是通过联席会议这种形式来收集和传达各相关部门对于应对危机事件的意见、建议等。由于议事协调机构不是常设机构,只在突发事件发生时才被紧急启动,因此,它平时不从事有效组织各部门开展日常预防、演练、储备等工作。同时,议事协调机构本身没有管理权,不能对各有关职能机构产生强制力和约束力;相反,在它的运行过程中还会出现各部门基于自身利益考虑而进行选择性协调的现象。

此外,作为一个常设性的机构,应急管理办公室承担着应急管理的日常工作,履行值守应急、信息汇总与综合协调职能,发挥运转枢纽作用。应急管理办公室虽然是一个综合协调机构,但它经常无法对议事协调机制中的一些"强势"管理部门发号施令,在很多地方的机构设置上,这个机构还经常与地方政府的值班室是"两块牌子,一套人马",无法独立承担协调处置的重任。一些受访者

---

① 访谈记录,编号:002。

表达了应急办公室的角色和尴尬:

> 现在各级政府领导都很重视突发事件的治理工作,应急办的工作还是顺利的。应急办的主要职能是协调上级领导和相关部门,所以把我们的机构设在办公厅之下是有利于开展工作的。谈到问题,一是没权力,二是没资源。应急办所掌握的资源相对有限,人员配置不够,副处级的机构级别无法调动公安、消防、卫生等单位。我们目前的工作主要是举办相应的培训、撰写每日的简报等。真要遇到大的事件,应急办的协调功能基本上是无效的。[①]

9.4.4 协作要素培育的困境

资源、信任、规范和沟通是部门间协作行动的构成要素,某种程度上说,也是协作行动得以产生的基础。没有这些要素或基础,协作行动便成为徒有想象的愿望。要素或基础的形成是一个需要培育或开发的过程,并已经受到中国的危机治理实践的重视。然而,在要素或基础的培育与开发过程中,存在着很多方面结构性困惑。

首先,部门间的应急联动和协作要以资源整合与互补为前提。政府间的资源整合与互补需求(葛春景等,2010)在纵向和横向两个方面都存在。资源是个集合概念,其中,最重要的是人力资源、政策资源和财政资源这三种。人力资源上的整合所存在的问题是,每个应急管理部门——比如卫生、公安、环保、信访以及体制内外的专业救援队伍,等等——都有自己的应急队伍和其他资源,但

---

① 访谈记录,编号:009。

彼此之间并不熟悉他人的资源配备状况,因此,在需要进行资源互补和协调的时候,就会出现人力不足和人员过剩的情况。针对跨域问题和应急处置突发性公共危机事件,部门间协作的一个重要内容和前提是要实现政策资源的协同和共享。迄今为止,中国从中央到地方都已经形成比较完备的有关突发性公共事件的法律法规和应急预案,但上下左右在政策资源的相互依赖和共享方面仍面临着不少挑战。地方政府的应急管理和政策体系,在很大程度上是以国家发布的总体应急预案为模板进行简单的删改,横向部门之间(区域一体化进程中不同的地方政府之间也存在同样情况)则因为管辖范围和职能边界的制约而没有形成共同决策和共同执行的政策结构,部门间政策导向重叠、政策资源分散等现象较为严重。建立有效的部门间协作应急网络,需要准备充足的应急救援资金,这需要实现中央部门与地方部门纵向上的财政资源互补,以及地方相关部门之间的财政资源互补,从国家和地方层面建立起相应的补偿或救助政策。但现有的财政管理体制在支持部门间协作所需要的财政资源的整合方面,缺乏相应的制度架构。

其次,部门间信任关系的建立是一个重要的组织素质,信任要素的缺失阻碍着部门间协作关系的形成。作为一种社会结构资源,社会资本在危机治理中具有特殊的含义。罗伯特·普特南(2001:195)认为:"社会资本的有效利用能够调动各方面的协作积极性,提升社会运行效率,这种社会组织的特征有信任、规范和网络等方面。"组织间没有信任,就不会有较高的意愿与他人进行交易或是任何合作性的互动。然而,在危机治理中,部门间需要相互协调来治理危机的意识的缺乏,阻碍了彼此间信任关系的建立。改革开放以来社会环境相对安全的时期,从政府到社会普遍缺乏危机意识,以经济增长为中心的发展战略忽视了经济社会的协调发展,政府在治理中危机意识淡薄。危机意识是前瞻意识,只有各个部门意识到危机的危害性、破坏性,才能在协作中降低沟通成本,达成协作目标。等到后来政府部门普遍意识到需要通过协作和协同来应对危机,却因为部门利益的原因而影响对目标的认知,从而导致部门间信任关系难以建立。同一突发事件有着多样化的应对主体,作为特定利益群体代言人的部门,其部门利益是多元化的。这些部门在安排、筹划突发性公共事件的预防、检测、应对、善后等各个事宜方面,大多优先考虑本部门利益,在协作过程中有意无意地屏蔽、隐瞒部门信息,从而加大了部门间沟通和协商的成本。

再次,在结构性困境中,规范要素的缺失与部门间在应对公共危机中缺乏协作之间存在着高度的相关性。协作应对突发性公共事件,需要制定出一套各级政府及相关部门共同认可和遵守的协作规范。协作规范的制定是利益相关方在一致认可的条件下,通过有限博弈行为产生的协作均衡。利益相关方对于协作规范的遵守是政府间协作有效性的保证因素之一,主要体现在,规范的形成是地方政府间相互博弈的产物,体现了参与者的一致同意;将规范以文字的形式规定下来,具有较强的制度性;规范执行正式的执行机制(汪伟全,2007)。如果缺乏协作规范,那么,在面对突发性公共事件时,部门之间很有可能出现"搭便车"行为。当然,即便存在规范,但如果各部门无法明晰在遵守规范的情况下其部门收益的实际大小,加上部门之间虽有职能重叠但无权超越最大权限范围而干涉其他部门的决策和行为,那依然无法避免部门间由于自利性倾向而出现"搭便车"行为。这就涉及规范的有效性问题。目前我国应急管理体系的法律法规建设过于笼统、模糊,难以避免各主体为了各自利益滥用权力,法律的规范、制约作用就无法体现(麻宝斌等,2008:93-94)。例如,2007年颁布的《突发事件应对法》中所制定的健全应急指挥机构及其办事机构、统筹安排应对突发事件所必需的设备和基础设施、建设确定的应急避难场所、建立综合性应急救援队伍等规定,并未受到地方政府重视,在很多地方形同虚设,无法保证部门间有效地开展协作行动。

最后,部门间危机沟通的缺失非常不利于重塑组织形象。危机沟通是应对突发性公共事件的重要组成部分(艾伦·杰伊·查伦巴,2004:249),它是应对危机的组织"通过变革、管理危机、维持组织形象的行动总称"(罗伯特·希斯,2001:10)。为了预防危机发生,或尽快消除已经发生的危机,政府部门之间需要通过各种途径交换、交流、收集与危机事件相关的信息。在部门间协作的结构性困境中,部门间的沟通障碍是一个重要因素。这种沟通障碍主要来自两个方面。一是层级制影响着部门间的沟通效果。传统的金字塔型的行政管理体制是高度集权化的,强调各级行政指令自上而下地传达沟通。我国的应急管理体制要求对于突发事件按照种类、分类管理的模式,强调对于灾害信息的垂直沟通,各部门各司其职。僵化的管理体制致使各级政府及部门之间信息不交互,条块分割严重,缺乏统一规划;行政职能分割壁垒致使部门构建过程中相互的信息无法实现共享,阻碍部门之间信息流动,造成了部门间信息交流的"瓶颈",提高了部门间协作获取信息的成本,容易造成"部门主义"等现象。二是各部门间协作沟通中存在信息不对称。纵向上的信息传递是垂直性的,上级政府对于危机情况信息的判断主要以下级政府或部门所报告的信息为基础。这种通过汇总统计报表的沟通方式,往往难免瞒报、虚报、漏报等现象,将重灾报成轻灾,大难报成小难。这是纵向上部门间协作的信息不对称。在横向沟通中,受自利性驱使的各部门为了强化各自的职能和权限,会有意无意地加强对本部门信息资源的保护,垄断和封锁相关公共信息。这是部门之间信息沟通的不对称。上述这两种信息沟通的不对称性,意味着部门间在协作沟通过程中缺乏信息资源的共享。信息在部门间的流转、共享和互通是部门间协作统一化和沟通有效性的重要保障。

9.5 部门间协作治理的政策优化方向

部门间协作的目的在于要在两个或多个政府部门间实现信息、资源、能力等方面的共享与整合，以有效应对各种突发性公共安全事件。本章最后从战略、机制、架构、技术、主体角度，提出部门间协作应对突发性公共事件的制度优化策略（如图9-2所示）。

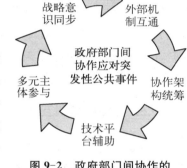

图 9-2 政府部门间协作的优化策略

9.5.1 战略意识同步

面对损害公共利益、给人民的生命财产安全造成损失的各种突发性公共危机事件，政府部门间必须把采取负责任的协作行动看作是一种政治发展战略。治理突发性公共事件，考验和检验着政府的公信力、透明度、能力、效率，尤其是政府的责任心（李景鹏，2003）。因此，政府部门间协作应对突发性公共事件的制度优化策略，首先是需要让各级政府和部门明晰协作的特点和重要性。作为行为体之间共同活动的价值理性活动（张康之，2007），协作是一种基于共同目标和价值上的连续性行为，是一种基于沟通、协商、妥协等行为上的平等性、自愿性的行为，是一种通过相互依赖性的辅助、对共同利益这一目的的追逐行为（贺乐民、高全，2008）。通过协作，使部门间建立一种彼此信任、信赖的关系，从而达到资源、技术、决策等各个方面的有机协调，连接成密切的利益共同体，最终达到有效应对突发性公共事件的"共赢"局面。其次是要培育部门之间的信任关系。既然人们在做出选择时尽管存在着信息不对称、但仍然会基于信任而做出相应的协作行动,也就是说,信任降低了道德风险和交易成本,可以成为促进相互合作与伙伴关系建立的重要因素(张成福、李昊城、边晓慧,2012),那么,促使部门间信任关系的建立的可能政策方向是,通过外部强制力来保证协作所必需的信任,从而保证协作的延续和完成,或者通过协作双方内部的互动来建立信任(萧延中等,2009:240)。通过这样的政策行动,互惠型的部门间协作关系得以形成,从而出现米歇尔·鲍曼(2003:601)所说的信任的建立将使行为体双方的关系得以继续。

9.5.2 外部机制互通

促成和强化部门间的协作意识属于内部力量的话,那么,那些具体的协作机制,可以被看作是从外部来促进部门间协作治理的形成。这些外部协作机制,既必须是丰富多样的,也要求是互通的或整合的。

首先,部门协作管理中需要解决的一个关键问题,是要建立部门间的信息共享机制,将分散于不同部门的信息资源汇总、整合,为各个相关主体提供信息共享与协同实施管理的便利,发挥组织资源的协同效应与增值效应。为此,需要打破部门间信息管理的行政壁垒,解决管理中人、地、物、事等基础信息和各类业务信息的分散化问题,保证信息在纵向层级间、横向部门间的共享流转。现在的大数据技术对物理时空以及行政壁垒的突破有助于解决"信息孤岛"问题,推动着信息资源在不同主体之间的传播和共享,增加了不同主体相互合作的可能性、回应性和可预知性。大数据环境下的危机治理需要确立"全面、开放、共享"的理念来搜集与配置数据,并秉持科学的态度对大数据进行深度的挖掘分析,在此基础上应用大数据来辅助决策,提升危机应对中协作治理的绩效。

其次,建立政策协调机制,实现政策整合。在政策制定、执行、评估、反馈等全部政策过程中都存在政策协调问题,需要在相关主体之间通过一定的机制实现彼此间的信息交互和利益整合,最终实现跨区域、跨部门的政策整合。政策协调一般经历着自主决策、相互信息交流、相互咨询、避免矛盾扩大、追求共识,以及跨部门决策最终形成这样六个阶段(于宏源,2006)。我国目前应急管理体系过于依赖集中的科层制体系,决策呈逐级上报、逐级审批,政策主要是自上而下、以上为模本的操作模式。横向上,各级政府部门顺应职能为导向的工作模式,各管一方,政出多头。政策协调机制的改进需要从宏观上全盘考虑,理清纵向上和横向上的机制建设,以战略思维整合各方需求、平衡各方利益,推进相互调整、相互协调、相互整合的危机管理政策协调机制。

再次,形成合力的利益激励机制。利益关系是政府间关系中最根本、最实质的关系(谢庆奎,2000)。有效的利益激励机制能够带动各级政府、部门以及公务人员的工作热情和积极性,特别是对于协作性治理来讲,合理的利益激励机制是实现政府部门间的长效协作的制度基础。目前我国在应对突发性公共事件过程中,部门间在危机处置阶段由于上级权威的压力而尚能形成快速的协作,但在危机预防和危机后的恢复阶段,协作的效果则往往不甚理想。利益激励长效机制的缺乏是其中一个重要原因。从央地关系上看,在委托代理分权机制导致的发展型地方主义格局下,我国目前运行的是以地方竞合为制度基础,以行政分权、财政分权和官员晋升博弈为三大杠杆的一种垂直激励机制。这种激励机制存在着内部激励与外部激励不兼容、政治动员而非平等博弈式激励的制度缺失,从而有利于政府间竞争但不利于政府间合作(杨爱平,2011)。这种压力型体制中的垂直激励机制下,各级政府、部门往往对上负责,对领导负责,而对跨部门、跨域性的公共问题态度冷淡,这也就是为什么在预防和恢复阶段部门间协作产生问题的又一原因。因此,需要从现有的利益激励机制入手,协调横向政府和部门间的利益关系,营造平等、资质、兼容氛围下的利益的协调、补偿、包容的激励机制。

最后,完善问责监督机制。2009年颁布的《关于实行党政领导干部问责的暂行规定》第10条规定:引咎辞职、责令辞职、免职的党政领导干部,一年内不得重新担任与其原任职务相当的领导职务。但是,在诸多突发性公共事件案例里,被问责的政府官员往往"高调问责、低调复出"。这样的问责监督机制,随意性大,缺乏具体的标准程序和相关的规范约束等问题。按照一些学者的说法,我国的问责制度重自上而下、轻自下而上,重火线问责、轻制度问责,重问责行动和结果、轻问责理念和过程,重"轻"责任、轻"重"责任(齐秀强、李冰水,2009)。问责监督机制的完善,要通过法律法规或制定相关协议,明确各相关主体在协作过程中的权利和义务、职责和分工,严格按照问责监督的有关规定,将问责监督机制嵌入应对突发性公共事件的全流程,有责必究,权责匹配。

9.5.3 协作架构统筹

第一,综合协调管理。我国"一案三制"的应急管理体系在实际运行过程中,无论是纵向的协作,还是横向上的协作,都无法避免政府职能交叉、政出多门等现象。在优化政府部门间协作来应对突发性公共事件的策略中,如何加强综合协调管理和机制建设变得尤为重要。以扁平化网络状的部门间协作模式替代传统的层级化的应对模式,应是推进综合协调管理的可选方案之一。网络化部门间协作模式是一种相对稳定的结构模式,能够保障部门间协作的长期性和有效性,通过网状联系实现集体决策、协作行动的目标。首先,公共管理所涉及的问题从实践层面无法通过切分交由不同的部门处置,为此部门间协作应对公共问题成为一种必然;其次,网络化结构模式对于处置复杂性的公共事务更具有操作性;再次,网络化结构模式能够为部门间协作提供制度性保障;最后,网络化结构模式是跨区域、跨部门协作解决公共事务的需要(张紧跟,2008)。

除此之外,在机构设计层面,可借鉴大部制建设的经验,将部门间关系转变为部门内部关系,降低了部门间协作的成本,减少协作的内容,降低协调的难度。同时,建立综合性协调机构,提升应急管理委员会或者应急管理办公室的综合协调功能,加强综合协调机构对相关部门的综合调配能力,在非常态条件下,能够快速有效整合各职能部门的行政资源,减轻各个部门在应急管理过程中的权力冲突。综合协调要贯穿突发性公共事件的各个环节,从预防、预警、处置、恢复都需要发挥综合协调的作用,整合行政资源、统一行政目标,实现部门间协作性的行政决策、行政执行和行政监督。

第二,职责分工明确。部门间职责分工不清是一个世界性的政府管理问题。分工理论在提升行政效率的同时,也为行政组织持续发展提出了一系列难题(蔡立辉等,2010)。在应急管理体系中,我国职能型体制下的部门分割,虽有利于自上而下的政策执行和管理,但是将相关业务分割成若干个部门的管辖职能,致使行政流程活动中相关环节呈现断续状态;同时,各个层级间职能划分不清,形成"条条专政""块块各自为政"的条块分割现象,造成部门间部分职能的断裂。有学者称,由于协调机制内各相关部门的职责不够明晰,协调机制也容易成为"部门规避责任、转移责任和分担风险的一种方式"(李积万,2008)。因此,需要从体制、机制、法制层面提升部门职责界定的科学化程度,理清部门间关系,做到权责统一,削减部门间职能的交叉点和盲点,通过协商或者签订协议等手段来明确部门间的边界,对部门间协作的管理主体、协作程序、协作内容、协作责任等方面协商出相应的方法和规定等。

第三,法律法规保障。为了使部门间协作应对突发性公共事件架构明晰、相关协作机制有效,需要完善相应的法律法规。部门间协作应对突发性公共事件属于一种非程序化的决策和处置方式,通过完善相关法律法规制度,就是希望通过具有程序性、规范性的法律法规将非程序化的部门间协作应对突发性公共事件方式程序化、法定化,使之成为可持续发展的协作模式(沈瞿和,2004)。我国的应急管理法律体系与国家法律体系的基本结构是一致的,既包括应急管理法律规范的法律形式体系,也包括应急法律规范的内容体系。关于部门间协作的规定,在应急预案的人力资源、财力保障、物资保障、基本生活保障、医疗卫生保障、交通运输保障、治安维护、人员维护、通信保障、公共设施、科技支撑 11 个领域有所概述。但是在规定中对于各个职能部门的职责以及部门之间的相互关系没有明确规定,缺乏操作性。所以,法律法规的改进应该首先完善相应的协调联动法律制度,明确相关法律、总体预案、专项预案、部门之间的协调性,危机状态下协作行为的边界以及相关法律基础。其次,通过政府部门间相互签订协作联动协议,根据应对突发性公共事件所涉及的领域,划分主要承担部门及负有支持职责部门等之间的职责。

9.5.4 技术平台辅助

现代信息技术的应用有可能打造一个全新的灵敏反应政府,而这恰恰是扁平化的另一种形态(Richard,2001)。信息通信技术的发展为治理突发性公共事件提供新的解决方案和路径,不仅为现场救援工作提供技术支持,同时在危机预警、恢复,以及部门间协作等全方面产生巨大积极影响。技术优化制度就是原有深层体制尚未变革的基础上,利用技术本身的刚性特点优化相关制度,包括政府组织架构、政府运行机制等,使制度的运行更有效率。传统上,政府在应急预警、救援和恢复方面,往往是通过广播、电台、电话等技术工具传播和共享相应的消息,但新兴的信息通信技术为政府应急工作提供新的选择,具有高速、及时、定位准确、降低成本等多方面的优势。具体路径有:首先,各级政府部门要统筹规划,以现代网络通信技术为基础,建立技术、数据等各个方面标准一致的制度架构,建立政府间、政府各部门之间共同使用的公共部门危机信息管理系统;其次,加大互联网技术系统的利用和开发,通过互联网收集公共部门外部环境危机信息,进行危机信息诊断,对危机舆论进行监控,与公众进行危机信息沟通与共享;最后,加大对信息传播技术的开发与运用,加强通信系统、计算机网络系统、图像进入系统、移动应急平台等基础性通信系统建设。

9.5.5 多元主体参与

20世纪90年代以后,人类社会的治理活动正在从工业社会以政府为本位的层级导向型治理,走向以市场为中心的竞争导向型治理,进而朝向跳脱政府和市场的合作型治理转变。斯蒂芬·戈德史密斯和威廉·埃格斯(2008:17)认为:"当政府横向联合并纵向推行服务时,经常会出现极为复杂的网络。地方政府经常会面对一些相互关联但又似乎很难解决的问题,为了解决这些问题,政府往往会将解决问题的各种网络编织在一起,即网络化治理。"在我国的应急管理体系中,政府作为最权威的治理主体,通过合法性权威提供法律规范、政策制定、机制运行等公共服务,保障社会公平正义,维护社会稳定。在以政府为主导的应急管理体系建设过程中,必须重视多元治理主体的优势,通过制度化安排,建立有效的参与机制,整合私营部门、非营利组织的资源及优势,将其纳入部门间协作组织网络体系中,形成纵向联动、横向协同的多元主体参与的应急管理体系格局。为此,政府要构建制度化的沟通渠道和参与平台,加强对社会的支持培育,并与社会一起,发挥社会在自主治理、参与服务、协同管理等方面的作用(Ripberger,2011:239-259)。

第 10 章 利益集团对中国公共政策过程的影响：理论与案例

改革开放以来，中国社会、经济、政治等方面都发生了全面而深刻的变化，社会阶层和利益不断分化，由此形成了大大小小、特色各异的利益集团。在转型社会，作为"价值权威性分配"工具的公共政策对社会和民众的影响也越来越大。不同利益集团利用其在权力、资源、金钱、关系、影响力等方面的优势，采用各种途径和方式介入公共政策过程，以寻求自身利益的最大化。从近年来的典型公共政策案例中可发现，那些影响较大、涉及各方利益的公共政策基本都有利益集团介入的影子。这也意味着，随着利益集团越来越多地介入公共政策过程，中国公共政策模式也发生了相应变化。那么，利益集团是如何影响中国公共政策过程的呢？

10.1 利益集团影响公共政策的理论基础

10.1.1 利益集团理论

较早研究利益集团的学者是詹姆斯·麦迪逊。在他看来，派别是"为某种共同的感情或利益所驱使而联合起来的一定数量的公民,不论他们占全部公民的多数或少数,而他们的利益是同他公民的权利或社会的长远的和总的利益相左的"(汉密尔顿、杰伊、麦迪逊,1997:47)。在《联邦党人文集》中,麦迪逊分析了形成"宗派"的原因,他认为潜在的原因植根于人性之中(汉密尔顿、杰伊、麦迪逊,1997:46-47)。因而,派别或利益集团是一股"坏的力量":它们损害别人的或整个社会的权利,因而只能通过"遏制和平衡"来加以解决。这种理念构成了美国政府结构的基础。尽管利益集团是自私的、狭隘的、破坏性的,但它们也是人类本性的一部分,因而决不应该强迫予以废除或使之成为非法。美国宪法反映了这两方面的主题,它既规定了要实行遏制和平衡的条款,又在宪法第一条修正案中规定了要保护公民言论自由和向政府请愿要求申冤的权利(诺曼·杰·奥恩斯坦、雪利·埃尔德,1981:14)。

1908年,美国学者阿瑟·本特利(Bentely,1961:32)首次提出了政府过程研究的集团理论,把政治过程解释为利益集团在政府内外相互作用的结果。他将政治利益集团当作政治生活中的一种客观现象,视其为政治生活的"原材料",他认为社会是集团的复杂组合,政治行为是利益集团互动的结果,如果排除了集团便无所谓政治现象。政府过程实际上是一种经常性的集团行为,即集团之间的合作竞争、联合分裂和改革调整最终构成了反映公众需求的政策。尽管本特利较早关注利益集团现象在美国政治生活中的影响,但20世纪初美国的政治生活,并没有表现出利益集团多元竞争的局面,因而其理论未能引起足够的重视(陈尧,2006)。

杜鲁门在本特利研究的基础上将利益集团研究推进了一大步。1951年,他出版了《政治过程:政治利益与公共舆论》,采用经验性的研究方法,进一步解释了政府的实际行为和过程的复杂性,研究了广泛存在的利益集团的活动,对利益集团的性质、特征、组织、领导及其对政党、选举、立法、行政、司法和舆论的影响等作了全方位的系统研究。他将"集团"视为观察现代政治现象的基本出发点,把美国政治和政府描绘为不同利益集团相互作用和讨价还价的复杂结合物。杜鲁门的理论观点在学术界产生了很大影响,20世纪50年代因此而成为美国"利益集团理论的黄金时代"(杜鲁门,2005:89)。

也有政治学者认为,多元利益集团的存在本身就是民主的一种形式,是美国民主的一种固有特征,所以并不是什么坏事,其理由有二:第一,美国社会中绝大多数人都归属于有组织的利益集团,虽然他们个人并不一定直接参与利益集团的决策,但他们可以影响利益集团的决策;第二,公共决策可能并不一定总是代表多数人意愿的,但它可能是各利益集团的影响大体均衡的表现,因而会相当近似于整个社会的意愿(托马斯·戴伊、哈梦·齐格勒,1991:10)。

20世纪60年代,经济学家奥尔森(1995:121)在《集体行动的逻辑》中较为系统地分析了利益集团的形成及其内部运作情况,涉及了利益集团影响决策问题,但没有将利益集团的分析与宏观制度变迁联系起来。20世纪70年代,布坎南等人首次将经济学用于政府决策研究,重点研究政府官员的行为决策,将官员作为古典经济学中原子式的个人,而没有将其作为一个利益集团对待(涂晓芳,2008:180)。进入20世纪80年代中后期,新制度学派在西方经济学界崛起,他们开始将利益集团作为研究制度演进过程中的一个基本单元。诺思等人在经济史研究中专门研究了利益集团之间的博弈对经济制度变迁的影响过程。他们认为,制度演进方向与一个社会中利益集团之间的博弈过程及结果相关。新制度学派认为,从静态上看,制度演进方向是由社会中的强势利益集团决定的;而强势利益集团之所以能决定制度演进的方向,又主要是通过一定的方式获取国家政权的支持,或通过赎买,或通过强制(道格拉斯·诺思,1991:219)。吉恩·M.格罗斯曼和埃尔赫南·赫尔普曼(2009:219)探讨了三个问题：特殊利益集团在何种政治环境下催生自己的权力与影响力？什么因素能够决定特殊利益集团影响政策结果的程度？几个具有不同政策目标的特殊利益集团的影响力竞争导致何种结局？

西奥多·洛伊认为"集团腐蚀政府的权力"。他指出,把"利益集团看成是合法的和好的"这种流行的思想——他称为"利益集团自由主义"——时日一久,在美国社会中已造成政府丧失其基本合法性和权威性这样一个十分危险的局面。政府一直在不断地扩大其在社会中的作用和影响,而同时却在系统地把行使公共政策的权力交给私人集团,结果使得政策遭受歪曲,造成"近代的民主政府腐化"。洛伊对利益集团自由主义提出四点批评：第一,它扰乱和破坏了人们对民主的组织机构及其制度的期望,并表露出它基本上对民主是不尊重的；第二,它使政府变得无能,不能计划；第三,它以关心管辖权限(由那些采取行动的人作出决定)来代替关心正义,使政府道德败坏；第四,它用非正式的讨价还价来反对正式的程序,削弱了民主的组织机构及其制度(诺曼·杰·奥恩斯坦、雪利·埃尔德,1981:22-23)。他认为解决办法是"司法民主",即通过明确规定的立法机关的授权来加强政府的权威,扩大政府制定条例的权力和强化地方政府权能。

10.1.2 利益集团政治

"利益集团政治"是指在一个政治体系中由法律法规规范的社会利益集团为维护自己的特定利益而对政治过程施加各种政治压力,以期影响政府决策取向及内容的行为和过程。换句话说,利益集团政治是社会利益集团作用于政治体系而形成的一种政治形式。利益集团政治有着丰富的内涵：一是利益集团政治的主体是社会中的各种利益集团;二是利益集团介入政治过程而形成利益集团政治的主要目的,在于通过影响政府政策来维护各个利益集团的特定利益;三是利益集团介入政治过程的方式主要是对政治过程施加种种政治压力,以使政府在决策时能在一定程度上考虑或维护利益集团特定的利益要求;四是利益集团政治的基本内容是利益集团对政治过程施加各种政治压力,这些压力既包括行为层面,又包括过程层面;五是利益集团政治有合法和非法之分。现代政治体系一般均有法律法规明确允许并规范利益集团影响政治过程的行为方式和方法。若越出法律法规范围,即为非法的利益集团政治。而是否允许利益集团影响政治过程,对利益集团影响政治过程的行为和过程有无明确的法律规范,是衡量一个政治体系是传统还是现代的重要标准之一(施雪华,2010)。

利益集团在政治过程中发挥着重要功能,主要体现在如下五个方面:第一,象征性功能,索尔兹伯里将这种功能称为"表示性的",他指出,表示性的活动是表示一个人或一个集团的利益或价值标准的活动,而不是具体去追求利益或价值标准的活动;第二,经济性功能,集团为向其会员提供个人利益——物质的或其他性质的——而进行活动,提供个人利益可能是这些集团的首要的或第二位的功能;第三,意识形态功能,集团可以容纳反映其会员全部信仰的、包括所有政策领域的、广泛的政治意识形态;第四,提供情报的功能,一些集团常常供给国会议员和广大公众大量有关他们本行、他们的会员或其他有关问题方面的宝贵情报或资料;第五,工具性功能,即其他非经济性的具体目的,如果要使一个集团能够维持下去,集团需要有一个直接的、范围狭窄的工具性目的(诺曼·杰·奥恩斯坦、雪利·埃尔德,1981:35-41)。利益集团的这些功能对集团来说至关重要,一方面,这些功能是集团能够成立的前提,也就是说,正是集团能够为集团成员或会员提供这些功能,集团才能吸引民众加入其中;另一方面,集团功能也是其介入政治生活,影响政治过程的自然延伸,为了实现这些功能,利益集团必须介入政治领域。

利益集团为了影响政治过程,将千方百计采取各种方式和手段介入政治过程,利益表达是其重要的功能。詹姆斯·E.安德森(2009:67)曾指出:"无论什么样的利益集团都承担着利益表达的功能,它们表达需求并为政策行动提供替代方案。同时也向公共官员提供大量信息,通常是技术性的,并且可能是其他途径得不到的,内容涉及政策建议的本质特征与可能性后果。"利益集团的利益表达把各种要求输入政治系统,既起到了沟通的作用,又起到了使政治系统与社会广泛联结的作用。在社会管理和政治过程中,通过利益集团收集、综合、归纳、输送社会的利益要求,是政治系统得以满足最大利益要求的重要条件。最好的政策并不是满足了所有社会利益要求的政策,而是用同样的资源满足了最多的利益要求的政策。要做到这一点,政治系统就必须通过各种渠道来尽量了解社会上存在的各种利益要求(王沪宁,1991b:168-169)。利益集团的利益表达必须具备一定的政治结构特征,才能使其不至于过分失衡。第一,必须对社会的基础和目标有广泛的一致意见,这样,任何集团都不会企图把它的观点强加给其他集团,以免引发内战。第二,必须有一套政治机构使集团与集团的讨价还价能够在互相冲突的各种要求之间达到某种平衡(M.J.C.维尔,1981:109)。这就要求利益集团的发展必须有相应的政治制度和机制与之相适应,同时各个利益集团之间也要均衡发展,从而实现利益表达的有序竞争。

在现代多元竞争社会,利益分化不可避免,利益表达因此成为民主社会的重要环节。在政治过程中,不同个人和团体基于各自需求和利益而支持相应的政党和政治候选人,从而平衡治理结构,影响公共政策,并最终决定利益分配。可以说,利益表达是现代"利益政治"的重要机制,就一个健全的现代民主国家而言,必须有公正通畅的利益表达机制和通道,舍此则无法建立一个公正有序的政治参与秩序以及和谐稳定的社会体系。美国著名政治学者加布里埃尔·A.阿尔蒙德(2007:188-202)总结了利益集团进行利益表达的合法的接近渠道:通过个人联系接近政治上层人物;精英人物代理;正式的和机构性的接触渠道,主要包括大众传播工具、政党、立法机构、内阁和行政机构。值得注意的是利益集团的利益表达具有非均衡性。利益集团因其在政治、经济和知识等方面的资源禀赋差异决定了其在利益表达中具有不同的影响力。一方面,利益集团通过组织化的集体行动可以为集团成员带来较大收益,有利于集团成员的利益表达;另一方面,强势利益集团因为其优势,往往能采用"超常"手段和方式影响利益表达,从而在利益表达中形成"垄断"或"独占",继而可能威胁和损害其他利益集团和公民的利益。

  利益集团影响政治过程的另外一个途径是介入公共政策。公共政策是政府代表的公共权力综合平衡不同阶层和集团的利益、对价值和资源进行分配的过程。公共政策的有效性和公正性关系到公共利益与公众权利的合理分配。利益集团对公共政策的影响因其具备的资源和要素不同而呈现出一定差异,这些差异又会影响利益集团对公共政策的不同效用,从而带来积极或消极的影响。利益集团在政策过程中的影响取决于其拥有的各种资源和能力。在一个领域中产生影响并非完全取决于卷入集团的多少或者它们拥有的资本情况。集团设法影响政策的方式,即集团进行院外活动的能力和运用战略的能力,至少是同样重要的(诺曼·杰·奥恩斯坦、雪利·埃尔德,1981:8)。金钱、集团成员的多寡和地理分布、集团的团结、领导能力、可以得到的情报和对情报的使用、政治手段和议会知识、集团从事活动时的专心一致以及其他因素,都会有助于一个集团在政府的活动中取得成功(诺曼·杰·奥恩斯坦、雪利·埃尔德,1981:9)。总之,在民主政治体系中,利益集团的信息和权力资源等方面的优势使其成为政策系统中的重要一员,从而发挥着其他群体和个人无法产生的影响和作用(陈水生,2010)。

利益集团对公共政策的影响体现在两个方面。其一,利益集团在资源、信息、权力等方面的优势,使他们比一般组织和个人具有更大影响力,从而可能把持、操控公共政策。利益集团之所以能在政策过程中发挥重要作用,主要是因为其拥有其他人得不到或很少得到的信息与强大的组织资源和政治资源,使他们更容易对政策过程施加影响。其二,利益集团通过组织化的方式介入公共政策过程,一方面可以为集团成员利益服务,保护其不受政府和其他利益集团的侵犯;同时,不同利益集团在公共政策过程中相互竞争,使公共问题转化为公共议程,有利于公共政策更加透明化、公开化,一定程度上有利于防止政府官员和少数利益集团合谋,保护普通民众利益。但是难题在于,整个社会必须有多元的利益集团来代表不同群体的利益,并能够制约强势利益集团以及它们与政府之间的"共谋",这就需要制度化结构予以约束,并加强对利益集团的治理。

利益集团在现实政治中的影响是双重的。在美国,许多知名学者都热情赞同或乐意接受利益集团活动的结果,他们多数认为利益集团一般能相互制约,从而保证最终结果不至于特别有利于社会的某一成员而对其他成员造成不应有的伤害。但也有人针锋相对地指出,利益集团的天性决定了其运作逻辑会突破这一界限,特别是那些强势利益集团容易操控大部分的政治权力,威胁普通民众的权利,损害他们的合法利益。弱势利益集团难以与这些经济、政治大鳄抗衡与竞争。

正如厄尔·拉瑟姆指出,集团利益和集团行为在经济行为和政治行为中都是首要力量。就现实观之,利益集团在政治过程中扮演的角色似乎有点矛盾。一方面,它们能为政府和社会之间的政治沟通提供一种渠道,利益团体的中介角色可以保护公民免受国家机器的压迫;同时,利益团体还能提供训练场所,让公民学习民主政治技能与价值。"用麦迪逊的观点来说,这意味着政府可以听到社会上更多的意见并加以平衡。以前没有统一的意见的集团——穷人、消费者等——现在在制定政策过程中已经组织并活跃起来。"(诺曼·杰·奥恩斯坦、雪利·埃尔德,1981:252)另一方面,其消极影响也不容小觑。对现代民主政治而言,利益集团容易与地方主义、官商勾结联系在一起,极力谋求集团私利,特别是非法的私利,从而危害社会公共利益以及基本公平和正义。"集团活动促进了立法活动,后者已经由于国会工作人员的增加和国会权力的分散而增加了。负担日益沉重的立法人员变得更加依赖集团的主动行动来确定立法议程。那些拥有先进技术、在政治进程中能够迅速采取行动和作出反应的集团,不论它们目标价值如何,都是居于优势地位的。"(诺曼·杰·奥恩斯坦、雪利·埃尔德,1981:253)可见,那些强势的利益集团因其在政治过程中的优势,从而有可能牺牲弱势群体的利益和公共利益,而且更为关键的是,利益集团政治是否会吞噬政治过程的独立和公正,进而危害民主政治的基石,这些都是值得警惕的。

10.2 利益集团对中国政治和政策过程的影响

10.2.1 利益集团与中国政治

有学者从经济学视角总结了利益集团的影响主要体现在政府

决策、制度变迁和经济绩效方面(邹进文、高华云,2007)。还有学者认为,在中国政治发展过程中,利益集团的作用表现在四个方面:第一,利益表达与利益综合功能;第二,公民政治参与,能够在多主体、多层次的公民利益要求与社会政治体系之间建立纽带;第三,政治结构的分化与功能专门化,政治体系面对多元利益集团的压力,产生新的政治实体和关系形式,新旧部分功能不断专门化;第四,政治决策的科学化与民主化,在政策制定过程中,各集团之间及其与政府之间的相互博弈,可以使政府更好地理解政策各方面的信息,有效综合、选择,制定既能反映政治效益最大化又具备社会效益最大化的政策(周耀东,2004)。

社会主义初级阶段利益集团主要发挥着四种作用:第一,参与作用,要各个利益集团的参与,能有效释放公民政治能量,提高公民政治能力;第二,桥梁作用,利益集团是介于国家权力组织和公民之间的特殊社会集团,它们既是在党和政府领导下,在法律和政策范围内活动的社会组织,又是特定社会集团利益和愿望的代表者,因而他们是党和政府同各集团成员相互沟通和联系的可靠桥梁;第三,协调作用,利益集团是协调社会矛盾和解决利益冲突的重要手段,许多具体的政府决策都应是利益集团之间竞争和妥协的产物;第四,监督作用,不同利益的社会团体代表之间存在矛盾,也就存在相互制约关系,这种不同利益集团的公开性制衡关系,有利于对党和政府进行监督,防止腐败,而且各利益集团还可监督法律和政策的执行情况,发现问题和弊端,提出解决办法和方案(夏训良,1989)。

利益集团对中国政治的影响可从以下几方面分析。首先,利益集团在利益表达中发挥着重要作用。任何群体都有自身利益需求,为实现这种利益,就需要把这种要求传输到决策中心,对公共政策过程施加影响,使政策结果有利于集团利益。现代政治社会,集团已成为利益表达最有效的途径。在我国政治参与渠道还不发达的情况下,集团自身的资源以及利益表达的通道就决定了集团及其成员的利益表达效果。由于利益集团在权力、资本、知识等方面的差异,它们在表达利益诉求的方式和效果上也会不同。一般来说,强势利益集团较弱势利益集团具更大的影响力。近年来经常可以看到这方面的例子,如强势利益集团通过各种手段介入政策过程,使公共政策偏离公共利益。《瞭望》新闻周刊曾发文指出,"随着市场化的发展以及政府拥有广泛资源与强大的干预能力,中国各种利益集团迅速产生和发展起来,对政府决策以及政策执行施加广泛而深远的影响"(谢海军,2009)。

其次,利益集团对中国政治过程的影响还表现在以各种方式影响地方政府政策,使政策制定和执行更有利于集团利益目标的实现(程浩,2005)。利益集团对中国地方政府的影响,主要体现在以下方面。第一,地方党政干部人事任免。地方党政机关的职位本身不仅是一些利益集团试图获取的重要资源,也是实现其他利益的重要途径。因此,利益集团影响地方政治的一个重要方面就是影响党政干部的任免。第二,地方公共投资与财政资金分配。有的利益集团想方设法要求建设对自己有利的政府公共投资项目,或使这些项目的规划更符合自己的利益。如在一些大中型城市,房地产公司先用较低价格购得城市较偏地段某块土地的开发权,然后再运用各种方式影响政府修订城市规划,特别是政府对公共产品的投入,以使其开发的区域和物业迅速升值等。南方某地产开发公司不仅能够让多路市政公交车开到它所开发的每一处小区,甚至还能够让正投资兴建的地铁站设于它所开发的某著名小区附近。政府的财政资金分配也是一些利益集团竞相角逐的重要领域。第三,地方政策法规的制定。政策与法规是地方政府利益调控和分配的重要手段,也是某些特定利益诉求合法化的重要途径。因而,对地方政策法规的制定施加影响,是利益集团实现自己利益目标的"高级"手段。第四,地方国家机关的具体执法行为和司法行为。如一些利益集团利用各种方式影响政府审批、行政规划、行政处罚等具体行政行为,影响人民法院和人民检察院的正常司法行为。如在深圳市,特区内存在大量的由原当地村民建筑的"城中村",这些违章建筑不仅影响了市容市貌,损害了广大市民的利益,而且存在严重的安全隐患。1999年3月5日,该市人大常委会颁布实施了《关于坚决查处违法建筑的决定》。但由于经济利益的驱动(每户每月房租收入约为2万—3万元),在当地村民、村股份公司甚至村委各种形式的阻挠干扰下,这一决定不仅没有被有效执行,反而引发了更大规模的抢建、扩建之风。以组织形式或通过组织出面干扰政府执法甚至暴力抗法的案例常见诸新闻媒体(汪永成、黄卫平、程浩,2005)。而且,"有组织的利益集团以及未经组织的社会群体在当今的公共决策中都发挥着重要作用,但显然不同的集团或群体之间具有不同的政治影响力,从而对政策均衡结果的影响也就不同"(汤玉刚、赵大平,2007)。

再次,利益集团还会对中国改革进程产生影响。"改革本身就是利益结构的调整,而利益结构的调整显然会使一些集团或群体受益,同时使另一些集团利益受损。"(李强,2002:99)反过来,为了维护既得利益和进一步从改革中受益,作为受益的利益集团无疑已经和正在影响着利益结构调整和体制改革本身,使改革呈现独特的路径依赖。这种对改革路径的影响可能使中国的改革进程陷入困局。由于特权、资本和知识集团三者之间可通过一定的途径实现相互之间的流动甚至转化,这些强势的利益集团正逐渐地抱成一团,形成更为强大的压力集团,使原本已经分化的社会结构定型化或固化,试图影响甚至左右中国改革的进程(邵华,2009)。

如何看待利益集团对中国政治过程的影响?陈雪艳(2008)总

结了利益集团对地方政府决策的积极作用和消极作用。其积极作用体现在：第一，为大众提供利益表达的多种渠道，使非法的、抗议性的利益表达转化为合法的、建设性的利益表达。各种利益集团在参与过程中，往往由于争夺利益而发生冲突，而这种冲突会促使竞争性利益表达机制的形成与完善，有效地疏导转型社会的利益表达渠道，及时排除体制内隐患。第二，为地方政府决策提供信息。由于利益集团对多元化的利益诉求以及反映这种诉求的民意进行了一定程度的整合，因此，如果地方政府在决策过程中能充分汲取各个不同利益集团、利益聚合与民意信息，就能更好地代表民意，代表本地区最大多数人的根本利益，使决策更符合实际。同时利益集团的参与还有利于减少政府收集信息的成本，从而提高政府决策效率。第三，有利于提高地方政府公共决策的公正性及合理性。各个不同利益集团之间的冲突要求政府在制定公共决策时按照公平原则作出回应，这样就能更好地减少政府决策的随意性，从而有利于提高政府公共决策的公正性、公开性与合法性，利益集团的积极参与往往能有效地疏通和拓展利益表达渠道。其不足之处在于：第一，利益集团影响地方政府方式的正式性、合法性、开放性，透明性程度不足。第二，民间性利益集团、公共性利益集团、弱势利益集团影响地方政府的资源有限，合法渠道不畅，导致他们有时不得不采用施压性集体行动。第三，合法性利益集团往往利用非制度性的方式，影响地方政府，获取正当的利益，还会采取合法手段谋取不正当利益。第四，一些利益集团对地方政府的渗透，往往与权力的"寻租"相结合，甚至直接利用基层政权力量谋求本集团的特殊利益。

10.2.2　利益集团与公共政策

公共政策是价值的权威性分配，也是治理国家的有效工具。

公共政策学者托马斯·R.戴伊(2002：122)指出,利益集团的活动主宰着华盛顿的政策制定。即使在民主政体下,公共政策也是自上而下,而不是自下而上制定的,公共政策是作为团体平衡的结果。各种有组织的利益集团广泛施加影响于国会的法律制定、联邦执行机构的规则制定和联邦法院的决策制定。这些最有影响力的利益集团包括公司企业、银行、保险公司、投资公司、律师事务所、媒体大王、职业和非职业的商会以及各种民众组织。

对任何利益集团来说,其主要功能是要进入政治过程和影响政府政策。据统计,1983年美国有17 644个全国性利益集团,60%以上的美国成年人至少参加一个社团(李道揆,2002：277)。而据《华盛顿观察》2002年11月公布的最新统计数字表明,大概有3 000个利益集团集中在税收政策领域;700个利益集团关注预算问题;400个利益集团希望影响美国公共医疗政策问题;2 000多个利益集团集中在对外贸易领域;近1 900个利益集团集中于环保领域;305个利益集团集中在种族问题上;605个利益集团关注国际关系;499个利益集团聚焦在移民政策上。无论是福利政策、经济政策,还是军事政策,一句话,美国内政外交决策的制定等都受到利益集团的影响。例如,克林顿因为美国退休人员协会(AARP)反对削减医疗福利,而否决了共和党人于1995年提出的相关法案(罗斯金,2001：203)。再比如,代表美国知识产权行业的国际知识产权联盟(IIPA)从20世纪90年代中期以来,一直是力压我国、保护美国在华知识产权的首要利益集团,在美国知识产权政策制定中有着重要的影响,甚至可以说是决策制定的重要社会行动主体(刘峰、舒绍福,2008：44)。

利益集团影响公共政策的途径多种多样。托马斯·R.戴伊(2002：112)认为,在美国政治生活中,这些途径和方式主要有：第一,直接游说和院外活动,包括在委员会的听证会上提供证明证据、与政府官员进行接触、提供研究的结果,以及协助起草制定立法等。据估计,有 15 000 人被美国官方认定为院外活动者,平均一名国会议员被 25 名院外活动者"虎视眈眈地盯着"。虽然华盛顿的院外活动者代表着各种各样的利益阶层和利益集团的利益,显然,强势利益集团的经济实力决定了它们在政治过程中会获得更多利益,而弱势群体和非组织化群体的利益则难以得到保障。利益集团的这种行动逻辑不过是"大鱼吃小鱼"的竞争法则在公共政策领域的应用而已;第二,通过政治活动委员会向各候选人"发放"竞选资助基金;第三,人际交流,包括组织旅行和旅游、举行娱乐联欢活动、一般的"闲谈扯皮"活动,以及代表他们的人员在政府各部门、各产业和各组织之间频繁地相互结交和调动等;第四,通过在司法系统进行有意识的诉讼活动,来迫使政策的改变;第五,通过全民动员活动(主要是鼓动选民个人和竞选捐助者向有关政府机构以及人员写信、打电话或者亲自拜访)来影响国会和白宫的政策制定。

我国学者张宇和刘伟忠(2006)分析了中国利益集团在公共政策制定中的五种角色:(1)通过主管部门及领导或人大、政协提案,最直接有效地影响公共政策的制定;(2)通过行政诉讼或参加听证会增加利益表达渠道;(3)通过利益代言人的特殊身份(政协委员或人大代表等)为其代言,或通过书信、电话电报、递交研究报告乃至直接造访等直接游说的方式对政府施加影响;(4)某些公益性的利益集团通过提供一定的物质资助影响公共政策;(5)通过新闻媒体或施压性集体行动对相关政策制定主体施加压力,力图使政策问题重新进入政策议程。"总的来说,利益集团在公共政策制定过程中一定程度上起到了'脑库'的作用,使公共政策制定更趋合理和科学。"

任溶(2004)认为,在政府制定公共政策过程中,利益集团可以在不同环节施加影响：在政策合法化前，利益集团可以建构政策问题，设定议事日程；在政策合法化过程中，利益集团采取种种手段促使公共政策朝着有利于自身利益的方向演化；在政策执行过程中，利益集团可以监督和操控政策执行，并影响公共政策的调适。陈水生和黄颖（2009）的研究发现，利益集团还可能与政治精英联盟，设置隐蔽议程阻止问题进入政策议程。李成贵（2004）认为"三农"问题形成的深层原因在于城乡利益集团力量的悬殊，指出要解决"三农"问题必须先解决农民的组织化问题，增强他们对资源的控制能力、社会行动能力和利益表达能力。王永生（2007）认为，市场经济带来社会利益的多元化，为了追求本团体的利益，不同利益集团向公共政策制定和执行过程施加影响，利益集团的影响力与他们的所掌握的资源及社会结构中的位置密切相关；利益集团通过他们的社会关系网络、公共舆论、说服和诱导等手段来实现其目标。

中国的强势精英群体左右了政策制定，政府自主性日益下降。这主要表现在：其一，经济发展与社会公正两大政策目标之间出现了明显的不平衡，公共政策制定明显地向社会上层倾斜，忽视了社会中下层民众的利益和需要；其二，强势群体对公共政策的影响力越来越大，公共政策制定常常为这个群体所左右（孙立平，2006）。

还有学者研究了中国不同类型的利益集团影响政治过程的方式、手段和效力。机构型利益集团利用法定的国家权力扭曲公共政策，追求部门利益的最大化。在决策或履行职能过程中，有些部门过多从本部门利益出发，过于强调、维护与谋取本部门利益，影响了决策的战略性、全局性和前瞻性。公司型利益集团中的国有垄断公司主要通过影响政府主管部门或监管部门从而形成有利于自己的政策；具有特殊的官商关系的采矿和土地开发等行业的暴利公司则以合法或非法的形式在政治过程中发挥着影响。如

2003年,房地产"18号文件"[①]取代"121号文件"[②]就证明了房地产商们的游说能力。2003年6月,央行出台"121号文件",要求警惕房地产出现过热的情况,并希望各地收紧信贷。北京的房地产商如任志强等,在文件出台之后开始频繁"上书"、资助论坛、开研讨会,以期改变政策取向。2003年8月,国务院出台"18号文件",认为全国房地产市场是健康的,并明确提出"房地产业已经成为国民经济的支柱产业"。这引来开发商的一片欢呼,并称之为市场化的胜利。社团型利益集团则通过个人沟通、舆论宣传、向党中央国务院递交报告、在全国人大和政协会议期间游说等方式,对与集团利益相关的事务和议题施加影响(杨光斌、李月军,2008)。

10.3 中国利益集团的成长与发展

利益集团的产生既是人类社会发展的必然,也是社会组织系统化发展的产物。利益集团是社会分工和复杂化的发展、市场经济的拓展、社会转型的出现、民主政治的变革以及民众政治权利的觉醒等一系列因素综合作用的结果。现代社会变革打破了原有的社会利益格局,对各个层次各个群体的公民来说,不再是同步同向效应,而是多向效应。为了保护自身利益,利益相近的团体和个人便组织起来,形成了各种各样的经济性和非经济性利益集团。"利益集团的出现,是现代社会的必然现象。"(朱昌平,1989)中国利益集团的产生发展原因可概括为"社会内生演进",即中国利益集团的产生不是通过制度化建构出来的,也并没有获得正式的制度化

---

① 该文件的全称为《国务院关于促进房地产市场持续健康发展的通知》(国发〔2003〕18号)。

② 该文件的全称为《关于进一步加强房地产信贷业务管理的通知》,是中国人民银行发布的旨在抑制房地产市场泡沫的惜贷通知。

支持,它是中国社会-利益结构不断发展、演化的产物,这种内生演进遵循着社会结构变迁—利益分化—利益组织化—组织重组—利益集团形成的发展理路。

中国利益集团的产生究其根本原因是利益分化与利益竞争的结果。中国改革开放的实质是权力和利益的再分配。每一次改革的推进都是利益在不同群体之间的分化和分配,具体可以从以下几方面来理解。首先,利益分化与中国社会结构变迁密不可分,两者相互促进,共同影响。在利益分化基础上形成的社会结构处于急剧变化之中,而这种变化发展到一定程度又会稳定下来,从而形成相对稳定的社会群体,这种基于利益分化与组合的社会结构奠定了利益集团形成的结构基石。由于技术进步和专业化水平的提高,社会分工越来越细,人们从事不同的工作,充当不同的社会角色。这种行为功能和角色的差异最终导致利益或价值的差异,于是追求不同利益、不同价值的人群便组成了不同的利益集团并形成一定的均衡。随着人口迁移、经济周期、通货膨胀、交通运输、冲突战争等经济、政治因素的变化,利益集团会发生分化和组合,原有的利益集团有些会消亡,新的集团又会产生并形成新的均衡(邹进文、高华云,2007)。

其次,社会结构的变迁和相对稳定导致社会利益逐步集中和聚集,资源强大的群体逐步组织化,由此形成利益群体,并基于自身发展逻辑和行动需要,通过自组织化发展,构建更为系统紧密的组织体系,以便于在利益竞争和博弈中获得更大收益。在此过程中,由于利益分化存在非均衡性,强势利益群体的利益组织化发展更快,而弱势群体则大多陷入"非组织化"和"低度组织化"境地,这样,利益群体的分化也就在所难免。

利益群体的发展壮大迫切需要通过有形的组织结构为自身行动提供合法而有力的支援,于是,各种利益集团就逐步建立。在利益集团的建构过程中,不可忽视的一个倾向就是利益和权力的天然亲密性,因为这有利于两者在政治市场和经济市场获得更大收益。

可见,中国利益集团的产生可从利益分化与变迁轨迹中予以解释。简言之,社会转型及结构变迁引发了利益分化,利益分化又加剧了利益组织化和利益竞争,其结果是不同的利益群体在利益竞争场域中利用自身的资源和影响力来构建代表各自群体的利益集团,这些利益集团既可能彼此展开竞争,又可能采取协作联盟的策略,这取决于他们在整个利益竞争格局中的地位、影响力以及掌握的资源。这种基于社会结构变迁和组织利益竞争逻辑的产生原因,即为"社会内生演进"的成长逻辑。

总之,中国利益集团的产生是社会、经济和政治发展的产物。处于社会转型期的中国,随着经济体制改革的逐步深入,整个社会利益结构发生了分化和重组,原有的社会利益格局被打破,新的利益群体和利益阶层逐渐形成并分化组合。而且伴随着政治民主化和法制建设的不断加快,公民民主意识的觉醒,以及现代交通、信息技术的发展,这一切都为中国利益集团的产生和发展提供了基础和条件,各种因素的聚合使转型期中国利益集团的凸现成为客观的必然(邢乐勤、顾艳芳,2010)。也有学者分析指出,改革开放和发展社会主义市场经济以来,中国的经济成分、组织形式、就业方式和分配方式日益多样化,社会利益结构不断分化重组,这使利益集团的产生具有客观的社会基础;公民利益意识的觉醒和维权意识的加强,特别是"集团意识"的形成,为利益集团的产生提供了心理基础;政治民主化、法治化进程的加快,以及党和政府在保障公民权利方面的改革发展,为利益集团的产生提供了宏观的政治条件和制度背景;现代交通与信息技术的发展,使得人们之间的联系日益方便快捷,大大节省了利益主体的组织化成本,从而为利益集团的产生提供了技术条件。这些条件的聚合,使得中国社会利益集团的产生,成为一种不以人的意志为转移的客观趋势(程浩、黄卫平、汪永成,2003)。这种客观性具体表现如下。

首先,利益集团是改革开放以来,中国社会加速转型、社会阶级和阶层不断进行分化的产物和结果。从一定意义上说,利益集团是改革开放与社会发展的产物。经过40多年的改革开放,中国社会正从同质的单一性社会向异质的多样性社会转型。在社会转型过程中,整个社会利益结构发生了分化与重组,原有的社会利益格局被打破,新的利益群体和利益阶层逐步形成。社会上已经出现了诸如私营企业主、个体户、自由职业人员、受聘受雇人员等不同的利益群体和利益阶层,甚至还出现了驻大陆台商利益群体。这些利益群体和利益阶层,正逐步形成特定的"利益集团",并不同程度地对地方政府决策施加影响(程浩、黄卫平、汪永成,2003)。有学者指出,改革开放后中国社会利益结构发生的重大变化为利益集团产生奠定了社会基础。原来的整体性的利益结构转化为多元化的利益结构,社会发生了而且正在发生着深刻的利益分化。原有的处于静止、孤立状态的一些社会阶层及其组织,在市场经济的推动之下已经逐渐向利益集团方向发展。同时又产生许多新的利益群体和阶层,这些新的利益群体和阶层由于是在市场竞争中产生的,它们从产生的时候起就已经具有了利益集团的某些性质。在这种情况下,只要具备有利于其发挥作用的适宜环境,利益集团现象就会应运而生(李景鹏,1999)。

其次,利益集团是中国经济改革,特别是市场经济发展到一定阶段必然要出现的一种社会政治现象。市场经济发展促使中国社会利益进一步分化。在激烈的市场竞争中,社会利益分化不断加剧,这使得具有共同利益要求的人们产生了结成利益团体的强烈冲动,以便借助团体的力量维护和实现自身利益(龙太江,2003)。

利益集团现象之所以与市场经济之间存在必然联系,这是由市场经济的本性决定的。因为市场是社会利益的驱动器,市场经济的首要原则在于追求最大利益,各市场主体为了追逐各自利益,必然会存在竞争,而日益激烈的竞争又会进一步造成社会利益的分化。在利益分化的过程中由利益差异而造成的矛盾和对立便会发展起来,这样便促使利益性质相同且处于同一利益水平上的人们,在明确的利益意识的驱使下结成一定的利益团体,以便运用团体的力量来实现利益(李景鹏,1999)。当个体的力量不能保证其获得预期的利益的时候,往往就会采取结社和组团的方式来构建集团,通过集团来为自身利益服务。V.O.基指出,"这一体系成为各特殊组成部分的喉舌,其部分原因是:在一个极为错综复杂的社会里,仅仅依靠地域上的代表性是不够的,有组织的集团对地域代表制度起了补充作用"(转引自希尔斯曼,1986:323)。一旦集团组建形成就随之介入政治过程,影响利益表达和利益分配,"利益集团是致力于影响国家政策方向的组织,它们自身并不图谋组织政府"(戴维·米勒、韦农·波格丹诺,2002:85)。这样,利益集团便完成了从组织到政治的转型,利益集团由此产生。所以,利益集团在中国的出现是市场经济发展的必然现象,从经济发展的必然性来说,中国利益集团将会具有利益集团的普遍性格(杨山鸽,2004)。

再次,中国特有的政治制度和结构是利益集团产生的重要政治基础。现代社会利益集团的形成需要两个社会条件:一是现代民主政治的发展,二是市场经济的发育(陈尧,2005)。从一般意义上来说,利益集团产生除了经济条件外,还需要有能够容纳它的政治结构。这样一种政治结构能够赋予利益集团现象以合法性,并为它提供多种通畅而有效的利益表达途径,这是利益集团能够产生并能正常运作的重要条件。然而中国的政治制度却恰恰相反:作为一元性的政治结构一般来说是不能容纳利益集团的,即不可能允许各种利益主体以利益集团的方式对政府施加影响的。这便造成一种两难境地：凡是合法的利益表达方式都是无效的，凡是有效的利益表达方式都是不合法的。这种两难状况说明，中国经济的必然性和政治结构发生了矛盾，这种矛盾一方面扭曲了利益集团现象，另一方面又加剧了政治的腐败（李景鹏，1999）。

最后，利益集团的产生还与中国政治改革进程和政府职能变迁密切相关。在全能型政府时代，所有一切都归属国家，个人和集体没有自身利益空间。改革开放前，由于中国实行政治上党的一元化领导，经济上高度集中的计划经济体制、相对单一的所有制模式，并推行平均主义、大锅饭的分配制度，同时强调人民利益高度一致，个人利益服从集体利益，局部利益服从全局利益。在这种情况下，代表"局部""狭隘"利益的利益集团得不到承认，也不被允许存在和发展（程浩、黄卫平、汪永成，2003）。随着改革开放，特别是政治改革和政府改革的逐步推进，政府也在不断调整自身的运行边界和权能，政府不再垄断整个社会的利益分配，社会资源可以在不同群体之间自由流动，公开竞争。而且，政府越来越多地采取公共政策对利益进行分配，从理论上说，公共政策应该为公共利益服务，但不论是政府官僚还是社会个体和群体都会在政策过程中进行博弈，那些掌握更多资源如权力、信息、关系网络的群体在公共政策竞争过程中就会处于有利地位，能够对政策施加更大影响，从而使利益分配偏向自身。"随着国家作用的扩张，国家对经济、社会的干预不断发展，公共政策影响的领域越来越广，并越来越深入人们生活的各个层面。在这种背景下，通过对公共政策施加影响而获取自身利益也就越来越成为必要、必需的了。"（龙太江，2003）

总之，改革开放以来，随着利益机制作为社会发展的根本动力机制这一地位的逐渐确立，我国的经济成分、组织形式、就业方式和分配方式日益多样化，原来支撑和维系工人、农民、干部和知识分子四大利益群体的户籍、单位制度受到了极大的冲击，社会利益结构不断分化重组，新的社会阶层不断出现并壮大，不同利益群体间的利益分化日益加剧。在这样的社会背景下，利益集团具备了形成的社会基础、心理基础、政治条件和制度背景，这些条件的聚合使得我国利益集团的大量形成成为一种客观的必然趋势（汪永成、黄卫平、程浩，2003）。可见，利益集团在中国的产生和发展是不以人的意志为转移的客观现象，也是中国社会经济发展的产物。对利益集团的出现和发展，既没必要恐惧，也没必要大唱赞歌，利益集团只是社会组织发展的自然结果。利益集团的发展壮大开始影响政策过程并对中国公共政策模式产生了一定的影响。

10.4 案例：利益集团对中国房地产调控政策的影响

改革开放以来，中国社会、经济、政治等方面发生了全面而深刻的变化，社会阶层和利益不断分化，由此形成了大大小小、特色各异的利益集团。在转型社会，作为"价值权威性分配"工具的公共政策对整个社会和全体民众的影响越来越大。尽管官僚精英在政策过程中仍然扮演着正式的角色，发挥着制度化的功能，但是公共政策制定过程已开始由官僚垄断向社会开放，社会力量更多地参与到政策制定过程中，特别是利益集团的力量和影响更不可小觑。利益集团为了达到它们的目的和要求，寻求接近这些政府机构中重要的决策环节，通过其掌握的资源和通道进行利益表达，影响公共政策过程。迈克尔·豪利特和M.拉米什（2006：99）曾指出："政府和反对党政治家常常向利益集团买好，以获得所需要的新信息，用于有效的政策制定或攻击他们的对手。"可见，不同利益集团利用其在权力、资源、金钱、关系、影响力等方面的优势，采用各种途径和方式介入公共政策制定过程,以寻求自身利益的最大化。从近年来的典型公共政策案例中可发现,那些影响较大、涉及各方利益的公共政策基本都有利益集团介入的影子。

从20世纪90年代中国推行"房改"以来,房地产市场迅速发展壮大,并形成了强大的房地产利益集团。这个集团因其复杂的社会关系网络、雄厚的经济实力和强大的政策游说能力,在历次房地产调控政策中基本都能采取有效策略予以化解不利于其的状况。本节在分析中国房地产利益集团形成的基础上,重点以2003年房地产调控的"121号文件"和"18号文件"为例,考察房地产利益集团如何影响调控政策。

10.4.1 房地产利益集团的形成

房地产利益集团是我国当前社会发育最成型、活动能量最大、引发社会反感最强烈的产业利益集团之一。这个集团的核心力量是房地产行业(特别是其中的一些大企业)和行业主管部门、地方政府的一些主管官员,加上房地产行业协会组织共同构成了该利益集团的中坚,媒体和学术机构则构成了这个利益集团的外围。近年来,房地产投机者的参与日益深入,形成了房地产利益集团的一大发展趋势。上述企业、政府、协会组织、媒体和学术机构和投机者之间通过利益交换、人员流动等途径联系起来,构成了一个规模庞大、能量强大的房地产利益集团。

房地产市场是个巨大的利益竞夺场,其中,地方政府、房地产商和银行集团以及为其代言的专家学者构成了一个庞大的利益共同体网络。房地产商利益集团与官僚精英形成的利益联盟对中央政府的房地产调控政策形成了强有力的阻击。权力与资本联盟,能够使其发挥各自比较优势,垄断更多资源以及话语权,最终实现垄断性的资本回报。相关统计表明,在整个房地产的建设、交易的过程中,政府税、费收入占到了房地产价格的30%—40%,再加上占房地产价格20%—40%的土地费用,地方政府在房地产上的收入将近占到整个房地产价格的50%—80%。如此高的预期受益和与之不对称的成本付出,是地方政府与房地产集团越走越近,而违规行为层出不穷的利益根源(赵晓,2006)。

来自国土资源部的数据显示:2003年到2004年全国土地市场治理整顿期间,各地通过自查,发现超范围划拨供地2 695件,涉及金额6.3亿元;违规低价出让土地2 065件,涉及金额4.3亿元;擅自减免土地出让金3 108件,涉及金额21.6亿元;欠缴土地出让金14 355件,涉及金额225.9亿元;应招标拍卖挂牌而协议出让的2 254件,涉及金额42亿元。浙江省一项调查表明,如果征地成本价是100%,被征土地收益分配格局大致是:地方政府占20%—30%,企业占40%—50%,村级组织占近30%,农民仅占5%—10%。从成本价到出让价之间所生成的土地资本巨额增值收益,大部分被开发商或地方政府所获取。另据国务院发展研究中心课题组所作的调查显示:土地增值部分的收益分配,只有20%—30%留在乡以下,其中,农民的补偿款占5%—10%;城市政府拿走土地增值的20%—30%;各类城市房地产公司等拿走土地增值收益的大头,占40%—50%。房地产暴利是形式合法外衣之下的实质上的不当得利(赵晓,2006)。

在这些违规数字的背后,是无法通过统计信息得知的官员权力腐败导致的灰色收入以及房地产商的暴利。如2005年福州市公布的房价清单显示:福州市市区商品房平均开发成本约为每平方米2 160元,社会平均利润约为每平方米1 400元,地价、建安成本、配套设施费用分别只占房价的20%、25%和14%左右,而管理费用、销售费用和利润则占到房价的41%左右。这份公开披露的福州市部分地块商品房价格成本对照表进一步显示,在所列的23

个楼盘成本目录中,商品房开发成本每平方米 1 636—3 094 元不等;销售均价每平方米 2 500—5 500 元不等。经测算,开发商的利润率平均约为 50%,最低的约为 20%,最高的超过 90%。其中利润率超过 50% 的楼盘有 10 个,呈现出楼盘越高档,利润率越高的基本特点(赵晓,2006)。

可见,通过这些年的发展,房地产市场已经完成了利益共同体的构建,官商研连成一体,特别是房地产商和政府官员的结盟更是让中国的房价越调控越飞涨,进入调控与疯涨的一轮又一轮的怪圈。下面透过"121 号文件"与"18 号文件"的出台与执行的分析,就可发现房地产商是如何运用其强大的资源,娴熟自如地通过多种行为策略的组合完成了一次漂亮的"政策阻击"与"攻防转换"的。

10.4.2 房地产调控政策博弈:以"121 号文件"和"18 号文件"为例

2003 年 6 月 13 日,央行出台《关于进一步加强房地产信贷业务管理的通知》(别称"121 号文件",源自该通知的编号"银发〔2003〕121 号")。这份被誉为十年未有之铁律的"121 号文件"规定,房地产开发企业申请银行贷款,其自有资金应不低于开发项目总投资的 30%;土地储备贷款额度不得超过所收购土地评估价值的 70%,贷款期限最长不得超过 2 年,且不得向房地产开发企业发放用于缴交土地出让金的贷款。《通知》还要求各商业银行严控开发贷款、严控土地储备贷款、严防建筑贷款垫资、加强个人住房贷款管理等。这几项规定让中国的房地产商如坐针毡,认为"121 号文件"是对地产界的"整肃令",以及"地产界的严冬由此到来"。

为此,围绕"121 号文件",房地产利益集团展开了激烈的博弈,由各地房地产商组成的团体迅速展开"政策游说",最后完成了被称为改革以来第一次通过利益集团的努力而改变政府一项重要政策的"壮举",即《关于促进房地产市场持续健康发展的通知》的出台。

从 2003 年 6 月 13 日央行"121 号文件"发布之日起,房地产商的公开批评就没有停止过。2003 年 6 月 13 日,SOHO 中国有限公司老总潘石屹提出批评,认为这是采用行政命令、计划经济的手段来控制,有一刀切之嫌。他列下了"121 号文件"的 20 个政策后果,认为没有一个是正面的。北京华远集团总裁任志强,在"121 号文件"发布后第四日就任全国工商联住宅产业商会轮值主席,在这次"讨伐"中,他扮演了反对派领袖的角色。《"冬天"来了》和《仇富政策》是他提交给"中国房地产信贷政策论坛"的两篇文章,人们戏谑地称这两篇文章为"声讨"121 号文件的"檄文"。他评价"121 号文件"是一项"仇富"政策。他认为,表面上看信贷政策的调整只是金融风险问题,实际是国家政治和经济政策的调整问题。这次信贷政策的调整的一个核心重点,就是只对中低收入者给予进入商品房市场的支持,对富裕或可能进入富裕的家庭采取歧视的仇富措施。"121 号文件"的目的在于防范金融风险,但实际的结果却是"金融风险的陷阱"。潘石屹和任志强,只是两个典型的反对者,而非仅有的两个反对者。"121 号文件"出台后,反对者是一个阶层——一个由房地产商结集而成的房地产商阶层。尽管房地产商规模有大有小,影响力各不相同,对政策的诉求也各不相同,但他们对"121 号文件"的态度几乎是空前一致的。中国社会科学院金融研究所主办的《银行家》杂志,发表《烫手的 121 房贷新政》说,"房地产商认为央行 121 房贷政策对房地产业是致命的打击,一致认为央行的这种做法完全是没有必要"(章敬平,2003)。

房地产商主要通过三个途径发出他们对"121 号文件"的反对并提出符合其利益需要的政策。第一,举办论坛和会议。"121 号文件"发布后,房地产商通过举办论坛和座谈会表明他们的反对态度,陈述他们的反对理由。北京科技园置业股份有限公司、北京鲁艺房地产开发有限责任公司都以赞助商的身份表达了他们的立场。通过开论坛、搞研讨、形成书面报告,以及上报给国务院及相关部门等方式,在中国房产信贷政策论坛上,这样的目的被写进了"会议宗旨"(章敬平,2003)。

第二,通过协会组织"上书"。地产商们通过协会,经由正常的组织程序发表他们对"121号文件"的不同意见。在这过程中,全国工商联发挥了关键作用。2003年6月底,任志强以全国工商联住宅产业商会轮值主席的身份,代表住宅产业商会就"121号文件"写了两个报告,一个报告经中央统战部转交中央,一个直接寄递中央。事隔一个多月,出席博鳌房地产论坛2003年会的任志强,对新闻界坦言,"报告有了明显的反馈"。他列举的一个证据是,国务院在制定出台"18号文件"前夕,由有关部门召集了有开发商代表参加的座谈会,听取开发商的意见。他说:"座谈会后,文件可能会有一半的修改。"(章敬平,2003)

第三,联手媒体,影响公共舆论导向。一些市场化色彩明显的媒体,为潘石屹、任志强等地产界有影响力的领导者的言论提供了舆论阵地,使得他们的批评能够在社会上获得更为广泛的影响。任志强全面批驳"121号文件"的《"冬天"来了》很大部分被《经济参考报》等媒体所报道。他批评"121号文件"是仇富政策的言论也被中国新闻社所报道。除了提供舆论阵地,媒体还在有意无意之间为地产商提供了批评"121号文件"的各种平台。2003年6月17日下午,《经济观察报》会同中国工商联住宅产业商会共同举办了一次论坛,北京万科总经理吴有富、北京金地地产总经理陈长春等京城房地产界人士聚集在华彬大厦,论坛原定的主题"关注健康人居,关注健康城市"早早结束,旋即转移到央行"121号文件"对房地产业的影响上。

2003年8月16日的中国房地产信贷政策论坛在北京国宾酒店召开,围绕"121号文件"进行了一天的讨论。虽然这是一个名义上云集官产学商四界大腕的多边论坛,也有央行官员以个人身份列席其间,但一大批首都房地产界大腕级人物的出席,使得论坛看上去更像一个房地产商的集会,包括北京华远集团总裁任志强、SOHO中国有限公司董事长潘石屹、今典集团董事长张宝全、北京华润置地总经理陈鹰。这场由房地产商赞助的银行家和地产商的对话,三家主办单位中有两家是媒体——《北京青年报》和《银行家》杂志,此外,《经济观察报》和《中华时报》也提供了媒体支持,有"第四媒介"之称的搜狐网为论坛提供了网络支持。一周后,由《21世纪经济报道》主办的地产论坛2003年会在博鳌召开,从主题——金融紧缩下的中国房地产就可以看出论坛对"121号文件"的关注。地产界大腕冯仑、王健林、郭梓文、刘晓光、任志强、潘石屹等将纷纷登台亮相,"121号文件"的发言人戴根有及其他政经界人物也出席论坛并作演讲。研究者指出,部分媒体成了房地产商反对"121号文件"的推手,没有媒体的参与,"商人的声音超过政府部门"几乎是不可能的(章敬平,2003)。

在房地产商利益集团有组织有系统的反对下,"121号文件"出台78天后就被另一份新文件——"18号文件"所取代。在这场博弈中,房地产利益集团的能量显露无遗。

"18号文件"是国务院《关于房地产市场持续健康发展的通知》的别称,源自其文件编号"国发〔2003〕18号",虽然发布时间是8月12日,但新华社发布消息的日子却是9月1日。"18号文件"对完善住房供应政策、调整供应结构、发展住房信贷、整顿房产市场秩序等方面作了明确规定。"18号文件"宣称房地产业"已经成为国民经济的支柱产业",在中国房地产业20多年的发展历史上,国务院文件第一次对房地产行业作出这样的肯定。国务院"18号文件"的出台,可被视为比央行"121号文件"对房地产市场现状更为权威的解释。中国香港地区媒体也对"18号文件"作出了"国务院通知挺房地产业发展"的解读。

让人大跌眼镜的是,2003年8月31日,SOHO中国董事长潘石屹在新华社发布"18号文件"消息的前一天晚上就拿到了"18号文件",他很开心地将其转发给了自己的朋友。"都是利好消息,只要读懂了这个通知,房地产开发商都会很高兴的。"华远地产董事长任志强也盛赞,"积极而稳妥的政策意见必然会受到各方的欢迎和支持,也才能使政策有各方共同努力实施的动力,使文件不仅可行,而且可操作"。北京今典集团董事长张宝全认为该文件肯定了五年来房地产的发展状况,为今后房地产业的发展指明了方向,自此有关泡沫等的争论总算可以告一段落了。张宝全还补充说,该文件"很实在,句句都在点子上"①。

"18号文件"是官方针对房地产商对"121号文件"的批评作出的正面回应。据悉,中央已经得悉"121号文件"在社会,尤其是地产及银行界引起的负面情绪,但要央行撤回政策或再公布放松性的文件是不可能的事,唯有由国务院出面,发放正面信息,表明支持房地产业的发展,以抵消"121号文件"所造成的负面影响,重振业界信心。从"冬天来临"到"坚冰解冻",从坊间所谓的"倒厦运动"到国务院发布的"挺厦通知",房地产商集体发动的"保厦运动"功不可没。

国务院"18号文件"在口径上与央行"121号文件"存在明显差异,国务院对房地产信贷的态度和央行"121号文件"流露出来的

---

① 《国务院18号文件打住"唱衰"风　房地产支柱地位获得首肯》,《中国经营报》,2003年9月8日。

央行的态度差距甚大。央行的出发点是为了防止房地产过热，但"18号文件"明确提出"发展住房信贷"，"对符合条件的房地产开发企业和房地产项目，要继续加大信贷支持力度"，只是要"加强房地产开发项目贷款审核管理，严禁违规发放房地产贷款……严厉打击各种骗贷骗资行为"（章敬平，2003）。在这轮政策更迭与博弈中，房地产界取得了漂亮的成绩，其行动之所以能够成功，与其所采取的行为策略是密不可分的。

10.4.3 利益集团影响房地产调控政策的行动策略

中央政府对房市的调控每个阶段都重复着相同的故事。调控前房价飞升，新政策出台，房价上涨的势头为之一挫，在随后的相持阶段，交易量萎缩，房价略有回调或保持不动，等到市场力量将调控政策的效应消化殆尽，新一轮房价上涨又重新开演……调控与房价的博弈似乎已经周期化，并且，每个回合的胜者总是不断蹿升的房价和房地产利益集团，背后原因则是房地产利益集团对调控政策的阻击与博弈。

2004年1月31日，国务院出台《关于进一步加强资本市场中小投资者合法权益保护工作的意见》（简称"国九条"），以推动资本市场特别是股市改革。基金、券商、上市公司和相关主管机构等不同利益方积极行动，予以反击，政府的改革措施受到股市中"既得利益集团"的冲击。这个行为不规范，甚至靠着权钱交易、黑金操作，已经积累了强大经济资本的利益集团，通过各种合法或非法途径，试图降低政府影响力，维护自身既得利益，使得"国九条"一度迟迟难以落实。此后，2005年开始的新一轮房地产利益博弈中，房地产商、投资者、购房者、金融机构等形成了不同利益集团，通过呼吁、游说甚至要挟等手段，力求在控制和反控制的利益博弈中获得优势。2005年4月的海南博鳌亚洲论坛上，靠房地产成为富豪和掌握财富的人集体亮相、集体发声,达成"房价还会继续上涨"的共识(王健君,2008)。此后几年,每次的房地产调控都会受到强大的房地产利益集团的阻击与反对,房地产调控政策进入多方利益博弈阶段,调控政策效力则难以令人满意。

2010年,随着中央政府一系列严厉的房价调控政策的出台,全国各地房价仍然居高不下,而调控政策效果是否还会像几年之前一样无疾而终,尚有待观察。2010年4月14日国务院常务会议在分析一季度经济形势时指出,要坚决遏制住房价格过快上涨。实行更加严格的差别化住房信贷政策,抑制投机性购房。加快研究制定合理引导个人住房消费的税收政策。15日,国务院召开常务会议研究和部署遏制部分城市房价过快上涨的措施,提出抑制不合理住房需求、增加住房有效供给、加强保障性住房安居工程建设、加强市场监管等四条措施(简称"新国四条")。16日,中国银监会下发通知要求各商业银行严格执行新的房贷规定。17日,国务院印发《关于坚决遏制部分城市房价过快上涨的通知》。18日,媒体传重庆高档房特别消费税获中央批准,国家税务部门正在抓紧制定《住房消费税暂行条例》。19日,住房和城乡建设部发出《关于进一步加强房地产市场监管完善商品住房预售制度有关问题的通知》,要求预售楼盘须公布每套房价格。这轮楼市调控措施不可谓不严厉:90平方米以上住房首付款比例不低于30%;保障性住房供地不低于70%;第二套以上住房首付款比例不低于50%;房价上涨过快的地区,暂停第三套住房贷款;对囤地、炒地等开发商停止贷款,停止再融资、新股发行,停止资产重组等。

2010年中国房地产政策已由此前的支持转向抑制投机,遏制房价过快上涨,并且先后采取了土地、金融、税收等多种调控手段。不过,频频刷新的"地王"纪录,以及仍在不断上涨的房价令政策执行效果和政府公信力屡遭诟病。国家统计局数据显示,2010年3

月全国70个大中城市房屋销售价格同比上涨11.7%[①]。

10.4.4 构建利益共同体

房地产调控和博弈中,许多利益主体卷入了这场利益博弈。房地产利益集团形成了庞大的利益联盟,包括房地产企业、地方政府、投资者、媒体和专家学者等。房地产集团与地方政府之间的联盟关系在20世纪90年代初就开始形成。一些地方房价扶摇直上就是开发商和地方政府合作的产物。在中央政府调控意向明确之后,房地产集团与地方政府在对房价和房地产泡沫是否存在以及在对调控措施的反应上,配合相当默契。国内外的游资以及投资者是这个利益联盟的重要组成部分;对媒体来说,除了房地产是其广告收入的重要来源之外,地方政府的态度也是影响媒体的重要因素。此外,某些具有特殊利益倾向和被房地产利益集团"收买"的专家学者和研究机构以及相关部门也成为利益联盟的构成者。

至此,一个庞大的房地产利益集团正在形成,包括:开发商、炒家、销售商、地方政府相关部门的一些官员、被拉进"圈内"为其代言的经济学家以及传媒人等。在这个利益集团中,地方政府、银行和房地产商形成了一个互动的利益共同体:地方政府从房地产商那里得到的是高额的地价回报,同时取得所谓政绩,并相应地给予房地产商种种优惠政策,诸如减低各种税费、提供各种规划便利、允许炒作各种地产概念等。一些地方政府的某些部门和官员还对房市的违规现象不作为,比如,对拿到土地或地票的开发商或自然人不监督、放任土地荒芜,使其坐收地价差额;对虚假广告、欺诈行为、违规合同监管不力等。举个例子,江苏某地房地产过快增

[①] 《3月全国70个大中城市房屋销售价格同比涨11.7%》(2010年4月14日),中国新闻网,http://www.chinanews.com/estate/estate-gdls/news/2010/04-14/2224701.shtml,最后浏览日期:2019年6月26日。

长,背后就有当地政府操纵的痕迹:政府请"托儿"在土地拍卖时抬高地价,一位被拉去当"托儿"的房地产老板担心地价太高砸在自己手里吃不消,政府官员开导他说"你只管往高抬就是了,如果砸在手里,由政府兜底,大不了还给政府",于是这位"托儿"便毫无顾忌地往上抬,果然地价飙升(涂晓芳,2008:185-186)。

土地出让收入成为地方政府力挺房地产、对房价调控政策消极应对的主要原因。自2006年以来,北京土地出让收入每年都以几何倍数增加。2009年,土地合同出让收入占到政府财政收入2 026.8亿元的46%。2010年,北京市财政支出约为2 228亿元,市级财政支出安排894亿元。单纯依靠财政收入很难支撑政府财政支出,土地收入与房地产税收对支撑政府收入开始扮演越来越重要的角色。

2010年1月8日上午,中国指数研究院发布2009年中国70个大中城市土地出让金排行。报告指出,2009年中国土地出让金总金额达15 000亿元。统计显示,2009年70个大中城市土地出让金共计10 836亿元,同比2008年增加140%,同比"疯狂"的2007年增加49%。杭州(包括余杭、萧山)土地出让金高达1 054亿元,位居全国第一,杭州和上海成为土地出让金超过千亿的两个城市。在一线城市中,上海、北京土地出让金位于前列。广州受255亿"地王"影响,土地出让金同比大幅上涨,位居第五。深圳受土地供应偏紧影响,土地出让金相对较低,仅有136亿,位居第23位。二线城市中,杭州、天津、宁波、武汉等经济相对活跃的城市土地出让金位居前列。天津2009年土地交易放量,土地出让金收入732亿。据了解,2009年中国土地市场"地王"频现,"地王"的出现直接放大地方政府的土地出让金收入,领先于其他行业,出现"爆发式"回暖。一季度之后,土地市场成交量逐渐增长,成交价格持续走高。根据国家统计局最新公布的2008年GDP(国民生产总值)31.4万亿元人民币,2009年GDP增长率预测为8.5%。照此计算,全国的土地出让金约占2009年GDP的4.4%(张东妮,2010)。

为了维护房地产不合理高价与暴利,房地产利益集团不惜手段。他们采用统计歪曲各项数据,坚持不公布商品房成本,威胁破坏这些"潜规则"的从业者等。2005年7月,在要求公开房地产成本的社会舆论下,海南中海银投资有限公司负责人向媒体公布了海口房地产成本构成,按照他披露的房地产单位成本上限和当时当地房地产均价计算,也足以让开发商的利润率达到65%。当地房地产业界人士一方面普遍承认他公布的单位成本数据经得起推敲,另一方面又有不少同行对他表示反感和抵制。此外,他们还会在房市低谷时期运用各种"托市"手段获取利益,比如,寻求政府补贴,甚至地方政府会以"违反价格法规""维护价格秩序"为由威胁已经或有意降低房价促销的开发商。2008年房市低谷时期,时任南京江宁区房产局局长周久耕公然宣称"要查处低于成本价卖房的开发商",就是典型案例(梅新育,2010)。

10.4.5 进行多元化利益表达

房地产利益集团通过发挥协会组织资源优势进行利益表达以影响政策风向。中国房地产业行业协会组织发育数年前便已相当成型,万通集团董事局主席冯仑(2003)指出,房地产行业最主要的利益群体至少有三个:由国有城建系统和中房系统组成的房地产协会,属于建设部系统,更多的代表政府和国有企业利益;全国工商联下属房地产商会,其成员多为民营中小房地产企业(包括建材等相关行业的一些民营企业);代表各大城市拥有领导地位的民营房地产企业的"中城房网",被称为"大公司俱乐部"或"好公司俱乐部"。随着行业和社会发展,上述房地产行业协会组织格局还在发生进一步的演化。按照我国对行业协会组织的定位,其职能包括维护成员的合法权益和推进行业自律;但由于活动费用来源等原因,实践中行业协会组织往往把精力集中于维护成员权益而漠视行业自律(梅新育,2010)。也就是说,这些房地产行业协会往往只基于所代表的企业利益,而很少从长远考虑整个行业的健康发展,更不会在意公众利益了。

2010年8月12日,中国房地产协会(简称"中国房协")副会长朱中一在海南博鳌会议上透露,中国房协已多次"上书"国务院,建议暂缓出台新的紧缩性房地产调控政策。朱中一表示,在目前的调控新政下,土地购置、开发投资等指标均在下降,房地产上下游产业亦受波及;加上今年宏观经济的不确定性,需暂缓出台新的紧缩性调控政策。中国房协曾在7月份"上书",希望稳定市场局势,发挥现有政策调控作用,并采用编制"'十二五'住房规划"等长期手段来调控房地产市场预期。朱中一认为,当前需要暂缓出台紧缩性调控政策的主要理由之一,就是房屋交易量在迅速下滑。"房屋交易量迅速下滑的情势,正从一线城市向二、三线城市蔓延。"他表示,同时要警惕的市场信号是,由于有效供给减少,房价在高位盘整,从而带来了房租价格的迅速上涨。朱认为,土地供应不足和开发商拿地不积极,将可能成为影响2011年上半年房地产市场的大问题。中国房协建议,地方政府应适当调整土地出让底价,加快完成土地供应计划。换言之,就是建议地方政府降价卖地。除此之外,由于房地产紧缩性调控带来地方土地财政下降,进而影响到了保障性住房建设任务的进展。对于住房保障工程建设进展滞后的问题,朱建议,除了加紧督查之外,更要让地方政府结合实际,将保障性住房和当地商品房、租赁房市场规划结合起来通盘考虑。在以往的房地产周期性调控中,中房协曾屡次建议地产调控政策。2008年9月,正值房地产市场因受紧缩性调控政策的影响而陷入低迷之时,中国房协曾建言国务院"救市"。现在正值此轮房市调控最微妙时刻,作为房地产企业利益代言人,中国房协提出的暂缓新紧缩政策出台的建议,引发市场关注。广州富力地产董事长李思廉表示,下半年没有必要出台进一步紧缩的调控政策,关键是把已经出台的调控政策执行好就行了。李的观点亦得到民生银行副行长梁玉堂与华远集团董事长任志强的赞同。任志强表示,下半年房地产市场销量会下降,开发商打折促销力度会加大,但是整体行情肯定不会好于上半年。不过,经济学家樊纲却在博鳌举行的同一会议上就此问题提出不同看法。樊纲说,GDP从年初预计的12%下降到预期增长9%,是经济增长正常回调的结果,"不要拿房地产投资下降影响GDP来吓唬人"[1]。

这次房地产利益博弈给人耳目一新的印象是,牵涉其中的利益群体都开始在以明确且直截了当的方式表达自己的利益要求。最初的时候,任志强"为富人造房论"一出台,便成为众矢之的。在调控过程中,任的言行也多成为人们抨击的对象。同样值得注意的是,卷入其中的一些地方政府和政府部门,也在以各种方式传递自身利益或者为房地产利益集团代言。比如,时任建设部总经济师兼住宅与房地产业司司长谢家瑾表示,政府不希望房价出现大起大落的情况,房价的大落对老百姓没有好处。现在大部分家庭都拥有自己的房产,房价大落,许多家庭就会出现负资产,对社会稳定没有好处,特别对金融安全会带来威胁[2]。再如,复旦大学房地产研究中心副主任华伟则认为,"现在政府宏观调控的目的已经达到,投机性的房地产需求已经得到抑制,政府必须适时停止紧缩性的房地产政策了"[3]。

---

[1] 《中房协"上书"国务院:暂缓再出楼市新政》,《成都商报》,2010年8月14日。
[2] 《建设部称目前房价不会大跌 大落对老百姓没有好处》,《京华时报》,2005年6月9日。
[3] 《上海楼市非常时刻》,《经济观察报》,2005年5月12日。

10.4.6 塑造有利的公共舆论

房地产利益集团经常会通过媒体和专家学者来型塑公共舆论，从而为影响公共政策走向积极造势。上海房地产价格自 1999 年开始猛涨，连年房价涨幅都是双位数字。据上海市统计局的数字，2004 年上海住宅商品房价格较上年上涨 14.6%。而上海天地行房地产营销公司的资料显示，2004 年全市住宅商品房均价同比上涨 23.75%。上海老百姓认为，后者的数据更贴近现实。围绕上海的房市发生了激烈的争论：一部分人认为上海房地产市场涉及人为操控囤积，这种情况并不健康，这种意见得到不少社科院专家和外国银行家的声援，上海的媒体则力主该市房地产仍在"健康发展"（涂晓芳，2008：186）。

在中国媒体市场化大潮中，挟有暴利的房地产业成为媒体争夺的重要广告客户、目标读者和赞助者，主要财经媒体普遍开办了房地产专版（专刊）作为收入增长点，部分媒体和媒体从业人员卷入这个利益集团，一些专家学者也加入了他们的队伍。部分专家学者、媒体从业者低价获取房产，或参与房地产投机，成为房地产利益集团中的一员后，他们的言论立场就更加偏颇。

一些房地产巨头运用舆论工具的技巧也迅速提高，日益娴熟，号称"地产总理"的任志强堪称个中高手。对于市场化媒体而言，最大限度"吸引眼球"是头号重点；正因为如此，尽管任志强在私下的言行做派并不那么剑拔弩张，尽管他的某些言论未尝没有道理，但深谙此道的他也要刻意以触犯众怒的挑衅式口吻"放炮"，力图吸引眼球的媒体又会进一步取舍加工，让他的说法更加耸动公众视听，任志强也就达到了不费分文驾驭媒体放大其声音的目的。正是依靠这种技巧，尽管任志强掌管的房产公司规模在业界并不大，他在房地产业界的"江湖地位"却巍然屹立。而公司规模远远超过他的房地产大鳄们之所以拱手让出"房产总理"的地位,除了任志强在该行业的资历之外,恐怕也是对此心有默契,一个利用有利环境闷声发大财,一个高声"放炮"争取有利政策环境,各司其职,分外"和谐"(梅新育,2010)。

经过近年来围绕房地产市场的几轮博弈,中国房价不降反升,这让很多国内外投资者相信,中国房地产利益集团有能力维持偏向于他们的政策,保持房地产市场泡沫不散,房地产调控也一次又一次沦为"空调"。本轮房地产调控结局如何,除了经济因素之外,关键取决于政府驾驭房地产利益集团的能力。对房地产利益集团而言,他们需要意识到,一个丧失自我约束能力的利益集团最终必然遭遇重创。是适度节制自己以求长久,还是把整个中国经济推向泡沫破灭深渊,把自己推向社会敌对焦点以至于逼迫决策者痛下决心壮士断腕,这个集团面临选择(梅新育,2010)。调控最终走向会如何,既取决于政府,也要看房地产利益集团的行动,当然最重要的还是前者。

综上所述,利益集团对公共政策效力的影响既取决于自身拥有的资源禀赋,也取决于他们选择什么样的行为策略。通过对房地产调控政策过程中的利益集团的分析发现,房地产利益集团形成了一个包括房地产企业、银行、地方政府、投资者、媒体和专家学者在内的强大的房地产利益集团,他们组成了利益共同体以应对中央政府的调控政策。房地产利益集团通过组建利益联盟、进行利益表达、型塑公共舆论等方式来消解和应对房地产调控政策,从而取得有利的政策结果。

第 11 章　社会冲突、公众参与和公共政策的变迁：一个来自广州的案例

在推动公共政策变迁的因素中，社会冲突和公众参与这两个变量是如此之重要，乃至于忽视对它们的观察和考察，就无法认识中国当今国家治理的艰巨性、复杂性和公共政策变迁的现实逻辑。就这两个变量发生作用的表面形式来看，人们或许会认为，社会冲突以及对冲突的治理是引发政策变迁的外生变量，而公众参与则是推进政策变迁的内生变量。本章通过具体的案例考察，我们可以发现，社会冲突和公众参与都内在地存在于公共政策的整个过程之中，国家、地方和社区的治理者对社会冲突和公众参与的认知和态度，将在很大程度上规定公共政策的实际走向和变迁的方向。

在已有的研究文献中，研究者们都很重视社会冲突、公众参与对于政策变迁的意义，但是，人们普遍没有把这两个因素结合起来加以考察，从而削弱了它们各自对政策变迁所产生的影响。本章的案例研究显示，社会冲突对公共政策所产生的影响是多方面的，而冲突本身也是一种特殊的公众参与形式；要让冲突与参与像治

理者所期望的那样对公共政策及其变迁发挥积极作用,离不开治理者对社会冲突的正确认知,并在治理冲突过程中确保公众进行有效的、有序的参与。

11.1　问题的提出

公共政策作为资源和价值的分配过程,与其相应的制度基础一道,经常是引发社会冲突的一个根源。各个社会群体为资源和利益展开博弈,但强势群体与弱势群体表达能力的不对称,极有可能造成特殊利益集团掣肘公共政策的现象(迟福林,2010:62)。对一些转型中的国家和社会来说,引发社会冲突的深层次根源往往源自一种结构性的"发展的张力"①。

中国目前正处于快速的社会转型期。作为一个典型的后发现代化国家,由国家(或政府)所设计和塑造,中国在过去30多年里的经济增长一直是以 GDP 中心主义为指导的,各项"制度创新"也都是着眼于经济增长而进行。不可否认,这种经济增长模式和与之相关的制度安排,的确极大地调动了地方政府、社会和民众参与财富创造的积极性,并被制度学家张五常(2009:253)称赞为解释中国 30 年经济增长奇迹的一个基本线索。但是,GDP 中心主义的增长模式下形成的经济、社会和行政体制,却成为当前发展型新阶段各种矛盾的制度根源。

中国社会转型的一个重要内容是社会利益关系结构出现了重大的变化,以及在此过程中民众的公民权利意识不断觉醒和提高。

---

① 社会学家李路路(2010)在一次演讲中,把伴随经济增长和社会发展而形成的社会冲突称作"发展的张力"或"增长的张力",即伴随经济增长会产生日益严重的财富、权力、机会分配问题以及相应的利益诉求的问题,它们与过去在普遍贫困、普遍不富足的情况下所出现的矛盾和冲突存在很大的区别,并已经成为转型中国家和社会持续发展的一个巨大挑战。

这是社会结构的大转变和大调整。但是,由于社会机制,尤其是有关利益分配的制度安排没有能够及时地作出相应的调整和设计,使得很多潜在的社会冲突越来越以显现的方式爆发出来。在全球化和中国扩大开放的大背景下,影响当今社会稳定和经济社会发展的因素,虽然不可避免地存在着国际体系的外部根源,但根本上来说,这些因素主要还是来自国家和社会内部长期积累的种种矛盾和冲突。当公共政策及其他制度成为社会冲突的一个重要的制度根源的时候,如何提升政策质量和政策能力便成为社会转型时期的一个重要课题。这是因为,一旦出现决策失误,社会冲突的功能便有可能更多地表现为破坏性的负面功能,而不是正面的建构功能。

本章要考察的是,如果说社会转型期社会冲突是不可避免的,那么,公共政策应该作出何种调整和变革,以使业已存在的社会冲突能发挥促进社会发展的建构功能。公共政策的调整和变革,可以表现为废止和终结那些经常引起破坏性冲突的公共政策,也可以表现为完善公共政策的制度基础,以便使公共政策过程更具包容性和民主性,比如,扩大政策问题界定过程中广泛的公众参与。

本章试图通过对广州市番禺区因为上马一个垃圾焚烧发电项目而引发社会冲突案例的分析,来回答社会冲突与政策变迁这个议题下的几个基本问题。在社会转型期,社会冲突的公共政策根源是什么,公共政策在多大程度上如何引致了社会冲突的发生?作为一种社会力量,社会冲突在促进政策变革上的功能如何?如果要让社会冲突发挥正面的积极功能,需要什么样的条件?在应对社会冲突问题上,很多地方的政府行为鲜有反思政策根源,在变革政策上的动因相当不足,是什么原因造成了这种现象,从而没能促使社会冲突发挥其矫正、变迁等积极功能?

11.2 番禺垃圾焚烧发电项目：从上马到中止

11.2.1 静悄悄的决策

2003年,广州市番禺区着手在本区建造一个垃圾焚烧发电厂,经过3年多的调研考察和选址论证,广州市规划局于2006年8月25日下发了关于番禺区垃圾焚烧厂的项目选址意见书。时隔两年多之后,广州市政府又于2009年2月4日发出通告,决定要在番禺区大石街会江村与钟村镇谢村交界处建立生活垃圾焚烧发电厂,计划在2010年建成并投入运营。该通告指出:"违反本通告,拒绝、阻碍国家工作人员依法执行职务的,由公安机关依照有关治安管理处罚的法律、法规规定处理;构成犯罪的,依法追究刑事责任。"4月1日,番禺区市政园林局获得国土部门批准的土地预审报告。

该项目从2004年确定选址到2006年通过选址审批,再到2009年政府发出通告,在5年时间里并没有向公众公开,包括情况通报、听证、征求意见。直至2009年9月,由一则媒体通报的消息才"惊醒"了周边30万居民。该消息称:"由广日集团投资两亿元的广州市番禺区生活垃圾焚烧发电厂即将进行环评,环评通过后立即破土动工,预计明年建成。"①

在通常的政策过程中,一个静悄悄的政府决策若突然进入公众的视野,通常得益于信息的传播,在这方面,传统媒体和新媒体往往发挥着巨大的作用。2009年9月,广州市番禺区大石的居民通过媒体报道、网络传播等民间渠道得知政府要在大石街会江村

---

① 《广州市规划局:番禺垃圾焚烧厂环评正在进行》,《羊城晚报》,2009年11月15日。

附近建造一个日处理 2 000 吨垃圾的生活垃圾焚烧发电厂,发电厂计划在国庆节后开工,2010 年亚运会前投入使用。消息一经传出,马上引起了公众的网络反抗。该消息很快在位于番禺的各大楼盘业主论坛 BBS 上转载,并被置顶。据广东大洋网的调查显示,截至 2009 年 10 月 20 日 15 时,共有 11 003 位网民投票反对建厂,占投票总数的 92%。BBS 上的业主网络舆情被媒体持续追踪。媒体及时传递政府的消息,并及时反馈业主的声音,将 30 万华南板块业主维权事件,从网络平台推向了报端,提高了民众的关注度。

11.2.2 民众的抵制行为和抗议行动

问题的争论和讨论,不仅仅限于舆论方面。与该政策项目密切相关的社区居民,开始从造舆论走向实际的抵制行动。从项目将环评的消息传出以来一直到 10 月下旬,以丽江花园、广州碧桂园和海龙湾等为代表的业主们,多次有组织、有计划地召开了具有规模性的"早茶会""看片会",将利益相关的业主们召集在一起讨论如何阻止垃圾焚烧发电项目。民众采取抵制行动的目的,在于迫使政府和决策者作出回应,以改变原先的政策计划。然而,当地政府的回应是消极的,敷衍了民众的诉求。广州环保局网站 17 个关于"反对番禺垃圾发电"的投诉,显示的状态是"已答复",但点开的内容却是统一的"市政府已授权广州市市容环卫局全权处理关于番禺垃圾焚烧发电厂问题的媒体咨询以及市民疑问,请向其咨询"。然而,广州市市容环卫局网站上却没有与番禺垃圾发电厂相关的任何信息。10 月 22 日,广东省政府参事王则楚做客大洋网直播室,第一次就此事与网友交流。王则楚表示,建垃圾焚烧发电厂是无奈之选。

交流没有也不可能产生结果,业主便采取了更为激烈的抗议方式。10 月 25 日,数百名业主发起"万人签名"抗议活动,喊出

"拒绝毒气,保护绿色广州!"口号。抗议者用行为艺术的方式,以及集体上访这种常用的抗议形式表达诉求和不满。在中国基层的政治生态结构中,由于受到诸多制度性规定的约束,民众大规模的上访和游行往往被较高层次的政府看作激烈的对抗方式。这种方式显然会对政府构成更大的压力,从而被迫作出正面的回应。10月30日,番禺区政府召开了解释生活垃圾焚烧发电厂项情况的情况通报会,番禺区市政园林局局长传递了对焚烧垃圾这一处理方式肯定的表态。在这次会上有4位与垃圾焚烧前沿技术有关的资深专家支持这个项目,他们后来广受网友诟病。

各行为体之间的博弈在多个方面持续地展开着。首先,政府主导的环评工作于11月1日进行,番禺有关方面对垃圾焚烧发电项目开展了环境评价工作。与此同时,地方上的人大代表也介入这一政策过程中,但是,人大代表们却发出了与当地民众完全相反的声音。11月5日,《番禺日报》在头版头条刊发《建垃圾焚烧发电厂是民心工程》评论,称番禺区人大代表70多人通过对项目选址现场的考察,得出这是"为民办好事、办实事的民心工程"的结论。那么,真实意义上的民意(而不是人大代表这个法律规范意义上的民意)又是什么呢? 就在70名人大代表发出声音的同一天,广东省情中心对垃圾焚烧厂8公里内的12个小区调查证明,97.1%受访居民反对建垃圾焚烧发电厂。在这里,两种不同的民意出现了断裂,而从逻辑上来说,它们更多的应该是统一的①。

事实上,在这一政策事件尚未变成"全国性事件"之前,社会冲突还只是一个地方性事件,其关注的或影响的范围被限制在较小

---

① 形式上的民意并不是都站在民众的对立面。11月6日,广州市政协委员韩志鹏建议,在当前市民激烈反对建垃圾发电厂的情况下,应因势利导推进垃圾分类。政协委员这个法律规范意义上的民意代表,在本质上与真实的民意是相一致的。只是,在人大和政协委员当中,这样的利益表达属于极个别,这属于是制度问题。

的地方范围内。在民众的抗议声中,政府的态度依然很坚定,当地媒体也突然失语。11月6日这一天,之前积极跟进的广州各大媒体要么失语,要么改口,广州电视台、《广州日报》先后报道番禺和广州当局将"依法推进垃圾焚烧项目"。表现政府坚定立场的另一个证据是"环评"。11月14日,广州市规划局表示2006年便批准了番禺垃圾焚烧厂的选址工作,目前正在配合环卫部门进行环评,并强调如果通不过环评,规划局不会发出规划许可证。但是,没有任何透明度的环评工作,连结果是什么都没有告知公众。有了环评的依据,11月22日的广州市政府新闻通报会表示"要坚定不移推动垃圾焚烧"。

11月21日,央视"新闻调查"公开报道了这一公共事件。央视的介入使政策事件的性质发生了变化,它最终演变成为一起全国性的公共事件,当地政府的态度出现突然转变。11月23日,番禺区召开了"创建番禺垃圾处理文明区工作座谈会",预约了30多名小区业主进行面对面谈话,称"环评不通过不动工,绝大多数群众反映强烈不动工"。这种正规的沟通形式并没有阻止甚至缓解民众对政府的不满,因为社区民众不相信也不愿意被少数人所代表。他们采取了常见的上访形式。11月23日,番禺大石镇近300名居民上访。上访群众没有按照《信访条例》的规定选派5位代表与市领导直接对话,表示不愿意"被代表",结果导致副市长苏泽群空等五个小时,最终也没有实现与群众交流。

该项目推进过程中可能存在的官商复杂关系,加剧了民众的愤怒。12月1日,网友爆料广州市政府有关人员和垃圾焚烧企业即广日集团存在密切关联:其儿子和弟弟都在垃圾焚烧厂供职。实际上,在此前的11月23日,《南方都市报》爆出地方政府态度的突然转变与复杂的承建运营商关系有千丝万缕的联系,只不过没有像网络媒体那样明确地指名道姓。针对网民的爆料和质疑,政府部门并没有给出解释,只有吕志毅的"这是胡说八道"这一句简单的回应。12月2日,网民质疑之前四位环评专家的身份,指出专家只为做垃圾焚烧生意。12月3日的《南方都市报》发表的一篇长文借用网民的说法,称广州市政府副秘书长与垃圾焚烧利益集团关系密切,并把采访到的吕志毅的话刊载在标题上——"现在不想说这事,今后再说",报纸同时刊载了网民的声音"吕副秘书长不妨坦言真相"①。该报的社论《澄清利益输送的疑云需要决策透明》对政府的政策过程的弊端提出了尖锐的批评②。

在强大的舆论压力下,政策事件出现了转机。12月10日,番禺区经广州市政府同意宣布,暂缓垃圾发电厂项目的选址及建设工作,并启动选址全民大讨论,让市民参与选址论证和环评,选址和建设在2011年至2012年12月完成。12月20日,番禺区委书记谭应华应丽江花园业主代表邀请,与反对垃圾焚烧的业主座谈,谭应华表示今后垃圾处理问题,必须要75%以上同意,或者是形成共识才能进行,并表示如果民意反对,垃圾焚烧厂绝不会建。至此,垃圾焚烧项目宣布中止。

11.2.3 项目中止后的大讨论

这一政策事件对当地政府形成了一定的压力,也迫使政府反思在社会冲突过程中的相应对策和行为。12月21日,就在番禺区委书记谭应华和番禺丽江花园业主进行面对面座谈的第二天,《关于重大民生决策公共征询工作的规定》在广州市政府常务会议上获得了通过。在这一被媒体描述成"民生决策公共征询机制"的《规定》中,作出了这样的安排:对环境保护、物价、征地拆迁等与

---

① 《公司网上"吕志平"神秘消失 网友:吕副秘书长不妨坦言真相》,《南方都市报》,2009年12月3日。
② 《澄清利益输送的疑云需要决策透明》,《南方都市报》,2009年12月4日。

群众利益密切相关的重大决策,必须经过拟制、审核、公示、审定四个阶段,必须广泛听取民意,并主动回应媒体报道和网络言论。至于政策行动的变革(或调整)最终是否能在今后的实践中贯彻下去并产生效果,依然需要进一步观察,但变化的确是发生了。

番禺大讨论紧接着进行。12月下旬,番禺区开展大讨论。讨论的一个方向是如何处理垃圾。政府开通五种途径收集意见和建议,讨论垃圾处理形势及垃圾处理方式。从广泛收集的意见来看,开展垃圾分类工作是政府、居民、专家、媒体的共识,但分类仍存在大量垃圾,最终仍然要进行填埋和焚烧。因此,垃圾问题并未得到根本解决。全民大讨论的第二个方向是选址。随着2011年4月番禺垃圾焚烧发电项目再次被提上议事日程,在何处建设电厂成为讨论的主要方向。4月12日,番禺区政府正式公布了五个建设垃圾焚烧发电厂的备选地址:东涌镇、榄核镇、沙湾镇、大岗镇和大石街会江。政府宣布,最终选址何处,将通过广泛讨论,根据群众的意见、环评分析和专家的论证结果来确定。

作为公众讨论和参与的一个重要内容,在政策项目推进中,番禺区进行了两次环境影响评价。5月24日,区政府发起对《广州市番禺区生活垃圾收运处理系统规划(2010—2020)》环境影响评价的公众参与(第一次),引导公众发表对工程建设及环评工作的意见和看法。但对于民众参与的意见和建议,政府并未作出官方回应或给出相关报告。番禺区于8月再次公布了垃圾焚烧厂项目的第二次环评报告,针对原有垃圾处理基地的五个选址,报告建议取消沙湾镇西坑尾方案作为垃圾处理基地的选址,变成基地选址四个备选点方案。沙湾选址周边居民松了一口气,而其余四个备选地点周边居民则展开了新一轮口水战。在这个案例中,选址问题最终没有定论,而民间讨论已经疲软,迫在眉睫的"垃圾围城"问题,悬而未决。

11.3 社会冲突的政策根源

11.3.1 社会冲突的性质和功能

番禺民众对垃圾焚烧项目的抵制和抵抗行为,按照中国正统的政治话语来表达,是一起"群体性事件",是人民内部矛盾的反映。不同的学科理论对人民内部矛盾的含义会有不同的解释。按照现代社会学理论对(社会)冲突的理解,"人民内部矛盾"包含了因利益差异而引起的紧张关系和竞争(乃至抗争)。社会学家科塞(Coser,1956:37)把社会冲突看作是"对有关价值、稀有地位的要求,权力和资源的斗争,在这种斗争中,对立双方的目的是要破坏以至伤害对方"。移居英国的德国社会学家拉尔夫·达仁道夫把"主体之间目标存在不相容差异的一切关系"都看成是社会冲突关系,并用"冲突"一词来表示"诸如竞赛、竞争、辩论、紧张等社会现象"(转引自柴振荣,1998)。

如果我们按照社会学的观点来理解,那么在政治学中出现的民众与政府之间的紧张关系,就属于社会冲突的范畴。没有人会把番禺民众对广州市政府的政策项目的抵制看成敌我矛盾。正如有媒体评论认为的那样,这起事件是"近年来抗议时间最短、冲突最少、政府官员最主动、参与者最轻松的一次公共事件。它改写了群体性事件的定义,使其不再是面目狰狞的负面概念,而是一个官民互动的民主通道"[①]。

番禺民众通过联名、上访、散步等比较温和的方式对政府决策

[①] 《番禺区委书记:垃圾处理须75%以上人同意才实行》,《新闻周刊》,2009年12月28日。

项目发起抗议,首先是一种利益表达。虽然广州市政府的决策至少在形式上讲是以"公共利益"为目标的,即对广州市的社会整体而言是一个必要的决策,但是,与任何会产生"邻避效应"的公共决策一样,作为政策目标地区的居民,番禺区民众出于自身的利益、权利和恐惧心理的考虑而采取抵制行动,是在表达和追求其自身的"个人利益"。这种利益表达具有合理性,因为在现代民主社会,任何基于多数人利益的公共利益的实现,绝不能以绝对地排斥少数人的利益为前提。正如我们在第3章中所分析到的,在公共利益的实现过程中,发生个人利益与公共利益的冲突,是政治过程中的正常现象。按照维特斯等人(Vittes, Pollock & Lilie, 1993:125-129)的说法,作为一种"不要在我家后院"的主张,邻避情结包括了三个方面的含义:首先,它是一种全面拒绝被认为有害于生存权与环境权的公共设施的态度;其次,强调以环境价值作为是否兴建公共设施的标准;再次,邻避效应主要是一种情绪性反应,居民不一定需要有技术、经济或行政层面的理性知识。有谁能保证,垃圾焚烧发电项目建在番禺"一定"不会对番禺居民的健康、生活品质带来威胁?就不会对番禺居民花高价买来的房产构成冲击?或者更进一步说,如果的确存在产生这些威胁的"可能",那谁又"可以"这么说,为整个广州市的公共利益承担代价的"必须是"番禺区的居民?

　　考察社会冲突的性质,分析民众的抗议行为,不能仅着眼于抗议者利益诉求的合理性这一点上,还应该考察抗议行为的方式、目标及其后果。番禺民众的行动具有明确的指向性,那就是要迫使政府把垃圾焚烧发电项目停下来。从行动后果看,民众的目标实现了。他们是通过非制度化参与的方式,对政府产生压力来达到目标的。这是一种政治参与过程,尽管这种参与方式不为官方所认可和倡导,但的确是很长一段时间来中国底层民众常用的一种维权方式。仅因垃圾焚烧发电项目而产生邻避效应的社会冲突,发生在番禺的不是一个孤立的个案,在北京六里屯、江苏吴江、南京天井洼、上海虹桥等地都发生过公众抗议事件。这些事件的结果都是一样的:政府迫于公众抵制而缓建或停建项目。从行动方式、目标和结果来看,这些抗议行为符合社会学家陆学艺(1993:69)所说的社会冲突的性质,他将冲突看成是不同行为体之间由于反对对方,或是为了阻止对方的意图而产生的一种自觉性行动。

这些案例建立起来的"方式—目标—结果"逻辑关系,决定了抗议行动的性质和功能。科塞(Coser,1956:253)的《社会冲突的功能》一书将社会冲突按照四个不同的维度划分为现实-非现实冲突,紧密关系中的冲突,内群体-外群体冲突以及意识形态-分裂型冲突四个类型。番禺的冲突案例第一个类型中的现实性冲突,即在相互关系中,由于某一方的需求没有得到满足、目的没有达到而引致的冲突。在那里,冲突只是为满足需求、达到目标的一种手段(Coser,1956:35)。这就意味着,特定的目标一旦达到,比如政府宣布中止项目,显现的冲突也就随之消除。一些中国学者,如于建嵘(2010:98),将此种类型的社会冲突称为"非对抗性冲突",与"对抗性冲突"类型相对应;另一些学者,如孙玉杰(2010),则用"无直接利益冲突"来描述类似的民众抗议行为。在中国,在所有的邻避效应项目建设的案例中,几乎不见因民众与政府之间的敌对心理而引发的、行为体将冲突本身视为最终目的的非现实性冲突。

政治社会学一般都相信,社会冲突(尤其是非对抗性冲突)在一定条件下对社会发展具有积极的建构功能。积极的社会建构功能可以表现为实现制度和公共政策变迁,从而在很大程度上解决了国家和发展所面临的政策问题。在番禺的案例中,如何处理"垃圾围城"这种日益严重的公共管理问题,在该冲突事件平息后依然是一个困局。但是,以新的政策来取代既有政策,解决政策问题,只是社会冲突建构功能的一个方面,或一个方向。我们至少可以从另外两个方面看到社会冲突的正面作用。

第一,番禺民众的抗议行为并没有对社会基本的制度结构造成冲击,没有对社会秩序的稳定造成破坏。它属于非对抗性的低度冲突,参与者较为理性,基本上是以国家法律允许的方式(如上访)来表达利益,因此并未给社会带来剧烈的震荡。这与另外一些案例所体现出来的冲击公权机构和打砸抢烧形成了鲜明对比,甚至在抗议行动展开过程中,连抗议者与警察之间的冲突都不曾出现。但是,政府依然把抗议行动提出的议题纳入了正式政策议程之中。公众有序参与来表达利益诉求,应该成为中国政策过程中议程设置的一个常态形式。

第二,抗议行动的结果是迫使政府中止了项目,这会引起争议,因为垃圾问题尚未解决;但是,抗议行为促成了一种新的安排,政府愿意与民众通过对话、协商和沟通的方式来讨论眼下该项目本身的命运,还愿意以这种方式来协商未来如何解决垃圾问题。虽然政府态度的转变是因为舆论和抗议行动所造成的压力,但政府实际作出的积极回应是值得称道的,比如,建立民生决策公共征询机制,垃圾处理方式和选址的全民讨论,这些做法都有助于把公众参与纳入制度化和程序化的轨道上来,而这恰恰是在将来的邻避效应项目建设中避免社会冲突的最好的途径。

11.3.2 社会冲突的政策根源

有关社会冲突以及社会运动的研究文献都毫无例外地探究了冲突的根源问题,已有的各种分析范式也有助于我们解释本案例的以及中国的社会冲突的根源。本章主要从公共政策的角度来探寻番禺区民众抵抗行动的政治根源。在某种程度上,引发社会冲突的经济的、社会的、文化的、心理行为的等方面的根源,也可以从政治的角度进行一定的解释。这是由中国转型的特点和制度结构所决定的。

中国地方上出现的群体性事件,有很多是由政策所引起的,也就是说跟地方政府的行为有关。这正是一些学者提出的"依法抗争"和"以法抗争"两个解释框架在很多时候具有较大解释力的原因所在。在李连江和欧博文(1997:272)提出的"依法抗争"或"以政策为依据的抗争"(policy-based resistance)里,底层农民的抗争行为被看成农民积极运用国家法律和中央政策来维护其自身政治利益和经济利益不受地方政府和官员侵害的政治活动,因而兼具政治抵抗和政治参与的特点。而于建嵘(2003;2004)提出的"以法抗争"解释框架,则强调具有明确组织性的抗争精英在维权活动中的关键角色,认为很多社会冲突事件是一定数量意志坚定的抗争精英,在一定的分工和激励结构下,以维护中央政策和国家法律赋予农民的合法权益为目的的维权行动。

这两个分析框架不完全适合分析番禺区民众的抵抗行为,因为在广州的案例中,抵抗行为的参与者大多是白领阶层和社区中的业主,而不是农民。同时,抵抗行动主要是参与者的自发行为,在案例中我们并没有发现哪些人是作为维权精英在组织和领导抵抗行动,特别是,国家法律和中央政策与地方政府的行为之间,并没有一个十分清晰的边界,以至于我们无法判断这些抵抗行动的参与者是否在利用国家法律和中央政策来抵制地方政府的行为。看来,我们还得从另外的角度去寻找到底是哪些方面的政策因素,在引发番禺民众的抵抗行动中起了作用。

第一,政策问题本身的急迫性造成了政府在解决问题的选项上面临着困惑。广州市决策者在上马垃圾焚烧发电项目之前,面对着两个方面的压力。一是"垃圾围城"的现实压力,二是即将举办亚运会的政治压力。广州垃圾产量以年均7%的速度递增,而以填埋方式处理的生活垃圾占垃圾总量的比重高达90%以上,现有的垃圾处理设施正在被逼向容量极限。就番禺区而言,每天产生的生活垃圾高达2 300多吨,但火烧岗这个当时番禺最大的垃圾填埋场日填埋垃圾能力仅仅1 700吨,所存缺口甚大。场内增加分拣中心减容、减量后,填埋场尚可以运行至2014年年底,但之后填埋场只能封场。整个广州市的垃圾填埋场都面临着番禺同样的窘境。根据当初决策者的预计,到2012年年底填埋场将全部填满封场,造成全市约3/4的生活垃圾无法处理。如继续维持填埋的处理方式,广州需日均增加1亩土地来扩大填埋场规模。显然,在广州这样的超大城市,这一方式不可持续。决策者必须另找出路。

然而,广州市的决策者似乎面临着"霍布森选择"的困境——只有焚烧发电一个选项供决策者选择。因为这种方式可以大批量、快速解决生活垃圾问题,还可以产生较高的经济效益。决策者还看到,生活垃圾处理的焚烧技术在西方应用已久,已经积累了相对成熟技术,因而相信中国在技术上也能把焚烧垃圾所产生的污染损害限制在可控范围内。在民众的抗议行动中,当时有舆论质疑广州市决策当局为何不把在广州已经试点实践了十几年的生活垃圾分类分拣做法的经验加以总结和推广,而非得采取可能会产生更大污染焚烧技术,而越来越多的西方发达国家已经逐步以垃圾分类来取代焚烧方式①。针对这个问题,我们在分析政府决策行为时,必须注意到一个基本事实,即:垃圾分类之后,依然面临

---

① 在西方,越来越多的国家实行垃圾分类为主、垃圾焚烧填埋为辅的垃圾处理方式。美国从1995年开始停止了焚烧项目的建设,并把建成的厂逐步关掉。2007年,欧盟立法者一致否决了欧盟委员会企图将垃圾焚烧划分为"能源再生产业"的决定,规定到2020年,欧盟国家50%的生活垃圾和70%的建筑垃圾都应该得到回收再利用,而不是填埋和焚烧;自2007年至今,德、英、丹、荷、挪等国终于相继作出了新决策,不再新建可燃废物与城市垃圾填埋场和焚烧炉厂。1992年,加拿大安大略省通过了焚烧炉使用的禁令,1996年北美洲五大湖区52个焚化炉结束运作。而在日本,到2000年7月已有4 600座垃圾焚烧设施被停止使用。

着是填埋还是焚烧的选择,西方国家主要选择填埋,是因为不存在人多地少的矛盾;而且它们也并非完全抛弃焚烧这个途径,但严格遵循垃圾分类是进行焚烧的一个必要前提,杜绝把不适合焚烧的垃圾投入焚烧厂。尤其是,在处理垃圾问题上,西方国家有着多样化的政策工具可以选择,比如,对居民丢弃生活垃圾实行收费的政策,以及通过公众参与的方式实现焚烧垃圾的决策公开透明,等等。对中国来说,收费的难度很大,而公众参与,正如后面将分析到的,在中国则又受到政治发展水平的制约。

广州市的案例显示,决策者面对问题难度和复杂性的压力,在封闭式的决策体制下,匆匆忙忙地作出了焚烧垃圾的决策。不是说垃圾焚烧不应该成为解决问题的选项,也不是说焚烧垃圾必然会引起社会冲突。问题在于,当今中国的城市垃圾处理问题,正从单纯的环境问题转变为城市治理新的公共危机,已经超出了单纯的技术范畴。因此,焚烧垃圾的决策如果不充分考虑一系列系统性的问题,就会引起很多麻烦。

垃圾焚烧项目不仅仅是政府公共决策的事情,而是直接与公众切身利益关系相关的重大民生问题。为了满足大多数人的利益(这是形成公共利益的一个基础),政府决策难免要牺牲一些地方社区利益以换取整体大众的方便。但在民主社会,在民法是公民私人宪法的价值取向的背景下,政府的一切活动必须优先保障公民个人的权益,即使公共利益这一集体产品的提供,也必须遵循个人权益保障优先的原则(唐贤兴,2008b)。因此,公共利益的实现过程也同时应该是尊重和保护少数人利益的过程。公民个人的私有财产权是风可以进、雨可以进但公共权力不能进的权利屏障,只有承认个人权益的优先性,公共利益才是真实的,宪法权利才会成为刚性的、不会被政府宣布的"公共利益"任意摆布的权利。当然,个人或少数人也不能凭借其私人利益的优先性而采取与公共利益相对抗的姿态,因为没有公共利益的最大限度的实现,个人权益和自由的最大化也是不可想象的。凡是有关公共利益的善,只要是在遵循法律规则的情况下进行,每一个具体的个人都应对公共利益或公共物品的供给作出贡献,因为"每个人都会比所有的人没有这样做时生活得更好"(丹尼斯·C.缪勒,1996:16)。所有与公共利益相冲突的私人利益主体都应当对公共利益做出妥协。如何实现这种相冲突的公共利益与私人利益之间的妥协?这不仅取决于我们下面要论述的民主决策机制的完善性,也取决于政府在决策的时候,不能把垃圾焚烧项目仅仅看成一个简单的技术项目而匆匆上马,而要充分考虑到,垃圾焚烧项目不像征地引起一次性的群体性事件那样简单,项目一旦建成之后,它可能产生的污染对周边民众生活的影响都会长期持续存在。邻避效应项目对社会配套机制高度敏感,匆忙上马项目会引发持久的社会矛盾和冲突(李琦,2011)。正是匆忙而封闭的政府决策是在没有完善相应的社会配套机制的情况下做出来的,才引起番禺民众的抵制。

由此第二,我们在案例中看到的社会冲突第二个方面的政策根源,是与政府决策在分配功能上存在的问题相关联。如果我们抗议者假设为从事利益计算的理性人,那么我们会看到,即使大部分不受地方民众欢迎的设施能够形成普遍化的社会公共利益,并有相当范围的民众从中受益,但只要存在不对称的利益分配结构,还是会造成抗争参与者与受害者的情绪反应。在这里,关键的问题在于,邻避设施厂址周围的居民所获得的利益被均分化,而所担成本则内耗化(杨志军,2012)。在个人自利的前提下,受益者阵营容易受到泛利益成员"搭便车"企图的影响,在追求成员间共同利益的集体行动上会面临较大的困难,而成本负担者阵营则有较为强烈的动机参与集体行动来抗拒邻避设施的建设(Kenneth & Maxwell,1994:593-624)。

在番禺的案例中,当地民众在得知政府要在番建造垃圾焚烧发电厂的消息前,静悄悄的政府决策早已进行了几年,消息一经走漏之后政府正式发布决定,又显示出政府非上项目不可的坚定决心。这意味着,政府在作出正式决定前并未与当地民众协商补偿问题。也正因为如此,当地民众采取抵抗行动时,没有与政府商谈补偿问题,而只需要达到迫使政府中止项目这个单一的目的。假设当初作出决策前政府能事先告知民众政府有什么打算的话,是不是有可能达成补偿协议,从而能让项目在可监督的情况下顺利上马呢?这种可能性是存在的。公共利益的界定和形成过程,既是一个充满利益矛盾和利益冲突的过程,也同时也是一个形成共识与达成合作的过程。经验表明,现代社会解决利益冲突的最佳途径是就程序问题达成共识,促进合作,这其中,行为体之间的平等协商和对受损私益进行公平的补偿,是两个很重要的合作机制(唐贤兴,2008b)。中国的老百姓并非一些人认为的那样是"刁民",如果决策过程具备交流、协商、对话和博弈的制度安排,社会大众想必能在充分的互动中明了事理,会认识到公共利益的实现必然要以一些个人利益的受损为代价这样的道理,并接受现实。如此一来,作为一种缓解和解决利益冲突的制度化机制,对受损群体进行合理补偿或许是可能做到的。

政策过程使番禺民众的利益受损是引发民众抵抗行动的直接推动力,而猜测有关利益集团可能绑架了政府决策,从而让受益者只获得好处却不承担成本的政策分配过程,则强化了抵抗者的不妥协。在一个多元化的社会里,公共政策总是无法摆脱利益集团的影响,但是,这种影响必须被纳入制度化的结构过程中,不能损害社会的公共利益。诚如一些法学家所言,"公共利益的历史,就是一部反对或阻止某些特定群体滥用政府权力为它们自己谋求不正当利益的权利斗争的历史"(范进学,2005)。

在民众抗争的起初阶段，建还是不建垃圾焚烧发电厂的争执，还只是政府决策者与公众双方立场角度不同所带来的意见相左，民众相信决策者的出发点是为了解决广州市垃圾围城的严峻问题，但不能接受自己利益受损和决策过程没有公开。然而，到了政府部门与利益集团之间的紧密关系被披露出来后，民众的不公平感便更强烈了。他们发现，垃圾焚烧项目表面上是一个公共环境项目，但实际上是一桩利益巨大的生意。根据协议，政府给予广日集团25年的垃圾焚烧发电特许经营权，并每年给予财政补贴1.73亿元，而利益集团则为政府偿还18亿元的债务。根据发达国家和中国台湾地区的通常做法，垃圾焚烧发电作为一个公益项目的上马，至少必须坚持不分拣到位不焚烧、不财政全额不焚烧、不公开透明不焚烧，以及不公平补偿不焚烧这四条基本原则（笑蜀，2009）。但利益集团一旦进入这个公益领域，基于逐利动机，它很有可能在监管不到位的情形下不分类、分拣垃圾就进行焚烧发电，而政府对利益集团的财政补贴则更是模糊了公共财政的公共性本质。政府与利益集团结合成利益共同体的结果，一方面绑架了民意，使得民众几乎没有机会提出自己的利益诉求；另一方面产生了利益格局上的"强者越强，弱者越弱"的"马太效应"。不对称的利益分配机制加深了本地居民的质疑态度和不满情绪，缩小了理性讨论的空间，从而增加了民众参与抗争活动的意愿。正如有社会学家指出的，"利益变动本身尚不足以导致冲突行为的产生，由利益变动导致的不公平感和对现状的不满才是导致冲突行为产生的直接根源"（李培林、张翼、赵延东、梁栋，2005：19）。他们通过研究还发现，社会中不满意程度较高、"相对剥夺感"较强、社会冲突意识较强烈的那些人，可能并不是常识认为的那些物质生活条件最困苦的人，也不是那些收入低但利益曲线向上的人，而是那些客观生活状况与主观预期差距最大的人，是那些实际利益水平虽然不是最低但利益曲线向下的人(李培林、张翼、赵延东、梁栋,2005:262)①。

本案例要描述的社会冲突的第三个政策根源,与政治过程的民主不足相关。大量研究中国社会冲突的文献都看到了中国政治的一些制度和过程与社会冲突之间的相关性,只是在不同的社会冲突案例中,有关制度和过程的具体内容和侧重点有所差异。在本案例中,与民主因素联系在一起的,至少有如下两个方面问题值得我们重视。

其一,政府心里明白,所有的邻避效应项目都会引起当地居民一定程度的抵制,也明白邻避设施所造成的危害会被一些抗争精英和媒体放大而形成强大压力。所以,政府对大型工程项目的决策一般会采取"阻力最小化"原则,多以专业考量为由进行封闭式决策。封闭性决策本身不符合国家法律和中央政策所规定的正当性决策程序原则。比如,国家环保总局(今环保部的前身)在2006年2月发布了《环境影响评价公众参与暂行办法》,明确提出"国家鼓励公众参与环境影响评价活动",规定环保部门在审批或者重新审核建设项目环境影响报告书过程中,"须征求公众意见",在建设项目环境影响报告书中,"须编制公众参与篇章"。比这些法律程序性规定更为重要的是一个伦理学问题。既然邻避效应项目是为了社会的公共利益,那么,政府就必须把所有的利益相关者纳入政策过程,从政策问题的界定到政策方案的选择,直至政策评估的每个环节能做到充分有效的制度化参与,是保证利益协调和实现社会秩序的制度基础。

然而,番禺垃圾焚烧发电厂这个重大的民生项目,从商议到审

---

① 以不满情绪和相对剥夺感来解释社会运动和集体行动,也受到了一些人的质疑,比如,迈耶尔·N.扎尔德(2002:182)批评道,行为是需要付出成本的,"不满情绪或剥夺感并不能自动地或轻易地转化成参加社会运动——尤其是高风险的社会运动——的行动"。

批上马,自始至终都没有询问过民众的意见,也没有进行充分调研,当地民众完全处于不知情状态。在央视新闻调查节目中,番禺区的官员和人大代表坦言,他们并没有跟附近的村民充分沟通。也许从政府的角度来说,地方政府倾向于主观地认为,对于民生问题,政府完全可以为民众作主。因此,哪些民生问题能够进入政府政策议程,采取何种政策方案进行处理,只需要在政府内部商议和决策即可,民众并不需要参与其中。番禺民众在行动喊出"不愿意被代表"的口号表明,事关他们切身利益的事情,他们已经表达出了要自己做主的声音。一旦民众的参与权利被限制和抹杀,或者说,人们的参与热情一旦受到打击,不稳定因素就产生了。

其二,与民众参与期望形成对照的是,现有正式的参与制度远远不能承载起民众的参与热情。就在番禺的案例里,本应该履行凝聚民意、监督政府的当地人大代表并没有很好地履行其法定的职能。一位番禺区人大代表在接受央视《新闻调查》节目采访时言之凿凿:"我没有去与群众沟通,沟通应该是政府的事情";"我不用判断,政府会判断";"我们主要都是听政府部门"[①]。人大代表对自己有了这样的角色和功能定位,便不难理解出现下面这个情形的必然性了:70多位番禺区人大代表在视察了位于大石街会江村的垃圾焚烧发电厂规划用地现场后,大加称赞其为"为民办好事、办实事的民心工程",并表示"要坚定不移贯彻下去"。政府以人大代表的口说出了自己的想法,并把这种想法转换成了民众的想法。显然,真实的民意(上访和街头抵抗行为表现出来的)与法律规范之下的民意(人大代表的行动所表现出来的)反馈机制,在这里出现了严重的断裂(刘建军、何俊志,2009:164)。这是由人大代表制度自身的局限性所造成的,因为人大代表不是社区居民的代表,

---

① 《番禺垃圾焚烧,人大代表被指脱节》,《广州日报》,2009年12月1日。

他们来自各单位和各条线的体系。民众法律上的利益代言人不再代表民意,使得民众真正的利益代言人缺失,民众只能选择以法抗争的形式来实现自己的利益诉求。

另一方面,传统的民众与政府的对话和沟通机制(即上访和领导的接访)并没有满足民众的政治参与需求。这是由信访制度本身的局限性所决定的。广州市副市长和番禺区区长曾按程序出面与民众交谈沟通,要求上访群众按照《信访条例》的规定选派 5 名代表到接访场所与市领导直接对话。但是,民众却表示不愿意"被代表"而没有前往与市领导对话,结果,副市长先后在市信访局和番禺区信访局候访空等了 5 小时,也未能见到上访群众代表①。这个细节说明,民众对现有的制度安排和对政府本身的信任出现了问题。民众的不信任是有一定的理由的,因为信访制度本身是不解决问题的,它只是一个沟通机制。同时,政府的一些消极回应也让民众降低了对政府的信任度。比如,针对网民对广州市副秘书长的亲戚供职于广日集团的猜测和质疑,政府部门并没有向民众给出可信的说法的打算,副秘书长本人也仅抛给民众一句"纯粹胡说八道"的话算作回应。

总之,在本案例中,民众的抗议行动的产生是政策过程中民众参与不足的结果。抗议行动的参与者的直接动机是担心政策项目可能会影响到其自身的安全和利益。但这不是参与者的全部动机。一些关于底层民众政治参与动机的研究文献表明,参与者的动机是多样性的,其中就有满足参与需求的动机,而不仅仅是维护私人利益(郭正林,2004;高伟,2011;朱碧波、尹向阳,2010)。

---

① 《广州常务副市长:与市民一起讨论垃圾焚烧厂选址》,《广州日报》,2009 年 11 月 24 日。

11.4 抗议行动与政策变迁:建构功能的约束性条件

既然社会冲突在相当程度上是有深刻的制度和政策根源的,那么,反过来反思社会冲突对于公共政策变革和变迁的建构作用,对于社会的转型和发展来说是合乎时宜的。在社会学和政治学文献中,人们一般把集体行动和社会运动都看作引发社会和制度变迁的重要变量。社会冲突理论既看到冲突具有冲击社会秩序的负面功能,也肯定了冲突具有促进社会变迁的正面功能。科塞(Coser,1956:31)认为,"积极的"和"消极的"因素都在建构群体关系,"冲突与合作都具有社会功能,……某种程度的冲突是群体形成和群体生活的维持中的一个关键因素"。由此,任何组织的管理都要正视和尊重冲突的这种两面性的客观存在。组织管理的一个重要任务,就是要引导冲突往发挥积极功能的方向发展,也就是解决消极冲突,激发积极冲突(李旭升,2008:144)。我们把社会冲突的正面功能理解为建构性功能,认为凡是通过社会冲突而能引起公共政策作出符合社会发展需要的积极变革,都是因为社会冲突在公共政策变迁中扮演了建构作用。

11.4.1 公共政策变迁

政策变迁是一个不太容易界定的概念。美国政治科学家詹姆斯·E.安德森(1990:178)认为,政策变迁意指以一个或多个政策取代现有的政策,包括新政策的采行和现存政策的修正或废止,其可能以三种形式体现出来:现有政策的渐进改变;特定政策领域内新法规的制定;选民重组选举之后的重大政策转变。豪格伍德和彼德斯(Hogwood & Peters,1983:25)认为,政策变迁基本上就是一种对现行政策所进行的变革活动,这种变革,或因外部环境的变化所致,或因政策自身构成要素的变化而发生,不论是受外在条件还是内在要素的影响,很少有政策会一直维持着当初被采纳时的形式;相反,他们总是处于持续不断的演化之中。林水波和张世贤(2006:337)根据政策行动者对政策变迁的主导程度,将政策变迁定义为政策行动者通过对现行政策或项目进行慎重的评估后,采取必要的措施,以改变政策或项目的一种政策行为。

社会冲突对于公共政策变迁的建构作用,可以在很多不同层面上体现出来。如果在冲突后终结了一项正在实施或即将要实施的"不好的"政策,这属于这种建构功能的范畴。社会冲突的公共政策建构功能还会以其他形式表现出来,比如,通过社会冲突让政府发现了一个新的有效的政策工具,就属于这样的建构功能。再比如,社会冲突迫使政府改变原先政策的目标,使之变得更为合理,也可以被看作变迁的建构功能使然。当然,如果社会冲突直接导致了政策范式的变化的话,那么,冲突的建构意义就更为深刻。比如,如果社会冲突促成了政府决策议程设置方式的变化,越来越多的外部推动模式能对正式议程的设置产生重大影响,从而改变原先单一的"内输入"模式的话,应该就是这样一种政策范式的变化。约翰·W.金登(2004:15)认为,冲突能够在一定程度上将社会问题从一个非政府的系统议程转变为一个政府的正式议程。

番禺案例让我们看到了公共政策具有一些变化和变革的特征。

一是,政策过程产生了政策学习的新动力。很多政治科学家相信,公共政策的变革和变化是政策学习的结果。对于什么是政策学习,大多数人的看法基本是一致的。在那篇关于政策学习的经典文献中,彼得·霍尔(Hall,1993:278)定义了政策学习是一种"根据过去政策的结果和新的信息,调整政策的目标或技术的刻意的尝试,以更好地实现政府的最终目标"。很显然,人们相信也期望,政府通过政策学习,能使公共政策发生一些改变或变化,从而更好地实现政府的目标。

霍尔给出的定义,更多地显示政策变革的动力来自政策过程之内,也就是在政府内部,政策是因为政策学习而变化的。这是一种内生性学习的观点。在中国的政策过程中,政府也很强调政策学习的重要性,"总结经验"是经常被执政党和政府运用的一个术语,用来说明中国的政策变革和进步是执政党和政府加强政策学习的结果。然而,这种学习的自觉性、内生性和主动性并非总是在每一个具体的政策变迁案例中有很好的体现。改革以来公共政策的变化过程,在很多时候是执政党和政府回应外部环境的压力和挑战的产物,这一点在20世纪90年代以来随着群体性事件的不断上升而变得尤为明显。因此,外生性政策学习的观点对中国政策学习与政策变迁可能更具有解释力。赫克罗(Heclo,1974:306)将学习理解为"由经验导致的在行为上相对持久的变化",认为这种变化通常"被定义为在应对某些可感知的刺激所作出的反应中的改变"。按照赫克罗的观点,政策学习就是政府在"过去经验"的基础上对于新形势的反应,是政策制定者为了应对外部政策环境的改变而不得不做出的行为。因此,政策学习是外生性性质的,政策变迁的动力也来自政策过程之外。

在番禺案例中,抗议者起初所反对的,主要是两个方面:垃圾焚烧项目将损害当地居民的安全与健康,以及其他利益的受损;偷偷进行的政府的决策肯定不会是个好项目,还损害了当地居民的知情权。抗议者通过抗议行动基本上达到了其预期的结果。政府暂停了建设项目,许诺经过与民众充分的讨论和协商来决定项目的未来命运。政府意识到了原先那种封闭决策会产生什么样的后果,政府的行动、政策的目标都得到了一定的修正。这种认识和变化,无论是基于政府自身的内心省察,还是迫于外界的压力,这时候似乎都显得不再重要,重要的是,通过政策学习,变化的确发生了。

二是,政策变革和变化的特征不仅体现于政策项目的暂时中止,更重要的是,促使政府去寻找一种新的解决问题的方法。垃圾成堆的现实问题毕竟摆在那里,如果这个问题得不到解决,对抗议者本身也不会有益处。因此,如果说中止政策项目不具有政策变革的特征,那么,行为体之间通过社会冲突,能就如何解决政策问题达成一些看法,从而寻找到好的解决问题的方式,这应该被看成是政策变革例证。垃圾焚烧发电项目最终回归到"讨论"的轨道上来,当地政府回应抗议民众,许诺只要民意反对,就绝对不开工。让民众参与进来,倾听民意,这是政策过程中的一个进步,不但可以避免项目仓促上马之后产生更大更糟糕的后遗症,也在一定程度上挽回了政府形象。一些学者,如于建嵘(2005),把群体性事件看作"(民众)维权活动与执政者的政治行为"之间的一种"互动关系",其意义或许就在于此。

当然,指望通过一次互动来实现政策甚至制度的变革,也是不现实的。一些有利于社会进步的制度(游戏规则)的形成,往往得益于行为体之间的多次重复博弈。一次性的互动和沟通无法推倒隔离着政府和民众的那堵高墙,只有建立常态化的民意表达、有效讨论、沟通合作制度,真正让民意有合法化的表达渠道,才是问题的解决办法。好在经过那次抗议行动的互动,政府和民众双方都开始变得有理性、有诚意地来对待对方。民众不再像先前那样抗拒与政府的沟通协商,政府也善意地去回应民众的诉求,并制定了一些进行沟通和协商的机制。那种诉诸非制度化的抵抗行动来寻求解决问题的途径被避免了。在这样的背景下,如何处理垃圾问题的政策过程再次得以启动。2011年广州市召开了城市管理工作暨深入推进生活垃圾处理动员部署大会,会议确定了生活垃圾处理方式"以焚烧为主、填埋为辅"的方向。同时,广州市政府作出决定,将番禺区垃圾焚烧发电厂项目列入广州市 2011 年城市管理十大工作之一,并在 2014 年建成。广州市能在番禺民众的抵抗行动之后作出这样的决策,有赖于如下几方面:有了国家政策的支持依据[1];有专家提供的科学支持[2];得益于民众的理解以及政府与民众持续的互动。

11.4.2 政策变迁的有限性

尽管如此,番禺民众的抵抗行动在促进政策变革上的意义是有限的。在这里,我们对社会冲突与政策变迁有限性的判断与强调,不是基于价值性的期待,即不是要达到公共政策体系激进的彻底重构;而是要为抗议行动设定一些底线——不仅是针对抗议者的,也是针对政府自身的——以使抗议行动能够避免破坏性。

抗议行动本身如果要获得合法性,不仅要符合法律的规定合法地进行,越过这个底线,将给政府带来很大的压力和尴尬。这是一个法律上的问题,不在这里讨论。更重要的,抗议行动合法性的获得必须基于有助于政策问题的解决,而不是相反加强既存政策问题的严重性。当地政府的垃圾焚烧政策,其本意是要解决越来越严重的垃圾围城问题。如果撇开这一政策动机背后可能存在的政府自身利益或政府与利益集团之间的"共谋"不论,我们应该承认,垃圾焚烧可以成为解决垃圾问题的一个可能选项。在政府推

---

[1] 2010 年 12 月国家出台了《关于"十二五"期间环保产业发展的意见》,明确提出要推广生活垃圾焚烧发电技术。2011 年 3 月 23 日的国务院常务会议,再次强调了推广焚烧发电生活垃圾资源化利用方式的重要性。

[2] 广州市委市政府曾召开了一次"广州市生活垃圾处理专家咨询会",与会的 32 名专家中有 31 位一致认同采用现代化的垃圾焚烧技术,认为这是广州市生活垃圾处理的优先选择,"焚烧为主,填埋为辅"是符合实际的。

出焚烧垃圾的政策方案的时期,广州传统的垃圾填埋处理技术和能力已经不能满足需要。另外,控制垃圾增长的政策措施,如提高居民丢弃垃圾的成本,还很不现实,因为垃圾分类收集的处理系统还很不完善。任何政策措施都是在特定的约束条件下产生的,决策选择因此总是勉励一些困境。当决策者找不到最优解决路径的时候,次优选择是决策的方向。上述这些因素的存在意味着,焚烧垃圾可以成为这样一个次优选项。

在抵抗行动中,抗议者并没有把主要的关注点放在焚烧还是不焚烧的政策选项上,而更多的是关心政策项目的上马给自己的健康和利益所造成的影响上。地方居民的邻避心理值得理解,但共同体和社区最终还得去找寻到解决问题的办法。抛开公共利益,不该成为抗议行动的目标,这应该是一个合法性的底线——也是个人利益得到尊重和保障的合法性底线。这次民众的抗议行动产生的一个结局是,焚烧作为一个选项而被保留下来,这或许是一个大家认识到公共利益重要性的结果。公众参与讨论的议题由此变成了在哪里焚烧——焚烧发电厂的选址——的问题。这次抗议行动本身没有解决选址问题,如果政府在选址问题上不希望再引发新的抗议行动,就必须作出一些政策和制度上的安排。

然而,从抗议行动产生到结束再直到目前,人们尚未看到新的政策和制度安排的产生。虽然焚烧发电作为解决垃圾问题的政策方向已经确定了,但垃圾如何烧,在公开的政府报道中见不到政府有什么样的措施。我们不清楚广州市政府的决策是否对先前的做法有所修正。比如,垃圾焚烧必须财政全额支持,而不能走市场化道路,这是由作为一个公益项目和民生工程的性质所决定的。当初抗议者虽然甚为反感政府与利益集团捆绑在一起的做法,但他们担心的是利益分配上的不公正,而几乎没有抗议者向政府提出反对把公益项目交给利益集团去经营。再比如,已经确定的焚烧发电方向是否会继续完善试点试行了十多年的垃圾分类管理制度,这一点也不甚清楚。垃圾分拣分类虽然依赖于民众的自觉和习惯,但必须由政策规范和推进作为保障。令人遗憾的是,在这次民众抗议行动的过程中及行动结束后,没有任何迹象显示政府和民众都意识到实施垃圾分类的重要性。政府并没有在民意的基础上去完善垃圾处理系统,显示了政府没有去抓住民众抗议行动为政策的变革提供的机会。

垃圾焚烧发电的选址最终还是会在博弈过程中被确定下来的。确定选址的过程虽然是一个利益博弈的过程,但最终还是需要通过某些合理有效的制度化机制,给予博弈的失败者(也就是被确定的选址的周边居民)合理公正的补偿。补偿的方式有很多,依赖于博弈过程中各行为体的妥协。国外的一些做法是值得我们借鉴和学习的。比如在韩国,垃圾焚烧厂建设的决策是公开的,公众参与的制度很完善,因服从公共利益而利益受损的民众都会得到各种补偿。一种做法是,政府给予垃圾焚烧厂围墙周边300米以内的居民以各种优惠政策,包括居民使用附近游泳馆和图书馆可享受门票25%的优惠,居民如果使用垃圾焚烧厂的供热,政府每月会给予4 000韩元供暖补贴。

当然,被称道的政府与民众的互动关系,也不是没有可以反思的方面。本案例显示,政府在应对社会冲突方面缺乏长远性和延续性。在冲突发生时,政府总是出于维稳的目的,以不出事为主要目标来应对群体性事件。一开始对于业主们所采取上访、舆论等合法化的温和对抗方式,政府采取以不回应的冷处理方式来应对。当抗议规模进一步扩大,抗议者开始走上街头的时候,政府态度立刻转变。这是在"压力型体制"下地方政府官员基于偏误的"和谐"与"稳定"考量而对抗议者利益表达的一种不当反应(钟云华,2012)。在长时期里形成的将社会冲突视为社会"病态"的"体制性过敏",在地方治理中不会很快得到改变。即便在番禺事件之后的政府-民众互动关系出现了很多积极的变化,但作出这些变化是从良性的、持续政治发展的目标层面来应对和解决冲突的判断,还为时尚早。如果政府不去思考政策和制度本身的问题,政府采取的应对社会冲突的行动,反而会大大限制社会冲突对公共政策变迁积极的建构功能。

11.4.3　社会冲突的建构功能：约束性条件

既然抗议行动对于政策变迁具有建构性意义,而又认为这种建构性意义具有较大的局限性,那么,我们就不能忘记如何让社会冲突更好地体现这种建构功能。这就促使我们去探究和思考,到底是哪些因素、约束性条件的存在,使得社会冲突并没有引发公共政策的变迁,正如前述我们所期望的那样。

第一个约束性条件是抗议行动的规模和影响力。一般而言,民众抗议行动的激烈程度越高、规模越大、产生的影响力(关注度)越大,对政府施加的压力便越大,那么,抗议行动所指涉的问题被政府提上决策议程的可能性便越大。这种一般性情况在任何体制下都可能存在。正如约翰·W.金登(2004：24,119)所说的,政策过程中的"问题源流"的一个含义是,随着重大的事件和危机的到来,意味着问题解决的机会可能会出现。

这种政策问题的界定机制在中国已经显得越来越"日常化"。在日常社会生活中,若一个问题要得到解决,就必须"闹"大,通过集体施压的方法,才有可能被妥善解决。"小闹小解决,大闹大解决,不闹不解决"的问题界定和处理模式的形成,是由政府和民众双方互动的结果。一方面,在中国,由于政治体系和决策过程的相对封闭性,政策问题的界定在总体上表现为内部输入的特点。当然也出现了一些变化,多元性和开放性的态势更多地表现出来①，但这些变化在本案例里没有得到充分体现。政治体系的开放性不高和民众参与能力的不足是产生非制度化对抗行为的重要原因。与此相关的另一方面，中国的公共政策过程更多地表现为精英的政治过程，而不是民众的政治过程。就前者而言，主要是体制内的行为体（尤其是领导）在政策过程中的关键性和主导性角色；就后者而言，真正的公共政策过程应该是公众的政治过程。因此，在这样的体制下，领导（决策者）也乐意通过平息和解决有关争端而获得民众的支持（至少是好感）。

"社会冲突的规模和激烈程度与问题的解决程度在现实政策过程中成正比"虽然是一个理论假设，但在现实中却具有相当的真实性。这会带来很多方面的问题。在冲突的规模和激烈程度不断升级的背后，是资源的大量浪费，甚至是社会秩序的混乱。因此，冲突双方在各自权衡自身成本-收益之后所作出的行为选择（政府采取不回应态度、民众选择将冲突扩大升级），最终并没有带来整体最优的结果，而会带来一个悖论。在本案例中，公众一开始采取温和的抵抗方式，政府则敷衍应对。当民众将冲突扩大化，引起中央主流媒体的关注，政府马上宣布暂缓项目选址及建设工作，并启动选址全民大讨论。民众抗议事件虽没有带来人员和财产上的伤亡损失，但也对当地社会秩序和法治秩序带来了一定的冲击。因此，对于民众的诉求，政府不应等到民众产生抵抗情绪，引发抵抗行动，从温和抵抗愈演愈烈到激烈对抗时才紧急应对，而应从源头上重视。

---

① 刘伟和黄健荣（2008）概括了当代中国政策议程创建模式嬗变的主要特征，表现为：创建主体由精英主导向着体制内外多元主体互动的趋势发展；开放度和参与度不断提高，议程创建过程由"关门式"向着"开放式"的方向跃迁；政策议程类型出现频率和分布情况发生了明显的变化，内创型和动员型相对淡出，而相融型和外创型逐渐成为主流性的范式；随着社会发展，政策议程创建活动中的公共理性和社会理性不断凸显，内容逐渐转向社会政策领域。

这个约束性条件是一个悖论。在现有的制度结构下,若矛盾和冲突的展开没有达到相当的程度,那么冲突本身便不足以把民众对政策问题的界定提上政府的议事日程。然而,如果一个政治体系的决策和问题界定机制只是依赖于民众"闹事"的程度,那么,博弈双方主动地去寻求机制和制度创新的诱因便会大大降低。制度的创新是需要包括时间、资源等在内的成本的。社会冲突能否成为推进公共政策和制度变迁的积极力量,首先受到了社会冲突的性质和能量的制约。如果政府能将社会冲突的负面性控制在可以接受的范围内,并积极引导民众的参与方向,激发民众的参与热情,那么,社会冲突便有利于公共政策的顺利变革。

第二个约束性条件是政府的偏好、能力及其与民众之间的关系的性质。政府偏好是政府在实际的政治过程中为了满足某种利益最大化的需要而表现出来的期望或预期。与在现实的约束因素下人们会根据价值来对需要排序一样,政府偏好所反映的也是政府就所要做的事项根据价值进行的排序和选择。我们在第5章里提出了政府偏好的变化是引起中国制度变迁的一个重要变量。在社会冲突事件中,处于冲突一方的民众所表达的利益偏好,经常与政府的偏好相冲突,否则抵抗行动就不大可能会产生。但民众若希望把自己的偏好表达进政府的决策议程之中,就必须与政府在互动过程中调整自己的偏好。两者协调的程度和可能性决定了这种冲突是否能促使政府调整公共政策。事实上,当政府有能力来控制社会冲突的负面影响,能够驾驭社会秩序的时候,决策能否体现民众的偏好与利益,能否把社会冲突看成一种建设性的机制和力量,就基本上取决于政府的意愿了。

当然,政府的意愿还受其认识的影响。如果政府认为冲突是对社会秩序的破坏,是对制度的挑战,是对政府权威的威胁,那么,它调整和变革政策以满足抗争者需求的可能性就小。相反,它就会有与抗议者进行妥协的意愿。在中国的政治生态中,政府和官员似乎大多是塔尔科特·帕森斯(Talcot Parsons)的"信徒"。以帕森斯为代表的结构功能主义注重研究社会运行和社会发展中的平衡,主张社会的稳定和整合,强调社会成员共同持有的价值取向对于维系社会整合、稳定社会秩序的作用。在塔尔科特·帕森斯(2008)看来,冲突是健康社会的"病态",社会必须努力寻求消除冲突的机制。实际上,冲突不是健康社会的病态;相反,它还具有社会整合的作用,国家、政府和社会所要做的,应如何让冲突通过特定的机制来推动社会变革,阻止社会系统的僵化。正如拉尔夫·达仁道夫(2000:211)所认为的,和谐与秩序只是局部的和暂时的,强制和冲突则是普遍的和持久的,由于现代社会冲突是一种应得权利与供给、政治与经济、公民权利与经济增长的对抗,因此,冲突不可能被"平息"或被完全压制,否则冲突会潜入表层之下而积累,最终以更激烈的形式爆发出来。

在中国,在大多数情形下,冲突问题的解决往往是政府化解压力或危机的一种反应和结果。政府应对危机和社会冲突的常见模式,一般都是以平息事端为首要目标的。这种目标越是容易实现,政府推进制度和政策变革的动力就越小。爱德加·莫兰(2001:157)认为:"危机并不一定必须具有演变的作用;危机有可能通过恢复原状而得到解决。"要发挥非对抗性社会冲突积极的建构功能,不仅要尽可能降低冲突本身所提出的政策议题与决策者偏好之间的偏差,还需要把这种冲突引导到"制度化调节"的轨道上去,即形成冲突各方具有一致的价值前提,包括冲突各方共同遵循一些正式的冲突规则,以降低冲突的烈度,建立协商、和解和仲裁等机构,以形成制度化的解决形式。因此,当政府以平息和结束抗议行动为解决问题的最终目的时,我们也不大能指望这样的社会冲突本身可以对公共政策的变迁起很大的建构作用。

总之,对于社会转型过程中大量出现的群体性事件和社会冲突,我们不能只看到其负面性,而忽视其积极因素。在一个逐步走向法治化的社会里,很多群体性事件背后都存在着民众利益受到损害、要求维护民众自身利益的因素。这是一种"民众的利益意识日益增长而国家治理缺失民主、利益表达机制不健全情况下的一种维权行动",从积极的角度来看,群体性事件往往是与机遇相伴相随的,"它的存在警醒人们不能为所欲为,同时给予人们选择生活和发展的机遇与期望,从而激活了社会的生机与活力"(唐贤兴,2008c:85)。

11.5 管理社会冲突

本章试图解决的问题是,如何让当今中国的社会转型所引发的各种社会冲突能够成为推进公共政策变迁的积极力量。通过案例分析,我们发现,理论上人们期望能让社会冲突成为一种推进中国社会发展、制度变迁和政策变革的积极力量,但是,这种愿望能否成为可能,则不完全取决于社会冲突本身,而受到一系列约束性条件的制约。社会冲突是一个客观存在,它对社会所产生的后果或结果,是一枚硬币的两面。因此,在任何一个正常的社会里,都需要通过规范来解决社会冲突。对中国当前的社会转型来说,制度和公共政策变迁中遇到的一个核心问题是如何通过有效的政策设计和调整来规范和化解社会冲突,以便让社会冲突能发挥积极的建构功能。

但是,很多实际发生的社会冲突的性质和特点表明,这种建构功能的出现是需要条件的。由于政府从总体上来说害怕社会冲突,把社会冲突看成一种挑战政府权威和执政合法性、影响社会秩序和稳定、阻碍社会发展的破坏性力量,这种认识和观念规定了政府应对社会冲突的实际行动。以平息事端和维稳为主要目标、以管控为主要方法的应对模式,既反映了政府对公共问题的理解和偏好,也决定了社会冲突不大可能成为推进变革的积极力量。因此,对于执政党和政府来说,从观念上转变对社会冲突的认识,既是有利于自身权威的巩固,也有利于社会冲突问题的解决。

大量的社会冲突具有非对抗性的性质,这一点意味着存在通过管理社会冲突来增进政策变革的可能性。在社会转型中,利益的分化是一个基本的事实,但这是分化不是对抗性的矛盾,也不意味着不同行为体之间的偏好不可能调适。只是由于民主制度的不完善,民众在公共政策的政治过程中的参与能力不足,使得协调分化的利益出现制度性的困难。几乎每一种社会冲突,作为行为体的民众一方,都是把抵抗性行动这种非制度化的参与方式当作维护自身利益、满足参与期望的一种手段。从经验材料来看,民众的抗议行动具有明确的指向性,但这种指向性中恰恰经常缺乏改变现有的政策和制度安排的表达。民众的这种行为取向,与政府平息事端的维稳模式之间,存在着高度的契合性。这一因素,与上述政府对社会冲突的认识一起,构成了社会冲突发挥建构性功能的障碍。

在分析了这些问题之后,人们也许可以找到一些解决这些问题的可行途径。我们在这里不试图去设计具体的对策措施。重要的是,通过研究我们了解到,在社会转型时期,公共政策及其相应的制度基础往往会成为引发诸多社会冲突的重要根源,同时,现实中的社会冲突对公共政策的变迁只有有限的意义,而其中的关键性的原因在于政策主体的态度、偏好和能力不足以满足社会冲突促进政策变迁的条件需求。理论归纳和案例分析都可以检验和论证我们的基本假设,即:通过发挥社会冲突的建构功能来推动公共政策的变迁,是有效解决社会冲突的可行途径。

第 12 章 政策工具的选择与中国公共政策的变革:理论与经验

政策工具对于政策制定和执行有着至关重要的意义。对政策工具的选择,尤其是政策体系如何开发和运用新的政策工具,既是公共政策变迁的内容,也是促进政策变迁的力量。检视当代中国的公共政策变迁,人们可以发现,很多政策领域所发生的变化,都与新的技术工具的采用、一些新的制度安排的设计、一些有意义的组织和流程的变革等联系在一起的。这些方面都构成了政策工具革新的内容。

然而,政策工具本身并不会发生政策主体所期望的那种变革或革新,通常的情形是,对工具的选择并不取决于工具本身的价值或作用,而取决于政策主体的认识和偏好。因此,要分析政策工具的选择对于政策变迁的含义和意义,就必须分析促使政策工具发生革新的动力,以及政策主体的意愿及其强度。这后一个方面的因素,经常可以从某些看似不变的政策工具中得到观察,比如运动式治理。在本章的内容中,我们将重点考察,运动式治理作为一种传统的政策或治理工具其发生和发挥作用的机制和机理,借此来观察对这种政策工具的偏好在多大程度上影响着政策工具的革新。

12.1 问题的提出

政策工具的重要性不仅在于它是公共政策过程中的一个重要范畴,还在于对政策工具的考察在很大程度上揭示政府在制定公共政策时是如何进行政策选择的。为了有效地制定公共政策,政策制定者"必须理解他们自己可能采取政策工具的范围,同时也理解在这些不同政策工具之间存在的某种差异"(B.盖伊·彼得斯、弗兰斯·K.M.冯尼斯潘,2007:2)。

就我们探究公共政策变革这个主题而言,对政策工具的考察和分析,是认识政策变革和变迁的一个很有益的视角。这是因为,第一,政策主体在某些因素和条件的推动下,通过开发和实施某种新的政策工具来取代旧的或失效的政策工具,可以达到实现政策变迁的目的。政策工具的新旧更替,本身也属于政策变革的范畴,有些时候可能还会决定政策的成功与失败。第二,政策体系一旦选择了某个类型和某个具体的政策工具,经常出现的情形是,这类或这个政策工具会表现出相当的稳定性和持续性。这可能体现了有些政策主体特别偏好于采取某些特定类型的政策工具,也可能反映了支持政策工具更新的政治-社会-经济-制度的基础性条件在较长时期里没有发生较大的变化。因此,对政策工具稳定性的考察,能够让人们看到公共政策变革的这些基础性条件是一种什么样的情形。第三,政策工具的选择过程,不是一个纯粹的技术性过程,而本质上会表现出其政治过程的特点。事实上,要从技术上来寻找到某种最佳的政策工具来实施有效的管理,可能是一种会导致政策失败的做法。而作为一个政治过程的政策工具之选择,基于"政治正确"而作出的选择——即基于民主政治过程或者基于社会普遍的共识而作出的选择结果,虽然在一段时期里没有表现出期望中的绩效,但并非因此可以说这是一种无效的政策工具。比如,某些国家在某些时候可能无法选择像公众参与和私有化这样的政策工具,因为这种选择受到现有的政治和法律制度结构以及意识形态的制约,但是,一旦在一些有限的范围内采取了这类政策工具,人们便要做好它们可能会遭到抵制和失败的准备。但无论如何,这类工具的采用,反映了政治结构和过程的一些变化,它们对公共政策变迁带来的意义,可能比某一项科学技术手段的采用要深刻得多。

在中国的公共政策过程中,要找出政策工具革新的例子,还真不是一件很困难的事情。改革开放以来,我们经历了大量被称为政策工具创新的事件或案例,市场化、民营化、产权交易、使用者付费、价格听证、NGO的作用、公众协商与讨论,这些五花八门的形式引起了人们广泛的争论,对每一个政策工具类型的采用都不乏拥护或反对的声音。对于政策工具选择的争论往往不亚于政策本身的选择。然而,在学术研究领域,这些政策工具的变革对于中国公共政策变迁的意义,却尚未形成一般性的理论体系。问题还不只是这一个方面。当我们采用了这些看起来很新鲜的政策工具后,我们还得去分析和回答这样的问题,即:在快速发展和转型的改革时期里,种种新的政策工具的采用,是否意味着中国的公共政策过程有着强大的变革动力?事实上,任何一种新的政策工具的选择和使用,都不是一件轻松和容易的工作。在中国,政策工具的某些"基因"往往决定了工具的稳定性会大于工具的变动性或变革性。即使为很多人称道并被政府强力推行的新政策工具,其真正体现出来的变革性意义也是很有限的。因此,在中国,政策工具的革新和效能,并不是由政策工具自己的"优势"或"优越性"决定的。我们在后面对"运动式"治理、政治动员、价格听证和基于公众参与的治理这四种传统的和创新的政策工具的认识,比较充分地反映出了中国公共政策过程中政策工具变革的力量及其局限。

本章不希望系统地考察中国公共政策过程中的政策工具选择及其变迁,因为在不同的公共政策领域,政策工具的选择、类型、使用和效果,有着很大的差异性,因此要得出一般性的认识,在研究篇幅和研究能力上都是不允许的。在这里,我们在对政策工具的有关理论观点进行分析评价之后,重点分析上述几种主要的政策工具形式在中国政策过程中的含义和意义,试图从中发现中国在政策工具的变革上有着什么样的特质和逻辑。我们将根据分析的需要,在论述中对不同政策领域中的政策工具有所侧重。

12.2 政策工具的选择:依据与制约因素

12.2.1 政策工具的含义

现代管理学和组织学理论建构了组织管理的"目标—手段"关系链,这给"政策工具"概念的定义既带来了简化的便利,也产生了模糊性的麻烦。在管理学家西蒙(1988:6)那里,管理决策中都包含着价值要素和事实要素(或价值判断和事实判断),"每一项决策都包含着目标的选择和有关目标的行动……就决策导向最终目标的选取而言,我们把决策称为'价值判断';就决策包含最终目标的实现而言,我们把它称作'事实判断'"。西蒙(1988:51-52,第三章)认为,目标和活动的价值所在,大多是从手段—目的关系当中导出的,也就是说,事实和价值是同手段和目的相联系的,他笼统地把价值要素和事实要素的区分相当于目标和手段的区分。在这一区分下,人们就可以简单地把任何能达到政策目标的手段、方法、途径乃至具体的行动,都可以称为政策工具。正如荷兰政治科学家霍格威尔夫(Hoogerwerf,1989:121)所定义的,工具是行动者采用或者在潜在意义上可能采用来实现一个或者更多目标的任何东西。那些把一些具体的活动或行动也看作政策工具的政策科学家,显然都受到目的—手段关系的影响,这些学者一般会把工具看成是政策活动的一种集合,它关注的是对社会过程的影响和治理。

这种目的—手段的定义途经虽然简单,但会产生误导作用。首先,政策工具并非与单一的目标相关联,而经常是与一系列往往彼此相矛盾的目标相关联,这些彼此矛盾的目标涉及不同的利益或利益关系。其次,手段与目标之间的区别是相对的,"工具不可能与目标截然分开"(Majone,1989:117)。某个目标在一定场合里可以作为一种手段,同样,某个手段在另一个变化了场合里也可以成为目标。比如,排污收费本身可以被看成一项政策,但对于环境保护政策来说,它经常被看成达到污染控制目标的一个工具。因此,"政策"和"工具"两个概念之间的界限是模糊的。

实际上,政策工具的概念只是一种比喻,是一种形象化的语言表达。豪格伍德和彼得斯(Hogwood & Peters,1985:23)认为政策工具研究中使用比喻是一种很常见的现象。要在学术上规范化定义一个比喻性的概念,是困难的,或许也是不必要的。既然政策工具被政策科学家和实践部门的管理者看作政府赖以推行政策的手段,那么,比定义政策工具更重要的,应该是去分析,政府是根据什么样的标准来选择政策工具的,被选择的政策工具的性质和效能如何,决策者和政策执行者在选择政策工具时面临着哪些方面的困境或约束性条件。政策工具的功能在于政策产出或政策效果的实现,按照萨拉蒙和伦德(Salamon & Lund,1989:32)的说法,不同的工具类型分别构造了不同的政策活动,同样也引发了不同的问题并产生不同的效果。

12.2.2 政策工具的类型

一些研究者认为,可供政府选择的政策工具的范围是很广泛的,要达到一个具体的政策目标可以利用不同的范围的手段(或工具)(Hood,1986:775-793)。但另一些研究者却认为,决策者想象中的解决政策问题的可选工具是有限的(迈克尔·豪利特、M.拉米什,2006:142)。这一争论显然不会有结论,但各种争论的观点,有助于我们更好地理解政府为何有时候热衷于政策工具的创新、有时候却又特别偏好于某一种政策工具。

政策工具的选择是与工具的类型学联系在一起的。在分类的标准上,目前学术界还没有比较一致的看法。最早对政策工具进行分类的德国经济学家基尔申(Kirschen,1964:32)曾列出了多达 64 种之多的经济政策手段。为了将政策工具类型的划分体系化,一些学者把政策工具简单地分为命令、劝导、提高能力和制度变迁四类(McDonnell & Elmore,1987:74),或者将政策工具分为激励、提高能力、象征和劝告,以及学习几个类型(Schneider & Ingram,1990:510-529)。从类型学上来说,这种过于简单化的划分,无法将多样性的政策工具尽可能纳入比较系统化的类型学中。为此,迈克尔·豪利特和 M.拉米什(2006:144)综合了一些研究者提出的不同划分标准,根据政府强制程度高低或公众参与程度高低,把政策工具划分为家庭和社区、自愿性组织、私人市场、信息和劝诫、补贴、产权拍卖、税收和使用费、管制、公共事业,以及直接提供十大类(如图 12-1 所示)。

划分政策工具类型的意义主要体现在两个方面。一是比较。决策者和执行者必须清楚,绝大多数政策工具在技术上存在可替代性,因为所有的政策工具都存在着很多方面的差异。因此,现实中并不存在不变的一以贯之的政策工具,这就要求政策主

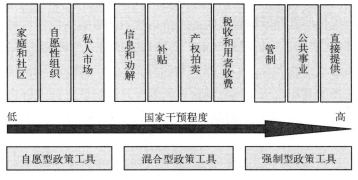

图 12-1 政策工具的类型(依国家干预度划分)

体在偏好于某些特定政策工具时要保持谨慎。二是观察。由于客观上存在不同类型的政策工具,使我们在划分政策工具类型的时候,能够观察到政策主体是如何选择工具的,尤其是,通过这种观察,使我们能够看到现实中的公共政策是如何发生变革和变迁的。

12.2.3 政策工具的选择:两个基本问题

无论政府对政策工具的选择范围有多大,关于政策工具的研究首先必须关注的一个基本问题是,为什么政府会选择一种政策工具而不是去选择另一种政策工具?这里涉及政策工具的选择依据问题。任何政府(不管其性质和制度有何差异)都必须从有效治理的角度来审视和选择政策工具。有很多因素制约或影响着政策工具的有效性,比如,该工具是否具有可操作性。但是,可操作性并非是政策工具选择的最重要依据。正如前面我们说到的,政策研究者对"政策工具"概念的使用是一个比喻说法,而这种比喻往往会误导人们,以为政策工具只是一个操作性的、技术领域的现象,这样,人们会有意无意地回避对政策工具背后所包含的价值和规范进行价值上的评判①。美国政治学家 K.B.伍德西德(2007：161)提出的选择政策根据时必须依据政策的可接受性和可见性两个特征,实际上告诉我们政策工具的选择还是一个价值选择过程。因为可接受性涉及人们选择政策工具的立场问题,也涉及他们所要选择的具体政策工具与受这种政策工具影响最大的人群之间的政治关系;而可见性则直接受到该政策工具能被公众理解的程度制约。

显然,政策主体选择什么,怎么选择,并非完全是其主观性的行为,总要受到一系列外在因素的约束。在制度分析理论那里,这些约束主要是特定的制度结构和政治过程。

关于政策工具选择的第二个必须回答的基本问题是,制约政策工具的有效性的因素是什么？在任何国家,制约政策工具有效性的因素都是很复杂的。它既取决于政策工具本身的特点,也取决于政策环境与政策工具之间的关系以及政策工具与政策问题之间的关系状况,同时还可能受到政策工具得以实现或设计的途径。也就是说,一种政策工具只有在以政策工具特征为一方,以政策环境、目标和目标受众为另一方之间相匹配的时候,才可以说是有效的政策工具。也正因为这样,正如 R.巴格丘斯(2007：231)所指出的,有效的政策工具必须在恰当性和适配性之间进行权衡。

12.2.4 影响政策工具有效性的因素

政策工具有效性首先受到政策问题本身的性质的制约。界定和确定问题是整个公共政策过程的起点,一旦政策问题被确定下来,就必须在相关的政策工具中找到最为匹配的政策工具。正如

---

① 回避价值是传统的政策工具方法的缺陷,该方法是从严格的目标意义理性的角度来看待政策工具选择的。关于这种方法,参见尼达姆(Needham, 1982)的论述。

美国政治学家约翰·W.金登(2004)认为,政策议程设定的方式和政策工具选择,不是以政体形态来划分的,而是由政策问题本身的性质所决定的。这就是说,所选择的政策工具与政策问题本身之间的匹配性程度,是衡量政策工具有效性的一个重要参量[①]。政策工具功能在于实现政策产出或政策效果,因此,政策工具的选择应该根据它们的绩效特征在多大程度上满足解决某一具体问题的要求(Bobrow & Dryzek,1987:125)。

第二个影响政策工具效果的因素是政策工具本身的特点及其关联性。尽管人们对政策工具的分类存在不同的看法,但是,不同类型的政策工具显然具有不同的特点。林德和彼得斯(Linder & Peters,1987:35-38)认为,政策工具有着特定的外在于其环境的内在特征。因此,只有发挥各种政策工具的特点来采用它们时才会产生人们所期望的效果。此外,政策工具的有效性受到各种工具之间的关联性的制约。多种政策工具的存在以及它们之间的差异性意味着,大多数政策工具在技术上都是可替代的。这不仅意味着一种政策工具的有效性依赖于另一种或更多种其他政策工具的有效性,也意味着政策工具之间日益增强的相互渗透趋势要求人们综合运用政策工具以达到解决问题的目的。不同政策工具之间互动作用的必要性和客观性的存在,决定了政府通过使用最佳政策工具来寻求有效管理的做法可能遭到失败。

政策环境及其对政府特定的施政风格的影响是制约政策工具有效性的再一个重要因素。包括法律和法治状况、社会成熟度、市场化程度、政治制度状况以及国家与国际体系间的互依(interdependency)程度等方面的政策环境,不仅制约着对公共政策工具的选择,还决

---

① 关于政策问题与政策工具有效性之间的关系,参见埃尔莫(Elmore,1987)的论述。

定着被选定的政策工具的有效性。萨拉蒙和伦德（Salamon & Lund,1989:41）认为,不同的政策工具在影响程度、效果、公平程度、传统性和政党支持程度等方面存在着很多差异,这些差异影响着政策工具在特定情况下的适用性。可以说,什么样的环境决定着什么样的政策工具选择,在特定的环境条件下,一些政策工具要比另一些政策工具更为有效。在特定的政策环境下,虽然公共管理存在着普遍性的原则,但具体到不同的国家,政府的施政风格存在着差异。政府往往会采用适合本身施政风格的政策工具,并且亦倾向于使用较为成熟、自身能熟练控制的政策工具,比如,在中国的"运动式"治理中,政策工具的选择通常是基于惯性思维,基于传统,或者是基于经验的猜测。很多习惯的治理方式可能在短期内可以形成安全的选择,但却不可能适应变化着的环境(B.盖伊·彼得斯、弗兰斯·K.M.冯尼斯潘,2007:2)。

第四个制约政策工具有效性的因素是决策者的偏好以及政策客体的可能反应。一些研究表明,一个政府部门或机构可能对一些特定的政府工具具有偏好(Lindquist,1994:54)。在存在选择的可能性的情况下,哪一种或哪几种政策工具最终被选定,将在很大程度上受到决策者的偏好的左右。但是,柯亨等人(Cohen, March & Olsen,1972:1-25)提出的政策选择的垃圾桶模型告诉我们,政策制定过程作为一个"有组织的无政府状态",其中的决策者的偏好是成问题的(problematic preferences)。政策制定者不仅几乎从来没有非常清晰地阐述其政策目标,而且连偏好是什么都不一定是很清楚的。这样的情况下,决策者就不可能选择能够带来最大净收益的政策工具。当然,政府偏好要受到政策对象(政策的目标受众)的影响。政策客体对某一公共政策及其相应的政策工具的认同程度越高,不仅意味着该公共政策及其工具越具有合法性程度,同时也意味着这样的政策及其工具越能够得以实施。

从这个意义上来说，可以将政策工具的建立看作一种达成合法性的努力。政策设计之所以是针对那些能够与具体的政策环境相调适的政策工具，原因就在于各种政策行为体处于政策共同体的互动之中，除了政府之外的许多其他行为体都参与了政策过程，影响着政策工具的挑选、实施及其绩效。政策共同体是处于某一具体政策领域中的行为体的集合体，它可以被看作政策环境本身。正如公共政策学家乔丹（Jordan，1990：319-338）所说的："政策共同体的理念看来牢固地基于这样的概念，即当前的具体政策是在一种环境中加工出来的。……在一个政策共同体中，一项具体的业务是在由已经有着相互需要、期待及经验的参与者所组成的环境中达成交易的。"

12.3 "运动式"治理：政策工具的选择困境

12.3.1 "运动式"治理的特征

很长时间以来，"运动式"治理已经成为政府部门在执行法律、落实公共政策时的一种常态化的管理模式。作为一种政策工具的运用，"运动式"治理是一个描述性的而非规范性的概念。一些分析者概括了具有"轮回"特征的"运动式"治理的基本过程：震惊社会的重大恶性事件发生→领导作出重要指示，政府有关部门召开紧急会议→部署专项整治行动→执法部门声势浩大的检查、处罚行动→总结表彰，宣布专项整治取得了丰硕成果（朱晓燕、王怀章，2005）。

从众多"运动式"治理的具体案例中，我们可以概括出这一政策工具几个方面的特点。这种治理方式往往是临时性的、间断性的，存在着特定的时间上的规定性。比如，被有关专家称为"运动式行政执法的典型范例"的北京市整治黑车的"狂飙行动"(2006年 5 月),持续时间规定为 30 天①。时间规定性意味着,决策者期望整治行动能"毕其功于一役",迅速恢复被扭曲的社会和市场秩序。运动式治理的另一个特点是政策预期目标的单一性,因而经常被批评为一种"头痛医头,脚痛医脚"的执法方式。北京市的"狂飙行动"要达到的政策目标是杜绝黑车,而改进和完善落后的城市公共交通体系则被认为不是(也无法是)整治行动需要考虑和解决的问题。同样,上海市的群租房整治行动也只有一个目标,即通过整治切实解决群租房的安全隐患和脏乱差环境问题,并做到在三年时间内基本不存在群租现象。但是,至于产生群租现象的深层次原因,以及如何为外来人口和低收入家庭提供廉租房等问题(它们更多的是政治上、法律上和伦理上的问题),则不是该整治政策的目标。"运动式"治理的再一个特征体现在治理方式上,往往存在着"从重、从严、从快"的倾向性(朱晓燕,2006)。而为了达到这一目的,有关整治行动都需要集中相当的资源——人力、财力和物力,尤其还包括行政权力(主要体现在超越一些程序性的规定)。

一些对"运动式"治理的批判性观点存在似是而非的现象。比如,一些论者批评运动式执法对法律规范的超越而降低了现实生活中法律控制的效力,破坏了法律控制优先于行政控制的正当关系,因而它有悖于法治精神,损害了法律的稳定性和确定性(黄小勇,2003:304;罗许生,2003)。事实上,在很多治理领域,在政府采用"运动式"治理时,它面临的问题不是怎样损害法律权威的问

---

① 按照北京市发布的《依法查处取缔无照营运行为的通告》,整治行动期间查获的黑车一律处以"极刑",即不论车型全部按照上限 50 万元的标准予以罚款。如果第二次被查,除被罚款外,车辆将一并没收。这一行动的背景是,根据北京市运输管理部门统计,北京市黑车数量已达 6 万至 7 万辆,而正规出租车的数量则在 6.6 万辆左右。黑车的大量存在扰乱了正常的生产秩序。具体参见王腾生(2006)的论述。

题,而是法律根本缺失的问题①。我们不试图对这些学术观点一一进行检验,而是想说明,政府之所以选择和实施"运动式"治理,从根本意义上说,是由于政府在政策工具的选择上存在着一些根本的困境。为了摆脱这些困境,政府希图通过社会动员来达到治理的目的,因为"运动式"治理包含着某种动员的功能。

政府对"运动式"治理的偏好比较集中地反映了政府在应对社会公共问题时,在政策工具的选择上存在着诸多的困境。这些困境主要源于:(1)社会转型期公共问题的高度复杂性;(2)政府治理的制度性能力的不足;(3)政府和民众对规则的虚无主义态度;以及(4)超大社会的结构性矛盾。所有这些因素一直存在于中国改革以来政府与社会的关系变迁过程中。

12.3.2 公共问题的高度复杂性

从理论上来说,所有的政策工具在技术上都是可替代的。这就意味着,任何选定的政策工具不能单独发挥作用,必须与其他政策工具配合使用。然而,针对市场失效和社会失序,政府除了采取"运动式"治理这种手段之外,几乎不存在可供选择的其他政策工具。这是转型时期中国政府治理的一个困难所在。

政府所要解决的或所面临的公共问题本身的性质是制约政策工具选择的重要因素。中国的改革开放进程是一个问题增生的过程(唐贤兴,1995)。转型期不断增生的问题存在着高度的复杂性、异常性和相互依赖性,这使得政策的执行存在相当程度的像马兹曼尼安和萨巴蒂尔(Mazmanian & Sabatier, 1983: 21)所谓的"技术性困难"。比如,在环境保护问题上,在为消除污染而设计政策

---

① 比如,在整治群租房问题时,首先就存在着缺乏什么样的群租行为是非法的法律定义,同时,也没有任何法律明确规定政府不能对破坏房屋结构的行为实施强制拆除措施。因此,说整治行动挑战法律权威的观点是不符合事实的。

时,我们必须承认几乎没有什么可用的办法能使其中的目标彻底实现,因为这涉及一系列的政策制定和执行,如经济发展战略的调整、产业结构的设计、技术更新,以及人们行为的改变。因此,在这些因素没有发生大的变化的情况下,政府管制部门在治理污染问题时被迫采取集中整治的办法。但事实都证明,面对着有着多方面根源的社会公共问题,要设计一个单一的政策和采取某种单一的政策工具,在通常情况下是徒劳无功的。

从逻辑上来说,公共问题的复杂性和多样性并不意味着必须采取"运动式"治理才能解决问题。问题还在于科层制政府结构本身的特点。科层制组织的一个特点是政府管理的专业化分工及其等级体系的建立,在那里,政府内部的部门之间界限分明,功能明确。但是,公共问题的多样性与科层制组织的专业化存在着矛盾,即使在规模很小的国家,政府的部门化也做不到无缝隙地分割专业职能并覆盖所有的公共事务领域。这是因为,现代社会的绝大多数公共问题不是作为一个单一的整体而存在的,而是既与其他公共问题相互依赖,也与其他领域的公共问题存在交叉或重叠。从这个意义上来说,拉塞尔·M.林登(2002:92)为再造公共部门而提出的"无缝隙政府"(Seamless Government)设想,只是一种理想的愿望。

所以,传统的部门界线和功能分割局面需要重新构造,但政府再造的出发点不是去构建"无缝隙政府",而是要推进政府及其部门之间的合作。长期以来,机构林立、职权交错、多头执法、政出多门、扯皮推诿、管理真空、恶性竞争等话语被人们用来描述和批评中国一些地方和领域的政府治理,这些概念在一定程度上说明政府及其部门间缺乏良好的合作机制。事实也说明,如果政府部门之间能够实现良好的协调与合作的话,很多久拖不决的严重的公共问题原本是可以避免的,至少可以降低其严重性。由于缺乏合作,越是随着时间的推移,原本可以采用的政策工具的效能日益丧失或降低。在这种情况下,"运动式"治理便成为政府的最后一个政策工具,决策者和政策实施者希望经由这一工具的运用,来达到部门间合作的目的,哪怕是甚为短暂的合作。从这个意义上来说,"运动式"治理是作为一种政府间的合作机制而产生的。在北京市整治黑车的案例中,参与这一治理的政府相关部门达到 14 个之多。这促使我们思考,为何这些部门以往不能实现合作,同时,"运动式"治理作为一种合作机制是否具有持久性。不同类型的政策工具构造不同的政策实践活动,并会产生不同的政策效果(Salamon & Lund,1989:32),而运动式治理作为一种政策工具,是能够产生某种程度的合作效果的。

12.3.3 制度性资源的缺乏

政府对公共问题的治理需要最低限度的资源支撑。政府可资利用的资源是多样的,包括政府管理部门自身所拥有的物质性资源(人、财、物等),也包括不属于政府所拥有、但通过一些制度化的安排(比如,社会动员、合作制度等)能为政府所用的"非政府资源"(比如,市场机制、非政府组织、民众个人的力量,等等)。后者更多地表现为制度资源,因为民众对政府及其管理行为的认知和态度、公共部门与私人部门之间的关系状况,都将对政府的治理行为产生重要的影响。

就中国超大社会的治理条件来说,物质性资源(相对于需求来说)总是有限的,而且政府取得并拥有物质性资源也受到严格的制度约束。然而,日益增长的人口及其需求对政府提供公共服务的能力提出了严峻的挑战。比如,整个上海市的警察总量为 4 万人左右,但在 2007 年年底的时候,上海市户籍人口 1 378.86 万人,常住人口达到 1 858 万人。显然,在一个警察要为 400 多人提供相应的安全、秩序和其他服务的背景下，做到全天候的日常监管连理论上的可能性都不存在。运动式执法作为资源稀缺条件下纠正市场和社会秩序失效的一种权宜之计，便经常成为政府治理的工具。

现代社会必须通过提高治理的制度能力来解决物质性资源匮乏的问题。当公共问题越来越表现出跨域性质时，政府必须通过实现与公民社会的协作来整合治理所需要的社会资源。在基层社会比较强大和市场比较完善的国家，法律、政策等规则的有效执行依赖于迈克尔·曼恩(Michael Mann)所谓的国家的"制度能力"(institutional capacity)[①]。规则的强制性实施及其惩罚功能的发挥，并不总是能够起到塑造和规范人的行为的结果。如果说中国在改革开放以前国家不需要这种制度化能力，而是通过国家的自主权（即强制）就能够贯彻政策的话，那么，自改革开放以来，随着市场化、基层社会、民主和法治的日益成长，单靠国家自主权就无法有效执行政策和规则。只是到目前为止，这样的制度性资源总的来说还是比较缺乏的。在上海整治群租房的行动中，强制实施规则并没有带来预期的效果，群租现象依然十分严重。其中的原因是复杂的，类似物业管理机构、业主委员会等这样的社会组织没有在整治行动中发挥它们的应有作用，是政策和法律难以被强制推行下去的一个重要原因。在这里，政府采取"运动式"治理的政策手段面临着尴尬：依靠公安、房地局等管理部门的行政力量对大量的群租房进行日常性的监管面临着物质性资源匮乏的难题，而整治行动中没有通过动员社会机构的参与又使得政府治理难以

[①] 曼恩(Mann, 1984：185-213)在其一篇广为引用的文献中，将国家权力分为专制性权力(despotic power)与基础性权力(infrastructural power)。前者是指国家精英不经与公民社会的周期性、常规性和制度化的协商(institutional negotiation)，而自行采取行动的能力和范围，也就是习惯上说的国家自主权。后者是国家能够渗透到基层社会，并经由与基层社会的制度化协商而合理地执行政治决策的能力。他认为，只有这种制度化能力的加强，国家才能从社会中有效地动员社会资源。

利用制度性资源。这个问题的深层根源既在于中国基层社会的不发达,也在于政府治理中来自政府和民众的规则虚无主义态度。

12.3.4 规则虚无主义

政府治理过程中的其中一个困境和困难是规则虚无主义。"运动式"治理反映了一个基本事实,即政府希望通过这一政策手段来达到贯彻法律和政策等规则的目的。这恰恰能够说明,在采取"运动式"治理之前,很多规则并没有很好地被执行。

规则没有被执行来自政府和民众两个方面的因素。政府层面上,正如劳伦斯·M.弗里德曼(2004:110)指出的,经常的情况是,治理者"并不很认真对待这些规则"。美国政治学家艾德尔曼(Edelman, 1971:21)在分析美国政治时也说到了同样的情况。他说,在极端的情况下,政治家所制定的政策只不过具有"象征性的价值",他们将有关的政策制定出来,但根本就没有想去采取任何措施来保障这些政策得到执行。来自上海针对群租房的"运动式"治理案例曾经显示,在集中整治行动之前,很多政府部门并没有认真对待禁止擅自改变房屋结构的规定。一旦规则没有被执行,它的威慑功能被削弱了,结果便是民众不再把规则当回事,这直接削弱了规则自身的合法性。从逻辑和结果的角度看,"运动式"治理经常意味着政府重新实现规则的合法性的一种举措。

但是,"运动式"治理不能实现规则的重新合法化,恰恰相反,它是普遍存在的规则虚无主义的产物。在中国的法律和政策实践中,在制定环节存在着政府立场与民间态度缺乏有效的和充分的沟通的问题,从而导致政府立场与民间态度的紧张;在执行过程中,则是过分迷信强制和制裁的力量,而忽视了执法过程中所有参与者制度性的相互学习。须知,今天的行政立法和执法应该以广泛的民众参与为基础,而不是一个单纯的自上而下单向的、以强制为基础的过程,为此必须实现由"强制"到"合意"的转变(陈宝中、蔡爱平,2010)。之所以作为"宣示"国家立场的法律政策规则在现实生活中遭遇着不同程度的执行乏力、被漠视、被拒斥,甚至被虚无化的情形,原因就在于在规则表达和规则实践之间存在着严重的背反(王锡锌,2005)。

"运动式"治理的一个核心点是,决策者和管理者过分相信强制和暴力的惩罚在诱导或驱使人们遵守规则方面的重要性,希图通过"重拳出击""从重从严"产生的威慑效果来达到保证秩序的目的。之所以采取这种治理手段,除了政府自身的规则虚无主义之外,存在于社会大众身上的规则虚无主义也是一个原因。遵守规则还没有成为人们的社会习惯。其中一个原因是以往的相关规则没有惩罚功能。禁止黑车经营和管制房屋群租的规则原先就存在,但在"运动式"治理之前几乎没有发挥过对违规行为的惩罚作用。根据法社会学的观点,任何规则都是通过制裁或惩罚而起作用的,没有制裁功能的规则是没有意义的[①]。然而,人们为了避免受惩罚而遵守规则并不是人类行为的唯一取向,在很多时候,人们是为了自己的利益而遵守规则,也可以为了利益而不遵守规则。"运动式"治理走到了另一个极端,即过度使用规则的惩罚功能。这同样可能是无效的,因为违规者基于有利可图的考虑作出违规的冒险行为,带有深深的投机色彩。显然,现有的很多治理规则本身存在着问题,它们难以达到改变人的偏好和行为的目的。

12.3.5 超大社会的结构性矛盾

最后一个(也是最根本的)迫使政府采取"运动式"治理的政策

[①] 正如伊萨克·埃利希(Ehrlich,1972)所指出的,任何制裁理论都强调一个事实,即惩罚的威胁有助于制止违法违规行为,正如奖赏有助于鼓励受奖赏的举动。

工具选择困境,是中国超大社会的结构性矛盾。复杂性不断增加的公共问题对治理的挑战,因超大规模社会的资源稀缺与需求满足之间的紧张关系而加剧(王沪宁,1990)。超大社会的属性对于实现政府治理构成了一个特殊的条件。但是,社会资源总量不能满足社会总体需求的矛盾性,并不必然导致社会紊乱、失控和无序,从而需要采取运动式的治理方式,比如,在计划经济的大部分时间里就是这样。那时,社会资源总量处于极端短缺的状态,而人们的需求则受到政治、政策和意识形态的压制,因此不存在改革以来的转型时期那种在市场和社会领域出现的失控和无序状态。有论者认为"运动式"治理是"传统社会主义时代中国最常见的一种国家治理方式"(唐皇凤,2007),这个命题是不恰当的,因为改革开放前中国的政治是一种"动员政治",它以群众运动为基本的形式,而有别于今天所说的"运动式"治理。政治动员和意识形态宣传虽然是动员政治的两个核心要素,但不是转型时期"运动式"治理的核心要素。上文所提及的北京和上海的两个"运动式"治理的例子中,政治动员的意味是较弱的,其直接的出发点是解决越来越严重的社会问题,从中我们看不到意识形态宣传的成分。改革开放后之所以出现这种市场和社会秩序失控的状态,不仅在于资源总量不足以满足超大规模人口日益增长的需求,更在于资源分配的方式出现了问题,比如,大量黑车和群租房问题的出现,在相当程度上是对稀缺资源的分配不公正的结果。这就是社会转型时期政府所面对的问题特性的本质所在。

　　透过对政策工具的研究可以在相当程度上揭示政府在治理社会公共问题中的偏好、立场与能力。政策工具的有效运用首先是一个选择问题,但是,在社会转型过程中,政府经常面临的困境是选择的范围极其有限。"运动式"治理作为一个政策工具,既是政府选择困境的产物,同时,这一工具的运用又反过来会加剧这种困境。然而,考虑到中国社会转型的一些基本事实,一味否定"运动式"治理的理论观点,至少在我们看来是不够理性的。面对现代化与发展的历史任务,以及应对越来越复杂多样的社会公共问题,必然还需要政府通过广泛的社会动员来整合社会中的稀缺资源,并通过动员实现各行为体偏好和行为的改变。如果我们能够顺利地实现社会动员模式的转型,同时与这种转型相适应,"运动式"治理也能够从政府主导型的强制性治理走向多元主体参与的合作治理的话,那么,"运动式"治理在一定程度可以缓解政府在政策工具选择上的困惑。在我们看来,实现这两个方面的转型不仅是必要的,也是有可能的。

12.4 作为一种政策工具的动员:正在转型的模式

12.4.1 社会动员的功能

社会动员问题一直被有关现代化理论以及政治学和社会学者所关注,今天,公共政策和公共管理也日益关注社会动员在政府解决实际的社会问题上的角色。最先使用"社会动员"概念的卡尔·多伊奇(Deutsch,1961:55)用它来描述现代化过程中个人思想方式和行为方式的转变。在多伊奇看来,社会动员是一个社会成员发生全面变化的过程,既包括社会环境的,人与人交往的,制度、作用和行为方式的,感受和期望等方面的变化,也包括个人的记忆、习惯和需求的变化,而这些变化会改变政治行为的倾向。在他那里,社会动员的主体既包括国家和政府,也包括社会其他的主体;社会动员要达到的目标是改变特定对象的价值观念、态度与期望,从而产生持续性的参与行为或其他预期行为。

后来的政治学研究者一般都是从动员的政治目的来理解社会

动员的含义,并使用"政治动员"这个概念,认为它是政治主体通过政治宣传与鼓动,引导民众参与政治活动,以实现特定的政治目标(如聚集力量、影响民众政治态度、获得民众支持等)的过程。在这里,政治动员的目标是通过说服、诱导或强制社会成员来获得社会成员的认同和支持,引导他们自愿服从和主动配合。林尚立(2000:271)直接把整治动员等同于政治运动,认为政治动员就是执政党利用拥有的政治资源,动员社会力量实现经济、政治和社会发展目标的政治运动。另一些研究者虽然把政治动员看作一个人们的态度、期望与价值取向不断发生变化的过程,但认为影响这一过程的主体乃是政府或政党(邓彦、钟添生,2004)。

我们可以把动员看作一种政策工具,经由这种工具,政府能够达到解决政策问题的目的。当然,社会动员能否成为一种有效的政策工具,既取决于社会的状况(比如,市场是否成熟,社会资源是否丰富以使政府可资利用,等等),也取决于政府是否存在较高的社会动员能力。作为政府比较拿手的一种经验手段,"运动式"治理包含着一定的社会动员功能,政府既希望借此整合社会资源,也希望能够因此提高治理能力。这应该是众多"运动式"治理案例中政府的一个真实动机。虽然从结果来看,经常的情况是"运动式"治理并不能有效地达到动员社会资源、改变人们行为的目的,但问题不在于运动式治理本身的局限性,而在于社会动员的社会基础不具备,同时,政府本身的治理能力又存在着很大的欠缺。也就是说,如果社会动员的社会基础和动员模式能够发生变化,"运动式"治理还是一种可取的政策工具。

12.4.2 社会动员能力的不足与治理困境

所有的公共政策都旨在从社会中汲取资源以达到解决公共问题的目的,因而,任何政策工具的选择和使用都必然要以提高政府能力为中心或出发点。但同时,政府的资源汲取能力不是一个先验的条件,而是在政策工具的选择和使用中不断得到的产物。这样,政府的社会动员能力自然会成为我们分析政策工具选择的一个重要变量。

当前政府习惯采用的运动式治理手段,在相当程度上根源于政府的社会动员能力的不足。言动员能力不足,是就"事实"而言的,而不是从"纵向比较"中得出的结论。一些研究指出,改革开放以来中国政府的动员能力出现了下降的趋势,其中的真正原因在于市场化的发展(邓万春,2007)。这个判断的可信性是令人怀疑的,因为它以改革开放前的国家对社会的全面控制作为参照得出的结论,而忽视了改革开放以来国家-社会关系出现的结构性变化①。改革开放前与后两个时期里政府动员能力的变化没有可比性,因为两个时期的国家与社会关系的结构——社会资源配置的制度和方式——出现了重大的变化。在改革开放之前"总体性社会"(邹谠语)里,强大的社会动员能力(实际上是政治动员)源于政治与社会在结构上的一体化——国家权力全面渗透社会生活,对社会形成强大的控制,在这种渗透和控制中,国家与社会走上一体(林尚立,2000:425)。由此,国家对稀缺资源和社会活动空间形成了垄断性控制,这是国家对社会的动员取得成功的前提。但改革以后,中国进入了一个"后总体性社会"(孙立平、晋军,等,1999:326),国家对稀缺资源和活动空间的控制逐渐放松,且国家管制的逐渐放松是执政党、国家和政府的自觉行动(唐贤兴,2002:188)。因此,衡量政府的动员能力不应该仅仅以国家对社会的控制程度为参量,而应该去解释当国家不再全面控制社会的情况下,政府的

---

① 用已故美国政治学家邹谠(1994)的话来说,这种变化就是"全能主义国家"的解体。

社会动员能力为什么会显得如此不足。

虽然原有的社会动员所赖以存在的历史条件随着市场经济的发展和社会自主性的不断增强而逐渐消失,但并不意味着社会动员失去了对于中国现代化的意义。以色列现代化理论家S.N.艾森斯塔特(1988:27)认为,一个国家的"经济发展在很大程度上依赖于现代化过程的理智方面和政治方面,依赖于知识和政治领导动员资源的能力"。很多学者,甚至那些研究社会资本的专家,都不愿提及社会动员对于当今中国的重要意义,以为真正意义上的、大规模的社会动员正在淡出中国社会(吴忠民,2003)。应该消失的是原先的社会动员体制,而不是社会动员本身。改革开放以后政府的社会动员能力的不足,一些基本性的原因包括:(1)政府直接控制和支配的资源的数量和类型发生了变化;(2)意识形态的功能发生了转变;(3)基层社会的成长、政府-社会的关系型塑需要一个很长的过程;(4)产权结构的变化、民主和法治建设对政府的权力及其行使形成了制度上的约束;(5)一些国家和社会的治理规则的合法性还需要不断提高。

总之,社会发展需要提高政府的社会动员能力,但这种能力又不足以满足解决社会公共问题的需要,这一矛盾性是政府选择政策工具时所面临的基本困境所在。有理由说,采取"运动式"治理具有某种程度的合理性。"运动式"治理的一个本意,不是像以往那样通过行政权力和意识形态等来实现国家对社会的高度控制,而在于在市场化的过程中更好地发挥政府对市场和社会的调控作用,以形成常态的市场和社会秩序。在社会结构发生了很大变迁的情况下,如何创造性地实现通过"运动式"治理提高动员能力必然是政府在考虑的问题。正如孙立平和郭于华(2000:101)对后总体性社会基层政府的"准组织化动员"的研究所表明的,国家的动员能力"已经基本丧失只是一个表象",这种体制仍然具有一种相当强大的动员潜能,国家的动员能力的大小取决于(动员的)实践过程,"需要在动员过程中再生产它甚至创造它"。

12.4.3 动员模式的转型

面对复杂的社会公共问题,通过转变社会动员模式以提高"运动式"治理的有效性,是解决政策工具选择困境的一条可行途径。

社会动员模式变化的背后是"国家与社会关系的变化"(夏少琼,2006)。自20世纪90年代以来,西方学界围绕"国家自主性"(state autonomy)问题,产生了一个关于"国家中心对抗社会中心"(state-centric versus society-centric)的论战(Hobson,2000:3)。在这次论战中,很多学者认为国家的力量来自国家镶嵌于社会的程度(Mann,1986;Evans,1995;Weiss,1998)。国家镶嵌于社会只是两者关系的一个方面,实际上,国家与社会之间是相互建构和塑造的。就中国运动式治理的传统做法而言,这种带有社会动员性质的政策工具的主要精神是国家塑造社会,而不是相反。一旦传统的"强国家-弱社会"结构发生向理想中的"强国家-强社会"结构演变,那么,需要让"运动式"治理转变成由社会来塑造国家,这种可能性是存在的。

因而我们需要分析的是,社会动员的模式应该发生什么样的变化。有人从危机管理的角度提出,社会动员应该从以往传统的"对社会的动员"(即政治体系采用政治动员方式来动员、组织、集中全社会力量控制和战胜危机),转变为"由社会进行的动员"(即由社会自主进行,包括社会单位进行的动员、社区进行的动员、社会团体进行的动员、志愿者个体进行的动员)(龙太江,2005)。孙立平和晋军等人(1999)认为,中国社会的动员正在表现出由"组织化动员"向"准组织化动员"的变迁,前者是国家有能力进行大规模的组织化动员,后者则是国家进行组织化动员的能力大大弱化,而社会化的动员方式逐渐发挥重要作用。

促进社会动员模式转型的前提条件是吸纳社会多元化主体的参与,而不是承续以往的政府为唯一主体的治理格局。塞缪尔·亨廷顿(1989:77)把社会动员看作一种政治发展的手段,认为社会动员与政治参与之间存在密切的联系,政治动员促使政治意识的扩展和政治要求的剧增,因而必然要求扩大政治参与。从这一点上说,中国目前转变动员模式的条件已经具备。这是因为以利益为导向的民众参与格局正在形成过程中。改革开放前的政治动员是以群众运动的形式出现的(刘一皋,1999),高度组织化的群众参与与其说是政治参与,毋宁说是政治运动。正如农村问题专家于建嵘(2007)在细致地研究了人民公社的"集权式乡村动员体制"时所指出的,尽管"集权式动员体制"在"当家作主"的政治口号下广泛动员了农民极高的政治热情,但是它不可能是制度性参与。娄胜华(2000)认为,这种极高程度的参与具有被动性、盲从性和运动性的特点。改革开放以来新的社会动员形式日益以实际利益为轴心,民众和基层组织的积极性在民主政治建设中被调动了起来,民众的参与被纳入解决社会公共问题的治理中来。这里所说的参与,主要是指人们对公共事务、公共管理的介入,对民主生活、政治生活的关涉,对事关个人发展和利益的选择。这是"强国家-强社会"结构所要求的,是社会自主性提高的表现。

从结构上来说,真正意义上的社会动员必须包括启动者、参与者、投入和产出四个基本要素。启动者和参与者可以是政府,也可以是非政府组织和民众,甚至还可以是国际组织。而投入的过程虽然包含资金、知识和技术的内涵,但更多的是各种参与者的教育与学习的过程。因此,作为逻辑的结果,产出便自然应该是一个各种参与者的观念、态度和能力得到改变,社会运行机制得到改善的结果。正是从这个意义上来说,国家和政府的治理(及其相应的制度),如果没有民众意识和素质的提升和参与能力的提高,是没有效应的。正如阿列克斯·英格尔斯(1985:3)所说的,如果一个国家的人民缺乏一种能赋予现代制度和管理方式以真实生命力的广泛的现代心理基础,如果人自身还没有从心理、思想、态度和行为方式上都经历一个向现代化的转变,那么,再完美的现代制度和管理方式也会变成废纸一堆。因此,如果说具有一定的社会动员功能的"运动式"治理是政策工具选择的必然的话,那么我们也需要把它纳入"参与式动员"的体制框架中来。有研究者把动员分为传媒动员、竞争动员和参与动员,认为参与动员的主动性、选择性和驱动性的特点决定了它在民主建设中的重要意义(郑永廷,2000)。众多缺乏民众参与的"运动式"治理的失败就充分证明了这一点。

12.5 政策工具的综合运用:环境政策变化的例证

中国环境政策的变革为研究制度变迁提供了生动的案例。从20世纪70年代环境保护工作起步开始到现在,中国环境政策的演进大体上历经了污染物排放标准控制(20世纪70年代)、排污收费制度(1979年)、排污许可证交易制度(1985年在上海试点)、"三同时"保证金制度(1989年)、环境标志制度(1993年)、ISO14001环境管理体系标准(1995年)以及清洁生产和过程控制(2002年)的政策变迁过程(吴荻、武春友,2006)。在这个过程中,环境政策理念越来越符合"科学发展观"的要求而表现出进步性;政策制定日趋科学化和民主化,从而形成相对完善的政策体系和制度体系;达成政策目标的工具越来越多样化,各种新型的政策工具日益得到开发并产生效应;环境权被上升到人权的高度从而体现出环境意识的不断提高(唐贤兴,2009b:117)。因此,一些分析者断言,改革开放以来中国政府所推行的环境政策是比较成功的,在经济快速发展过程中,它减缓了中国环境质量的恶化速度(张晓,1999)。

的确,在 1978 年至 1998 年的 20 年间,GDP 和人均 GDP 大约翻了两番,而各种污染物排放的增长速度明显低于经济增长速度。到 1995 年年底,中国县以上企业工业废水处理率已达 77%;工业废气处理率达 82%;工业固体废弃物综合利用率达 44%(吴红艳、吕秦昌,2009)。需要强调的是,作为一个发展中国家,中国环境保护的这些成绩是在国家经济基础相对薄弱、对环境保护事业的投入相对较少、国民的环境意识普遍较差的条件下取得的。世界银行(1997:72)的一个报告指出,自 20 世纪 90 年代后半期开始,尽管工业产出持续增长,但由于中国的单位能耗改善了 30%,工业污染排放急剧下降。因此,该报告高度评价了中国 1996 年开始实施的"总量控制"和"绿色工程",认为"很多国家只承诺模糊不清的环境保护任务,而中国却提出了一套清晰的、可以考核的目标"。

任何公共政策要达到设定的政策目标,都必须有效地运用相应的政策工具。西方一些学者认为,环境决策者在选择具体环境政策工具时不得不在多种目标之间进行权衡,经济效率、管理效率、监控与执行的难易、所需的信息及可能的不确定性、政治及伦理考虑、公正及再分配效应、政策扭曲、弹性及动态调整等因素制约着决策者的实际选择(Fullerton, 2001; Goulder, Parry, Williams & Burtraw, 1999)。这意味着,环境政策工具的选择是一个复杂的政治和技术过程。

在中国,传统的环境治理手段主要以行政命令为主导,但 20 世纪 90 年代以来,法律和经济手段越来越受到重视。中国迄今已制定了《环境保护法》《水污染防治法》等 9 部环境法律,《森林法》《水法》《草原法》等 15 部资源法律,1996 年修订后的《刑法》增加了"破坏环境与资源保护罪"的规定。国务院发布的像《危险化学品安全管理条例》这样的行政法规达 50 多件,环境保护部门制定的规章和规范性文件近200件,地方性环境法规1 600余件。制定和发布的国家环境标准500多项。国家批准和签署的多边国际环境条约51项。这些构成了较为完善的环境法体系。

在这样的制度背景下,一方面,在中国的环境政策变迁过程中,随着市场经济体系的确立和基层社会的成长,很多市场化、社会化的政策工具正在被运用到环境治理中来,从而改变了原先单一的行政化的政策治理手段(如表12-1所示)。显然,随着体制改革的不断深入,政府在治理环境中所能够运用的政策工具将越来越丰富化。更为重要的是,很多环境领域的政策革新,都是首先伴随着新的政策工具的引进而发生的,比如,当今中央政府有关部门按照"污染者付费、利用者补偿、开发者保护、破坏者恢复"的原则,在基本建设、综合利用、财政税收、金融信贷以及引进外资等方面,制定与完善有利于环保的经济政策措施,就是鼓励加强经济手段的激励效果的结果。

表12-1 中国常用的环境保护政策手段

命令-控制手段	市场经济手段	自愿行动	公众参与
1. 污染物排放浓度控制 2. 污染物排放总量控制 3. 制环境影响评价制度 4. "三同时"制度 5. 限期治理制度 6. 排污许可证制度 7. 污染物集中控制 8. 城市环境综合整治 9. 定量考核制度 10. 环境行政督察	1. 征收排污费 2. 超过标准处以罚款 3. 二氧化硫排放费 4. 二氧化硫排放权交易 5. 二氧化碳排放权交易 6. 对于节能产品的补贴 7. 生态补偿费试点	1. 环境标志 2. ISO14000环境管理体系 3. 清洁生产 4. 生态农业 5. 生态示范区(县、市、省) 6. 生态工业园 7. 环境保护的非政府组织 8. 环保模范城市 9. 环保优美乡镇 10. 环境友好企业 11. 绿色GDP核算试点	1. 公布环境状况公报 2. 公布环境统计公报 3. 公布河流重点断面水质 4. 公布大气环境质量指数 5. 公布企业环保业绩试点 6. 环境影响评价 7. 公众听证 8. 加强各级学校环境教育 9. 中华环保世纪行(舆论媒介监督)

但另一方面,环境政策变迁过程中政府为了达到治理环境的目的而所能采取的政策工具又是有限的。在政府与市场和社会的关系还没有完全理顺的情况下,要让那些市场化和社会化的政策工具很好地发挥作用,还缺乏相应的条件和基础。特别是,由于中国行政管理体制的层级结构还存在着职能和事权等配置上的矛盾,国家的经济发展战略的调整又还没有完全到位,地方政府在环境治理上的积极性不是很高,这使得环境政策的执行往往采取周而复始的"运动式执法"的形式,如所谓的"环保风暴"。

针对企业对环境政策的抵制倾向,一种新型的环境政策——自愿型环境政策应运而生。1992年提出了清洁生产理念,1994年实行了环境标志工作,并于1996年正式引进ISO14001环境管理体系标准。这种基于企业自愿基础上的环境政策促进了企业环保投入的增加,有效地减轻了政府在环境保护上的责任。

与此同时,环境政策中的社会化的工具也在中国找到了其成长的空间。这种手段主要体现在通过扩大公众参与来提高环境政策的透明度。根据《环境保护行政许可听证暂行办法》规定,对影响公众环境权益的各类建设项目和专项规划的环境审查,以及环境行政许可立法草案,实行公众听证。另外,环境标志制度是一种行政的强制性与市场机制的引导性相结合的制度,它对于调动全社会各阶层人们积极参与环境保护有着独特的作用(许罗丹、申曙光,1998)。

从前述豪利特和拉米什对政策工具的分类来认识,我们可以发现,中国环境政策工具的更替进程中,在治理环境问题上,中国的环境政策工具正在从政府直接管制向间接管制转变(如图12-2所示)。政府的管制职能不断的降低,政府由环境政策的推动者转变为环境政策的引导者,而企业则由环境政策的被动接受者逐步转变为环境政策的主动参与者。

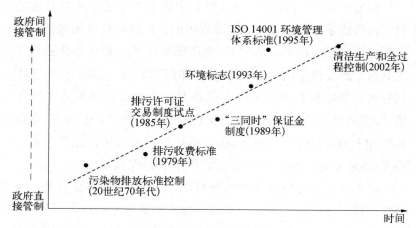

图 12-2 政策工具性质的变化

虽然一些新的环境政策工具在实施过程中还存在着很多不足,但多种政策手段的综合运用反映出了中国环境政策的一些积极变化趋势。对于在发展过程中出现的严重的环境问题,环境政策自身的弊端自然应该承担相当的责任,但是,把全部责任归咎于环境政策本身又是不合理的,因为导致环境政策的干预效应不足的重要原因,在于环境政策以及与之相关的环境管理制度被置于"边缘化状态"(张世秋,2004)。不变革现有的行政体制,环境保护被置于经济发展之后、环境恶化得不到遏制的问题,是根本无法解决的,任何被采用的新政策工具便不可能发挥绩效。

比如,市场经济体制尚不完善,政府与市场的关系尚未理顺的情形下,很多运用市场机制的政策工具就没法很好地发挥作用,而执法者对市场化手段在理解上的偏差又加大了政策工具的失效。排污收费政策和排污许可证交易制度就面临着这样的情况。

排污收费作为中国最主要的一种环境政策工具自 1982 年以来在全国范围内实行。这是一种对排放污染物超过排放标准的企事业单位进行收费的制度,也就是只对超过规定标准排放污染收费。这就意味着,排污者只要不超标排污,就可无偿使用环境纳污能力资源。毫无疑问,这种政策工具在保护 GDP 增长的同时,缺乏对排污者的制约能力。一方面,由于征收标准过低——既不能反映污染治理成本,也不能反映污染社会成本,那些污染企业宁愿交排污费也不去治理污染。另一方面,企业是把排污收费作为成本费用记账的,那些国有企业的排污费实质上是由政府来支付的,从而大大削弱了收费的约束作用。至少在 2000 年以前的排污收费制度中,其公平性和效率都是存在问题的。比如,在全国 700 多万个乡镇工业企业中,只向 40 万个企业征收了排污费,乡镇企业的排污收费比例远远低于其在工业总产值中的比例(张世秋、安树民、王仲成,2001)。

针对排污收费制度存在的征收标准过低等问题,2003 年 7 月 1 日颁布的《排污费征收标准管理办法》开始实施新的排污收费制度,按照污染者排放污染物的种类、数量以及污染当量计征,提高了收费标准,同时,取消原有排污费资金 20％用于环保部门自身建设的规定,将排污费全部用于环境污染防治,并纳入财政预算。但是,排污费同污染治理成本相比依然还有较大差距,同时,新的制度虽然开始转向浓度超标收费和总量收费相结合的收费方式,但总体上浓度超标收费依然占主导地位,因而不能很好起到约束排污者行为的作用。正如一些研究者所指出的,在排污费政策的执行过程中,由于排污费政策本身的缺点、不利的外部政策环境、信息的不完全和不对称以及环境产权难以界定等因素的相互强化,使得排污费很难在环境污染控制中发挥作用,而且这种状况短期内很难彻底改变(劳可夫、刘思华,2007)。

征收排污费的环境政策虽然是对市场手段的运用,但是,在运作过程中,依然表现出浓厚的行政化色彩。而排污许可证交易制度则是一种更具市场化色彩的政策工具。中国从1985年开始进行水污染排放许可证的试点，1991年进行大气排放污染物的许可证试点。平顶山、宜昌、贵阳、柳州、开远等地方的实验积累了一些有益的经验。这是一种在污染物排放总量控制的额度范围颁发许可证的制度安排，许可证可以进入市场进行有偿转让和交换。

但是，到目前为止，上述的这些试点只是局部性的、尝试性的，可交易许可证制度依然不够成熟。特别是，由于政府是交易的直接推动者，可交易许可证制度表现出了浓厚的行政干预色彩，市场作用的空间很小。同时，试点实施中的许可证制度具有污染源之间的补偿性交易较多，真正意义的许可证交易较少的特点。正因为如此，一些研究者甚至得出了"作为一种环境政策工具的可交易许可证在试验的过程中已经完全走样"的结论（吴巧生、成金华，2004）。

排污费（庇古税）是欧洲国家最主要的环境政策工具，可交易许可证（科斯手段）则是美国最主要的环境政策工具。它们都在生态环境治理中发挥着巨大的作用。经济学家马丁·L.魏茨曼（Weitzman，1974：225-234）认为，在完全信息和不存在不确定性的情况下，价格型环境政策工具（排污费）与数量型环境政策工具（可交易许可证）都同样能产生最优结果。但这两种政策工具在中国的实施则遭遇到了挫折。究其原因，关键在于两种工具赖以发挥作用的市场基础还不是很完备。

以排污费和可交易许可证为主要内容的环境政策工具，是以一个隐含的前提假定为基础的，即：工业企业有能力独立处理自己的工业污染。西方主要工业化国家的环境污染治理经历了一个"先污染、后治理"的过程。当政府使用环境政策工具对工业污染进行治理的时候，工业企业已经积累了大量的资金、技术和人才，有能力根据排污费和可交易许可证的压力灵敏作出反应，独立处理工业污染。但中国的环境政策实践几乎是与工业化同时起步的,大多数非常弱小的工业企业(尤其是乡镇企业)并不具有独立建立工业污染处理厂所必需的大量资金、技术和人才,无法对环境政策工具所形成的经济压力作出灵敏的反应。薛进军(2002:91)在山东、天津、河北和江苏等地所进行的关于环保"三同时"的调查和关于乡镇企业环境污染状况的调查都证明了这些严峻问题的普遍存在。

可见,从国外移植而来的一些制度和政策手段在中国不能发挥同样的效应,原因在于制度和政策工具的运作基础不同,而不是制度和政策工具本身存在问题。

12.6 政策工具革新的意义

对一些特定政策工具类型的考察,可以为分析公共政策的变革提供较好的视角。当代中国公共政策很多的方面变化,是与政策工具的革新联系在一起的。但是,在考察分析这些革新和变化的时候,我们必须注意,政策工具的更新并不总是可以很容易地发生,作为一种新政策工具的公众参与,我们看到了价格听证面临着很多制度上的制约。而环境政策工具的更新及其运作,也同样受到中国的经济增长模式和政治法律制度框架的约束。因此,任何把政策工具的使用仅仅看作一个技术过程、一种工具理性的观点,它不仅会削弱我们对政策过程本质的理解,还会降低政策工具自身的有效性。

环境政策工具的多样性,以及公众参与的尝试,形式上看起来政府有着较大的选择政策工具空间和范围。这或许是一个事实,因为与中国的发展相关联,中国的公共政策也在诸多领域发生着很大的变化。但是,强调另外两个事实也是很重要的。一是,新政策工具不断被开发出来,被借鉴进来,被实施下去,表明的是中国已经产生了政策革新的需求,但这些新工具能否有效运作,既取决于政策主体对工具的理解和认识,也依赖于与新工具相适配的制度基础,包括政治和法律体制、市场经济、基层社会,等等。在这里,工具的革新与制度的延续之间依然存在着明显的紧张关系。二是,与此相关,受到制度惯性的影响,在公共政策过程中,中国的政策主体在选择政策工具时,事实上经常面临着选择范围不大的困惑。长期以来积累起来的治理经验和思维,制约着政策主体的选择行为。而对新工具的采用,又存在着冲击既有的治理秩序的风险。

第 13 章 对外开放、国家的国际社会化与公共政策的变迁

中国的对外开放政策已经走过了 40 个年头。40 年时间对一个有着几千年历史的中国来说,只是历史长河中的一个小插曲。然而,正是这个短暂的历史时期,为学术界探究一个国家如何在对外开放和国家的国际社会化(international socialization of the state)进程中发生制度上、政策上的变迁提供了生动的案例。

中国经济的快速成长,国家在国际社会中影响力的不断扩大,相当程度上得益于中国坚定不移地实行对外开放政策,以及由此而进行的国内制度(domestic institutions)的变革和公共政策的设计。尽管在很多时候,国内制度的变迁和公共政策的调整变革经常滞后于对外开放政策的实施,但早在中共"十七大"报告就已明确声称,中国实行对外开放是不可动摇的发展战略。因此,如何更深入地在制度和政策层面进行积极的创新,以提高这个大国所需要的治理能力以及与世界体系互动的能力,必然是今后中国对外开放政策实施过程中战略考虑的一个重点。

本章认为,中国国内公共政策的变迁和创新,虽然有着深刻的国内根源和国家自身发展的强烈需求,但是,如果离开与外部世界

的互动,离开国际体系和国际社会对中国所产生的影响,这种变迁和创新本身便不可能得到更好的理解。本章以中国的国际社会化进程为分析线索,认为面对全球化的发展趋势,国家的对外开放是实现其经济增长的必要而非充分条件,但是,对外开放并不会自动地发挥这个方面作用,要让对外开放起作用,就必须进行制度和政策上的变革,以提高国家驾驭全球化的能力。

13.1　全球化与国家的角色:发展中国家的需求与压力

13.1.1　对外开放:发展中国家的需求

人们一般用"全球化"这个术语来指国际层面的活动、交往和压力日益增长的趋势。从历史和现实的情况来看,"全球化"这一术语既具有经验特征,又具有意识形态的特征,即全球主义者的意识形态。这种偏西方立场的意识形态的核心假设有两个。一个是,任何背景下的决策都取决于市场的良好运作。为了有利于市场化的进程,国家的作用应当受到限制。这就是说,对国家而言,只有适应全球市场规则才是唯一合理的、可行的选择。另一个假设是,一旦采用了自由市场,民主制度就会在全世界建立起来。显然,当我们来思考国际制度如何影响国家行为这一问题的时候,我们应当清醒地认识到,构建国际制度框架的强大动力,在相当程度上来自全球主义者的意识形态。

但是,如果我们撇开全球化背后的意识形态特征不论,我们首先将看到的事实是,很多国家的对外开放是与全球化的经济特征相联系的。因为全球化至少意味着:第一,市场经济在空间上的扩展已至全球的绝大部分地区;第二,资本在世界范围内、在全世界生产和金融体系下重新积累,其特征主要是国外直接投资

(Foreign Direct Investment，FDI)与贸易的规模及速度的飞速增长;第三,国家的国际化,即国家越来越多地要去促进、容纳全球范围内的资本积累,而不是跨国资本对民族国家的规避。

在推进全球经济一体化的过程中,跨国公司扮演着十分重要的角色。1987年全球跨国公司母公司总数约2万家、国外分支机构约10万家,2001年分别达到了约6.5万家和85万家,跨国公司海外分支机构雇员约5 400万人,比1990年的2 400万人增加了1.25倍,全球销售额约为19万亿美元,相当于2001年全球出口额的两倍多。1987年全球国外直接投资存量还不到1万亿美元,1990年达到1.7万亿美元,2001年上升到6.6万亿美元,2002年达到6.86万亿美元(UNCTAD,2003)。

虽然跨国公司的FDI未必能对发展中国家长期的动态比较优势产生积极的作用(UNCTAD,1999),国际规则也没有提供强制性的理由使跨国公司对发展中国家负有社会责任,发展中国家也缺乏迫使跨国公司的行为符合自己的发展目标的谈判实力,但是,资源短缺对发展中国家形成的发展制约,却迫使其实行对外开放。发展中国家希望通过市场开放和吸引外商直接投资的政策,使本国企业获得进入全球产业"价值链"的机会,经由参与、吸收、学习、改良和创新,以加速工业化进程和提升工业化水平。因此,发展中国家对跨国公司的态度和政策发生了从"警惕和限制"到"迎合与友善"的转变(朱乃新,2005:25)。据联合国统计,1991—1996年,世界各国总计修改了599条影响外国投资者的相关法令,其中572条都是与增加外国投资的自由度和扩大投资相关的(黄景贵,2003:43)。各国吸引外资的竞争更加激烈,也导致了法律法规的修改对外国投资者的有利倾斜。1998年,有60个国家对145项涉及外商直接投资的法规进行了修改,其中94%的修改是为跨国公司直接投资提供更加有利的条件和更加宽松的环境。2002年各国吸引 FDI 法规的 248 项修改中,有 235 项是有利于外商投资的(朱乃新,2005：25-26)。

13.1.2 压力与变革

但是,发展中国家为满足吸收外资的需求而对制度、政策和管理作出了调整与变革,这并不意味着它们没有受到全球化的压力,也不意味着它们能够有效规避这种压力。全球化在某种程度意味着是一个动荡的世界。由于以"华盛顿共识"为基础的全球一体化政策和制度试图通过思想和行动的单一化过程来避免冲突,但结果却造成了全世界绝大多数地区的错位,破坏了许多国家为建立可靠的经济与社会保障制度所作出的努力。经验证明,这样的全球一体化是导致全球动荡的根源(马乔里·格里芬·科恩、斯蒂芬·麦克布莱德,2004：1)。

尽管 20 世纪 90 年代以后流入发展中国家的投资有了大幅度增长,但国际经济协定并非如自由主义国际政治经济学家所认为的那种正和博弈(positive sum game)[①]。事实上,国际制度所谓的全球市场交换体系存在着结构性的不平等,它可能是一种负和博弈体系(negative sum system)。正如约瑟夫·格里科(Grieco,1990：28)所指出的,相对收益的分配不平均可能威胁到某些参与者的长期利益。不过,要避免这种情况,在需要调整全球化的制度结构的同时,还需要对国家的国内制度和政策进行有效的设计和安排。

13.1.3 国家的角色及其空间

国际政治经济学的文献大多集中分析全球化对国家经济政策

[①] 在他们看来,即使参加者发展程度不同,它们也都能从中获得利益,尤其是弱国也能够通过参与而获得利益,因为在国际协定下,强国和弱国都受到规则的约束。

越来越多的限制。由于国际制度的影响因素在不断增加,这使得原先由国家唱主角的行动舞台上,国家的行动越来越取决于国际制度。但这并非意味着国家已经走到穷途末路;相反,还是存在着一些空间可供国家进行内部变革。安东尼·希拉(2004:46)通过对管制政策的实证研究后认为,虽然全球化对很多国家带来了越来越大的经济政策的"趋同化"压力,但是,在国内政治经济体制中仍然存在着一定的空间,供国家调整其国内经济。

国家不是全球化的受害者,而是全球化的主要促进因素。然而,在自由主义理论那里,国家的国际化一直被理解为撤销对资本的控制,削弱对金融市场的监控,以及各种行业的私有化。这是一种错误的主张和政策。国家的角色和作用在发生很大变化,但并不表明国家的权力和重要性在下降。比如,全球化并非意味着跨国公司不再需要国家;相反,它们一直需要国家,需要国家保证契约和私有产权、提供法定货币、兴建基础设施、培养劳动者、维护秩序等。如果国家的决策能力受到削弱或限制,那么,这将制约国家对全球化的态度。

一个国家会采取什么样的回应措施,既取决于它对国内经济的看法,也取决于它所明确表达出来的国际战略。1997 年的世界银行发展报告明确指出,自由市场不等于缩小国家干预,"最小国家"的主张是行不通的,国家在保护和规范市场方面应该承担更大的责任和作用[①]。为了保证市场的良好运作,国家必须通过政策、立法和司法等手段,来调整国内外市场上的行为主体之间的关系。正如斯蒂文·沃格尔(Vogel,1996:32)指出的,自由市场要求更多的规则而不是更少的规则。为此,国家自身(包括其相关的部

---

① 《世界银行 1997 年发展报告》(世界银行,1998)将人们的注意力从关于国家与市场的争论中转移到"国家的有效性"这个更为关键的问题上来。有效性主要是指国家能够发展出一套"有利于市场繁荣"的社会制度和规范。

门)必须进行一些改革,包括思想观念上和职能上、权力上的变化。要使国家对全球化承担责任,就必须从本质上改变国家的角色,按照加拿大政治学教授列奥·潘切尼(2004:20)的说法,"国家必须从原来的福利国家,转变为可以为资本的全球流动提供便利和监督的国家"。

13.2 国家的国际社会化与国家行为的变化

如前所述,思考国际制度和规范对国家行为的建构作用,不能回避全球化这个大背景。因为很多国家正是在这个大背景下做出了对外开放的战略决策。实际上,很多国家对外开放、参与全球化的一个现实动因,便是希望通过国际社会来整合国家发展所需要的资源[①]。就中国对外开放的逻辑来说,在对外开放的前20来年(2001年加入WTO之前),开放战略的一个重要任务是从国际社会整合国内现代化的物质性资源[②],参与国际制度还没有成为对外开放战略的重点目标。但这并不意味着中国的国内行为(政策、法律的变革和制度建设)没有发生变化,无论是被动回应全球化还是自觉迎接全球化的结果。只是随着中国参与全球化的程度和深度不断推进,参与国际制度才成为对外开放的战略重点[③]。国家学习与适应国际制度,或者说,国际制度对国家行为的规范和建构作用——这是国家与国际制度关系中一个问题的两个侧面,构成了国内现代化非常重要的制度资源。当然,在这一过程中,国家在一些方面一些领域中表现出被动应对的特点,在一些时候一些地

---

① 这里指的资源包括物质资源(比如,资本和技术)、精神资源(比如,国家声誉和形象)以及制度资源(比如,参与国际组织、学习国际制度规范等)。只是国家在对外开放的不同阶段,不同类型的资源所占的重要性是有所侧重的。
② 这在整个国家参与的招商引资热情中可以得到生动的体现。
③ 当然,这也并不意味着招商引资等获取物质资源的任务已经完成。

方又经常是一种"国家自觉"(唐贤兴、赵小斐,2004:12)。这种情况在中国这样的发展中国家表现得尤为明显。不理解这一点,我们就无法认识全球化对国家的正面和负面意义。

13.2.1 国家的国际社会化

在社会学中,"社会化"是关于个人如何学习并逐渐成长为完全的社会一员的过程。人的社会属性决定了每个人都需要经历一个由自然人向社会人转化的过程,一个"把一定的价值、态度、技能'内化'为自己日常生活中习惯化的准则和个人能力的过程"(吴增基,1997:111)。社会化就是诱导社会成员去做那些要想使社会正常延续就必须做的事。显然,社会化意味着行为体通过与社会的交互作用,适应并吸收社会文化,学习并扮演社会角色,发展自己的社会属性,从而成为一个合格的社会成员的过程。

我们同样可以用社会化这个概念来解释国际关系中最主要的行为体——国家——的行为及其变化[①]。美国著名的中国问题专家江忆恩(Johnston,2011:488-489)充分肯定了这一分析范式的价值:"在国际政治领域中,社会化已越来越显示其生命力,同样,社会化似乎也成为关乎当今一些主要的国际关系热点问题的中心,例如,国家身份的构建,对国际规范的遵守、传播及缔造,国际机构的效用等。"

对国家行为体而言,国家的国际社会化可以看作是国家游离于国际体系逐渐向成为国际社会正常的成员转化的过程,是"一个国家将其生存的国际环境中被制度化的信念和实践的构成进行内化的过程"(Schimmelfenning,2000:111-112)。在这个过程中,国

---

① 关于个体在社会内部的社会化与国家在国际社会中的社会化之间的区别与关联,参见陈敏华(2004)的论述。

家行为体通过与国际社会的互动,逐渐了解其他国家的国情,学习他国先进的技术和文化,了解他国对本国的判断、评价与态度,形成相对完整的自我判断与自我评价,逐渐认知自己的身份和利益(陈敏华,2004)。玛莎·费丽莫(2001:2)从建构主义的方法论出发,认为国际社会结构塑造了国家对世界的认识及其在世界中的地位,因为国家被"嵌入"(embedded)于稠密的跨国和国际社会关系网中。

从国际社会结构的互动关系看,国家的国际社会化不仅是一个过程,也是一个结果(Kent,2002:8)。作为一个过程,国际制度和规范以及国际社会共同的行为方式被国家所认同并在国内加以贯彻,这个过程一般是国家在对外开放中进行的。作为一个结果,国际制度和规范改变国家的需求与偏好,从而塑造国家的内外行为。正是从这个意义上来说,国家经历对外开放的过程,是国家被国际社会社会化的过程。如果对外开放是出于国家自觉,那么国家通过国际社会化,逐渐融入国际社会,自觉遵守国际规范的行为,就会以增强其在国际社会中的生存、交往与发展能力为出发点。

13.2.2　国家行为如何被国际社会所建构?

在社会化理论中,具有行为塑造功能的"规范"是一个核心的概念。弗雷德里希·克拉托奇维尔(Kratochwill,1989:59)提出了一个宽泛的定义,认为规范是"界定权利和义务的行为标准"。规范的主要功能是规定和限定行为体的行动,比如,区分什么是"常规"和"非常规"的行为,以此来协调相互之间的期望以及减少不确定性;同时,在国际层面上,规范影响着国家的决策,有助于使国家的行为具有合法性(Crawford,1994:4-5)。

国际关系的建构主义理论把对规范当作理解国际政治的关键词。这一理论把规范解释为行为体拥有的关于适当行为的共享期望。这种期望表现为被一个使社会接受的能有效管理社会内部关系的,或被多个社会接受的能有效管理相互间关系的隐含的或明确的规定(prescriptions),包括规则、法律、习惯和习俗等(范菊华,2002)。显然,规范是一种国际制度,或者说国际制度包括了规范的内容。尽管国际关系学者对国际制度功能的核心内涵——国际制度作为一种主体间性质的社会规则,规范着国际行为体的行为——存在着很多争议[1],但谁也不会否定在国际社会有效贯彻国际制度的必要性。

那么,国际规范和国际制度是如何影响或塑造国家行为呢?由于国家依赖于国际社会而存在,而国际社会又是由规范来治理的,因此,任何一个国家如果要被国际体系承认和接受,就必须遵守基本的国际规范和国际制度。事实上,国家也是这么做的[2]。即使有些国际条约的缔约国,正如国际法学家艾布拉姆·蔡斯和安东尼娅·汉德勒·蔡斯(2006:303)所指出的,存在着相当多的违背条约的行为,但大多数国家将会继续遵约。在这个意义上,规范具有其自身的"顺从力"(compliance pull),它能为行动提供法律依据,所以,国家一般都会倾向于遵守规范。诚如罗伯特·基欧汉和约瑟夫·奈(Keohane & Nye,1977:19)所言,国际制度一方面为国际行为者达成可行的一致模式提供指南,另一方面通过禁止确定的行动来约束国家的行为。

作为当前世界迈向组织化与秩序化的关键力量,国际规范以机制、组织、制度为代表成为全球治理体制的核心。国际规范体系也因此需要通过国际制度的安排把越来越多的国家纳入其中,国家的行为也将因此发生变化。

---

[1] 比如,像约翰·米尔斯海默(Mearsheimer,1995:5—49)这样的现实主义者认为,制度由于缺乏改变国际环境的重要方面而对国家行为方式几乎没有什么作用。

[2] 著名国际法学家路易斯·亨金(Henkin,1979:47)说:"几乎所有的国家在几乎所有时候遵守几乎所有的国际法的原则和它们几乎所有的义务。"

其一，规范指导国家的行为。规范一旦建立起来，它们就有自己的生命力。规范对国家行为有独立的影响，包括重新界定国家的利益、创造集体利益和认同。规范不仅建立了对有关特殊行为体行为的期望，而且也将"指导"国家行为，使国家行为受规范、新的利益以及认同的影响。这是理解建构主义者主张把施动者（国家）和结构（国际规范）看成是相互加强和相互建构的观点的关键（阿米塔·阿查亚，2004：33）。因此，国际规范对不同国家所制定的相同的行为要求，指导着国家的行为，又通过国际制度的安排，为国际行为主体提供了合作的框架和规范，使国家之间尽量以相似的行为方式参与并融入国际规范体制。

其二，规范的构成性作用通过不断改变和调整国家的行为，为国家创造出行为模式。作为在主体间互动中产生的共享期望或规范，既具有调整性作用，又具有构成性作用；既涉及行为体在一个特殊环境中将如何行为，又涉及这些行为体本身的属性（Jepperson，Wendt & Katzenstein，1996：54）。国际社会的规范对国家行为所构成的影响，不是外在的，而是被内化到行为体中，它们不只是限制国家的行为，更重要的是改变了国家的偏好。国际制度在一定程度上是由行为体互动中产生的被行为体接受的规范所构成，这些规范反过来又调节行为体的活动。规范和国际制度通过影响国家的具体行为、利益、优先选择以及实现对外政策目标的手段，帮助国家理解什么是重要的有价值的，以及如何运用合法手段去获取它们。因此，规范不但创造出行为模式，而且给行为体设定使用权力和财富的目标，使行为体重新定义收益。

13.3 中国对外开放的发展历程

从国家与国际体系和国际社会的互动来说，我们可以把中国启动对外开放的历史进程定义为中国开始"国际社会化"的过程。从时间序列上来说,这一进程肇始于中国重返联合国,但是,直到改革开放之前,国际制度对中国国内的国家行为所产生的塑造、影响和规范作用并不明显,中国变革自身的制度和政策的需求也不强烈。从实行对外开放之日始,中国通过接受并内化一些国际规范并逐步融入而不是孤立于国际社会开始成为不可逆的趋势。

中国参与国际社会以及接受并执行国际制度的进程,对中国来说是一个重要的学习、调整和适应过程,通过这样的"社会化"和"国际化",促使中国逐步由封闭国家转向国际社会正常的一员。不过,中国的国际社会化进程到现在还没有结束;相反,在 2001 年加入 WTO 后出现了新的、更快的社会化进程。被外界视为"和平崛起"的中国就目前的情况而言,参与国际生活的经验还很有限,应对国际局势和处理国际事务的能力还有待提高。中国如何将一些国际规范,特别是地区性的规范、规则和制度内化到自己的制度、政策和实践中,并在此基础上有所创新,将被中国今后的对外开放战略置于优先考虑的议程。这就从理论和实践两个层面上向中国提出两个基本的问题,即:中国对国际规范结构的参与和认同,将对中国的国家对外行为产生什么样的影响?中国又是如何在这过程中,塑造自己的国际和国内行为,提升其自身的实力和国际影响力,从而在融入国际社会后成为一个负责任的大国?

13.3.1 关于对外开放必要性的认识

从国际关系的角度来说,中国的对外开放开始于鸦片战争之后的近代时期。但是,晚清时期的对外开放是列强强加的结果,那时的中国是被纳入世界殖民体系之中的。面对西方世界的猛烈冲击,中国"几乎没作任何回应"(李永铭,2003)。后来民国时期的大部分时间里,由于世界的殖民体系尚未瓦解,因此,总体上说中国依然是世界殖民体系的一个组成部分。中华人民共和国成立后,中国并不是像一般所理解的立即进入了封闭状态,而是在西方世界的封锁以及意识形态的作用下,出现了向社会主义阵营开放的局面。但是,这种向外部世界的开放态势是有限的,也是短暂的——随着中苏之间的彻底分裂,中国的封闭状态更加严重。从此,中国与外部世界更加隔绝。后来的经验证明,这是中国发展远远落后于世界先进国家的一个重要原因。

持续的冷战状态使中国长时期不具备对外开放的条件。中国对外开放的一个背景,也是一个能够对外开放的条件,恰恰是国际关系格局(尤其是中美苏大三角关系)发生了变化。中国"游离出两大阵营",从而导致了"冷战时期国际地缘政治中的一个重要的变化,提供了一个中美两大国调整关系的契机和空间"(滕藤,2001:265)。

对外开放最初是作为发展经济的一项政策措施而提出和实行的。中国在20世纪70年代末开始恢复同世界各国的正常交往后,产生了对外开放的需求。通过对世界形势发展变化的初步了解,中国领导人已经认识到,中国同世界发达国家在经济技术上的差距正在拉大,引进外国资金和先进技术,学习世界先进的经济管理经验,是中国加快现代化建设的可行途径。但是,对外开放一开始便面临着一个国内制度变革的问题,而并非随着开放的不断加深才产生制度变迁的需求。只是当初的制度变革主要是经济管理体制,而没有达到需要触及深层次的制度变革阶段。邓小平敏锐地看到,中国的经济管理体制与现代化的要求很不相适应,因此,资金和技术的引进必然需要与国内的管理体制的改革相联系[①]。正是在这样的认

[①] 邓小平曾说,"要引进人家的技术,就要学习人家的管理方法,完全按照它的管理方式生产"(中共中央文献研究室,2004:377),否则就没有资格引进。

识基础上,1978年的十一届三中全会作出了改革开放的决策①。

邓小平对外开放理论的依据,是他提出的两个著名论断,即:"现在的世界是开放的世界"和"中国的发展离不开世界"(刘小力,2004)。这两个论断深刻地体现了邓小平的世界历史观。中国与世界的关系的演变历史——从封建社会的朝贡体系、到近现代的殖民体系、再到中华人民共和国成立后的闭关自守——足以说明,在一个日益相互依赖的世界里,国家如果不能或无法正确处理自身与外部世界的关系,那么,不仅无法实现国内的现代化,也无法在国际社会中维护自身的利益。因此,正如邓小平的"开放观"是一种世界历史观那样,我们对中国实行对外开放的必要性的认识,必须置于中国与世界关系的历史逻辑之中。

13.3.2 对外开放的发展过程

从中国对外开放的发展过程来看,中国采取的是一种渐进式改革与非均衡开放战略。如果我们把"改革开放"进行不甚严格的史学分期的话,那么,改革开放先后经历了两个内容上有所侧重的时期。笔者以对外开放的主要目的为变量,把对外开放分为1978—2001年和2001年以后两个阶段。

在第一个阶段里,是通过国内改革来促进对外开放的时期。这个时期的国家工作重点是推进从农村到城市的改革,考虑的主要是资源的有效配置和调动积极性以解决现实面临的国家贫困问题。然而,现实的一个制约因素阻碍着这一目标的实现,这就是国家面临着资源匮乏的约束。因此,对外开放政策就成为现实的选择,也就是说,该时期的"改革开放"考虑的战略重点是对外开放。

---

① 官方最初的表述是"对内搞活经济,对外实行开放",到中共"十三大"前后才被明确地概括为"改革开放"。

中国对外开放虽然是面向世界的,但是重点是要从发达国家引进资本、先进技术和现代化管理经验,以突破发展经济学所说的"外汇和储蓄"两缺口,跳出"贫困的陷阱"。

然而,如果没有最低限度的国内改革,要从对外开放、从世界的空间里汲取与整合发展所需要的资源,几乎不存在直接的便利条件。可以说,中央向地方和企业的行政性放权改革,是为了适应对外开放获取国际社会的资源的需要而进行的。比如,中央政府逐步下放了外贸权。像外贸制度的改革这样的制度安排,是有利于推进国家的对外开放和国际化进程的,它反过来又促进了中国制度变迁主体角色的转换。在改革开放之前,长期的计划经济体制使中央政府自然地成为主要的制度供给主体,地方政府、企业和个人只是被动的制度接受者。然而,哈耶克的信息分散论则说明,距离制度"现场"较远的中央政府并不是最理想的制度供给者,而对制度效果感受最直接、最深刻的地方政府、企业和个人最有可能针对旧制度的利弊进行切实有效的制度创新。中国在很多领域的改革是一种被一些学者称为"中央安排型"改革的模式(陈康、谢千里、I.辛格,1992),很能说明这一点。要使制度创新能持续开展下去,就必须使地方、企业取代中央政府成为制度创新的主导力量,而外贸权的下放为主要取向的外贸体制的改革,正好为中国制度变迁中的主体角色转换创造条件(陈震、秦慧丽,2001)。

尽管在扩大对外开放过程中伴随着学习国际制度和规范、变革国内制度安排的过程,但是,在这个阶段里,对外开放的最主要目标——从国际空间中获取发展所需要的资源——始终是主要的战略考虑。到了2001年中国加入世界贸易组织(World Trade Organization,WTO)后,这种情况有了变化。这并不是说,汲取资源的任务已经完成,恰恰相反,这依然是中国今后很长时间里的一个重要任务;而是说,中国的对外开放战略中吸引外资的相对重要性已经出现了下降的需求,而如何通过制度学习——向国际社会的制度学习、向全球共同的市场经济规范和惯例学习——来实现国内的一体化,则成为对外开放政策的战略重点。这是因为,到2006年,中国加入WTO结束所有过渡,政府所有"入世"承诺将全部履行,农业、制造业和服务业的领域开放将取代有限范围和有限领域的局部开放,政府和政策主导型的开放将让位于企业自主运作和市场竞争引导型的开放。这就意味着,提高国内的一体化程度需要进行制度上的创新。

不过,我们应该清醒地看到,经过20多年的改革和对外开放,国内的制度变迁出现了难以突破的"瓶颈",也就是通常所说的"攻坚战"。不在纵深方向上扩大对外开放,就无法突破这些瓶颈。因而,从2001年开始的对外开放,实际上表现为一个通过扩大对外开放来推进国内的改革和制度变迁的过程。与前一个阶段有所不同,改革开放的这个新时期,考虑的战略重点是国内的体制改革。因此,国内制度和公共政策将在对外开放过程中发生什么样的变化,将会在这个阶段得到最直观、也最深刻的体现。

13.3.3 中国与国际社会的关系:世界观与需求的变化

为了便于认识在对外开放的第二个阶段中国的国内行为将出现什么样的变化,我们有必要考察一下中国与国际社会的互动关系是如何发生变化的。考虑到国际组织的发展是国际社会的组织化程度不断提高的一个重要力量(唐贤兴、赵小斐,2004:12),因此,学术界经常以国家与国际组织之间的互动来说明国家与国际社会的关系[①]。

[①] 国内学术界这方面的代表性著述,是王逸舟(2003)主编的《磨合中的建构:中国与国际组织关系的多视角透视》。不过,苏长和(1999)认为,从严格意义上来说,国际组织与国际制度是两个不同的概念。国际组织只是国际制度安排的产物,它本身不能等同于国际制度。

中国与国际组织的关系,从中国国内的政治氛围及由此形成的国际战略来看,经历了一个"从拒绝到承认、从扮演一般性角色到争取重要位置、从比较注重国内需求到更加兼顾国际形象"的曲折过程(王逸舟,2003:24)。在我们看来,这个曲折过程正好说明中国的对外开放是不断走向更深层次的开放。

自20世纪70年代末80年代初以来,国际政治经济的相互依赖不断增强以及经济全球化趋势的加速,是我们理解中国对外开放政策的一个宏观背景。按照一些学者的说法,中国积极推动的以经济建设为中心的经济改革和对外开放,以及较大地修正以往的激进外交政策,既说明了中国与外部世界互动日益频繁的事实,也正好与西方学术界的"相互依赖理论"不谋而合(Robinson,1998:193-194;Naughton,1994:65-69)。如果以相互依赖的程度作为分析中国对外开放与国际社会化进程的一个变量,那么,我们有理由认为,在1949年到1978年,中国的国家行为不可能因为外部世界而改变,因为中国外在于国际体系之外。诚然,当时的中国不可能产生对外开放的需求,体系内成员的互动和互依程度不能完全说明问题。国内因素非常重要,比如,自力更生至少意味着主观上中国没有寻求外部资源的需求,尽管客观上说资源极其短缺。同时,与西方世界斗争的意识形态以及因此而认为由西方国家主导的国际体制不可能具有合法性的认识,也是阻碍中国参与世界的一个重要因素。

是国内发展需求的变化引起了中国世界观的变化,还是世界观的变化强化了国内需求,这是一个几乎难以论证清楚的问题。不过,邓小平领导下的中国开始了对世界的全新认识,由此开启了国家的国际社会化道路。从这个转折进程可以看到,邓小平认定的中国必须在与国际社会的合作与交往中才能求得发展,是一种现实主义的发展战略。其一个核心要点是,与西方世界发展密切合作关系的对外开放,其主要目的在于汲取先进的技术和资金,以提升国家的综合国力,而提升国家的国际形象和国际影响力,至少在20世纪90年代中期之前只是一个副产品。也正因为这样,托马斯·罗宾逊(Robinson,1998:199-210)评价道,"如果把相互依赖作为观察中国对外开放的一个视角,那么这只是经济领域的现象,而且主要还是中国对外部世界的依赖,而不是相互之间的依赖"。

不过,自20世纪90年代以来,中国与国际社会的相互依赖程度大幅度提高,对自身的国际角色以及国际制度的认识有了更深刻的理解。国际社会化程度不断提高的最主要体现是:中国越来越强调全面而充分的参与,力争在国际社会中更大的发言权,更好地表现这个超大社会国家的需求;比以往更加主动地加入区域性的国际组织和机制,对多边国际机制的态度发生了很大的变化。江忆恩(Johnston,1996:27-62)认为,尽管这种互依程度不断增强,但中国卷入同世界相互依赖的进程更多的是被动的、适应的而非自觉性的学习。如果我们考虑到中国的具体实践——在国际层面上提出国际关系民主化、和谐世界的理念,在国内层面上加快制度变革和创新,等等——的话,那么有理由认为这个判断是欠合理的。这可能是西方学者不了解和不理解中国的缘故。

从改革开放以来中国与国际社会的互动关系的变化可以看出,中国日益把国际体系看作是一个积极的因素,是一个对中国来说可资利用的良性环境,一个有利于中国改革开放和经济建设的重要条件。但是,在邓小平时代,经济建设是"第一位"的,因此,对外开放、借助国际组织的工具性目的很强,主要是要通过国际组织来发展壮大自己,而关于中国对整个人类社会的贡献和责任问题,实际上在这个阶段还未能提上议事日程。这个阶段就是中国对外开放利用外资等资源的阶段。但是,90年代中后期之后,中国开始更加看重自身在国际社会中的位置和作用,对国际上的各种评价既更加敏感,同时也更加通达和更加有承受力。这在中国开始较为自信地学习国际制度规则,并在国内的政治、法律和经济层面上进行深刻的变革中得到充分的体现。中国与国际组织的这种互动关系,与我们所说的现在中国对外开放进入了以开放促改革的阶段这个论断相吻合。

13.4　中国对外开放的绩效:经济增长与政策变迁

13.4.1　对外开放:中国是一个"成功国家"

中国对外开放、参与全球化的进程与中国经济的高速成长之间存在着密切的关联,中国是参与全球化的主要获益者之一这一点是毫无疑问的。联合国贸发会议秘书长鲁本斯·里库佩罗(Rubens Ricupero)说:"无论根据何种标准,中国参与经济全球化的过程都是近几十年中最令人瞩目、最富于戏剧性、也最引人入胜的经济发展过程。"①

根据世界银行2004年9月发布的《世界发展报告:让服务惠及穷人》在1980—1990年和1990—2002年这两个时间段里,中国的GDP年平均增长率分别为10.3%和9.7%。世界银行报告的数据是可信的,与中国官方的数据差异不大。根据2012年中国国家统计局提供的数据,从1978年到2012年,中国经济的平均增长率达到9.8%,而且,在大部分的年份里是以两位数的速度增长,其中1985年的增长率则更是达到了13.2%。遭SARS袭击的2003年,中国的增长率比上年增长了9.1%。如此之高的增长率,把中国推入到世界经济总量的大国行列。自进入经济起飞阶段后,中

---

① 龚雯:《中国是全球经贸增长的重要引擎》,《人民日报》,2004年9月11日。

国显现出现代化追赶效应或追赶模式的明显特征。"十一五"期间,中国GDP总量的国际排序实现了"三连跳",从2005年的第5位提升到2006的第4位、2007年的第3位、2010年的第2位。中国的GDP总量占世界GDP总量,从1978年的5.0%,发展到1995年超过11%,再发展到目前的15%。中国人均GDP水平与世界的相对差距也迅速缩小。1978年为22.3%,到1995年达到世界的平均水平的1/2(为51.1%),比1978年提高了28.8个百分点。这一时期中国人均GDP增长率(为6.04%),明显高于世界人均GDP增长率(1.01%),中国人均GDP水平不仅与世界人均GDP水平差距明显缩小,而且与发达国家的人均水平的相对差距也大大缩小。

中国的经济增长不仅体现于总量,还体现于中国迅速缩小与发达国家人文指标的相对差距。经济增长和发展的根本目的是提高人类的生活质量,经济的迅速增长,人均收入水平的幅度提高,促进了中国人口生活质量的明显变化。1979—2003年,中国人均GDP从181美元提高到1 100美元。1989年到2003年的14年间,中国城镇居民家庭年人均可支配收入从1 375.7元增加到8 472元,农村居民家庭年人均纯收入从601.5元增加到2 622元,分别增长5.16倍和3.36倍。而到了2010年,城镇居民人均收入21 033元,比上一年增长11.5%。在经济高速增长的时期里,中国的人均收入的增长是世界平均水平的4倍。中国已经从世界银行划分的"低收入国家"上升到"中低收入国家"。联合国贸易和发展会议(United Nations Conference on Trade and Development,UNCTAD)称中国为"成功国家"(winner countries)[①]。从人口出

[①] 参见 UNCTAD(2002)。但是,应该看到,2003年的GDP总量居世界第7位,人均GDP却在世界排名第111位。渐进式改革与非均衡开放战略的后果也体现出来,长三角和珠三角几个省市占了全国GDP总值的一半以上。

生率来看,1952年中国人口出生率高达37.0‰,1978年降为18.25‰,1995年降为17.12‰,而2011年年底更是下降到11.93‰。与出生率下降相关,中国人的预期寿命不断提高,从1978年的64岁提高到1995年的接近70岁再到2012年的74.83岁。从15岁以上人口受教育年限看,1978年为5.33年,1995年为8.93年,2012年则超过了9年,越来越接近美、英、德等发达国家①。经济增长与人类生活质量改善是一个相互促进和过程,人口健康素质越好,受教育水平越高,对经济增长的贡献也就越大。

上述这些能够体现中国经济成长和成功的数据,是客观事实。当我们去思考、分析对外开放的意义时,问题就出来了:中国经济的这些成功,在多大程度上是对外开放所带来的?这是会引起争议的问题。但是,中国对外开放的程度和规模在不断扩大,这是一个首先要承认的事实。作为扩大对外开放的一个成果和表现,中国是吸引外商直接投资最多的国家之一。1993年以来的连续11年中,中国成为世界上发展中国家吸引外商直接投资(FDI)最多的国家,它所吸引外商直接投资平均占全世界所有外商直接投资的6.5%,占发展中国家所获外商直接投资的25%。其中,2002年和2003年,中国实际利用FDI连续两年超过500亿美元,而2004年则创纪录地达到了600亿美元,占世界外商直接投资总额的9.9%。这样,自20世纪80年代对外开放到2004年年底,中国共吸收外商直接投资5 621亿美元。在随后的几年里,中国吸收外商直接投资的增长势头不减,每年的总量不断突破,2011年的实际使用外资金额达到1 160亿美元。只是到了2012年,由于各种国内外因素的影响,中国实际使用的外资金额较2011年减少了近43亿美元,同比下降了3.7%,但这并没有削弱中国作为全球第二

---

① 本段中的统计数据均出自《中国统计年鉴2012》。

大 FDI 吸收国的地位。

世界银行的东亚与太平洋地区减贫与经济管理局(2007：12)认为,中国在吸引外资促进经济发展方面做得非常成功,而最为成功之处在于通过利用外国资本,特别是外商直接投资扩大了对外贸易。与吸引外资一样,对外贸易的扩大也是衡量一个国家对外开放程度的一个重要指标。从 1979 年到 2003 年,中国对外贸易出口从世界第 33 位上升到第 4 位,进口从第 24 位上升到第 3 位,2004 年中国进出口贸易额突破 1 万亿美元,是 1980 年时的 30 倍[①]。而这其中,超过一半的贸易额是由外国投资企业创造的,比如,2004 年的外资企业占出口总额的比例达 57%,在进口总额中的比例达 58%,在加工贸易总额中的比例达 88%。上述所有这些数据,都显示出中国在扩大对外开放的过程中出现了很多变化,以至于《日本经济新闻》早在 2001 年 5 月 19 日的社论中评论道,中国正在崛起为"一个新的世界工厂"和最开放的潜力巨大的"世界市场"。

当然,承认吸引外资增长和贸易扩大的事实,对于回答上述这个问题,只是一个方面。另一个需要回答的问题是,经济的快速增长和人民生活改善,是不是中国扩大开放的结果。显然,扩大开放不可能是中国取得成功的全部原因,但忽视其重要的作用是不客观的。事实上,经济学大量的研究文献,早已就外资增长、贸易扩大与中国经济增长之间的正相关度作出了可信的回答。一些研究者从要素供给增长的角度讨论了外商直接投资对中国经济增长的贡献,认为投资的增长一直是拉动中国经济增长的主要力量(比如,杜江,2002)。当然,仅仅从要素供给增长的角度来解释是不够的,实际上,从更深层次来分析,中国经济发展从引进外资中所获

---

① 数据来源：亚洲经济数据库,https://www.ceicdata.com/zh-hans/country/china。

得的利益,主要还是外商直接投资带来的资源配置示范效应,表现在制度创新的示范、企业竞争的示范和市场开拓的示范(陈飞翔等,2004)。UNCTAD(1999)的《世界投资报告(1999年)》也指出,外商直接投资对东道国经济发展所产生的影响是相当广泛的,主要体现在五个方面:扩大投资的来源,加快资本形成的速度;带来技术转移效应,提高东道国的技术水平;拉动出口贸易的增长,增强出口竞争能力;增加就业机会,改变就业的结构;对生态环境保护起到一定的示范和促进作用。就外贸增长对中国经济增长的贡献率来说,有关研究得出的结论认为,中国的外贸总额与 GDP 之间有密切的正相关关系,外贸总额每增加 1 亿美元,就可以有 1.662 4 亿美元的 GDP 增长,说明对外贸易对中国经济增长有很大的促进作用(方燕、胡志帆,2005)。总之,根据国际经验,国家的经济开放度越大,就越能促进经济增长。从中国的经验中,我们也看到,对外开放度对中国的经济增长起着重要的推动作用(汪浩瀚,2005)。

13.4.2 政府和政策的作用

包括吸引外资和扩大对外贸易在内的对外开放,与中国经济的快速增长和发展之间存在着很高的相关度和切合度,这一点虽然已广为人知,但是,它并没有回答改革开放以来高速增长的深层次的驱动因素是什么。这不仅是理解中国经济长周期的一个关键问题,也是人们对公共政策的作用存在争议的一个关键问题。从中国的实际经验来看,在国家确立对外开放的总体战略和政策框架下,不断调整,甚至重新设计相应的制度、政策和管理规范,是实现中国经济高速增长的一个关键性的因素。在这个问题上,人们可以清晰地看到,对外开放进程在很多方面促进了中国公共政策的发展和变革。

一般认为,以经济建设为中心,根据不同发展时期的特点和需要制定经济发展战略,是实现中国经济快速增长的一个重要原因。这是一个很笼统的说法,但的确是有根据的。彭文生等(2012)从供给面把一个国家经济增长解构为三个基本部分:劳动力的增长、资本的增长和全要素生产率(TFP)的提高,并通过比较这三个部分的贡献并对比世界各国从1992年到2007年的增长,得出了全要素生产率增长是驱动中国经济增长的重要因素这个结论。TFP增长对中国GDP增长的贡献达到一半左右,占比显著超过同时期的发达国家和亚洲新兴国家。根据彭文生等人的理解,改革开放以来潜在增长率的三次显著提升均与改革有关,其背后主要体现的是体制改革的红利:20世纪80年代初,以家庭联产承包责任制为核心的农村改革开始,带来农业生产效率的大幅提高;20世纪90年代初,"建立社会主义市场经济体制"改革目标确立,改革开放的力度加大;21世纪初,加入WTO进一步提高了我国对外开放的水平。

显然,因应改革开放需要而形成的政策设计,对于推动中国经济增长具有至关重要的意义。政府政策的这种作用,同样也为中国经济史学家的研究文献所证实。周其仁(1995)在研究中国农村改革中的国家和政府的角色时指出,国家保护有效率的产权制度是长期经济增长的关键。但是,周其仁(2009)又指出,国家通常不可能自动提供这种保护,正是国家通过有计划地放松对农村的政治控制,鼓励农户、各类新兴产权代理人以及农村社区精英广泛参与,才有了新产权制度的形成。经由重新界定产权,中国大幅度降低了全盘公有计划模式的制度运行成本,从而解放了庞大人力资源的生产力与创造力,得以在全球市场上形成了综合成本竞争优势。

中国政府推动经济快速增长既是为了解决民众的生活和生存,也是为了解决政府自身的合法性的需要。大部分经济学家都相信正是这两种生存上的压力"倒逼"了政府去寻求合适的改革战略,设计有效的公共政策。张军(2006)认为,中国长时期里的经济增长是工业化和中国特有的"政治治理"模式所推动的,而与中国的政治制度没有大的关联,因为在二三十年高速增长的时期里,政治制度本身并没有发生大的改变。在张军看来,当西方的正统国家理论和主流的经济发展理论把一党政治、强势政府、缺失的法制以及资本不发达等"国家因素"看成经济落后和阻碍经济增长的重要原因的时候,中国的经验却把经济增长与国家增长协同起来了。这也就是说,政策体系的主导性主体——执政党和政府——有着追求自身利益并把它与公共利益较好地协调起来的强烈动机。一个基本的事实是,政党和政府不仅是改革与经济增长的推动者,也是改革和经济增长的受益者,经济的增长又促使国家和政党的权威实现了增长。中国的经济体制是可塑的,政策有着很大的灵活性。中国的政治治理结构和模式具有不断适应外部变化了的环境和需求来不断调整政策的优势。这在承认市场经济、发展私人企业和承认私人财产权利问题上表现得非常典型,最终将保护私人产权的条文写入了宪法。

美国经济学家本杰明·M.弗里德曼(2008:272)肯定了经济增长对于发展中国家的至关重要性,认为发展中国家之间的区别不是快速增长和慢速增长的问题,而在于有增长和没有增长的区别。对于中国的决策者们来说,增长是第一要义的,民主和法治建设则被看作一个长远的议题。因此,公共政策的能力首先被定为于促进增长上,而顾不上如何尽快去构建经济增长"外溢"所产生的制度基础。张军(2006)不认为这是政策上的不足甚至失败;相反,他认为这是中国政治治理的优势所在。这种优势突出地体现在招商引资(政府注重培养良好亲商环境的诚信使外商直接投资得以大规模进入)和对地方政府的激励(把正确的市场激励引入了地方官僚系统并能保持着政治上和人事上的集中制度)这两点上。地方政府的积极性(尤其是其对基础设施的投资和建设)是中国经济增长的一个重要因素(参见范九利、白暴力,2004;范九利、白暴力、潘泉,2004),而这种积极性正是被中央政府的基于经济发展的政治表现(即"政绩")所驱动的。基础设施的改善是中国地方政府官员"为增长而竞争"(所谓争"政绩")的必然结果(详见周黎安,2007)。

13.4.3 对外开放的"改革创造效应":推进国内制度建设

中国经济改革的过程就是不断扩大对外开放的过程。中国经济的快速发展在很大程度上依靠了对外开放的带动,国内体制改革在相当程度上也是对外开放拉动的结果。一国参与全球或区域经济合作的进程虽然不一定与国内改革发展同步,但却有着密切的联系。国家在全球或区域层面的经济活动既催动国内持续的制度变迁,也需要国内相应制度变迁的支持。

中国参与经济全球化的努力远早于区域一体化的尝试。有分析者认为,区域一体化为成员国带来的贸易创造远较全球化明显,而对成员国国内市场的完善程度要求也更高,也就是说,区域一体化的"改革创造效应"比全球化更明显(刘澈元、刘祯,2007)。区域一体化构成了国家促动国内市场一体化的强大外部动力。这个判断也是基本符合中国对外开放的历史进程的。中国参与全球化的最直接的原始动力是获取国际资源,而这其中,扩大外贸和国际直接投资扮演着最重要的角色。中国在更深的层次上参与国际制度建设,并受到国际制度的规范和影响,则是在很近期的事情。而这个新的趋向,恰恰与中国较为频繁地参与区域一体化进程相吻合的。新地区主义理论关注区域一体化活动对参与国制度建设的影响与需要,强调其核心理论"改革创造效应"。因此,新地区主义不仅关注传统收益(贸易),更关注非传统收益(制度),从关注一体化组织运行转向关注参与国改革。

然而,总体上说,到目前为止的中国整个对外开放过程中,国内市场一体化并没有形成,却始终存在非一体化的危险倾向。国内市场一体化程度与对外一体化水平之间存在着较大的差距,范剑勇(2004)通过对中国1980—2001年地区专业化水平、地区产业集中率及地区制造业中心值变动轨迹的实证研究,提出中国对外一体化水平在这20多年时间中有了很大的提高,但其国内一体化水平的提高受到了很大的制约,其结论是:国内的一体化水平还处于中期阶段,而对外一体化水平已经从中级水平向高级水平过渡的阶段。

在关于国内非市场一体化的形成的因素中,地方政府的角色和行为被很多研究文献置于批评的中心。一个共同的观点是,地方政府作为一个利益主体的参与及干预,对统一市场的形成和秩序构成了极大的威胁。陈剩勇和马斌(2004)以"中央与地方之间权力结构"来说明这种威胁。他们认为,1978年至1994年分税制之前,以下放财政权、税收权、投融资权和企业管理权为核心的行政性分权,在调动地方政府发展经济的积极性的同时,不仅以改革的方式构筑了市场分割的制度架构,而且初步形成了地方政府保护辖区市场、抢夺资源的冲动。而1994年以"财权上收、事权下放"为特征的分税制改革,则使得地方政府在具有多项事权的同时,缺少可资支配的有效资源,因而抢夺资源封锁市场的冲动变成了现实,并形成了一个制度化的恶性循环。

在中国改革开放的初期阶段,资金始终是最稀缺的要素。地方政府在市场不完善和知识信息不完备的情况下,以扭曲市场的方式进行以外资为主要对象的恶性招商引资,是一种现实的选择和逻辑。王小鲁(2001)关于资金与其他要素在经济增长方面的贡献率的差异的研究,能够证明或说明这一点。当然,这种现实的选择逻辑也受到特定的制度安排规定,这就是中国的政绩考核制度。现有的政绩考核制度推动着"政治企业家"主导的地方改革以招商引资为主,而不是以人力资本投资和市场制度构筑为主。因而,改革与开放的非协调进展导致了对外经济一体化水平高于国内经济一体化水平格局的形成(刘澈元、刘祯,2007)。

中国实行的是各种"放权"改革和渐进式增量拉动为主的市场化模式。这种改革模式是在维护既得利益的基础上,通过逐步松开各种资源、要素与组织力量的束缚,加大增量,刺激经济增长与结构演进的方式进行的,遵循的是旧体制逐步被替代的逻辑。但是,新体制的设计是有一个过程的,且设计出来的新体制的效能释放也总是迟缓的。新旧体制的转型所带来的矛盾和问题的堆积,在对外开放的冲击下日益突出。长期以来,非常规刺激下的高速经济增长缺乏新体制的制度保证,实际上,经济的超常规增长到20世纪90年代中期已经渐至尽头(韩健鹏、周琳,1999)。

这些年来,各项改革基本上是功能性的,即主要体现在政策的变化上(韩健鹏、周琳,1999)。政策的变化对各个领域有着广泛的冲击,但这种冲击没有进入体制-结构的深层,结果是,受到制度层面的约束,政策拉动和需求刺激越到后面越出现了疲软的现象。为了更深入、更广泛地开展对外开放,国内的制度变迁必须经历一场深刻的"革命";反过来,要在国内的制度变迁领域实现这一"革命",就必须对对外开放战略进行必要的调整。这是由如下两点决定的。一是,中国对外开放的效应在今天和今后不应该仅仅体现于经济层面,实际上,打开国门使中国与全球的接触具有了合法性。因而,对外开放还必然是一种政治行为,中国要在世界格局的变化中寻找到自己的合适位置。因此,中国要最大限度地获取对外开放的实际效益,必须在总体上调整对外开放的现状,实施均衡式的全面开放战略。现在的中国对外开放格局,在结构上依然是倾斜式的,只是更加多方位而非全方位的。二是,在国内的制度变迁和政策调整中,应该表现出更多的"国家自觉"(唐贤兴、赵小斐,2004:12)。从实际的变迁过程来看,政策的调整和制度的变迁,在中国对外开放过程中总体上来说表现得较为被动。虽然从变迁的逻辑来说,国内改革和对外开放是一种互动和关联关系,但是,中国实行的各项有助于同国际惯例、国际制度"接轨"的政策,本质上来说表现为:对外开放一步步快走,国内体制和政策一步步被迫跟进。如果说这种被动的"接轨"是改革开放一段时间里的必然现象的话,那么,到全面融入国际社会的新阶段,应该以国内体制改革的推进来拉动和保证对外开放,克服国内体制变革滞后于对外开放的传统模式。

13.5 利用外资与制度变迁:法律政策文本与长三角的经验

下文在前述理论分析的基础上提供一个长江三角洲地区(简称"长三角地区")的案例分析,并在案例解读之前,对为适应国家对外开放而实施的一些制度(法律和政策)变革的相关文本作些解释。案例和政策文本清晰地显示,当代中国公共政策的变革在什么样的情况下受到国家对外开放的影响,由此可以显示国家的国际社会化是一个什么样的实际进程。

13.5.1 法律政策文本

1. 法制规则意识不断增强

对外开放过程中,中国对经济和社会生活的组织与管理方式为更多地与国际惯例接轨,对国内法律体系进行了较为系统的修改和完善,在具体行为层面政府对经济和社会事务的管理也不再是直接的控制,而应在法律框架内进行协调和服务,决策过程也必须进一步科学化和民主化。具体表现为在利用外资过程中,对于那些过于笼统、难于操作、漏洞较多或不完全适应国际规则的法律法规,进行了修改、补充,使其正确、完善、通行;对于涉外经济立法上的一些空缺领域,加快立法步伐,入世前后中国总共审查了1 400多部法律法规以及类似文件,其中包括6部法律(其中5部被修改)、164条国务院法规(其中114条将被废止、25条被修改)、887条部委规章(其中459条将要被废除、95条被修改)、191个双边贸易条约、72个双边投资协定以及93个税收协定①。这还不包括地方层面的法律法规的完善。

2. 政府服务程序不断简化

利用外资过程中,从改革政府审批制度入手,促进政府服务职能的提升:缩小审批事项的管理范围;下放审批权限;废除失效的、过时的条例;合并重复的审批程序和审批事项;简化申报程序和审批手续;政府要按照市场经济规律的要求,最大限度地为社会提供公共服务,实现计划体制下的"管制型"政府向"服务型"政府的转变。如以2001年为例,国务院65个部门单位共清理出审批项目4 159项:这些审批项目中经济管理和社会管理的事务各约占一半,依据法律和行政法规设定的有1 657项,占40.3%;依据党中央和国务院文件设定的有773项,占18.6%;依据部门规章设

---

① 各个方面修改的重要法律有:在有关进出口管理的法规方面,我国制定了新的《货物进出口管理条例》,并对《进出口商品检验法》作了修改;在服务贸易法律方面,我国已经修改或者新制定了《国外金融机构管理条例》《外国律师事务所驻华代表机构管理条例》《外商投资电信企业管理规定》等十多部行政法规,以及大量部门规章;在外商投资法律方面,我国对三部外商投资企业法及其实施细则进行了修改,修改后的这些法律、法规均已先后出台。我国还完善了有关贸易救济措施的法律制度,包括《反倾销条例》《反补贴条例》《保障措施条例》等。

定的有874项,占21%;依据部门文件设定的有771项,占18.5%;依据部门内设司局等设定的有66项,占1.6%。从2003年开始,各部委都在积极准备做好第二批拟取消项目的工作,例如药品监督管理局共有行政审批项目102项,第一批公布取消20项,第二批取消4项,暂予保留74项。

3. 政府运作日益公开透明

对外开放尤其是加入WTO以后,中国政府信息逐渐公开,造成这一局面有两点原因。一是遵守国际规则的要求。世界贸易组织的许多文件都规定政府透明度原则①,WTO规则要求其成员国在全国实行统一的贸易管制规则和政府在管理时的公开化,并且在官方出版物上发布或者公开征求公众意见。随着中国加入WTO,政府管理的许多方式都寻求与国际逐渐接轨,政府信息公开是当今世界的发展趋势,中国加入WTO后实现政府信息公开,保障公民知情权,成为必须解决的问题。二是国内市场经济发展的需要。市场经济的一个核心原则就是参与者身份的公平,在信息社会下,若干生产的要素性资源主要靠信息来交流和流转,这就要求信息的公开和流转顺畅。中国对外开放程度加深过程中对于政府信息公开作了以下努力:1996年中央纪委明确提出,要实行政务公开制度;中共"十五大""十六大"对推行政务公开提出了明确要求②;2004年3月,国务院印发《全面推进依法行政实施纲要》,把政府信息公开作为推进依法行政的一项重要内容;2005年3月24日,中共中央办公厅、国务院办公厅发布《关于进一步推行政务公开的意见》指出,推行政务公开以形成行为规范、运

---

① 这具体体现在WTO的有关贸易和服务条款的四个原则之中:非歧视贸易原则、市场准入原则、促进公平竞争原则、贸易自由化原则。

② 中共"十五大"报告指出:"城乡基层政权机关和基层群众性自治组织,都要健全民主选举制度,实行政务和财务公开。"中共"十六大"明确要求"要认真推行政务公开制度"。

转协调、公正透明、廉洁高效的行政管理体制的重要内容;2007年1月17日,当时的国务院总理温家宝主持召开国务院常务会议,审议并原则通过《中华人民共和国政府信息公开条例(草案)》;2008年12月国务院正式通过《中华人民共和国政府信息公开条例(试行)》。

4. 产权制度改革不断深化

产权制度是非常重要的一项制度安排,有效的产权制度能降低市场交易成本、加强投资激励、建立约束机制、规范经济行为。随着中国对外开放程度的不断加强,利用外资的成本不断加深,产权制度发生了巨大的变化。这主要体现在三个方面:一是产权结构的变化;二是产权主体身份的变化;三是知识产权制度的变化。这一系列变化既是中国不断融入国际社会、遵守国际规则的结果,又是市场经济发展的必然诉求。

产权制度的变迁首先表现为产权结构的变化。改革开放以来,公有经济和其他经济在国民经济中的比重和地位发生了根本性的变化。随着改革开放的进行,逐渐形成了一个以市场需求为导向的"非共有经济",包括民营和私营企业、股份公司、中外合资和外商独资、合作经济和各种形式的集体经济等。从统计资料来看,1985年中国公有经济、三资企业、民营企业在经济总量中的比重分别为96.94%、1.20%、1.85%,而这一比重在2005年变为40.89%、31.43%、27.68%,可见这一变化的剧烈性。

其次是产权主体身份的变化。对外开放过程中,产权制度变迁的一个重要体现是各种"超国民待遇"的逐渐修正。在对外开放的很长一段时期内,各类企业获得土地所有权、国内银行贷款的条件、产品内外销售权、部分项目的收费权等方面所享受的待遇明显不同。如《中外合资经营企业法》第9条、《外资企业法》第15条、《中外合资经营企业法实施条例》第765条等均有一系列详细规定。而相关的变化出现在加入世贸组织前后,中共"十六大"报告指出,产权是所有制的核心和主要内容,要完善保护私人财产的法律制度。2001年3月15日九届全国人大四次会议批准的《中华人民共和国国民经济和社会发展第十个五年计划纲要》明确提出:"凡是对外资开放的领域,内资均可进入。依法保护各种所有制企业的合法权益。"政府应创造不同所有制性质的企业平等取得生产要素(贷款、征地、获得重要生产要素)的政策环境,打破非公有制企业市场准入的制度障碍。

再次是知识产权制度的变化。中国对知识产权的保护意识一直不是很强,对知识创新的鼓励机制也不完善。中国在1993年1月向世界知识产权组织递交了《保护录音制品制作者防止录音制品被擅自复制公约》加入书,同年4月正式成为该公约的成员国;1993年9月向世界知识产权组织递交了《专利合作条约》加入书,同年正式成为该公约的参加国;1994成为《商标注册用商品和服务国际分类尼斯协定》成员国;1996年中国参加了《国际专利分类斯特拉斯堡协定》;中国还积极参加长达七年的关贸总协定乌拉圭回合的谈判,并于1994年在《与贸易有关的知识产权协议》上签了字;2003年中国修订了《商标法》,2004年修订了《专利法》。此后,中国在保护知识产权方面做了大量的工作:政府高度重视知识产权的保护工作,国家领导人多次重申保护知识产权的原则和立场,建立了知识产权保护执法统筹协调机制以及与外商投资企业定期沟通的协调机制,目前已基本建成了与国际接轨、与中国国情相适应的知识产权保护体系。目前,中国在知识产权保护方面取得了较好的成效。2003年,全国各级工商行政管理机关共查处各类商标违法案件3.7万件,收缴和消除商标违法标识8 475.5万件(套)。各级版权行政管理机关共受理案件2.3万件,与上年相比增加近2.6倍;结案有2万件,结案率为97.46%。这些工作表明,中国政府坚持严格履行国际承诺,保护国内外权利人知识产权的立场是坚定不移的。美国、欧盟等主要成员对中国在知识产权领域取得的成果,特别是中方在入世以来为履行承诺所作的努力予以积极评价。

13.5.2 长三角地区的招商引资政策及其变革

中国吸引外资的工作绝大多数是由地方政府完成,地方政府是非常重要的一个环节,是利用外资的重要载体和主体,同时也是国家层面利用外资法律、政策制定的参与者和执行者。地方政府的招商引资行为可以从三个维度来把握:一是优化投资硬环境;二是优化投资软环境;三是加强国际宣传和政府间合作。

长江三角洲地区是以上海市为中心的大都市经济圈,包括上海市,江苏省的南京、苏州、无锡、常州、扬州、镇江、南通、泰州,浙江省的杭州、宁波、湖州、嘉兴、台州、绍兴、舟山,共计16个城市。区域面积和总人口约分别占全国的1%和6%。凭借着本地区廉价而高素质的劳动力资源和区位优势,再加上国家政策的鼓励和引导,长江三角洲地区逐渐成为继珠江三角洲之后中国另一个经济飞速发展的地区。改革开放以来,长江三角洲地区的招商引资可以分为两个阶段观察:第一阶段是以竞争为主导时期,这一时期各地为更多的吸引国外资源各地展开了激烈的竞争;第二阶段是以合作为主导的时期,这一时期表现为合作与竞争并存,招商引资给长江三角洲地区带来了注入新机制的契机,使长江三角洲地区协调联动,由松散型联合向高层次、多领域、紧密型合作发展,进而实现经济一体化发展,使之成为中国最发达的地区。

截至2005年,该区域实现国内生产总值32 704.59亿元,约占全国的21.2%,在全国经济实力最强的35个城市中,长江三角洲地区占了10个,在全国综合实力百强县中,该地区占有一半[①]。同时该地区的吸引外资额为全国之首。有相关研究对长三角招商引资数据进行了深入细致的分析,认为长三角招商引资有两个重要结点:一是1997年的亚洲金融危机,受其影响,在1996—2000年,该地区外商直接投资总额徘徊停滞;二是2001年加入世界贸易组织,受此影响在此后的几年中该地区的FDI迅速上升。各种经验表明外商直接投资对长江三角洲经济发展的贡献巨大。正是大规模的利用外资,使得该地区在发展过程中积累了大量的资金,而同时面对日益突出的发展瓶颈问题,各地又进行了积极的探索。

长三角地区由于地理和行政区划的原因,16市分别归属两省一市。这就带来了区域上的竞争,各地为促进更多的外资落户,分别制定了不同的招商引资政策,采取了不同的行为模式进行"引资大战"。在改革开放的前二十年,长三角地区的招商引资取得了巨大成功,但是随着经济社会的发展,一些深层次问题逐渐暴露,各地方政府积极应对,在行为模式上和具体政策上较之前二十年发生了巨大变化。这些变化从短期来看,促进了地区招商引资水平的提高;从长远来看,却意味着地方政府思维和行为模式的转化,意味着价值偏好与政策过程的重构,更隐含着日后社会公共生活变迁的重要逻辑。

2003年江苏新增外资首次超过广东,跃居全国第一位,达到158亿美元,增速超过50%。但与此同时,江苏引外资的结构性问题也日益突出。统计数据显示,江苏外资90%以上集中在苏南,90%集中在制造业。这两个90%显示了江苏外资引进的行业结构、区域结构严重失衡。同时,内外资经济发展的不平衡问题也日

[①] 根据《中国统计年鉴(2006)》《上海统计年鉴(2006)》《浙江统计年鉴(2006)》《江苏统计年鉴(2006)》整理,百强县数据可参见俞可平(2009)的研究报告。

益突出。

江苏在招商引资过程中政策及其变化表现在以下几个方面。一是应对区域发展失衡,更新发展战略,促进地区平衡发展。为缓解苏南、苏中、苏北发展不平衡问题,2003年江苏正式提出了实施新一轮开发开放战略和政策,旨在促进区域发展平衡。该战略分为两个方面:(1)推进沿江开发战略;(2)调整招商政策,加大苏北地区招商引资的力度。二是应对产业发展失衡,调整产业布局,促进经济健康发展。江苏省多年在吸引外资过程中形成了失衡的产业布局,极大地限制了江苏经济的健康发展。为此,江苏加快了服务业领域的开放步伐,提出把利用外资与国内经济结构调整、国有企业改组改造结合起来,鼓励跨国公司投资农业、制造业和高新技术产业,加快服务业对外开放步伐。三是应对市场发展失衡,重组产权结构,促进市场主体身份公平。江苏吸引外资过程中对于外企的进入领域有一定限制,同时对待国企、外企、民企的身份一直有所区别,这极大地造成了市场主体的身份不平等。四是应对经济与资源发展失衡,增强引资质量,促进区域可持续发展。江苏在改革开放的前二十年走的是"粗放引资"的道路,随着引资的深入,一些资源性约束逐渐成为制约江苏发展的瓶颈。不但来自国家宏观政策的调整必将促使江苏发展外向型经济的传统方式发生改变,就江苏自身面临的自然资源缺乏与浪费严重、人均耕地面积逐年大幅度减少的现状,也促使江苏外向型经济发展的模式必须改变。截至2005年,江苏撤销637个开发区。随着一些城市建设项目和工业园区的停止审批,低成本征用土地得到控制。

作为长三角地区的核心,上海也过去的十多年里通过制度和政策调整逐渐完善招商引资。首先,引资方向与本地产业发展战略契合,由低端产业向高科技含量、高附加值转变。由于地域和资源的限制,在引资后期逐渐注意引资要体现上海产业布局的总体要求①,充分考虑适应"三个集中"②。为此制定了《上海市外商投资产业导向》,公布外商投资产业目录,大力发展先进制造业和现代服务业。其次,引资策略与本地经济发展战略契合,由制造经济向总部经济、研发经济转变。包括扩大地区总部的资金管理功能,放宽区总部人员的出入境管理,出台高新技术企业相关优惠政策,赋予符合条件的地区总部进出口经营权等多方面的措施。值得注意的是,上海的户籍政策首次为外资企业人员松动——"受雇于外资研发机构的外省市具有本科以上学历、相应学位的科技人员和经营管理者,符合条件、经过批准后,工作关系可以转移进沪、户口可迁入本市。"③这成为日后户籍改革的一个探索。再次,引资服务与本地普通公共服务契合,由特殊化服务向专业化、制度化服务转变。2005年制定的《关于外资并购本市国有企业的若干意见》的《实施细则》旨在提升外资服务的基础上,逐渐与普通公共服务接轨,其措施主要为五条:提高服务效率,实行政策普惠,简化审批程序,公开交易价格,规范评估制度。

浙江省的招商引资始于20世纪70年代末80年代初。虽然浙江招商引资在长三角地区中开始最早,但是由于长期发展中小企业的经济战略,浙江在长三角地区中引资较为落后。同时浙江招商引资也存在许多结构性、素质性问题,如龙头企业不多且素质有限、制造业结构不合理、欧美引资较少、引资布局零乱而缺乏规划等。为缩小与上海、江苏差距,浙江作了一系列改进,包括:出

---

① 即中心城区进一步完善和强化城市功能,大力发展现代服务业;郊区重点发展高新技术产业、先进制造业和装备制造业,参见《上海市经济社会发展第"十一五"规划纲要》。
② 即农民居住向城镇集中、工业向园区集中、农业向规模经营集中。
③ 《本市即将出台一批吸引外资政策措施》(2003年8月28日),上海市人民政府网站,http://www.shanghai.gov.cn/nw2/nw2314/nw2315/nw4411/u21aw75408.html,最后浏览日期:2019年6月26日。

台区域规划,招商工作从零乱向有序发展;改变引资主体,由政府主导向多元化发展;改进考核办法,由数量发展向集约化发展转变。

中国地方政府招商引资行为与政策变迁过程背后隐藏着的三个逻辑和方向。结合长三角的案例,该地区几十年的招商引资行为变迁将这三个方向揭示得非常清晰。

第一,地方政府招商引资的服务行为,由向外资提供特殊服务转变为向全社会提供更优质的普通公共服务。长期以来,地方政府在为外资提供优质服务的行为中逐渐提高了服务水平、积累了有益经验,地方政府开始将这些有益的积累应用于普通公共服务当中。如上海浦东新区在多年为外资服务经验总结的基础上,2003年成立"市民中心"。"市民中心"拓展了以前"招商服务中心"的功能,不但为普通公共服务和行政审批提供"一站式"服务,还在此基础上为市民群体提供对话、协商的平台,以提升政府服务水平和促进社会和谐。杭州在优化投资环境中更多地考虑了公共利益,以城市设计的理念提升城市的品位形象,不但提供了优质的投资环境,也提供了优质的生活环境,市民成为直接受益者。

第二,地方政府招商引资的竞争行为,由地方政府间的恶性竞争逐渐转变为地方政府间的合作和良性竞争。地方政府招商引资竞争行为较为集中地体现在各种优惠政策当中。各地比拼政策极大地扭曲了政府的职能和形象,公共利益被侵蚀,地区支撑持续发展的资源被挥霍,造成了极端被动的形象。因此各地政府开始反思这样的竞争行为,先后出台了竞争升级的战略,创造良性竞争的环境,在此基础上进行合作。如浙江先行改变了官员绩效评价机制,不再将招商引资作为考核官员的重要标准。江苏严格限制土地和资源的批转,主动关闭各种工业区的规模和力度在国内地方政府中实为罕见。上海将引资服务专业化、制度化,以避免恶性竞争当中的"招商黑洞"和权力寻租。

第三,地方政府招商引资的合作行为,由普通的项目合作逐渐转向为区域战略的全方位合作行为和区域整体国际形象的经营。此方向可以分为三个层面解释:一是区域内更加注重协调发展;二是区域一体化战略逐渐形成;三是区域对整体形象进行国际经营。如江苏积极制定区域发展战略,大力发展苏北地区,以缓解多年来发展的不平衡;如浙江将产业政策和区域政策相结合,出台省内重点区域联合发展战略;再如,"长三角"不再是区位上的概念,而是体现国家发展战略的区域合作体。以世博会为契机,各地外事部门改变各自为政的传统,统一起来将区位进行国际经营,以提升整体竞争力。

13.6 让开放真正起作用

在2001年后中国对外开放的新阶段,国内制度创新和政策设计成为主要的任务,同时这并不意味着吸引更多的外资的任务已经完成。但是,即使从吸引外资的角度来说,在一个国内市场一体化需求日益强烈的背景下,完善国内制度、增加制度上的透明度恰恰是吸引外资的最重要的条件。例如,跨国公司在其他国家的投资行为的诱因是多种多样的。所有影响跨国公司目标实现的因素都可以直接影响跨国公司的投资行为。正如有研究所表明的,制度透明度与直接投资之间存在着明显的正相关关系(Drabek & Payne, 1999:282)。开放的市场必须依据国际公认的统一的市场规则运行,开放国内市场、实现国内市场一体化是国家更好地融入全球市场一体化的必要条件,为此,国内的制度变迁和政策变革必须成为下一步对外开放的优先事项。

这就是说,对外开放与国内改革的边界不是可以断然区分的。

我们之所以说对外开放、国家参与国际生活的社会化进程在相当大程度上塑造了国家行为,无论是受到国际压力的改变,还是为了展示良好的开放态势而进行自觉的变革,无非是想证明,开放都是我们理解国内行为变化的一个重要变量。美国哈佛大学经济学家丹尼·罗德里克(2004:83)认为,开放本身不是一个能够带动经济秩序增长的可靠机制,也就是说,对外开放并不必然地促进发展中国家的经济发展,它仅仅具备推动经济发展的潜能,而要把潜能转化为现实,发展中国家必须制定适当的开放战略,并配之以有效的国内政策和制度安排,这样才能让开放真正起作用。罗德里克的观点为我们的论点提供了有益的注解。

第 14 章　结论：中国公共政策变革的逻辑和未来

正如我们在导论中所指出的，中国问题本身是我们研究公共政策的一个巨大宝库，然而，我们对这个宝库的利用还非常有限，在当代中国公共政策变迁的分析领域，同样存在这种情形。本章虽然是全书的一个结论，但对中国的政策变迁研究而言，我们还远没有到可以充分总结的时候。因此，在这章有限的篇幅里，我们将大致归纳中国公共政策变迁几个方面的实际逻辑，并以此为基础，提出几个未来值得进一步研究的议题。

14.1　公共政策变迁过程

任何政策变迁都会呈现出阶段性的特点，因此，如果所考察的政策变迁是在一个较长时期里持续进行的，那么，对变迁过程作史学意义上的阶段划分是必要的。已经走过了 40 多个年头的中国改革开放，的确经历了几个不同的阶段；而既然改革开放的一个重要特点是政策驱动，正如我们在导论里所提到的，那么，改革开放的每个阶段里必然有着不同的公共政策。因此，改革开放的演进过程本质上也是公共政策的变迁过程。

然而,划分政策变迁的阶段却是困难的。曾经有一种典型划分,把改革开放前30年里公共政策的变迁分解为公共政策动员化(1978—1992年)、公共政策调适化(1992—2002年)和公共政策制度化(2002年——)三个基本阶段;而每个阶段政策变迁的性质和内容则分别是:政策动员、政策试错、政策学习;政策变通、政策调适、政策更替;政策接轨、政策定型、政策治理(陈潭,2009)。这种以时间为纵轴的阶段划分虽然简单明了,但不可避免会产生多方面的问题。比如,第一,有些跨越不同发展阶段的政策在长时期里保持着某种稳定性,而且公共政策的动员和调适等功能在任何一个变迁阶段里都可能同时存在的。第二,要对不同发展阶段的政策变迁性质和内容进行清晰可见的划分是很困难的。把动员化阶段的政策变迁的内容界定为政策动员、政策试错和政策学习,就会割裂整个改革开放的逻辑进程。中国的改革开放直到目前都还没有结束,今天已经进入了全面深化改革开放的新时期,但过去40多年的政策和制度变迁,本质上都是一个学习的过程。第三,很多政策事实上并没能够经历三个阶段的变迁而表现出线性的连续性和一致性。有一些在动员化阶段通过试错和试验的方式而产生的政策,并没有经过双轨制调适阶段的考验而终结了,更不需说能够存活到制度化阶段从而实现政策定型。与此同时,如果说自2002年以来中国的政策变迁已经处于制度化阶段的话,那么,实际上中国在加入WTO之后的十多年里(包括当前的自贸区试验和建设),有很多新政策被设计了出来,但它们却尚未定型和制度化,依然属于探索性质。

既然以时间为纵轴对中国公共政策变迁过程进行全景式与综合性的解释存在这些困难,那就必须寻找另外的解释框架。通过缩小政策变迁的内容范围来理解变迁过程,便是一种常见的选择。

比如，有研究者以政策过程的逻辑起点——政策议程的创建——为视角来探讨中国的政策变迁过程，将改革开放前30年里中国的政策议程创建概括为政治权威主导模式、经济理性引导模式和多元主体互动模式三种（刘伟、黄健荣，2008）。根据严强（2007）的研究，这三种议程创建模式对应于改革开放的三个阶段，即：旧体制解体（1970年代末到1980年代末）、新旧体制交替转轨（1990年代初到2003年）、科学发展观与和谐社会构建（2003年以后）。由此，研究者们可以抽象出中国政策议程创设的变迁轨迹，包括：第一，创建主体由精英主导向着体制内外多元主体互动的趋势发展；第二，开放度和参与度不断提高，议程创建过程由"关门式"向着"开放式"的方向跃迁；第三，相融型和外创型逐渐代替内创型和动员型，成为政策议程主流性的范式；第四，政策议程创建活动中的公共理性和社会理性不断凸显，内容逐渐转向社会政策领域。

研究范围的收缩也会影响解释力。改革开放三阶段的划分是否与实际的进程相符，依然是存疑的。这几个方面的变迁轨迹在每个阶段里又是如何体现的，确实不易描述。比如，就参与而言，虽然在过去十几年里让公众和社会参与决策过程开始得到重视，从而精英主导的议程创制传统受到一定的冲击，但受民主和参与制度的局限所制约，现在作出中国已经跃升到由公众和社会参与的"开放式"议程创制模式的结论和判断，还为时尚早。

从变迁的角度来认识中国的改革开放进程在阶段划分上的困难性意味着，中国公共政策的变迁，是一个特别不容易把握的问题。这是由大国的复杂性、转型和发展的快速性和动态性，以及发展进程的不确定性等因素决定的。尽管国内外学术界试图从不同的视角对中国的政策变迁逻辑作出相应的归纳，但是，正如本书各章内容所显示的，企图用某一个逻辑来解释中国实际的政策变迁，可能难以展示中国政策变迁过程的全貌。

从一般性理论的角度,公共政策变迁的研究范围是极其广泛的。大致而论,西方公共政策理论对政策变迁的关注和研究的早期阶段,主要是定义政策变迁,划分政策变迁的类型,并找出相应的因果关系。后来的文献则对政策变迁的动力、模式、影响等方面的国别研究和比较研究越来越深入,从而产生了丰富多样的分析框架。目前国内外学术界对中国公共政策变迁的研究,总体上看不够充分,也不够系统深入。某种程度上说,在对中国政策变迁的这些宽广内容缺乏深入研究的情况下,很难归纳出其中的逻辑。

在本章接下去的内容中,我们试图围绕研究主题对中国公共政策的变迁逻辑进行一些粗浅的概括和总结。这几个方面对政策变迁逻辑的归纳,既是反观式的经验描述——中国的公共政策到底发生着什么样的变迁,也是前瞻性的未来把握——这些方面的变迁逻辑,或许应该成为中国公共政策变迁未来的研究主题。

14.2 复杂性与政策变迁

中国社会和国家治理的复杂性是其他国家和社会所无法比拟的。这对政策研究和政策实践都提出了多方面的要求,其中,理论研究对中国公共政策及其变迁的认识,以及政策主体在政策实践中对政策的把握,都要善于运用复杂性思维。

然而,在改革开放以来的整个政策变迁过程中,政策主体的决策过程并不是在一开始就运用了复杂性思维。只是在公共政策和国家治理所面对和所要解决的问题——其性质和难度——已经超出了传统的应对之道时,作为一种政策思维的复杂性便产生了。我们将思维和方法上的这种由简化向复杂的转变,看作中国公共政策变迁的一个基本逻辑。

14.2.1　简约化策略

在很长的时期里,中国的改革开放以及相应的政策构建,采取了简约或简化的策略。简约或简化并不等同于简单,虽然在一些具体的思维和方法上存在"一刀切"的现象。在相当程度上,简化是人类普遍的行为模式或倾向。有人将减少复杂性、达到简约性看成是人类其中的一个古老梦想(Taylor,2001:137),更有甚者,把简化视为人类的天性或本能,它根植于我们这个物种生物学上的进化(Ornstein & Ehrlich,2000)。面对客观世界的不确定性、复杂性和信息的有限性,加上自身的理性能力之不足,政策主体必然会去寻找一种能够简化的途径。正如艾拉·夏坎斯基(Sharkansky,2000:ix)所论辩道的:"在实践中,要对与决策相关的所有因素进行充分细致的考虑,几乎是不现实的。"

对中国的决策者来说,导致他们采取简化策略的因素,大致有:(1)改革开放既没有先例可循,也没有现成的经验可资借鉴;(2)即便改革意味着总结以往的教训,开放意味着向国外学习——用今天的公共政策术语来说,改革开放都是政策学习的过程——政策设计者也被迫在复杂和充满风险的政治环境下进行妥协;(3)政策设计者所能够运用的信息是有限的,当时的通信和信息技术的发展现状尤其不能满足决策者的需要;(4)从理性人的角度,决策者的理性能力是有限的,在对问题的认识、对趋势的把握等方面信心不足。

在这些因素的制约下,决策者倾向于去寻找某种"捷径",以便对复杂的决策情景进行一定的简化。根据简化的方法和思维,决策者没有必要充分考虑复杂情景中的每一种复杂性,而只要抓住盘亘于复杂事物背后的本质不变性,比如简单规律和简单要素,就可以驾驭复杂决策和管理(徐俊,2006)。改革开放进程中实际的政策过程,采取了多种简化复杂性的途径或方法。比如:(1)意识形态上的不争论①,在改革开放之初和随后的一段较长时期里,广为人知的邓小平著名的"猫论",就是这样一个很重要的策略;(2)与此相关,政策目标相对地被简化或单一化了,最典型的表现就是在"以经济建设为中心"的目标下,通过量化的 GDP 指标来衡量政策绩效;(3)"摸着石头过河"和"干中学"的决策模式很生动地体现了政策过程的"试错"特征②。它试图通过发挥"榜样"以点带面的作用,在非线性传导机制作用下,让那些被激活的个别因素(比如,试点改革、政策或制度的试行等)的影响力迅速扩散,以带动整体的发展。

14.2.2 简约化的效果及问题

简化方法是有效的,但带来了更多的后来所面临的问题。在渐进性的转型路径和策略下,众多的改革事项都是通过不断进行各种类型的"政策试点"来实现的。"先行先试、典型示范、以点促面、点面结合、逐步推广"的政策过程,被很多人看作是渐进式改革得以可能和长期持续的关键机制(周望,2012)。韩博天(2009)把中国以"试点"和"由点到面"为核心构成要素的政策制定模式称为"分级制政策试验"(experimentation under hierarchy),肯定了它作为一种潜在的"政策保障"机制,在上级政府对于下级政府开拓性的政策试验提供鼓励和保护上起到了决定性的作用。韩博天(Heilmann,2008a;2008b)指出,这种机制在一定程度上是中央和地方之间特殊的决策互动机制——把来自基层的建议和地方积累

---

① 邓小平说:"不争论,是为了争取时间干。一争论就复杂了,把时间都争掉了,什么也干不成,不争论,大胆地试,大胆地闯。"(《邓小平文选》第三卷,1993:372)

② 1987 年 11 月 16 日,邓小平在谈到改革时指出:"我们现在所干的事业是一项新事业,马克思没有讲过,其他社会主义国家也没有干过,所以,没有现成的经验可学。我们只能在干中学,在实践中摸索。"(《邓小平文选》第二卷,1994:258)

的经验注入国家政策的机制,通过地方分散试点和中央干预的有效结合,使地方的政策试点成果被有选择地整合进入国家层面的政策议程。

历史地看,决策机制和改革策略的简化方法,在减少改革的不确定性、降低风险和成本、积累经验为全面推广做准备、促进经济增长等方面是有效的。像"政策试点"这种做法,是促进制度创新的有力手段和避免因情况不明而导致改革震荡的一种有效方法。雷默(Ramo,2004)把通过主动创新和大胆试验以减少改革中的摩擦损失视为中国改革开放以来的发展道路获得成功的三条基本经验之一。诺顿(Naughton,2009)认为,在整个改革过程中,通过长期的动态"试错"过程来实现的制度及政策创新不是外生的,而是在制度框架内保留政治、社会等方面的相关优势的前提下实现的内生变迁。地方创新者的政策试验处于整体制度环境的有效控制之下,因此它们即便失败了也不会带来巨大的系统性伤害和灾难性的挫败。正因为如此,很多人认为中国体制和政策过程具有很强的"学习能力"和"适应能力"(王绍光,2009)。

中国的改革开放是一个复杂系统的变迁过程。复杂性是客观存在的,只是被人为简化了。有一些研究者借用复杂性思想中的一些关键概念和核心观点,如系统性、非线性、自组织等,来阐述邓小平有关制度、改革、变迁等方面的思想,认为邓小平充分认识到了体制转型的复杂性并在制度设计中自觉地运用了复杂性理论(熊辉、刘烨,2009)。这是见仁见智的理解,我们在此不作讨论。我们想强调的是,改革和决策是一种寻求简约化的努力,但用简单的方法来处理复杂性可能会进一步导致问题的复杂化,也就是说,复杂性也是人类行为自身所创造的。今天中国国家治理中所面临的诸多复杂性,既根源于中国政治和社会本身的复杂性,也根源于寻求问题解决的简约化思维和方法。正如一些研究者所指出的,虽然坚持循序渐进、不断调试的"摸着石头过河"的改革策略为中国复杂而艰难的改革环境和道路提供了简单而实用的认识论和方法论工具，但这一方法本身亦存在着相应的局限和缺陷，包括延缓解决问题的进度，过度依赖于领导人的偏好，等等，因而其普遍适用的价值是值得怀疑的（徐湘林，2002）。正因为如此，人们似乎有理由相信，基于中央选择性控制的地方政策试验存在着同质化、不充分性和难以推广性等问题（刘培伟，2010）。

不仅如此，对复杂问题所进行的简单化治理导致了多方面的负面后果。我们本书很多章节的内容——比如，以 GDP 中心主义为取向的短期行为及其导致的诸多后果，发展过程中的两极分化和不公平，作为一种政策工具的"运动式"治理的困惑，基于专业化分工考虑所设计的政府职能体系在应对跨界问题上的无能为力感，环境和生态破坏所带来的问题和冲突，等等——较为深入地分析了这些负面后果的根源及其治理，并且清晰地显示了中国的公共政策过程由简化思维向复杂性思维转变的必要性及其基本路径，其中，增进协作性治理，扩大公众参与，变革公共政策的制度基础，等等，就是这样一些基本路径。

14.2.3　线性的变迁？

因此，在理解和评价中国的政策变迁时，不能简单地把政策变迁看作由旧向新、由坏变好的演化过程。陈潭（2004a）认为，公共政策变迁是从"旧"政策向"新"政策转变的过程，也是从"坏"政策向"好"政策转变的过程，因而变迁的方向具有不可逆性。很多学科或理论都解释了这种简单的线性变迁并非普遍存在的现象。复杂性科学把系统看作是"复杂适应系统"（complex adaptive system），它最初是指一类有能力适应变化环境的系统，后来其内涵有了很多新的变化。吉尔曼（Gellmann，1994）认为，复杂适应系统是由相互关联的、复杂的独立主体,按照一组规则或职能在非线性反馈环中彼此相互作用所形成的系统。显然,在复杂性科学那里,"变迁"虽然是一个重要主题,但行为体之间的复杂互动在变迁中的作用更受到重视。因反思新古典经济学、试图重新定位经济学理论而产生的演化经济学,也同样强调演化变迁包含着相互支持的互动和协调的思想,并认为变迁中的行为体并不具有无限可适应性,因为在任何演化观点中,总是要涉及惯性和约束(梅特卡夫,2007:27,28)。

纵观中国公共政策的变迁过程,我们可以发现,在变迁的方向上并不总是沿着简单的线性方式演进的。首先,公共政策由旧到新、由坏到好的变化,更多地反映了政策主体和政策对象的政策预期或主观愿望,而现实中的政策过程最终朝什么方向发生变化,并非人的主观能力可以完全驾驭。改革以来很多好政策没有达到预期的目标甚至走向了失败的例子比比皆是。就像政治发展既指政治进步也包含着政治衰败或衰退一样,公共政策变迁的结果可能是政策成功,也可能是政策失败。其次,中国的政策实践常常把政策的旧与坏、新与好对应起来,学术研究也同样存在这种简单化思维和方法。这样做会导致过分强调变迁的重要性——为改革而改革,为变化而变化是最典型的极端现象——而忽视政策的稳定性和连续性。政策的旧与新,既是指时间或次序的先后,也可以指先后政策的内容和价值的变化。但人们对政策好与坏的评价,则经常是与自身利益联系在一起的主观性认同,而与政策的时间先后、内容和价值的新旧无关。事实上,并不是每个人(尤其是既得利益者)都会期盼政策发生这样或那样的变迁,实际的政策变迁往往是一个冲突和妥协的过程,是博弈的结果。因此,很多政策即便看起来是变化的,实际上却是稳定的。这种演化过程中的遗传原则存在于任何一个复杂适应性的系统之中①。

14.2.4 复杂性思维：新的平衡

当改革开放走过昨天,社会发展水平达到今天这个程度时,再以原先简单化的思维来处理日益复杂的政策问题,已经越来越困难了。公共政策过程的复杂性,已远非改革当初可以比拟。漫长的社会转型在累积越来越多的复杂政策问题的同时,也积累了足以推动政策主体进行复杂性思考的因素,它们构成了公共政策变迁的推动力。

大致来说,这些力量包括这样几个方面：(1)应对社会结构变化的挑战；(2)市场经济的发展；(3)开放政策；(4)通信技术和交通的发展。这些力量使得公共政策过程在很多方面表现出与以往不同的变化或特质。对顶层设计、多元主体参与、政策网络、政策协调、整体性治理等新概念,或新现象,或新方法的强调和重视,意味着对公共政策过程的复杂性思考和应对正在成为政策过程的主流思维模式。这些方面的一些具体内容,我们将在后面的几个变迁逻辑里进行简单总结。需要指出的一点是,对复杂性的强调并不会滑向不可知论的泥潭之中,简约化作为认识世界(政策问题)和解决复杂性的一个典型思路和方法,依然会在复杂决策过程中占有其自己的位置。因此,理想的政策过程应该在复杂性与简化之间寻找到某种平衡。

14.3 转型与政策变迁

人们一般都把中国改革开放的过程看作社会转型的过程。因

---

① 布兰登(Brandon,1990)认为,演化过程中的遗传原则意味着,存在复制机制以确保个体群中的个体的形式和行为随着时间的推进能够保持连续性。

此,对公共政策变迁的理解,不能离开社会转型的大背景。公共政策的变迁与中国全方位的社会转型,呈现出复杂的关系。社会转型首先是由政策驱动的,但社会转型及其结果,又为政策变迁带来了机遇和挑战。在保持某种程度的政策稳定的前提下实现政策的渐进调适到系统性的顶层设计,构成了中国公共政策体系及其过程变迁的另一个重要逻辑。我们从下述几个方面展开对这个逻辑的理解。

14.3.1 过渡型政策安排与政策均衡

与中国的渐进改革相适应的政策过程,表现为双轨制的过渡型政策安排。根据我们上文的理解,整个改革进程的最大特点是渐进式的,它是一种简化的改革策略。而至于渐进式的内涵,则有很多不同的理解。马晓河的总结代表了一种典型看法,他认为,渐进式里面有"四先四后":先下后上,由下面发动,上面认可,向下推动;先经济后社会、政治;先点后面,先试点后面上推广;先增量改革,成功后带动存量改革(参见席志刚,2011)。以这种典型试验法的"摸着石头过河"为方法论的政策实践,也经历了从摸索到创新、由试点到普及的循序渐进的变迁过程。不断产生过渡型政策安排,是这一变迁过程的推动力量和主要表现形式。

之所以选择双轨制的过渡型政策安排,主要取决于如下几点考量。一是要确保改革的平稳推进,尽量减少因为改革产生的利益关系的变化而带来的矛盾。显然,过渡型政策安排是由政策变革的风险性、改革相关人的利益博弈和改革心理承受力等因素所决定的(陈潭,2004a)。二是适应问题导向的改革的实际需要。所有重大的政策改革都是一项复杂的社会工程,涉及如何选择最佳战略的问题。林德布洛姆(Lindblom,1959:79-88)认为,政策设计及其变革是一个很纷繁复杂的、渐进调适(muddling through)

的过程,不是目标和理论导向解决问题的,而是渐进的试错,不断地尝试和学习,最终引向成功。中国的改革虽然与林德布罗姆所言的渐进主义存在着很多方面的差异,但它的确也是问题解决导向的,在缺乏经验借鉴的条件下尤其需要通过试错和试点来推进改革。以过渡型政策安排来推进改革,可以保证某种稳定,同时也会带来需要应对的新问题,这个问题没有被决策者看作"问题",因为过渡型政策过程本身就是一种摸索前行的行动。三是需要培育改革和发展的活力。双轨制的体制变革能否有效,取决于既有体制能否提供一个空间,以便能对相关行为体的政策创新提供有效的激励。通过权力下放和利益分配结构的调整,地方政府、企业、个人等行为体积极地参与到制度和政策创新的过程中来。在改革的一段时间里,双轨制的过渡型政策安排所释放出的活力和创造性,有力和有效地推进了自下而上的制度和政策变迁。双轨制所提供的创新空间类似于复杂性科学所说的"混沌的边缘"(edge of chaos)。对于组织和系统而言,处于有序与混乱之间的"混沌的边缘"是最有活力和效力的,这是一个创造性和适应性的区域(Langton,1992:41-91)。所有复杂适应系统会进化到混沌的边缘,因为这个状态能够给予它们选择的有利性。

在中国的政策变迁中,最容易引起争议的问题不在于要不要采取被简化的渐进转型的路径,而是这种转型最终能否实现政策均衡。理想意义上的政策均衡要求所有的政策要素、政策关系能维持在最好情况的状态中,其中,政策供给能满足政策需求,人们对既定的政策安排和政策结构处于一种满意状态,因而无意也无力改变现行政策(宁骚,2000:354)。如果存在这种状态,那么,某项政策是稳定的,政策处于均衡之中。但争议的问题是,公共政策是否总是朝着由不均衡到均衡的方向而变迁的?或者说,渐进式的过渡型政策安排是不是达到政策均衡的最佳途径呢?对这个问题的回答,不仅需要借助理论的阐释,也要依靠经验的支撑。

首先,在实际的政治过程中,政策均衡往往不是通过线性演进的方式实现的。有研究者认为,公共政策的实施过程本质上是一个动态的均衡过程,遵循着"非均衡—均衡—非均衡"的一般规律,政策效能的优化就是在均衡与非均衡的循环交替中得以实现的(陆静超,2007)。政策过程的确是一个动态的均衡过程,但若说动态均衡的实现遵循的是线性的"非均衡—均衡—非均衡"的规律,未免绝对化。就中国的经验而言,相对于经济快速增长和社会快速转型所带来的民众期望值的增长,很多政策领域在长时期里表现出供给不足的特征,维持了20多年的收容遣送政策是一个典型的例子。长时期的供给滞后形成了静态的、刚性稳定的政策不均衡,帕累托改进和降低交易成本等这些政策目标甚至不在决策者和治理者愿意加以考虑的范围之内。人们由此常常看到,即便在需求、动力和条件都已经具备的情况下,也不一定会出现打破不均衡走向新均衡的政策变迁现象。大多数情况下,中国的政策过程不是由不均衡走向均衡,而是从不均衡走向新的不均衡。均衡是相对的,而不均衡则是常态形式。

针对中国的这种政策变迁过程及其特点,迫切需要寻找到新的或者恰当的解释框架。弗兰克和琼斯(Frank & Jones,1991:1044-1074)在解释美国政治过程中的政策变迁时,提出了"间断—平衡"理论,它强调稳定状态与重大变迁虽然都是政策过程的要素,但大多数政策领域的特点是停滞、稳定,而非危机和重大改变,尽管政策危机和重大改变也时有发生。不少中国研究者借用了这个分析范式来解释中国的政策变迁,认为这个框架能较好地解释中国政策变迁的真实过程。有人认为,宏观层面的价值倾向、地方领导班子的态度以及公民的反应,是中国政策变迁动力的主要因素,政策的间断—平衡具有典型的中国情景(文宏,2014)。也有人认为,学者、媒体、网民这些力量的交互作用在打破政策的均衡中扮演着重要角色,正是这个动态的复杂过程推动了中国公共政策的间断式变迁(蒋俊杰,2015)。有学者通过对焦点事件的分析,也得出了类似的结论,认为在焦点事件影响下,渐进改革常常呈现出"间断均衡"的特征(王雄军,2009)。

其次,是什么样的因素使得供给不能满足需求的政策不均衡状态得以长时间存续呢？一个重要的因素是政策创新并非总像人们想象得那么容易。把政策变迁过程分解为失衡—创新—均衡三个阶段的观点,认为政策从原有的均衡状态演变为失衡状态,再通过创新变革向新的均衡状态转变是变迁的一个基本规律(王骚、靳晓熙,2005)。然而,政策创新并不是件很容易做到的事情,"创造力或创新力是无穷的"这个命题或许是一个天真的假设。政策创新有没有产生,受到各种因素的制约。政策主体不仅是政策的设计者和落实者,同时还是一个利益主体。如果政策创新将对政策主体的既有利益构成明显的损害,那么公众预期中的创新是不太可能出现的。人们虽然通常从褒义的意义上来使用创新这个词汇的,但在政策实践中,因为自身利益的考虑,并不是每个人(包括民众)都会对创新抱有很大的热情。与此相联系,作为理性人的政策主体,他们通常会通过成本—收益的计算来决定最终是否要进行政策创新。当然,是否产生政策创新行为,还受到创新的时机、创新的技术条件以及创新者的能力等因素的影响。此外,即使上述这些因素都成为有利于促进创新的条件,改变现有的政策不均衡状态的创新行为是否发生,在很大程度上还取决于政策主体的思维和偏好。既有的体制和管理往往存在着很大的惯性,它们经常固化决策者的思维定势。就中国的政策实践而言,在很长时期里,决策者和国家治理者怀着静态稳定的思维,它将变革和创新视为一种影响稳定的因素,认为打破不均衡是产生不稳定的根源,因此常常担心政策创新和由此而来的政策变迁会带来不稳定甚至震荡。本书对政府偏好、"运动式"治理和社会冲突所做出的解释,都说明了利益、思维、制度惯性等因素对政策创新产生了很大的制约。

14.3.2 政策变迁:博弈和学习比均衡更重要

政策创新的困难性还受到博弈的制约。博弈的过程、结果及其制度安排既会对可能的政策创新形成抑制,也会因此形成实现政策均衡的阻碍因素。双轨制过渡型政策安排的设计,是基于政治现实的谨慎考虑,也是平滑推进转型的现实需要。改革在本质上是一个既得利益和预期利益之间的博弈过程,如果没有两者之间最低限度的"合作"(实则为妥协),要推进改革是不可想象的。因此,从逻辑上来说,不同利益主体之间形成政策交易和政策妥协,从而产生能平滑推进转型的过渡型政策安排(陈潭,2004),便是一种理想的选择。从这个意义上来说,应该把双轨制运行过程中通过政策替代来实现新旧政策的更替看作一个政治上的博弈过程。

过渡型政策安排会产生某些类型的政策创新,这是无疑的。但是,新政策是否意味着或形成了新的政策均衡,则依然是不确定的,或未知的。政策创新也好,政策均衡也罢,既然它们都是在作为一种政治过程的博弈中实现的,那么,我们就得去认真检验那些能够实现创新和均衡的条件。当我们把政策均衡界定为创新的政策能够满足社会公众的政策需求时,我们就得去考虑,是什么样的政治力量态势决定了政策的均衡或不均衡。一般认为,当维持既有政策的力量超过试图去改变政策的力量时,出现政策变革的可能性是比较小的。这时候的公共政策便处于通常说说的稳定状态,但不等于一些人(比如,王骚、靳晓熙,2005)所称的处于政策供给能够满足政策需求的均衡状态。相反,那种由于抵制政策变革与创新的力量太过强大而产生的政策稳定状态,恰恰维持着政策的不均衡。这不是说在政策不均衡状态下不存在利益博弈,而是说,博弈的态势和结局不足以改变政策现状,因为强大的抵制力量作为既得利益者不愿意作出妥协进行政策变革,而期望政策变革既有政策的利益受损者处于劣势,他们无力改变政策。只有在不同利益主体能够就变革问题进行非零和博弈,才有可能通过政策创新而实现新的均衡。正是在这个意义上,我们才说,关注博弈过程,重视非零和博弈的制度安排,才显得比寻求政策均衡更为重要。

如果说有关均衡变迁的理论所要解释的是以渐进改革为取向的过渡型政策安排如何通过政策创新来实现政策均衡的话,那么,政策学习的理论对于中国公共政策变迁的解释,更应该引起我们足够的重视。我们前面阐述了均衡变迁的理论在解释中国政策变迁上存在着局限,因为渐进调适的过渡型政策安排虽然强调了稳定的重要性,但经常无法实现政策均衡。事实上,西方学术界对渐进主义的解释框架早就提出了诸多批评。其中,政策学习理论明确认为不能把公共政策变迁完全视为一个政治冲突和方案冲突的过程,而更应该将其看作一个政策学习的过程。在修·赫克洛(Heclo, 1974:305)看来,学习可以被定义为由经验导致的在行为上相对持久的变化,是行为体对某些可感知的刺激作出反应而发生的改变,"许多政治上的互动通过政策表达出来,构成了社会学习的一个过程"。彼得·霍尔(Hall, 1993:278)将学习定义为"根据过去政策的结果和新的信息,调整政策的目标或技术的刻意的尝试,以更好地实现政府的终极目标"。与渐进主义对冲突和调适的强调不同,霍尔等人更加强调政策变迁过程中国家(或政府)应对社会压力的自主行为能力。这种能力既表现为政策主体对经验和教训——他人的和自己以往的——的汲取,也表现在保罗·萨巴蒂尔(Paul Sabatier)所提出的政策主体由经验引致的相对长期的思想或行为意图改变的能力[①]。

纵观中国改革开放四十多年的历程,人们很容易发现,推动中国公共政策变迁的主要力量,还是来自执政党和政府。市场和社会的力量虽然在不断提升,但它们在政策议程的设置上并不占主导地位,不可能形成对决策者的制衡。因此,以不同利益主体和政治力量之间的博弈(包括冲突与合作)为主线来解释政策变迁的逻辑,显然与实际的政治结构及其过程不完全相吻合。而政策学习的理论或许可以为我们解释中国政策变迁提供更为可靠的视角。在整个改革开放进程中,一种常见的政策创新或变革的形式,是政府根据过去政策的结果和新的信息,有意识地调整政策目标和技术,以更好地实现政府的最终目标。很多案例显示了这种有意识的政策学习,包括中央对地方的鼓励和政府对民间的鼓励。在另一些情况下,政府的政策学习表现为一种较为无意识的行为,是政府对于某些种类的社会或环境激励作出的被动反应。大量"问题倒逼型"的政策设计反映了这种类型的政策学习的特点。至于政策学习的出发点是什么,是获得和巩固政治合法性,还是推动国家发展和民生福利,并不是人们考察政策变迁时应该关注的焦点,因为重要的是,政策学习的确在特定条件下以某些方式发生了,并持续地推动了政策的变迁。因此,与其把渐进式改革及其政策变迁看成一个政治博弈和斗争的过程,毋宁把它看成一个学习的过程。因此,杰克·列维(Levy,1994:279,312)提出的"渐进式学习"更应成为政策学习和政策变迁的主要模式的观点,或许更贴近中国

---

① 萨巴蒂尔(Sabatier,1987:649-692)认为,这种能力与完善和修正人的信仰体系的原则相关联。

公共政策变迁的真实性——决策者实施一些微小的政策调整,观察其效果,从试错中学习,渐进地改良。谁也不能否认,执政党及其政府的学习意愿和学习能力,在很大程度上决定了中国改革开放的实际进程。

14.3.3 回到顶层设计?

不同的政策变迁型式会产生不同的结果和效果,也难免产生某些意外结果。渐进转型的政策变迁,在改革当初和后来很长时期里曾被认为是最切合中国实际的方式,但它带来的问题与其产生的效果几乎一样多,以至于一开始便受到多方面的质疑。目前最尖锐的批评来自那些倡导顶层设计的主张,尽管人们就顶层设计的含义、原则、方法等方面还存在着很多的争论。

顶层设计的倡导者对"摸着石头过河"的改革策略和政策变迁路径的批评,集中在如下几个方面。第一,它作为一种零碎的改革策略,缺乏改革的系统设计性和科学规划性(葛国耀、刘家俊,2012)。通过自下而上的方式推进的改革是零敲碎打的,它以"摸到的石头"(即简单的问题)为改革的切入点和突破口,在局部范围内先改先试。由于缺乏全局性和系统性的观点,改革进程难免混乱无序。而源于系统工程学的顶层设计,则具有"整体的明确性"及"具体的可操作性"的特点,它要为改革提供价值理念和操作实践上的"蓝图",以避免各自为政所造成的混乱无序(竹立家,2011)。第二,作为自下而上的改革策略的渐进调适,缺乏合理的改革利益与风险分担机制(葛国耀、刘家俊,2012)。先试验试点再全面推广的"摸着石头过河",本欲激发地方和民众的创新动力,事实上在相当程度上也的确做到了。然而,任何人都无法保证所有的政策试验和创新都会取得成功。政治的不确定、激励和评价制度的缺乏、意识形态方面的问题,这些客观存在的因素都会加大地方政府和民众进行政策创新的风险,从而影响其主动性和积极性。第三,从整个社会系统的角度来看,局部推进的改革也遗留了诸多问题和矛盾。有研究者认为,公共权力被部门权力肢解,国家利益被部门利益肢解,地区间、部门间以及地区与部门间的竞争越来越激烈,这三个值得警惕的倾向加剧了现有体制本已严重的"板结化"。因此,在当前改革正处于胶着状态、改革已到攻坚时刻的情况下,需要新的顶层设计(魏加宁,2005)。

显然,顶层设计的重要性是由中国的制度和政策变迁的现实逻辑所决定的。长期以来,政策实践对"摸着石头过河"的改革方法有着相当的崇拜和依赖,这也导致某些官员"先摸石头"的路径依赖(葛国耀、刘家俊,2012),如果摸不到石头,改革就有可能停滞不前。中国在"十二五"规划中首次明确提出要"更加重视改革顶层设计和总体规划",正是基于提高改革的系统性、整体性和协同性的考虑,以便顺利地把改革向纵深推进。

但这并不是说,顶层设计与渐进改革这两种改革方法在逻辑上是对立的。中国决策层和学术界都认识到两种方法论相结合的重要性。习近平(2013)强调了两者的辩证统一:"改革开放是前无古人的崭新事业,必须坚持正确的方法论,在不断实践探索中推进。摸着石头过河,是富有中国特色、符合中国国情的改革方法。摸着石头过河和加强顶层设计是辩证统一的,推进局部的阶段性改革开放要在加强顶层设计的前提下进行,加强顶层设计要在推进局部的阶段性改革开放的基础上来谋划。要加强宏观思考和顶层设计,更加注重改革的系统性、整体性、协同性,同时也要继续鼓励大胆试验、大胆突破,不断把改革开放引向深入。"在改革与开放、制度与政策变迁进展到今天这个程度时,如何处理好战略与策略的关系问题,尤其显得极端重要。把顶层设计和渐进改革理解为战略规划和策略推进的关系,可能更加符合中国的现实需求。

一些政治学者从未来中国国家治理现代化的要求来认识这种它们之间的关系,认为顶层设计和系统推进的战略是基于国家整体利益、根本利益和长远利益的考虑,而渐进调试和泥泞前行的推进方式则是策略性的(薛澜,2014)。事实上,强调顶层设计也并不意味着不需要地方的摸索创新。首先,这是由中国大国治理的复杂性和多样性所决定的。中国的各地差异很大,改革必须因地制宜地进行,顶层设计大多是方向性的,改革不能过分依赖这样的设计(吴敬琏,2011)。其次,这也是由公共政策执行过程本身的特点和要求所决定的。邓小平"摸着石头过河"的改革开放政策最大的贡献,就是及时地回避了"姓社"还是"姓资"的问题。但无论如何,如果没有上下的互动,仅靠"顶层"的意愿和设计,是难以成功的(蒋德海,2013)。

14.4 开放与政策变迁

有关的组织理论告诉人们,任何组织及其过程都不是在真空中进行的(W.理查德·斯格特,2002:133)。因此,为了解释影响组织行为体的行为,人们必须理解组织的环境。然而,环境无论被理解与否,它确实对组织结果产生了影响(Pfeffer & Salancik,1978:62-63)。结果或影响在本质上是组织与环境相互依赖的循环。就公共政策而言,它作为政府组织对环境的输出,实际上也是受到环境影响或塑造的结果。如果不从政府与环境之间的相互依赖性来理解,人们就无法解释公共政策的变迁。

一般地,相对封闭的组织或系统,不太容易发生行为和政策的变迁,除非是因为封闭而导致组织的危机、动荡甚至崩溃,这也会产生某种变革和变迁的可能性。所以,说组织或系统的变迁,更多的是事先假定了该组织或系统存在着与环境互动的事实,把组织看成一个开放性的系统。我们从开放的视角来归纳和总结中国的公共政策变迁,主要包含了两个方面的含义。一是,中国作为一个对外开放中的国家,其公共政策行为及其过程,在很大程度上是中国日益加大与国际体系(国际环境)互动的产物。二是,在国内政治层面上,公共政策是在政府适应和满足国内环境需求、从而日益打破封闭性的过程中实现相应的变迁的。

14.4.1 对外开放的政策后果

中国自 1978 年实施对外开放政策以来,全球交换(global exchanges)成为经济领域一个关键的增长部门。然而,中国活跃的对外开放并不只具有经济学上的意义,它还带来了政治上的变迁。分析这种政治变迁的一个有益视角,是把公共政策与对外开放看成处于复杂的互动之中的一对关系。对外开放是中国政策调整与变革的产物,但这种调整和变革却首先源于中国开启对外开放进程的迫切需要。正因为如此,对外开放的实际进程以及所带来的后果,自然会成为影响和塑造中国公共政策、推动政策变迁的一个重要力量。在这个结束语里,我们要概括的是,对外开放作为一个自变量,它是如何影响作为一个因变量的公共政策的。

正如我们在本书第 13 章里所阐述的,中国的对外开放是一个"国家的国际社会化"的过程。这个过程与基殴汉和米尔纳(Keohane & Milner,1996:4)所说的"国际化"过程在某些内容上具有相同的方面。在他们那里,国际化被看作"一个相较于国内经济而言可以从经验上来衡量的国际经济流动率增长的过程"。这样的定义经常把扩大商品、服务和人员的跨国界流动,从而增进跨国间的交换与共享当作国际化的主要表现形式。然而,仅仅把国际化界定于经济领域的意义是不够的。以"国家的国际社会化"来形容中国的对外开放进程,也许更合适,因为中国的经济改革和对外开放同时是一个政治的、文化的、社会的和全球的过程,这些过程及其变化,不可能不对政策和制度产生深刻的影响。国外的一些中国问题专家曾提出这样一个疑问:中国与国际社会的相互依赖,是否也会像美国那样,将增进中国的国家能力,从而影响中国的对外政策甚至国内政策行为呢(Robinson,1998:193-216)?

从经验来看,答案显然是肯定的。扩大对外开放对中国的公共政策(包括外交政策)产生多方面积极的或消极的影响,政策变迁领域的很多变化,都可以从对外开放的历史进程中找到一些根源。正如很多研究者所指出的,在全球化的背景下,"中国与外部世界快速增长的联结已经对所有重要的制度和社会行为的各个方面产生了深远的影响"(Liu & Dittmer,2006:4)。至少自1990年以来,越来越多的人认为,全球性因素已经对中国的国内政治及其政策制定产生了影响(Zweig,2002:14)。

首先,对外开放的不断加深使中国政策过程的价值和理念得以不断更新。通过对改革开放前自我封闭政策的反思,尤其是从1978年之后的邓小平对外开放政策中尝到了甜头,中国的改革者们认识到孤立封闭就是死路一条,而全方位的开放将为社会经济的发展提供最好的机遇。事实上,在过去的四十多年里,中国从不断走向深入的对外开放中获得了诸多发展的好处。这不仅体现在国际贸易和外国投资的增长及其对中国经济增长的贡献率上,也体现在伴随着经济上的相互依赖所产生的中国参与国际政治和全球治理的水平和能力的提高上。显然,为了达到这两个方面对外开放的目的,中国必然会在贸易、投资、金融、环境和外交等领域进行政策和制度上的变革,以满足对外开放的需要。然而,仅仅从这个视角考察对外开放与政策变迁是不够的。中国外对开放进程中的政策变迁,并不只表现出其适应性(adaptation)的特征,它还具有引导其他领域变迁的功能(唐贤兴,2008a)。正如美国的中国问题专家、社会学教授格思里(Guthrie,2006:307)所说的,改革开放以来,中国改革者们的一个逻辑是,改革开放不仅仅是要建立一个稳定的有助于投资的制度基础,还在于要构建有利于社会变迁的制度。对外开放的过程是中国重新认识自己与世界的关系的过程,正是在这种认识发生变化的情形下,中国公共政策过程的价值和理念不断发生着变化。

其次,对外开放考验着政府的能力。很多研究者认为,在对外开放过程中,哪怕是社会主义国家,也无法抵御国际制度和规范的影响,即便它们拥有显见的与外资进行讨价还价的强大能力。中国的改革者显然希望并相信开放有助于中国的经济发展,也感受到开放所带来的各种挑战和压力,并努力通过不断的变革和改革来化解压力。因此,与其他国家一样,中国对全球化和开放的驾驭能力,以及开放进程中对制度和政策创新的能力,成为衡量和理解其对外开放与政策变迁之间关系的重要变量。在拉迪(Lardy,1992)看来,中国对外贸易体制的变化正是中国对国际压力所作出的一个反应。而皮尔逊(Pearson,1991)更进一步指出,一旦中国决定利用外资,政府精英的相互竞争就会使国家对经济的控制力下降,同时外国投资者也会与国内游说团体一样给中央政府施加压力,迫使其放松对外交易的管制。

从经验上说,中国的对外开放与放松管制这两个过程,在很多时候基本上是重合的,至少在改革开放之初,放松管制是作为促进开放的一个步骤或策略而被提出来的。但我们必须同时看到另一个方面的基本事实,即中国的对外开放并不只是一个简单的放松政府管制的过程;相反,注重于提高国家和政府对全球化和开放的管控能力,一直是放松管制过程中的一个重要主题。克莱恩伯格(Kleinberg,1990)认为,中国的政府和官僚制度在对外开放过程中并没受到全球力量的影响。在克莱恩伯格看来,对外开放发生于国家吸引外国投资的冲动,一旦投资下降,重商主义者就会收紧对外国资金的管制。这样的观点显然是极端的。其一,谁都不会否认地方政府的主动性在对外开放中的重要作用。为了吸引外资,几乎每个地方政府都会解除一些它们地方范围内的行政限制(Yang,1997)。其二,放松管制并不必然导致国家能力的下降。虽然吸引外资会助推经济增长,但每一个地方的主政者还必须同时通过提供公共服务从而从公众那里获得合法性支持。有学者通过考察国际联系与中国农村的社会经济发展发现,国际联系网络中的资本加强了地方政府为其民众提供公共产品的能力(Woon,1990:139-172)。

再次,对外开放对政策议程的设置产生了影响。前述皮尔逊所言外资和外商通过游说对中央政府施压、从而导致管制政策的放松,某种程度上说明了外商投资者和跨国公司是中国公共政策过程一个重要的议程设置者。在一篇关于中国开放的经典论文中,詹姆斯·汤森(Townsend,1991:406)强调,任何时候都不能低估外国利益(foreign interests)——战略的,经济的,伦理的,知识和文化的——在维持中国对外开放中的作用。这种作用不仅可以从外资与中国经济发展的关联中得到观察和认识,也可以从外资对中国决策的影响中得到说明。不过,作为一个政治过程的政策制定,考虑到中国政治的性质和状态,外资和跨国公司到底是如何对中国的政策议程设置产生影响的,外在的研究者对它的可观察性受到较大的限制。跨国公司作为典型的"经济人",尽管其对中国的投资有助于中国的经济增长,但其永恒的本质属性是逐利性,而中国利用外资也具有很强的目的性。因此,跨国公司的投资行为和东道国的引资政策是同一经济活动的两个方面,任何时候都必须从互利性的角度来认识外资和政策变迁之间的关系。正因为如此,一般而言,跨国公司对华投资过程中,不仅会充分表达自身的想法,提交各种调研报告和议案,丰富中国外资政策问题的提出范围,而且,会在议程设置环节发挥积极的作用,通过社会舆论、媒体等各种手段将自己关心的问题列入政府日程,使得政府部门不得不认真考虑他们的意见并优先给予答复(刘畅,2011)。总体上而言,从中国对外开放的历史逻辑来认识,随着跨国公司对中国投资的日益频繁,它们对中国的外资政策产生着越来越深刻的影响。

14.4.2 政策过程:由封闭走向开放

考察开放与政策变迁之关联,不仅要关注政策过程的外部环境的影响及其与国内政治的互动,还必须从国内社会基础的变化来认识这种关联性。作为一个国家或政治体系,开放不仅是针对国际社会的,还必须是针对国内社会的。

就政策过程和政策变迁来说,开放有着很丰富的内涵。政策过程的开放是政策变迁的促进因素,还是政策变迁本身的结果,界定起来有一定的难度。然而,在过去几十年里,政策过程正在不断走向开放,却是一个基本的事实。

一般认为,中国的权力体制和利益格局是高度整合的,因而,公共政策过程基本上是自上而下的供给主导模式。对此,美国的中国问题专家米歇尔·奥克森伯格(Oksenberg)早在十多年前就提出,之前的诸如"全能主义""碎片性威权主义""软威权主义"或者"官僚多元主义"等理论,都忽视了中国决策体制的复杂性,实际上,中国的决策体制是"三种机构的随意组合"。这三种机构分别是:第一,核心要件是遍布于国家、省、市、县及乡镇各个层次的党、政、军机构;第二,在过去20年所创立的控制外部世界的联结机构或中介机构;第三,由市场力量推动形成并活跃于社会经济领域的合法、半合法等组织(Oksenberg,2001:21-35)。奥克森伯格的看法,与王绍光关于中国政策议程设置模式的类型学,在很多

第 14 章　结论：中国公共政策变革的逻辑和未来　　477

方面存在着一致性。王绍光(2006)曾以政策议程提出者的身份和民众参与的程度作为依据,把中国的政策过程分为六种类型的议程设置模式,即：关门模式、动员模式、内参模式、借力模式、上书模式和外压模式。从这些人的分析中,人们或许可以更清晰地看到中国政策过程的一些变化。总体上说,政策过程依然以自上而下的供给主导模式为主,但随着社会力量的成长,以及在越来越多的政策领域里出现引导公民参与的制度安排,政策过程正在形成需求主导型的政策形态。这种政策形态的出现,既是国家和政府被迫回应民众需求和压力的结果,也体现了政策设计中某种主动性和前瞻性。

如果说政策过程的这种转型——正在由封闭走向开放,或者由供给主导型向需求主导型转变——的确存在,那么,我们可以说,这或许是中国政策变迁中最值得注意的方面,因为它涉及政策范式的变化。在很多政策分析者看来,公共政策的几乎每一个重大变迁,都与某个政策范式(policy paradigm)的变化联系在一起,或被政策范式的变化所强化(Wilson, 2006：334)。政治过程中权力分配关系的重大变化,新行为体的产生对既有政治结构产生重大影响,重大的制度设计及其出台,人口流动、社会运动或社会抗争、灾难性事件等这些压力源(stressors)单独的或互动的作用,等等,都属于政策范式的变化,或会引起政策范式的变化。本书很多章节的内容,分析到了政策范式一些方面的变迁。

在政策范式变迁的视角下来认识政策过程由封闭走向开放,至少包含了两个方面的含义。

第一,政策过程的开放经历了一个由政策主体被动开放向主动开放转变的过程。在相当长时期里,中国的公共政策制定具有"内部输入"的特征(张小明,2000)。内部输入意味着决策过程的封闭性,政策体系之外的其他行为体尤其是普通民众,缺乏制度化的利益表达的机会和能力。很难想象,这样的决策在执行过程中会得到民众普遍的支持。在过去近几十年里,大量的群体性抗争事件的产生,在某种程度上是民众(作为政策过程中的一个行动体)对参与现状所作出的一个反应。但人们同时看到,决策者基于各种考虑(包括稳定、政策有效性、利益平衡等)显然也会对压力作出某种回应。这方面的案例很多,最近几年的一个例子是,浙江省杭州市一个3 000吨大型垃圾焚烧项目两年前因为民众抗争而被搁置,但在经过一年多时间的与群众充分协商沟通后,终于在原址得以落地。在这个案例中,杭州市决策部门当初在选址时,没有对民众的"健康权""发展权"等诉求作出回应,从而造成了信任危机。在随后的一年多时间里,决策部门意识到平衡诉求和真正维护群里利益的重要性,开始重视与群众的协商沟通,尊重了民众的知情权和发展权,强化了民众的监督权,从而有效地解决了此类邻避项目通常会面临的选址、知情权、技术等一系列矛盾。可见,协商民主及其完善的制度设计,扩大了决策的开放性和民众的参与度,有利于提高决策质量。

与此相关,第二,政策过程的开放起到了重塑政策过程的作用。以国家为中心(state-centered)的决策理论模型——它强调政府官员在政策过程中的核心作用——可以被用来解释决策过程的内部输入机制,但既然政策过程发生了向民众开放的转型,多元主体合作共治的理论模型或许更适合解释开放中的政策过程。有人认为并乐观地相信,在过去一些年里,中国的决策体制出现了一些积极的变化,政策过程从单一、封闭、以领导为主的"独角戏",正转变到透明、公开、多元、参与、协商的"辩论赛";而推动这一转变的抓手,是公共决策程序建设,因为程序本身是透明、公开、多元、参与、协商的决策过程的刚性约束机制(朱德米,2016)。民众参与作为事前决策的程序性规定是至关重要的,没有它,就不会有实质性的民众参与。这是由政策过程的复杂性所决定的。保罗·A.萨巴蒂尔(2004：4)认为,政策过程是一个辩论的过程,而大多数政策辩论涉及根深蒂固的价值观/利益观、巨大数额的金钱以及在某些时候权威的强制力量。因此,程序建设既是民主性质的政策辩论能够得以存在的保证,也是让民众在复杂的政治过程中能有机会影响政策输入的制度保障。

14.4.3 开放的限度

开放是考察中国公共政策变迁的一个有意义的变量。在全球化和转型的大背景下,离开国家和政策体系的开放,公共政策领域的很多变化既不可能产生,研究者对之也无从得到观察。然而,从迄今为止的政策变迁来反观开放,人们可以发现,开放存在着诸多方面的限度,或曰限制,或曰局限。

首先,开放进程中的公共政策变迁的限度来自对外开放的性质。对外开放是中国参与国际体系的全球化进程的一个新起点,在这个过程中,无论是国内公共政策,还是对外政策,都发生了深刻的变化,但"变化"的具体内涵在对外开放的不同阶段是有差异的。对外开放早期的一个主要目的是通过开放,从国际社会能够汲取中国自身发展所需要的资源。吸引外资是其中最直接的表现。为此,政府(从中央到地方)都以放松管制为突破口。这就是所谓的政治-行政力量推动的改革开放,甚至在此后的很长时期里,改革开放都依然存在着明显的政治-行政色彩。因此,由开放而引起的公共政策变迁,其限度就很明显。放松管制以吸引外资的目的,固然是为了发展,但同时也出于政治合法性的考量。这就很能理解,中国的对外开放为什么是"渐进地、以国家维持管制借以控制变迁"的方式进行(Zweig, 2002：2)。即使到了开放的后来阶段——制度创新阶段逐渐取代资源汲取阶段,比如,加入WTO

之后,以及当前的全面深化改革开放时期,开放和政策变迁的限度依然是明显的。开放进程中的制度和政策创新,其最主要的目的依然是两个方面:持续地给发展和现代化注入动力;给原有的统治制度注入新的活力。这是制度和政策创新的边界。因此,学术界在理解中国与国际制度的互动上提出了种种不同的解释模型,比如,管制制度的权力模型、东亚模型、新自由主义模型、网络资本模型,等等,任何一个单一的解释模型都不能解释中国的开放与政策变迁的真实逻辑。尤其是新自由主义解释框架,它所强调的全球市场力量和国家贸易利益的联结将决定性地影响国家的政策和国家的国际化水平,更是无法解释中国对外开放的性质和功能。它或许忽视了一个基本事实,即中国会通过强大的制度屏障(institutional barriers)使国家能限制全球力量的影响。

其次,开放进程中的政策变迁的限度,也可以从国内政治过程的变化中得到理解和说明。民众、社会组织等社会力量参与到政策过程中来,并对政策过程产生越来越大的影响,使得很多人相信"需求主导型政策形态"的出现正在以某种方式给政治过程注入了新的活力。不过,从我们本书一些章节的描述和分析中,比如,对公共利益的解释,对政策过程的制度基础的描述,对社会冲突和政策变迁的理解,等等,都可以看到,政策过程的开放性依然存在着多方面的限度。

如果我们像政治科学家戴维·伊斯顿(Easton,1965)那样把公共政策看作政治系统对外在环境所施加影响的反应,那么,人们就会发现,环境(公众、社会力量等)对政府的输入(input)——即需求与支持——还是很有限的,而且这种输入在多大程度上能够影响或者实际影响着政府对环境的输出(output)——即政府的决定与行动,也还是需要谨慎观察和判断的。中国的政策过程向民众和社会开放,从理念和价值到制度和程序,都有了长足的进展,但是,也许人们还必须从实际有效性的维度来对这种开放加以评估。

从效果上来说,现有的制度和程序性安排并没有促进政策网络的形成。作为政策分析中的一个新的理论分析框架,政策网络把政策过程中多元主体所形成的复杂关系作为其关注的焦点,并将政策过程视为由多元主体相互依赖并持续互动的过程。在政治科学家迈克尔·豪利特和M.拉米什(2006:220)看来,政策网络是由"政府不同分支机构和不同部门之间的相互关系,以及政府与其他社会组织之间的互动关系"所构成的,这个网络"有助于政策的形成与发展"。有了制度化的互动模式,各行为体就能够围绕共同关心的议题进行对话和协商,参与者的政策偏好或政策诉求能得到重视。

但是,政策网络的形成是需要条件和基础的。其中一个重要方面是伴随社会力量的增强,出现了公民和社会组织越来越大的参与期望;另一个基础性设置则是需要设计出相应的政策过程中民主的制度和程序性安排。在过去的几十年里,中国的社会力量及其行动能力在增大,但其在政策过程中的主体作用仍然很有限,与政府力量相比在政策过程中依然处于很弱势的地位,还很难改变政府的"独角戏"状态。这种格局被那种总体上形式性和程序性价值大于实质性价值的制度安排所强化。这种局限性在顶层设计中甚为明显。一些研究者指出,"顶层设计"中有必要实行多主体博弈原则,即由领导者、管理者、多学科专家以及其他利益相关者等主体参与设计过程的博弈——经历足够多次的"研讨—设计—论证"环节,在获得多数人支持的基础上再确定设计方案(王建民、狄增如,2013)。然而,实践中的顶层设计可能包含着某种脱离民众和社会的倾向。问题不在于"顶层设计"是什么,而在于有没有一种体现民主法治或公平正义的程序或机制,使体现人民意志的建议汇聚成"顶层设计"(蒋德海,2013)。民众在顶层设计中的参与不足,将最终决定顶层设计的质量与合法性。事实也是如此。20世纪90年代中期的改革之所以能够顺利推进,是因为当时民众怀着改变自身命运的期待,能够积极投身于改革,改革的动力非常强。

14.5 冲突与政策变迁

社会科学对冲突的研究,已经有了很长的历史。人类社会的发展在某种程度上就是一部冲突的历史。冲突并不总是意味着斗争,人类行为中除了冲突,也还有合作与协调、利他与慈善等基因。尽管如此,冲突作为影响政策变迁的一个重要因素——很多时候它还是一个积极的促进因素,却是无法否认的一个事实。

在过去的四十多年里,中国作为一个转型和变迁中的国家,国家和社会的转型与公共政策的变迁之间存在着密切的关联。正如我们在前面提到过的,国家与社会的转型在很大程度上是由政策(政治-行政力量)所推动的,为了推进转型,公共政策本身在很多方面需要调整、变革甚至重新设计。因此,公共政策的目标、价值、内容以及变迁的方式,必然受制于国家和社会转型的逻辑。我们不妨把国家与社会的转型和公共政策的变迁,看作一个存在交互作用的"双层转型"型式,其中产生一些紧张关系,甚至冲突,几乎是必然的和正常的现象。正是在这个意义上,以冲突为视角对中国的公共政策变迁的逻辑加以探讨,既是必需的,也是可能的。

本书很多章节描述和分析了与冲突相关联的一些主题,比如,公共利益与个人利益的冲突,政府与民众的冲突,作为不同层次的规范冲突(包括法律与政策,跨域治理中的政府间关系,土政策,等等)。为了便于归纳和总结政策变迁的逻辑,我们在本书中将聚焦于"政策冲突"(policy conflict)对于政策变迁的意义,从而把本书业已分析到的其他方面的冲突都纳入这个范畴。在很大程度上，政策冲突是各种社会冲突的集中体现，这就是说，社会的各种冲突或多或少地可以在政策冲突中找到相应的根源，或者说，社会的各种冲突经常会转化为政策冲突。由此我们勾勒出来的一个政策变迁逻辑，可以表述为：中国公共政策变迁的一个总体趋势性的范式，表现为由政策冲突走向政策协调，合作或协同治理是这种趋势性变迁的一个必然结果。

14.5.1 作为一种治理常态的政策冲突

中国的治理过程到处充满着各种政策冲突现象，不承认政策冲突的客观性，就无法认识真实的政策过程。然而，无论是实践部门还是研究者，一直以来几乎都把政策冲突视作政策过程中的反常状态。这种认识与其说是方法论上的，不如说是心理学上的，或文化意义上的。中国人向来向往和谐与一致，担心多样性和差异会造成社会的冲突和混乱。

然而，现实的国家治理实践并不一定总是会符合人们的心理期望和社会的文化传统。事实上，作为一种现实，政策冲突到处存在于任何一个国家的治理过程之中，而之所以如此，乃是因为整个政策过程本身始终存在着各种根本无法避免的政策冲突现象。这种情形就是德博拉·斯通(2006)所言的"政策悖论"，在她看来，由于政策本身是在特定的、到处充满着各种冲突的政治情理(political reason)中形成的，因而，所有政策都可能包含着各种悖论或矛盾。这也意味着，从政治情理而不是从合理性的角度去理解作为客观存在的政策冲突，或许是一个正确的必要的途径。

然而，政策冲突的含义则不太容易界定。国内学界的一些研究文献将政策冲突界定为政令的相互矛盾，其中，"文件打架"是最常见的一种形式(胡象明，1995；冯庆等，2003)；也有一些研究者将政策冲突理解为政策主体之间在利益和权力上的冲突（袁明旭，2009：62）。在理想意义上，一个国家的公共政策结构和体系，应该是一个有机的整体，能够形成国家治理的合力。这意味着，公共政策体系的纵向结构和横向结构，就总体的或根本的目标而言，应该是一致的、相互协调的。若从这个角度来理解政策冲突，可知上述这些简单的定义虽然同义反复，却也大致勾勒了中国人所熟知的政策冲突的轮廓。我们日常生活中所谓的"政出多门""九龙治水""上有政策，下有对策""地方保护主义""选择性执法""土政策"等术语，既陈述了政策过程中政策冲突的普遍性，也形容了政策冲突类型的多样性。

现有文献尚未形成令人满意的政策冲突类型学。政策冲突的分类标准多样且混乱。若从政策体系的层级结构来说，政策冲突可能发生在中央和地方、上级和下级之间，这种冲突可以被称为规范冲突。人们可以从本书关于收容遣送制度的变迁、土政策的形成及其治理等内容中看到不同规范之间的冲突现象。与政策体系层级结构相对应的是横向结构，这一结构上的政策冲突，经常以多头管理、部门管辖权冲突、区域政府间竞争等形式出现。本书关于应急管理中的政府部门间关系、异地高考的地方政府间政策博弈、各地招商引资政策上的恶性竞争等内容的分析，折射出横向结构上的政策冲突。

如果以某种"空间"概念来理解政策冲突，那么，我们也可以大致上把政策冲突的类型分为内部冲突和外部冲突。在一篇关于政府内部的政策冲突的经典文献中，美国政策科学家约翰·坎贝尔（Campbell，1984：294-334）详细讨论了官僚制在内部设计和履行政策的过程中所发生的各种冲突问题及其相应的根源。在坎贝尔看来，政策冲突既有因为没有正确地处理好利益关系上的隔绝或组织间的疏远而产生的，即与结构相联系而产生的一面；也有因为

第14章 结论：中国公共政策变革的逻辑和未来

没有处理好冲突问题而扩大再生产冲突的过程方面，即组织运行过程上的很多因素（比如组织成员的因素）经常是政策冲突的一个诱因。其中，导致政策冲突的结构性因素包括：第一，正式组织之间的隔绝性，如部门、局、科等的正式组织单位会成为政策冲突的制度性障碍；第二，在利益表达结构上形成隔阂而产生政策冲突，即社会部门之间的分化和竞争成为强化官僚体制内部隔阂的原因；第三，非正式的派别是提供政策冲突的原因；第四，等级上的分隔问题。

如果由于某个政策问题的存在，或者，政府为了解决这个问题而制定、实施了某项政策，或采取了某个行动，从而引起了政府自身与其外部环境的冲突——通常表现为政府与市场和社会的紧张关系，或者引起了目标群体之间的冲突——这种现象在形成公共利益的过程中尤为明显，那么，一种可以叫作"公共政策外部冲突"的政策冲突现象便产生了。显然，与内部冲突不同，这种形式的政策冲突，不是表现为不同政策"之间"的冲突。在更多的情形下，公共政策的外部冲突是由于政策而引起的社会冲突，在那里，公共政策本身是引起冲突的原因，包括政府与民众之间的冲突，不同利益群体之间的冲突，等等。这种类型的冲突尤其需要加以重视，因为它涉及政策绩效的评估问题，公共政策本来就是为了解决问题和化解冲突的，但现在却变成了出现问题和产生冲突的一个根源。这种情形的存在，足以引起人们对公共政策及其合法性的质疑。

本书很多章节的内容，都涉及政策体系的内部冲突和政策的外部冲突。把政策冲突界分为内部和外部冲突，意味着政策冲突不仅仅涉及政策主体之间的关系，也涉及政策主体与政策客体之间的关系，还涉及政策主体与那些并不构成政策的目标群体的那些行为体之间的冲突，正如我们在一些群体性事件中所看到的大量存在"无直接利害关系"的行为体。如果以国家为分析单位来认识,那么可以说,政策冲突现象既存在于国家内部,也存在于国家之间的关系层面上。

因此,无论是政策冲突的类型(比如,内部—外部),还是政策冲突的内容或表现(比如,目标—手段、内容—形式),或者政策冲突的原因(比如,权力—利益、制度—行为),等等,对所有有关政策冲突的这些方面,可能只有被置于比较分析的框架下来认识,才能形成较为满意的政策冲突的分析框架。显然,我们还有很长的一段路要走。

现在回过头来看政策冲突作为治理常态的含义。首先,我们必须认识到政策冲突的现实性和客观性。尽管政策冲突存在着诸多主观上的因素,比如地方政府在贯彻落实中央政策时,存在着地方行为体主观上的"故意",那些常见的行为,比如,敷衍、歪曲、违背,甚至抵制,都或多或少包含着主观故意的因素,但是,如果人们只从主观因素的角度去认识政策冲突现象,或者把政策冲突只看作相关行为体的主观行为的结果,那么,就很容易忽视制度这个更为根本性的因素在政策冲突中的意义。事实上,正如一些研究者和本书很多地方所强调的,政策冲突作为一种政策选择,其背后大量存在着长期性政策目标与短期性政策目标、整体性政策谋划和部门性政策诉求、经济增长政策和社会发展政策等政策取舍本身的现实性矛盾(任鹏,2015)。这些现实性的矛盾是一个制度现象。这不是说,是因为制度存在问题而导致了这些政策冲突,而毋宁说,某些可能会引起政策冲突的制度设计和安排,也可能包含着冲突中各方政策意图的某种合理性。需要强调的是,如果在公共利益的视角和框架下来认识,那么,政策冲突的每一种利益诉求,都是需要加以认真考量的。

其次,把政策冲突视为一种治理常态意味着,解决政策冲突的正确方式应该是"治理"冲突,而不是"消除"冲突。冲突的客观性说明的是冲突的常态性,而常态性则意味着我们不可能彻底解决冲突;相反,我们所能做的,是尽量减少冲突的数量,缓和冲突的程度,尤其是,预防和减少冲突所带来的负面后果。正如美国政治科学家理查德·宾厄姆等(1997:145)所指出的:"人们谈论'消解'冲突,但更合适的用语是'治理'冲突,因为冲突不可能被完全消除(特别是在不断发展的状态下,比如某个机构或阻止的活动)。"因此,我们首先要在观念上容忍冲突,这本身也是解决政策冲突的一种更为现实的方式。事实上,任何社会和政府,正如坎贝尔所指出的,都会在一定程度上容忍政策冲突。坎贝尔认为,在官僚制组织中,可以通过采取很多措施来容忍和回避政策冲突,包括容忍某种程度的政策冲突或混乱;满足政策冲突双方对资源的需求;消极性调整;有意制定比较宏观抽象的政策;科学设计官僚组织结构;建立解决政策冲突的组织,等等(Campbell, 1984:294-334)。

总之,把政策冲突视为官僚制组织结构以及政策过程中的常态现象,在某种程度上是有效解决政策冲突的前提,至少,它在方法论上为合理解决政策冲突提供了一个方向,甚至一个途径。当前人们普遍认为是一种有效的冲突解决方式的协同治理,正是上述这种思维方式的一个逻辑结果。

14.5.2 政策协调与协同治理

当然,强调通过政策协调和协同治理来解决政策冲突,首先根源于对官僚制组织的认识。承认官僚制组织的结构与过程是引起政策冲突的一个原因,并不意味着只有通过彻底摒弃官僚制才能解决政策冲突问题。事实上,通过自上而下地调整官僚制组织的内部结构和过程,是可以对政策冲突进行有效的控制与治理的。

关于中国的治理问题,一个很重要的领域就是治理政策冲突,比如,对各种不规范的政策的清理,上级对下级的督查,对土政策的调控,等等。有时候,这些问题的存在本身被视为一种政策冲突,人们认为这些冲突的存在会引起政策失败和治理失败。有时候很多人却竭力回避冲突,不大愿意让政策冲突表面化,不敢公开确认相互之间的冲突。产生这种相互矛盾的认识,是一个制度问题,同时也是文化问题。社会文化对冲突(政策冲突)采取什么样的态度,对于理解政策冲突的解决具有重要意义。既然政策冲突是一个客观存在,那么,在处理和解决政策冲突的过程中,有必要对政策冲突抱以比较宽容的态度。

当今中国的治理实践,从国家治理到地方治理和社区治理,已经开始强调协调、协作与合作的极端重要性。在本书中,我们既把政府之间、部门之间的政策协调(协作与合作行为)看作政策过程中复杂性思维的体现,毕竟,越来越多的政策问题不再具有单一性而表现出其跨域的性质;同时,我们也把这种协作与合作行动看作解决政策冲突的一个有效途径——承认官僚制组织的结构和过程会引发政策冲突、认识到冲突的存在对于建构和变革政策体系具有积极意义,并认为这种途径是在不彻底摒弃官僚制组织的背景下可以解决政策冲突的一个可行方法。

政策协调和协同(合作)治理首先意味着,必须通过政策间的相互依赖与促进来实现政策的变迁。协同治理是当前公共管理者的核心活动。在某种程度上,对它的形成机理的考察实际上就是对其形成的条件和需求的考察。随着近几十年来新公共管理运动的发展,协同治理(collaborative governance)概念和观念越来越受到公共行政领域的广泛关注。民营化(privatization)、分权化(decentralization)、去官僚化(debureaucratization)等术语被用来描述和分析协同治理的内涵和特征,而合作治理(cooperative governance)、网络治理(network governance)、整体性治理(holistic governance)、多中心治理(polycentric governance)等概念经常被不同的研究者当作与协同治理共通的概念加以使用。

研究者们给出的关于协同治理的很多定义,在严格的意义上并没有多少差异。一种普遍的看法是,协同治理是指政府和非政府行为体在既定政策领域内进行常态化互动,政府不再一手包揽对政策问题的界定及执行方式的选择。罗伯特·阿格拉诺夫和迈克尔·麦圭尔(2007:3)用"协作性公共管理"(collaborative public management)概念来描述同样的治理情景,认为公共组织与非公共组织的协作过程形成了一种新型的政府间互动关系,这种关系体现在多元组织通过协作来解决单个组织无法/不易解决的问题。

协同治理强调了多元行为体之间的互动与合作,它可以是"组织内"(intra-organizational)的协同,也可以是不同组织的"组织间"(inter-organizational)的协同。至于协同的具体内容,按照英国学者希克斯(Perri6,2004:103-138)的说法,存在着四个维度上的跨界合作,包括在政策制定、项目管理、服务供给、面向个体过程中的协同。从功能和意义上来说,协同治理能够聚集公共部门、非营利性组织、营利性机构与民众个人的力量与资源,它既是一种组织模式或组织关系模式,它要求破除传统官僚制政府中的等级壁垒;同时它也是一种在既定的限制条件下寻找一个解决复杂问题的方法,希望通过制度化与常态化的跨领域机制建设,使不同组织间,以及组织与外界能够更好地分享信息等资源,为共同目标而进行制度化合作。

产生协同治理的需求,或者说形成政策协调的一个重要机理,与问题的性质以及由此所导致的边界管理和资源依赖相关。当今世界几乎所有的公共事务,很少是具有单一性质、单一根源的问题,它们与其他问题高度相互依赖,且在根源上常常互为因果。过去几十年的实践已经使治理者认识到,这些跨边界问题(cross-cutting issues)往往是复杂的,借用一些学者的说法,它们是公共政策中难以解决的棘手问题（knotty problems）（Sharkansky，2002：177），或者说是那些"没有解决办法的恶劣议题"（Harmon & Mayer，1986：9）。针对这类问题，传统的官僚制组织已经没办法来应对，因为官僚制组织下所面临的那些问题，既很容易界定，目标也很明确。而在后官僚体制下，政策制定和公共管理所要求的能力、技巧，与传统行政管理相关的能力、技巧是不同的。在这里，管理常常发生在政府与非政府组织的"边界上或者边界之外"（Milward，1996：203-221），由此形成了各种组织之间紧密的相互依赖关系——这是一种共生关系，公共管理者不得不将大部分时间用来处理这种相互依赖关系（Kettle，1993）。对共生关系的管理，就是对边界的管理，即通过"共同决策和集体执行"（Alter & Hage，1993）来应对棘手的政策议题。正是在这个意义上，有学者提出，"强调国家-社会协同治理的原因主要是因为重建新的治理秩序的需要"（俞可平，2012）。

14.5.3 协同治理：中国的表述

从政策协调的角度来理解政策冲突的解决及其对政策变迁的意义，更多强调的是制度建构和转型。在今天中国的治理实践中，"协同治理"无论是作为一个概念或观念，还是作为一套制度和方法，都已经不是一个新鲜的事物。从高层到地方直至基层，各个层次的治理者都已经意识到协同治理的重要性。官方所说的协同治理，主要是就社会管理领域的治理而言的，规范的官方表述是"社会协同"这个术语。学术界在很多领域里对中国协同治理的描述和分析，大多是对社会治理领域的"社会协同"概念的延伸。而且，在中国，社会治理概念本身的提法及其含义，也经历了一个变化。

社会治理是最近几年才被官方频繁使用的，以显示与早先所使用的"社会管理"的区别。2002年，中共"十六大"报告在认识和反思政府职能时,确定要将社会管理纳入政府的一项主要职能。这是高层对中国发展战略和治理实践进行反思的结果。长期以来,中国的现代化发展战略是以经济建设为中心的,社会建设并没有成为最重要的议题而受到应有的重视,从而出现了所谓的经济建设和社会建设"一条腿长,一条腿短"的问题。中共十六届四中全会提出"推进社会管理体制创新",是一个积极的转变。但是,与"管理"只有一字之差的"治理",此时尚未进入正式的官方文件,尽管此前的十多年里,国内外学术界已经把"治理"当作一个时髦概念而进行广泛的探讨。2007年,中共"十七大"报告虽然延续了"社会管理"的提法,但在体制架构上已经明确提出要"建立健全党委领导、政府负责、社会协同、公众参与的社会管理格局"。"社会协同"的正式官方表述,应该是在这个时候提出和确立的。

五年后的中共"十八大"报告再次强调构建中国特色社会主义"社会管理体系"的重要性,在"十七大"提出的四个要素的基础上,把"法治保障"纳入这个社会管理体制之中。十八届三中全会提出要"创新社会治理体制、改进社会治理方式",这是"社会管理"升级到"社会治理"的开始。从此,无论是国家和政府治理,还是社会协同治理,都开始包含了更多新的内涵,包括系统治理、依法治理、源头治理、综合施策等这些新的观念、认识和做法。从社会管理到社会治理的转变,是中国社会治理的发展主线。十八届五中全会的决议中出现了"社会治理精细化"的提法,这是要将社会治理真正有效运行起来的一个实践要求,而不是意味着社会治理从社会管理演变到社会治理之后的又一个新的阶段。但由此形成的社会治理格局,其内涵和价值更加丰富了。十八届五中全会提出的要"构建全民共建共享的社会治理格局",突出了"全民共建共享"的价值。2017年,中共"十九大"报告进一步提出"以人民为中心"的理念,并在这一理念下提出要"打造共建共治共享的社会治理格局"。

参考文献

B.盖伊·彼得斯、弗兰斯·K.M.冯尼斯潘,编(2007).公共政策工具:对公共管理工具的评价.顾建光,译.中国人民大学出版社.

K.B.伍德西德(2007).政策工具的可接受性与可见性.载于 B.盖伊·彼得斯、弗兰斯·K.M.冯尼斯潘,编.公共政策工具:对公共管理工具的评价.顾建光,译.中国人民大学出版社.

K.C.惠尔(2006).现代宪法.法制出版社.

L.E.戴维斯、道格拉斯·C.诺斯(1994).制度变迁的理论:概念与原因.载于 R.H.科斯等.财产权利与制度变迁——产权学派与新制度经济学派译文集.刘守英,等,译.上海三联书店、上海人民出版社.

M·J·C.维尔(1981).美国政治.王合,等,译.商务印书馆.

R.巴格丘斯(2007).在政策工具的恰当性与适配性之间权衡.载于 B.盖伊·彼得斯、弗兰斯·K.M.冯尼斯潘,编.公共政策工具:对公共管理工具的评价.顾建光,译.中国人民大学出版社.

W.理查德·斯格特(2002).组织理论.华夏出版社.

阿列克斯·英格尔斯(1985).人的现代化.殷陆君,译.四川人民出版社.

参考文献

阿玛蒂亚·森(2003).以自由看待发展.任赜,等,译.中国人民大学出版社.

阿米塔·阿查亚(2004).建构安全共同体:东盟与地区秩序.上海人民出版社.

埃德加·莫兰(1999).迷失的范式:人性研究.陈一壮,译.北京大学出版社.

埃德加·莫兰(2001).复杂思想:自觉的科学.陈一壮,译.北京大学出版社.

埃里克·弗鲁博顿、鲁道夫·芮切特(2006).新制度经济学:一个交易费用分析范式.姜建强、罗长远,译.上海三联书店.

埃里诺·奥斯特罗姆(2004).制度性的理性选择.对制度分析和发展框架的评估.载于保罗·A.萨巴蒂尔,编.政策过程理论.生活·读书·新知三联书店.

埃伦·M.伊梅古特(2004).新制度主义的基本理论问题.载于薛晓源、陈家刚,编.全球化与新制度主义.社会科学文献出版社.

艾伯特·赫希曼(2008).转变参与——私人利益与公共行动.李增刚,译.上海人民出版社.

艾布拉·姆蔡斯、安东尼娅·汉德勒·蔡斯(2006).论遵约.载于莉莎·马丁,等,编.国际制度.上海世纪出版集团.

艾尔东·莫里斯、卡洛尔·麦克拉吉·缪勒,主编(2002).社会运动理论的前沿领域.北京大学出版社.

艾伦·杰伊·查伦巴(2004).组织沟通.魏江,译.电子工业出版社.

爱德加·莫兰(2001).社会学思考.上海人民出版社.

安东尼·吉登斯(2000).第三条道路.郑戈,译.北京大学出版社、生活·读书·新知三联书店.

安东尼·希拉(2004).国家参与的管制博弈——以部门政策应对全球化.载于马乔里·格里芬·科恩、斯蒂芬·麦克布莱德,编.

全球化动荡.段保良,译.华夏出版社.

奥尔森(1995).集体行动的逻辑.陈郁,等,译.上海人民出版社.

奥斯特罗姆(1992).制度分析与发展的反思——问题与抉择.王诚,等,译.商务印书馆.

白静(2006).政策短视:政策制定中利益的选择性缺失.江西行政学院学报,1.

白亭义、冷向明(2010).当代中国公共危机治理制度的演进:评析与前瞻.湖北行政学院学报,2.

保罗·A.萨巴蒂尔,编(2004).政策过程理论.彭钟超、钟开斌,等,译.生活·读书·新知三联书店.

保罗·A.萨巴蒂尔、汉克·C.詹金斯-史密斯(2011).政策变迁与学习:一种倡议联盟途径.邓征,译.北京大学出版社.

保罗·R.多梅尔(1997).政府间关系.载于理查德·宾厄姆,主编.美国地方政府的管理:实践中的公共行政.九洲,译.北京大学出版社.

本杰明·M.弗里德曼(2005).经济增长的道德意义.李天有,译.中国人民大学出版社.

本杰明·M.弗里德曼(2008).经济增长的道德意义.李天有,译.中国人民大学出版社.

彼得·布劳(1991).不平等与异质性.王春光,等,译.中国社会科学出版社.

彼得·古勒维奇(2009).艰难时世下的政治.袁明旭,等,译.吉林出版集团.

彼得·什托姆普卡(2005).信任:一种社会学理论.程胜利,译.中华书局.

彼特·霍尔(2008).驾驭经济:英国法国国家干预的政治学.刘骥,等,译.江苏人民出版社.

蔡昉、林毅夫、李周(1994).中国的奇迹,发展战略与经济改革.上海人民出版社.

蔡立辉等(2010).整体政府:分割模式的一场管理革命.学术研究,5.

查尔斯·林德布洛姆(1992).政治与市场:世界的政治—经济制度.王逸舟,译.上海三联书店、上海人民出版社.

查尔斯·罗利(2007).财产权和民主的限度.严忠志,等,译.商务印书馆.

柴振荣(1998).关于"社会冲突"概念.管理科学文摘,7.

陈宝中、蔡爱平(2010).从"强制"到"合意"——行政执法方式改进的路径选择.上海大学学报,5.

陈飞翔等(2004).经济增长、外商直接投资与政府选择.财贸经济,9.

陈峰、王雷、景小华(2003).只缺一张暂住证,一大学生竟遭毒打致死.南方都市报,4月25日.

陈国权、麻小丽(2004).民营经济发展过程中的公共政策创新.温州地方政府政策的演变与分析.公共管理学报,2.

陈康、谢千里、I.辛格(1992).中国经济改革的经验.经济社会体制比较,4.

陈敏华(2004).国家行为与属性的模塑.国际观察,1.

陈剩勇、马斌(2004).区域政府合作、区域一体化的路径选择.政治学研究,4.

陈水生(2010).利益集团的两张面孔.社会学家茶座,2.

陈水生(2011).中国利益集团的成长逻辑与动力机制研究.南京社会科学,7.

陈水生(2012).动机、资源与策略.政策过程中利益集团的行动逻辑.南京社会科学,5.

陈水生、黄颖(2009).隐蔽议程形成机制中的利益集团和政治精英.南京社会科学,3.

陈潭(2004a).公共政策变迁的理论命题及其阐释.中国软科学,12.

陈潭(2004b).社会转型与公共政策创新——以人事档案制度为例的分析.湖南师范大学社会科学学报,5.

陈潭(2009).改革开放以来的中国公共政策变迁.潇湘论坛,4.

陈晓枫(2004).由"初衷"而"扭曲":析中国法律变迁的文化动因——简议收容遣送制度之立废.法学评论,6.

陈星博(2006).强制与遵从.社会管理的实践与逻辑——以北京市收容遣送工作为个案.中国计量出版社.

陈雪艳(2008).关于转型时期我国社会利益集团的思考.产业与科技论坛,2.

陈尧(2005).利益集团与政治过程.读书,11.

陈尧(2006).政治生活中利益集团的成因分析.上海交通大学学报,1.

陈震、秦慧丽(2001).从制度的角度看外贸对中国经济的影响.财贸经济,11.

程浩(2005).市场经济、利益集团与地方政府.深圳大学学报,6.

程浩、黄卫平、汪永成(2003).中国社会利益集团研究.战略与管理,4.

程连升(2002).中国反失业政策研究(1950—2000).社会科学文献出版社.

程纪国(2000).公共政策制定中中央政府和地方政府的关系.中共福建省委党校学报,3.

程维荣(2003).走向法治时代:从"文革"结束到中共"十六大"召开.上海教育出版社.

程臻宇(2011).中国地方政府竞争研究.山东大学出版社.

迟福林(2006).公共产品严重短缺成为影响改革全局的突出矛盾.学习月刊,1.

迟福林(2010).第二次转型——处在十字路口的发展方式转变.中国经济出版社.

戴家干(2011).坚持公正公平深化高考改革.求是,2.

戴维·H.罗森布鲁姆、罗伯特·S.克拉夫丘克(2002).公共行政学:管理、政治和法律的途径.张成福,等,校译.中国人民大学出版社.

戴维·菲尼(1992).制度安排的需求供给.载于 V.奥斯特罗姆等.制度分析与发展的反思——问题与抉择.王诚,等,译.商务印书馆.

戴维·赫尔德(1998).民主的模式.燕继荣,等,译.中央编译出版社.

戴维·赫尔德等(2001).全球大变革:全球化时代的政治、经济与文化.杨雪冬,等,译.社会科学文献出版社.

戴维·米勒、韦农·波格丹诺(2002).布莱克维尔政治学百科全书.邓正来,等,译.中国政法大学出版社.

丹尼·罗德里克(2004).新全球经济与发展中国家:让开放起作用.王勇,译.世界知识出版社.

丹尼斯·C.缪勒(1999).公共选择理论.杨春雪,等,译.中国社会科学出版社.

道格拉斯·C.诺思(1994).经济史中的结构与变迁.陈郁,等,译.上海三联书店.

道格拉斯·C.诺思(2008).制度、制度变迁与经济绩效.杭行,译.格致出版社.

德博拉·斯通(2006).政策悖论.政治决策中的艺术.顾建光,译.中国人民大学出版社.

邓恩(2003).公共政策分析导论.谢明,等,译.中国人民大学出版社.

邓万春(2007).社会动员:能力与方向.中国农业大学学报,1.

邓小平(1994).邓小平文选.第二卷.人民出版社.

邓小平(2001).邓小平文选.第三卷.人民出版社.

邓彦、钟添生(2004).市场经济条件下的政治动员机制.求实,11.

邓毅、韩常青(2007).政府采购公共政策的边界:制度经济学的分析.中国政府采购,8.

邓聿文(2011)."顶层设计"的困境和破解.南风窗,15.

邓聿文(2011)."顶层设计"的困境和破解.南风窗,15.

丁煌(2002).政策执行阻滞机制及其防治对策.人民出版社.

丁菊红、邓可斌(2008).政府偏好、公共品供给与转型中的财政分权.经济研究,7.

丁烈云(2008).危机管理中的社会秩序恢复与重建.华中师范大学学报,5.

董文芳等(2004).宪政制度:现代政治合法性的"刚性"基础.学习与探索,4.

杜凤莲(2004).《城市生活无着的流浪乞讨人员救助管理办法》的实施及其后果的经济学分析.经济师,8.

杜江(2002).外国直接投资与中国经济发展的经验分析.世界经济,8.

杜鲁门(2005).政治过程、政治利益与公共舆论.陈尧,译.天津人民出版社.

樊纲(1996).渐进改革的政治经济学分析.上海远东出版社.

樊纲(1996).中国经济体制改革的特征与趋势.载于吴敬琏,等编.渐进与激进——中国改革道路的选择.经济科学出版社.

樊纲、张曙光(1994).公有制宏观经济理论大纲.上海人民出版社.

范剑勇(2004).市场一体化、地区专业化与产业集聚趋势.中国社会科学,6.

范进学(2005).定义"公共利益"的方法论及概念诠释.法学论坛,1.

范九利、白暴力(2004).基础设施资本对经济增长的影响：二级三要素CES生产函数法估计.经济论坛,11.

范九利、白暴力、潘泉(2004).我国基础设施资本对经济增长的影响：用生产函数法估计.人文杂志,4.

范菊华(2002).规范与国际制度安排：一种建构主义阐释.现代国际关系,10.

方福前(2000).公共选择理论——政治的经济学.中国人民大学出版社.

方燕、胡志帆(2005).中国外贸与经济增长的相关性分析.全国商情：经济理论研究,11.

冯海龙、刘俊英(2012).组织学习、战略变革与组织绩效.中国经济出版社.

冯庆等(2003).政策冲突及其成因与应对策略.科技进步与对策,1.

冯兴元(2011).地方政府竞争：理论范式、分析框架与实证研究.译林出版社.

冯云廷(2005).城市经济学.东北财经大学出版社.

弗雷德里克·C.泰维斯(1990).新政权的建立和巩固.载于费正清、罗德里克·麦克法夸尔,主编.剑桥中华人民共和国史(1949—1965).王建朗,等,译.上海人民出版社.

弗雷德里克·詹姆逊(2001).论全球化的影响.马克思主义与现实,5.

盖伊·彼得斯(2001).政府未来的治理模式.吴爱明,等,译.中国人民大学出版社.

盖伊·彼得斯(2011).政治科学中的制度理论："新制度主义"(第2

版).王向民,等,译.上海人民出版社.

高书生(1998).中国就业体制改革20年.中州古籍出版社.

高伟(2011).农民政治参与的系统论分析.理论导刊,10.

高小平、刘一弘(2009).我国应急管理研究述评.中国行政管理,8.

高新军(2011).政治生态的形成、改变及其在体制转轨中的地位."第五届生态文明国际论坛"论文.2011年4月.

格泽戈尔兹·W.科勒德克(2000).从休克到治疗:后社会主义转轨的政治经济.刘晓勇、应春子,等,译.上海远东出版社.

葛春景等(2010).应对城市重大安全事件的应急资源联动研究.中国安全科学学报,3.

葛国耀、刘家俊(2012).改革攻坚:"摸着石头过河"的现实困境及其出路研究.中国特色社会主义研究,5.

谷仍桂(2006).县级领导决策短期化倾向透析.湖南省社会主义学院学报,1.

郭道久(2000).以社会制约权力——民主的一种解析视角.天津人民出版.

郭凤(2006).中部地区与中央政府博弈行为分析——21世纪中部崛起战略中的政策博弈.湖南税务高等专科学校学报,3.

郭剑鸣(2006).地方公共政策研究:一种政治学的范式.中国社会科学出版社.

郭雪松、朱正威(2011).跨域危机整体性治理中的组织协调问题研究.公共管理学报,4.

郭正林(2004).农民政治认知与参与的定量研究.浙江师范大学学报,5.

哈特穆特·毛雷尔(2000).行政法学总论.高家伟,译.法律出版社.

韩博天(2009).中国异乎常规的政策制定过程:不确定情况下反复试验.开放时代,7.

韩健鹏、周琳(1999).全球化条件下中国改革开放的反思.世界经济与政治,7.

汉密尔顿、杰伊、麦迪逊(1997).联邦党人文集.程逢如,等,译.商务印书馆.

汉斯·J.沃尔夫、奥托·巴霍夫、罗尔夫·施托贝尔(2002).行政法(第一卷).高家伟,译.商务印书馆.

何华兵、万玲(2003).论"土政策"的两种价值层面.沙洋师范高等专科学校学报,6.

何俊志(2007).民主工具的开发与执政能力的提升:解读温岭"民主恳谈会"的一种新视角.公共管理学报,7.

何显明(2008).市场化进程中的地方政府行为逻辑.人民出版社.

何增科(2004).中国政治体制改革研究.中央编译出版社.

贺乐民、高全(2008).论行政法的合作理念.西北政法大学学报,4.

赫伯特·马尔库塞(2007).理性与革命:黑格尔和社会理论的兴起.程志民,译.上海人民出版社.

洪远鹏、陈波(2001).地方利益与中国经济发展.财经论丛,7.

后小仙、张建、张勇(2005).地方政府公共决策的短期化倾向及其规避.滁州学院学报,2.

胡鞍钢(2002).中国战略构想.浙江人民出版社.

胡锦光、王锴(2005).论我国宪法中"公共利益"的界定.中国法学,1.

胡宁生(2003).体制转轨阶段公共政策创新特点分析.江海学刊,4.

胡素珊(1997).中国的内战——1945—1949年的政治斗争.王海良,等,译.中国青年出版社.

胡伟(1998).政府过程.浙江人民出版社.

胡伟、唐贤兴(1997).论政治——中国发展的政治学思考.江西人民出版社.

胡象明(1995)."文件打架"的原因及对策.中国行政管理,9.

胡象明(2006).全球化背景下中国行政管理面临的十大挑战.探索,1.

胡兴球、汪群(2009).太湖流域水污染治理的流域层面协商机制.水利水电科技进展,3.

黄河(2004).论公共需求与中国经济增长.南京师大学报,4.

黄景贵(2003).全球数字经济.中国财政经济出版社.

黄俊尧(2010).从"压力型考核"到"公众制度化参与"——地方政府绩效考评模式的转型与路径依赖.甘肃行政学院学报,4.

黄少安(1997).产权经济学导论.山东人民出版社.

黄相怀(2009).当代中国公民文化生长的制度路径:政府与社团关系视角下的公民文化审视.载于丛日云、庞金友,编.中西政治思想和政治文化.社会科学文献出版社.

黄小勇(2003).现代化进程中的官僚制——韦伯官僚制理论研究.黑龙江人民出版社.

吉恩·M.格罗斯曼、埃尔赫南·赫尔普曼(2009).特殊利益政治学.朱保华,译.上海财经大学出版社.

吉尔特·霍夫斯泰德(2010).文化与组织——心理软件的力量.李原,等,译.中国人民大学出版.

加布里埃尔·A.阿尔蒙德、小G.宾厄姆·鲍威尔(2007).比较政治学——体系、过程和政策.曹沛霖,译.东方出版社.

贾楠、高增双(2008).我国2007年以来有近2000部行政法规规章"退休".(2008-7-24)[2019-7-18].中华人民共和国中央人民政府网站,http://www.gov.cn/jrzg/2008-07/24/content_1055134.htm.

简·芳汀(2004).构建虚拟政府:信息技术与制度创新.邵国松,译.中国人民大学出版社.

江大树、廖俊松(2011).府际关系与震灾重建.元照出版公司.

姜淑芝、赵连章(1997).论地方政府的短期行为及其整治对策.科学社会主义,3.

蒋德海(2013).改革需要共识——关于"顶层设计"的几点辨析.探索与争鸣,5.

蒋俊杰(2015).焦点事件冲击下我国公共政策的间断式变迁.上海行政学院学报,2.

杰弗里·亚历山大(2008).社会学的理论逻辑.第一卷.于晓,等,译.商务印书馆.

金观涛(2011).开放中的变迁:再论中国社会超稳定结构.法律出版社.

金骏远(2008).中国大战略与国际安全.社会科学文献出版社.

卡尔·拉伦茨(2003).法学方法论.陈爱娥,译.商务印书馆.

康晓光(2000).再论"行政吸纳政治".二十一世纪(香港),7.

康晓光等(2008).改革时代的国家与社会关系.载于王名,主编.中国民间组织30年:走向公民社会.社会科学文献出版社.

柯武刚、史漫飞(2000).制度经济学——社会秩序与公共政策.韩朝华,译.商务印书馆.

科恩(1988).论民主.聂崇信、朱秀贤,译.商务印书馆.

拉尔夫·达任道夫(2000).现代社会冲突.林荣远,译.中国社会科学出版社.

拉雷·N.格斯顿(2001).公共政策的制定:程序和原理.朱子文,译.重庆出版社.

拉塞尔·M.林登(2002).无缝隙政府——公共部门再造指南.汪大海,译.中国人民大学出版社.

赖静萍、刘晖(2011).制度化与有效性的平衡——领导小组与政府部门协调机制研究.中国行政管理,8.

蓝志勇(2003).行政官僚与现代社会.中山大学出版社.

劳可夫、刘思华(2007).工业污染公共处理作为新环境政策工具的初步研究.经济体制改革,1.

劳伦斯·M.弗里德曼(2004).法律制度——从社会科学角度观察.李琼英、林欣,译.中国政法大学出版社.

雷蒙德·E.迈尔斯、查尔斯·C.斯诺(2006).组织的战略结构和过程.东方出版社.

李成贵(2004).国家、利益集团与"三农"困境.经济社会体制比较,5.

李春成(1999).政府短期行为分析.行政与法,4.

李春成(2006).政策制定中的公共利益之争.上海市社会科学界第四届学术年会青年文集.

李道葵(2002).美国政府与美国政治(上册).商务印书馆.

李广斌、王勇(2005).长江三角洲跨域治理的路径及其深化.经济问题研究,5.

李惠斌等,主编(2000).社会资本与社会发展.社会科学文献出版社.

李积万(2008).我国政府部门间协调机制的探讨.汕头大学学报,6.

李建德(2000).经济制度演进大纲.中国财政经济出版社.

李景鹏(1999).中国现阶段社会团体状况分析.唯实,8.

李景鹏(2003).政府的责任和责任政府.国家行政学院学报,5.

李军杰(2005).地方政府经济行为短期化的体制性根源.中国经贸导刊,19.

李侃如(2010).治理中国——从革命到改革.胡国成、赵梅,译.中国社会科学出版社.

李连江、欧博文(1997).当代中国农民的依法抗争.载吴国光,主编.九七效应.太平洋世纪研究所(香港).

李路路(2010).社会发展和社会冲突的问题.(2010-12-28)[2019-07-30].新浪网，http：//finance.sina.com.cn/hy/20101228/16069175175.shtml.

李名泉、马广水(2000).经济学基础.东北财经大学出版社.

李培林(1998).老工业基地的失业治理：后工业化和市场化.社会学研究,4.

李培林、张翼、赵延东、梁栋(2005).社会冲突与阶级意识——当代中国社会矛盾问题研究.社会科学文献出版社.

李琦(2011).公众为何视垃圾焚烧为"洪水猛兽".知识经济,3.

李强(2002).转型时期中国社会分层结构.黑龙江人民出版社.

李琼(2007).政府管理与边界冲突：社会冲突中的群体、组织和制度分析.新华出版社.

李旭升(2008).冲突管理.北京大学出版社.

李燕凌、陈东林、周长青(2004).农村公共危机的经济研究及管理机制建设.江西农业大学学报,1.

李宜钊(2013).公共政策研究中的复杂性理论视角.东南学术,1.

李永铭(2003).开放——中国历史的逻辑演进.江西社会科学,3.

李正华(2002).《中华人民共和国宪法》制订与修改、修正的历史考察.当代中国史研究,5.

李作战(2006).西方顾客满意理论研究述评.商业时代,23.

理查德·宾厄姆等(1997).实践中的公共行政.九洲,译.北京大学出版社.

力耕(1947).解放区的生产运动.中国出版社.

利普塞特(1993).政治人：政治的社会基础.刘钢敏、聂蓉译.商务印书馆.

梁漱溟(2001).中国文化要义.上海人民出版社.

梁雪辉(2006).房地产市场的宏观调控目标与政策边界.开放导

报,3.

列奥·潘切尼(2004).在国内开始(与结束)的全球化——恢复国家的参与.载于马乔里·格里芬·科恩、斯蒂芬·麦克布莱德,编.全球化动荡.段保良,译.华夏出版社.

林顿·拉罗却尔(1995).中国经济迫近眉睫的严峻问题.社科信息文汇,2.

林岗(1992).并存与竞争中的协调发展.陕西人民出版社.

林尚立(1998).国内政府间关系.浙江人民出版社.

林尚立(2000).当代中国政治形态研究.天津人民出版社.

林水波、张世贤(2006).公共政策.五南图书出版公司.

林毅夫(1994).关于制度变迁的经济学理论：诱致性变迁与强制性变迁.载 R.科斯,等.财产权利与制度变迁——产权学派与新制度学派译文集.上海三联书店、上海人民出版社.

《领导决策信息》数据分析员(2004).全国开发区治理整顿工作情况对比分析.领导决策信息,15.

刘畅(2011).跨国公司对中国政策过程的影响分析——以外资政策为例.唯实,12.

刘澈元、刘祯(2007).东亚经济一体化进程中的中国角色与国内市场一体化——以新地区主义经济范式为观照视角.经济体制改革,4.

刘峰、舒绍福(2008).中外行政决策体制比较.国家行政学院出版社.

刘建军、何俊志(2009).新中国根本政治制度研究.上海人民出版社.

刘茂林(2009).宪法秩序作为中国宪法学范畴的证成及意义.中国法学,4.

刘能(2008).当代中国群体性集体行动的几点理论思考——建立

在经验案例之上的观察.开放时代,3.

刘培伟(2010).基于中央选择性控制的试验——中国改革"实践"机制的一种新解释.开放时代,4.

刘泰洪(2010).地方政府竞争的路径演变和路径依赖.天津社会科学,1.

刘伟、黄健荣(2008).当代中国政策议程创建模式嬗变分析.公共管理学报,3.

刘小力(2004).坚持与发展邓小平的对外开放理论.社会主义研究,6.

刘小年(2004)."孙志刚事件"背后的公共政策过程分析.理论探讨,3.

刘欣(2005).当前中国社会阶层分化的制度基础.社会学研究,5.

刘一皋(1999).社会动员形式的历史反视.战略与管理,4.

刘祖云(2007).政府间关系——合作博弈与府际治理.学海,1.

刘祖云、胡蓉(2005).论社会转型与二元社会结构.中南民族大学学报,1.

龙太江(2003).关于利益集团若干认识误区的辨析.云南行政学院学报,5.

龙太江(2005).从"对社会动员"到"由社会动员"——危机管理中的动员问题.政治与法律,2.

龙太江、王邦佐(2005).经济增长与合法性的"政绩困局".复旦学报,3.

娄胜华(2000).社会主义改造和集中动员型体制的形成.南京社会科学,11.

陆静超(2007).公共政策的动态均衡:一个政策效能优化的经济学解释.理论探讨,2.

陆学艺,主编(1993).社会学.知识出版社.

路甬祥,主编(2001).21世纪中国面临的12大挑战.世界知识出版社.
吕俊岭(1994).领导短期化行为剖析.唯实,8.
吕世伦,主编(2000).现代西方法学流派.中国大百科全书出版社.
罗伯特·阿格拉诺夫、迈克尔·麦圭尔(2007).协作性公共管理:地方政府新战略.李玲玲,译.北京大学出版社.
罗伯特·阿克塞尔罗德(2007).合作的进化.吴坚忠,译.上海世纪出版集团.
罗伯特·达尔(1999).论民主.李伯光,等,译.商务印书馆.
罗伯特·达尔(2006).民主及其批评者.曹海军,等,译.吉林人民出版社.
罗伯特·杰维斯(2008).系统效应:政治和社会生活中的复杂性.李少军,等,译.上海世纪出版集团.
罗伯特·普特南(2001).使民主运转起来.王列、赖海荣,译.江西人民出版社.
罗伯特·希斯(2001).危机管理.王成,等,译.中信出版社.
罗珉、何长见(2006).组织间关系.界面规则与治理机制.中国工业经济,5.
罗珉、何长见(2006).组织间关系:界面规则与治理机制.中国工业经济,5.
罗斯金(2001).政治科学.林震,等,译.华夏出版社.
罗许生(2003).从运动式执法到制度性执法.重庆社会科学,7.
麻宝斌等(2008).政府危机管理理论与对策研究.吉林大学出版社.
马宝成(2002).有效性:现代政治合法性的政绩基础.天津社会科学,5.
马奔(2008).危机管理中跨域治理的检视与改革之道:以汶川大地震为例."21世纪的公共管理:机遇与挑战"第三节国际学术研讨会,中国澳门.

马克·E.沃伦编(2004).民主与信任.吴辉,译.华夏出版社.

马克思、恩格斯(1972).马克思恩格斯选集.第1卷.人民出版社.

马乔里·格里芬·科恩、斯蒂芬·麦克布莱德(2004).导论.载于马乔里·格里芬·科恩、斯蒂芬·麦克布莱德,编.全球化动荡.华夏出版社.

玛莎·费丽莫(2001).国际社会中的国家利益.袁正清,译.浙江人民出版社.

迈克尔·D.耶茨、张峰(2012).权力与美国社会日益严重的不平等.国外理论动态.8.

迈克尔·波特(1997).竞争优势.陈小悦,译.华夏出版社.

迈克尔·豪利特、M.拉米什(2006).公共政策研究:政策循环与政策子系统.庞诗,等,译.生活·读书·新知三联书店.

迈克尔·欧克肖特(2004).政治中的理性主义.张汝伦,译.上海译文出版社.

迈克·希尔、彼特·休普(2011).执行公共政策.黄健荣,等,译.商务印书馆.

迈克·希尔、彼特·休普.执行公共政策.黄健荣,等,译.商务印书馆.

迈耶尔·N.扎尔德(2002).为了前瞻的回顾:对资源动员研究范式的过去和未来的思考.载于艾尔东·莫里斯、卡洛尔·麦克拉吉·缪勒,主编.社会运动理论的前沿领域.北京大学出版社.

曼海姆(2011).重建时代的人与社会.张旅平,译.译林出版社.

曼瑟尔·奥尔森(1995).集体行动的逻辑.陈郁,等,译.上海人民出版社.

毛寿龙(1998).西方政府的治道变革.中国人民大学出版社.

毛寿龙(2000).公共政策的制度基础.北京行政学院学报,1.

梅特卡夫(2007).演化经济学与创造性毁灭.冯健,译.中国人民大学出版社.

梅维·库克(2004).协商民主的五个观点.载于陈家刚,选编.协商民主.上海三联书店.

梅新育(2010).房地产利益集团的组成和能量.南风窗,10.

门洪华(2003).变被动应对为主动谋划,维护和拓展国家战略利益.载于胡鞍钢,主编.中国大战略.浙江人民出版社.

门洪华,主编(2004).中国:大国崛起.浙江人民出版社.

孟继明(2000).资源型政府——公共管理的新模式.中国人民大学出版社.

米切尔·黑尧(2004).现代国家的政策过程.赵成根,译.中国青年出版社.

米歇尔·鲍曼(2003).道德的市场:对自由社会中法律与道德的社会学研究.肖军、黄承业,译.中国社会科学出版社.

尼古拉斯·扎哈里尔迪斯(2004).模糊性、时间与多元流分析.载于保罗·A.萨巴蒂尔,编.政策过程理论.彭宗超,等,译.读书·生活·新知三联书店.

宁骚(2000).公共政策.高等教育出版社.

宁骚(2012).中国公共政策为什么成功?——基于中国经验的政策过程模型构建与阐释.新视野,1.

诺曼·杰·奥恩斯坦、雪利·埃尔德(1981).利益集团、院外活动和政策制定.潘同文,等,译.世界知识出版社.

诺曼·尼科尔森(1992).制度分析与发展的现状.载于V.奥斯特罗姆等.制度分析与发展的反思——问题与抉择.王诚,等,译.商务印书馆.

潘其胜(2003).防范从政行为短期化.福州党校学报,2.

潘伟杰(2009).法治与现代国家的成长.法律出版社.

潘小娟(1997).中央与地方关系的若干思考.政治学研究,3.

彭勃、邵春霞(2009).改革后中国社会转型的政治逻辑.浙江社会科学,9.

彭文生等(2012).2012是终点还是起点:中国经济周期的逻辑研判.银行家,1月12日.

彭宗超(2004).公共治理视野中的中国听证制度改革:公共管理评论(第一卷).清华大学出版社.

齐秀强、李冰水(2009).官员问责制度化:现实困境与制度设计——对"问责风暴"的深层思考.云南行政学院学报,6.

钱满素(2006).美国自由主义的历史变迁.读书·生活·新知三联书店.

乔·萨托利(1993).民主新论.冯克利、阎克文,译.东方出版社.

秦晖(1999).耕耘者言:一个农民学研究者的心愿.王元化,主编.第三代学人自选集.山东教育出版社.

秦前红、宦吉娥(2005).从收容遣送到社会救助制度变迁的法理学分析.武汉大学学报,6.

秦亚青(1998).国际制度与国际合作——反思新自由制度主义.外交学院学报,1.

青木昌彦(2001).比较制度分析.周黎安,译.中国发展出版社.

清华大学社会学系主编(2008).农民工,社会融入与就业——以政府、企业和民间伙伴关系为视角.社会科学文献出版社.

裘德·马特拉斯(1988).人口社会学导论.方时壮,等,译.中山大学出版社.

任亮、张广利(2007).经济行动、行动主体与社会环境.理论探索,4.

任敏(2001).政府行为与博弈.武汉大学学报,3.

任鹏(2015).政策冲突中地方政府的选择策略及其效应.公共管理学报,1.

任溶(2004).美国的利益集团与公共政策的制定.党政论坛,7.

荣敬本、崔之元(1998).从压力型体制向民主合作体制的转变——县乡两级政治体制改革.中央编译出版社.

塞尔兹尼克(2004).转变中的法律与社会.张志铭,译.中国政法大学出版社.

塞缪尔·亨廷顿(1989).变动社会的政治秩序.张岱云,等,译.上海译文出版社.

邵华(2009).多元利益集团与政治均衡.山东理工大学学报,7.

沈瞿和(2004).完善我国危机管理的法律保障机制——以《突发公共卫生事件应急条例》为例.华东经济管理,第5期.

施雪华(2010).论西方现代利益集团政治的产生动因、基本特征和主要缺陷.社会科学研究,1.

史卫民(2011)."政策主导型"的渐进式改革:改革开放以来中国政治发展的因素分析.中国社会科学出版社.

世界银行(1997).碧水蓝天:新世纪的中国环境.中国财政经济出版社.

世界银行(1998).变革中的政府:世界银行1997年发展报告.中国财政经济出版社.

世界银行东亚与太平洋地区减贫与经济管理局(2007).中国利用外资的前景和战略.中信出版社.

舒尔茨(1994).制度与人的经济价值的不断提高.载于R.H.科斯等.财产权利与制度变迁——产权学派与新制度经济学派译文集.刘守英,等,译.上海三联书店、上海人民出版社.

斯蒂芬·戈德史密斯、威廉·埃格斯(2008).网络化治理:公共部门新形态.孙迎春,译.北京大学出版社.

宋功德(2006).公域软法规范的主要渊源.载于罗豪才,主编.软法与公共治理.北京大学出版社.

宋国清(1982).经济增长与经济结构.中国百科出版社.

宋嘉革(2006).中国户籍制度改革与农村人口城市化转移.东北财经大学.博士学位论文.

宋则(2002).中国经济发展前沿报告.经济管理出版社.

苏长和(1999).重新定义国际制度.欧洲,6.

苏天旺(2002).谈公共政策中的短期化倾向及其对价值取向的影响.江西行政学院学报,3.

孙开红(2005).论"土政策".理论探讨,5.

孙开红(2005).论"土政策".理论探讨,5.

孙立平(1987)."传统发展战略"与"替代发展战略".社会学研究,3.

孙立平(1994).改革前后中国大陆国家、民间统治精英及民众间互动关系的演变.中国社会科学季刊(香港),6.

孙立平(1996).短期行为与社会的制度安排.探索与争鸣,4.

孙立平(2003).断裂:20世纪90年代以来的中国社会.社会科学文献出版社.

孙立平(2004).失衡:断裂社会的运作逻辑.社会科学文献出版社.

孙立平(2006).90年代中期以来中国社会结构演变的新趋势.天涯,2.

孙立平、郭于华(2000)."软硬兼施":正式权力非正式运作的过程分析.鹭江出版社.

孙立平、晋军等(1999).动员与参与.浙江人民出版社.

孙绍骋(2004).中国救灾制度研究.商务印书馆.

孙亚菲、常楠溪(2004).铁本事件背后的逻辑轨迹.南方周末,5月20日。

孙玉杰(2010).国外化解"无直接利益冲突"的理论与实践.中共天津市委党校学报,3.

塔尔科特·帕森斯(2008).社会行动的结构.张明德,等,译.译林出版社.

汤姆·伯恩斯等(2004).结构主义的视野.周长城,等,译.社会科学文献出版社.

汤姆·伯恩斯等(2010).经济与社会变迁的结构化.周长城,等,译.社会科学文献出版社.

汤玉刚、赵大平(2007).论政府供给偏好的短期决定:政治均衡与经济效率.经济研究,1.

唐皇凤(2005).大国治理:中国国家治理的现实基础与主要困境.浙江省委党校学报,6.

唐皇凤(2007).常态社会与运动式治理.开放时代,3.

唐建光(2003).孙志刚死亡真相.中国新闻周刊,21.

唐钧、谢一帆(2008).风险政务:国际状况与我国的建设方略.中国行政管理,2.

唐贤兴(1995).市场化过程中政府规模的两难困境.改革与战略,4.

唐贤兴(1997).产权与民主的演进:中国农村政治调控的变化.政治学研究,3.

唐贤兴(1999).财产权利与作为政治权力妥协的民主——理解马克思主义经典作家的民主观.中共福建省委党校学报,8.

唐贤兴(2002).产权、国家与民主.复旦大学出版社.

唐贤兴(2008a).对外开放与中国的国际化和制度创新.毛泽东邓小平理论研究,9.

唐贤兴(2008b).民主、公共利益与中国公共政策的变迁.载于陈明明、何俊志,主编.中国民主的制度结构(复旦政治学评论·第六辑).上海人民出版社.

唐贤兴(2008c).民主与现代国家的成长.复旦大学出版社.

唐贤兴(2009a).政策工具的选择与政府的社会动员能力——对"运动式治理"的一个解释.学习与探索,3.

唐贤兴(2009b).环境保护政策.载于竺乾威等,主编.当代中国公共政策.上海人民出版社.

唐贤兴等(1996).论中国的产权变革与民主化的关系.改革与战略,3.

唐贤兴、唐豫鹏(1997).社会转型时期的公共政策：走出短期化的诱惑.理论学习月刊,2.

唐贤兴、王竞晗(2004).转型期公共政策的价值定位：政府公共管理中功能转换的方向与悖论.管理世界,11.

唐贤兴、肖方仁(2012).社会资本积累：社会管理的逻辑起点.学术界,4.

唐贤兴、赵小斐(2004).全球治理与国际关系中的民主和法治.载于陈玉刚、袁建华,主编.超越威斯特伐利亚.时事出版社.

滕藤主编(2001).邓小平理论与世纪之交的中国国际战略.人民出版社.

童世骏(2006).意识形态新论.上海人民出版社.

涂晓芳(2008).政府利益论——从转轨时期地方政府的视角.北京大学出版社.

托克维尔(1995).论美国的民主.董果良,译.商务印书馆.

托马斯·戴伊(2002).自上而下的政策制定.鞠方安,等,译.中国人民大学出版社.

托马斯·戴伊(2012).理解公共政策.谢明,译.中国人民大学出版社.

托马斯·戴伊、哈梦·齐格勒(1991).民主的嘲讽.孙占平,等,译.世界知识出版社.

万玲(2004).从利益的角度分析地方政策执行问题的解决机制.行政论坛,9.

汪浩瀚(2005).外贸对经济增长的影响分析：理论与经验模型验证.经济地理,4.

汪伟全(2007).地方政府合作机制问题之研究.经济师,8.

汪永成、黄卫平、程浩(2005).社会利益集团政治化趋势与政府能力建设.武汉大学学报,1.

汪永成、黄卫平、程浩(2005).社会利益集团政治化趋势与政府能力建设.武汉大学学报,1.

汪玉凯(2013).破解利益格局.(2013-1-7)[2019-8-6].中国改革论坛网,http://people.chinareform.org.cn/W/wyk/Article/201301/t20130108_158773.htm.

王洪树(2011).协商合作视野下的民主政治研究.中国社会科学出版社.

王沪宁(1987).革命后社会政治发展的比较分析.复旦学报,4.

王沪宁(1990).社会资源总量与社会调控：中国意义.复旦学报,4.

王沪宁(1991a).集分平衡.中央与地方的协同关系.复旦学报,2.

王沪宁(1991b).美国反对美国.上海文艺出版社.

王沪宁(1991c).当代中国村落家族文化.上海人民出版社.

王沪宁(1994).新政治功能：体制供给与秩序供给.上海社会科学院学术季刊,2.

王建民、狄增如(2013)."顶层设计"的内涵、逻辑与方法.改革,8.

王鹏(2013).跨域治理视角下地方政府间关系及其协调路径研究.贵州社会科学,1.

王勤民(1987).论良性社会结构.晋阳学刊,4.

王骚、靳晓熙(2005).动态均衡视角下的政策变迁规律研究.公共管理学报,4.

王善中(1997).建国初期的社会改造.历史教学,3.

王绍光(2006).中国公共政策议程设置的模式.中国社会科学,5.

王绍光(2009).学习机制、适应能力与中国模式.开放时代,7.

王文华(1999).中央与地方政府财政关系的博弈行为分析.社会科

学研究,2.

王锡锌(2005).中国行政执法困境的个案解读.法学研究,3.

王小鲁(2001).改革20年和今后20年:投资对经济增长的贡献.国家行政学院学报,4.

王行健(2004).社会救助制度的异化和变革——从收容遣送制度到救助管理.天府新论,6.

王雄军(2009).焦点事件与政策间断——以《人民日报》的公共卫生政策议题变迁为例.社会科学,1.

王逸舟(2003).磨合中的建构:中国与国际组织关系的多视角透视.中国发展出版社.

王永生(2007).论利益集团对中国公共政策的影响.贵州社会科学,7.

王元华、李庆均(2001).政策偏好浅析.决策借鉴,1.

王震、赵继峰(2008).地方政府间的短期行为与社会利益最大化.内蒙古科技与经济,15.

魏宏森等(1988).发展战略与区域规划.重庆出版社.

魏加宁(2005).告别"摸着石头过河"的改革方式.中国改革,8.

文宏(2014).间段均衡理论与中国公共政策的演进逻辑——兰州出租车政策(1982—2012)的变迁考察.公共管理学报,2.

文森特·奥斯特罗姆等(2004).美国地方政府.井敏,等,译.北京大学出版社.

沃尔德罗普(1997).复杂——诞生于秩序与混沌边缘的科学.陈玲,译.生活·读书·新知三联书店.

吴超林(2001).宏观调控的制度基础与政策边界分析——一个解释中国宏观调控政策效应的理论框架.中国社会科学,4.

吴定(2002).公共政策.中华股份有限责任公司.

吴红艳、吕素昌(2009).论我国环境保护的经济政策.湖北经济学院学院,2.
吴荻、武春友(2006).建国以来中国环境政策的演进分析.大连理工大学学报,4.
吴敬琏(2011).改革需要有顶层设计和实施方案.财经界,9.
吴巧生、成金华(2004).论环境政策工具.经济评论,1.
吴彤(2000)."复杂性"研究的若干哲学问题.自然辩证法研究,1.
吴锡泓、金荣枰,编(2005).政策学的主要理论.金东日,译.复旦大学出版社.
吴增基等主编(1997).现代社会学.上海人民出版社.
吴忠民(2003).重新发现社会动员.理论前沿,2.
伍山林(1998).中国农作制变迁的政治经济学分析——从农户行为与政府偏好角度进行分析.经济研究,8.
武力(1999).中华人民共和国经济史.中国经济出版社.
西蒙(1988).管理行为.杨砾、韩春立、徐立,译.北京经济学院出版社.
希尔斯曼(1986).美国是如何治理的.曹大鹏,译.商务印书馆.
习近平(2013).以更大的政治勇气和智慧深化改革朝着十八大指引的改革开放方向前进.人民日报,1月2日.
席恒等(2009).合作收益与公共管理:一个分析框架及其应用.中国行政管理,1.
席西民等(2003).面向复杂性:和谐管理理论的概念、原则及框架.管理科学学报,4.
席志刚(2011)."十二五"深化改革仰赖顶层设计.凤凰周刊,8.
夏少琼(2006).建国以来社会动员制度的变迁.唯实,2.
夏训良(1989).社会主义初级阶段利益集团论.江西社会科学,3.
萧功秦(2009).中国的大转型:从发展政治学看中国变革.新星出版社.

萧延中等(2009).多难兴邦——汶川地震见证中国公民社会的成长.北京大学出版社.

谢海军(2009).改革开放以来我国利益群体的演变轨迹、前景和特征.郑州大学学报,1.

谢立中(2003).社会变迁过程中的复杂性.首都师范大学学报,2.

谢庆奎(1998).中国地方政府体制.中国广播电视出版社.

谢庆奎(2000).中国政府的府际关系研究.北京大学学报,1.

邢乐勤、顾艳芳(2010).中国利益集团政治参与的特点分析.浙江学刊,2.

邢孟军(2004).转型期地方政府与中央政府博弈关系探析.广东行政学院学报,10.

熊辉、刘烨(2009).邓小平制度思想的复杂性理论诠释.毛泽东思想研究,2.

徐俊(2006).两种视角下的管理复杂性简化.科技进步与对策,8.

徐圻(2004).凡是现实的就是合理的——论邓小平的现实主义治国方略.理论与当代,7.

徐湘林(2002)."摸着石头过河"与中国渐进政治改革的政策选择.天津社会科学,3.

徐勇(2008).政策下乡及对乡土社会的政策整合.当代世界与社会主义,1.

许罗丹、申曙光(1998).国际贸易中的环境与环境保护问题.北京大学学报,5.

许文惠、张成福(1998).危机状态下的政府管理.中国人民大学出版社.

薛刚(2005).地方政府公共决策中短期行为的原因及其对策研究.西北大学.硕士学位论文.

薛汉伟(2000).论中国式渐进改革.文史哲,1.

薛进军(2002).中国的经济发展与环境问题.东北财经大学出版社.

薛澜(2014).顶层设计与泥泞前行:中国国家治理现代化之路.公共管理学报,4.

严强(2007).社会转型历程与政策范式演变.政治学研究,5.

严强(2009).政府间关系:体制与行政.江苏行政学院学报,1.

颜昌武、刘云东(2008).西蒙沃尔多之争:回顾与评论.公共行政评论,2.

杨爱平(2011).从垂直激励到平行激励:地方政府合作的利益激励机制创新.学术研究,5.

杨光斌、李月军(2008).中国政治过程中的利益集团及其治理.学海,2.

杨宏山(2005).府际关系论.中国社会科学出版社.

杨鸿台(2004).论法治政府、责任政府、服务政府及政府职能转变.毛泽东邓小平理论研究,7.

杨建顺(2003).论危机管理中的权利配置与责任机制.法学家,4.

杨龙、郑春勇(2011).地方合作对政府间关系的拓展.探索与争鸣,5.

杨鲁慧(2005).重点与全面:当代中国辩证发展的理论研究.山东人民出版社.

杨山鸽(2004).利益结构的变化、利益集团的出现与中国的政治发展.兰州学刊,6.

杨淑萍(2008).行政分权视野下地方责任政府的构建.人民出版社.

杨小云(2002).近期中国中央与地方关系研究的若干理论问题.湖南师范大学社会科学学报,1.

杨志军(2012).环境治理的困局与生态型政府的构建.大连理工大学学报,3.

叶海卡·德洛尔(1996).逆境中的政策制定.王满传、尹宝虎、张萍,译.上海远东出版社.

叶自成(2003).大战略.中国社会科学出版社.

于宏源(2006).国际机制中的利益驱动与公共政策协调.复旦大学学报,3.

于建嵘(2003).农民有组织抗争及其政治风险——湖南H县调查.战略与管理,3.

于建嵘(2004).当前农民维权活动的一个解释框架.社会学研究,2.

于建嵘(2005).社会冲突中的维权行动解析.中国社会导刊,9.

于建嵘(2007).人民公社动员体制的利益机制和实现手段.中国民族大学学报,3.

于建嵘(2010).抗争性政治:中国政治社会学基本问题.人民出版社.

于涛方、李娜(2005).长江三角洲地区区域整合研究.规划师,4.

余潇枫、陈劲(2007).浙江模式与地方政府创新.浙江大学出版社.

余亚梅(2018).政府偏好与制度变迁:以收容遣送制度为案例的研究.上海人民出版社.

余亚梅、唐贤兴(2012a).政府部门间合作与中国公共管理的变革——对"运动式治理"的再解释.江西社会科学,9.

余亚梅、唐贤兴(2012b).政府偏好与制度起源——以1950年代后的收容遣送政策为例.社会科学,3.

俞可平(2000a).中国公民社会的兴起与治理的变迁.社会科学文献出版社.

俞可平(2000b).治理与善治.社会科学文献出版社.

俞可平(2009).中国地方政府创新(2008年卷).中国社会科学出版社.

俞可平(2012).重构社会秩序走向官民共治.国家行政学院学报,4.

喻希来(1998).世界新秩序与新兴大国的历史抉择.战略与管理,2.

喻希来(1999).新兴世界大国的成长之旅：光荣与梦想——20世纪中国历史总成绩的回顾.战略与管理,6.

袁伦渠(1996).中国劳动经济史.北京经济学院出版社.

袁明旭(2009).官僚制视野下当代中国公共政策冲突研究.中国社会科学出版社.

约翰·金登(2004).议程、备选方案与公共政策.丁煌,等,译.中国人民大学出版社.

约翰·克莱顿·托马斯(2005).公共决策中的公民参与：公共管理者的新技能与新策略.孙柏瑛,等,译.中国人民大学出版社.

约瑟夫·泰恩特(2010).复杂社会的崩溃.邵旭东,译.海南出版社.

臧雷振(2011).治理类型的多样性演化与比较——求索国家治理逻辑.公共管理学报,4.

曾峻(2005).公共秩序的制度安排.学林出版社.

翟年祥、项光勤(2008).政府在后发型国家现代化进程中的主导作用.安徽大学学报,1.

翟学伟(1997)."土政策"的功能分析——从普遍主义到特殊主义.社会学研究,3.

詹姆斯·E.安德森(2009).公共政策制定(第5版).谢明,等,译.中国人民大学出版社.

詹姆斯·G.马奇、约翰·P.奥尔森(2011).重新发现制度：政治的组织基础.张伟,译.生活·读书·新知三联书店.

詹姆斯·博曼(2006).公共协商：多元主义、复杂性与民主.黄相怀,译.中央编译出版社.

詹姆斯·布坎南(1997).经济自由与联邦主义.载于刘军宁等,主编.经济民主与经济自由.上海三联书店.

詹姆斯·科尔曼(2008).社会理论的基础.邓方,译.社会科学文献出版社.

詹姆斯·汤普森(2007).行动中的组织——行政理论的社会科学基础.敬乂嘉,译.上海人民出版社.

张成福(2003).公共危机管理：全面整合的模式与中国的战略选择.中国行政管理,7.

张成福、李昊城、边晓慧(2012).跨域治理：模式、机制与困境.中国行政管理,3.

张华青(2004).论社会转型期的公民文化培育.当代世界社会主义问题,4.

张华青、邱柏生(2002).公民文化：政治文明的表征之一.探索与争鸣,12.

张紧跟(2008).组织间网络理论：公共行政学的新视野.武汉大学学报,4.

张军(2006).政府转型、政治治理与经济增长：中国的经验.云南大学学报,4.

张康之(2007).论合作.南京大学学报,5.

张凌云等(2010).地方环境监管困境解释：正式激励与财政约束假说.中国行政管理,3.

张乾友(2010).论复杂社会的秩序.学海,1.

张世秋(2004).环境政策边缘化现实与改革方向辨析.中国人口·资源与环境,3.

张世秋(2004).环境政策边缘化现实与改革方向辨析.中国人口·资源与环境,3.

张世秋、安树民、王仲成(2001).评析中国现行环境保护投资体制.中国人口·资源与环境,3.

张曙光,主编(1996).中国制度变迁的案例研究(第1集).上海人民出版社.

张五常(2009).中国的经济制度.中信出版社.

张小明(2000).内部输入:解读当代中国公共政策制定的输入机制.宁夏社会科学,5.

张晓(1999).中国环境政策的总体评价.中国社会科学,3.

张宇(2001).过渡政治经济学导论.经济科学出版社.

张宇、刘伟忠(2006).利益集团与公共政策制定.学习与探索,6.

张宇燕(1994).利益集团与制度非中性.改革,2.

赵成根(2002).民主与公共政策研究.黑龙江人民出版社.

赵鼎新(2008).民粹政治,中国冲突性政治的走向.领导者,2.

赵可金(2006).从旧多边主义到新多变主义——多国际制度变迁的一项理论思考.世界经济与政治,7.

赵磊(2009)."经济人假设"的五个误区.学术月刊,9.

赵晓(2006).利益集团图谋操纵经济决策.上海证券报,10月27日.

郑杭生、李强(1993).社会运行导论.中国人民大学出版社.

郑永廷(2000).论现代社会的社会动员.中山大学学报,2.

中共中央文献研究室(2004).邓小平年谱(1975—1997).上册.中央文献出版社.

中国(海南)改革发展研究院(2007).以基本公共服务均等化为重点的中央地方关系——"中国公共服务体制:中央与地方关系"国际研讨会观点综述.经济研究参考,1.

钟开斌(2009a)."一案三制":中国应急管理体系建设的基本框架.南京社会科学,11.

钟开斌(2009b).政府危机决策——SARS事件研究.国家行政学院出版社.

钟开斌(2009c).安全优化与适度应急响应——给予成本收益视角的分析.经济体制改革,2.

钟开斌(2011).风险治理与政府应急管理流程优化.北京大学出版社.

钟云华(2012).逻辑与机理：社会抗拒的刑事路径考察.犯罪研究,5.

周国雄(2007).地方政府政策执行主观偏差行为的博弈分析.社会科学,8.

周海炜、张阳(2006).长江三角洲区域跨界水污染治理的多层协商策略.水利水电科技进展,5.

周黎安(2004).晋升博弈中政府官员的激励与合作.经济研究,6.

周黎安(2007).中国地方官员的晋升锦标赛模式研究.经济研究,7.

周黎安(2008).转型中的地方政府：官员激励与治理.格致出版社.

周其仁(1994).中国农村改革：国家与所有权关系的变化.中国社会科学季刊(香港),夏季卷,6.

周其仁(1995).中国农村改革：国家和所有权关系的变化———一个经济制度变迁史的回顾.管理世界,3.

周其仁(2009).中国经济增长的基础.中华读书报,11月19日.

周望(2012).中国"政策试点"研究.南开大学博士学位论文.

周耀东(2004).利益集团理论.安徽大学学报,4.

周媛、肖艳蓉(2004).论对党政基层领导干部行为短期化的遏制.湖南行政学院学报,4.

朱碧波、尹向阳(2010).政治心理视角下的网络政治参与.云南行政学院学报,2.

朱碧波、尹向阳(2010).政治心理视角下的网络政治参与.云南行政学院学报,2.

朱昌平(1989).关于利益集团的几个理论问题.宁夏社会科学,3.

朱德米(2016).独角戏到辩论赛：公共决策程序建设.学习时报,8月1日.

朱乃新(2005).经济全球化与中国地方经济——江苏开放型经济研究.社会科学文献出版社.

朱晓燕(2006)."欣弗"事件呼唤行政执法方式的转变.法律适用,12.

朱晓燕、王怀章(2005).对运动式行政执法的反思.青海社会科学,1.

竹立家(2011).改革需要什么样的"顶层设计".人民论坛,1.

兹比格纽·布热津斯基(1998).大棋局：美国的首要地位及其地缘战略.中国国际问题研究所,译.上海人民出版社.

邹谠(1994).二十世纪中国——从宏观与微观行动角度看.牛津大学出版社(香港).

邹进文、高华云(2007).经济学视野中的利益集团.中南财经政法大学学报,5.

邹开亮(2001).论"土政策"与地方行政执法.行政与法,5.

Adam, Roy J. (1992). "Efficiency Is Not Enough". *Labor Studies Journal*, Spring, 17.

Alter, C. and J. Hage(1993). *Organizations Working Together*. Newbury Park, Calif.: Sage.

Anderson, James E. (1984). *Public Policy-Making: An Introduction*. Boston: Houghton Mifflin.

Ansell, C. and A. Boinr (2010). "Managing Transboundary Crises: Identifying the Building Blocks of an Effective Response System". *Journal of Contingencies and Crises Management*, No.4.

Arrow, Kenneth(1951). *Social Choice and Justice*. New York: Wiley.

Bachrach, Peter, and Baratz, Morton (1962). "Two Faces of Power". *American Political Science Review*, 56(4).

Bankes, Steven C. (2005). "Robust Policy Analysis for Complex

Open Systems". *Emergence: Complexity and Organization*, 7(1).

Bardhan, P. and Dilip Mookerjee (2005). "Decentralizing Anti-Poverty Program Delivery in Developing Countries". *Journal of Public Economics*, Vol. 89.

Bardhan, P. and Mookerjee, D. (2006). "Corruption and Decentralization of Infrastructure Delivery in Developing Countries". *Economic Journal*, 11(6).

Barrett, S. M. and C. Fudge (1981). "Reconstructing the Field of Analysis". in S. M. Barrett and C. Fudge (eds.). *Policy and Action: Essays on the Implementation of Public Policy*. London: Methuen.

Bentely, A. (1961). *The Process of Government: A Study of Social Pressures*. Belknap: Press of Harvard University.

Béland, Daniel (2009). "Ideas, Institutions, and Policy Change". *Journal of European Public Policy*, 16(5).

Bobrow, D. B. and J. S. Dryzek (1987). *Policy Analysis by Design*. Pittsburgh: University of Pittsburgh Press.

Brandon, R. N. (1990). *Adaptation and Environment*. Princeton: Princeton University Press.

Campbell, John C. (1984). "Policy Conflict and Its Resolution within the Governmental System". in Ellis S. Krauss, Thomas P. Rohlen and Patricia G. Steinhoff (eds.). *Conflict in Japan*. Honolulu: University of Hawaii Press.

Cashore, Benjamin and Michael Howlett (2007). "Punctuating Which Equilibrium? Understanding Thermostatic Policy Dynamics in Pacific Northwest Forestry". *American Journal* of Political Science, 51(3).

Cobb, R. W., J. K. Ross, and M. H. Ross (1976). "Agenda Building as a Comparative Political Process". *American Political Science Review*, 70(1).

Cobb, R. W. and C. D. Elder (1972). *Participation in American Politics: The Dynamics of Agenda-Building*. Baltimore: John Hopkins University Press..

Cohen, Michael D., James G. March, and Johan P. Olsen (1972). "A Garbage Can Model of Organizational Choice". *Administrative Science Quarterly*, 17.

Conklin, J. (2006). "Wicked Problems and Social Complexity". in J. Conklin. *Dialogue Mapping: Building Shared Understanding of Wicked Problems*. Chichester: John Wiley & Sons.

Coser, Lewis A. (1956). *The Functions of Social Conflict*. New York: Free Press.

Crawford, Neta C. (1994). "Changing Norms of Humanitarian Intervention". Paper prepared for the 1994 International Studies Association Conference, Washington, D.C.

Creighton, James L. (2005). *The Public Participation Handbook: Making Better Decisions Through Citizen Involvement*. San Francisco: Jossey-Bass.

Culpepper, Pepper D. (2003). *Institutional Rules, Social Capacity, and the Stuff of Politics*. Cambridge: Harvard University.

Cunningham, G. (1963). "Policy and Practice". *Public Administration*, 41.

Deutsch, Karl W. (1961). "Social Mobilization and Political Development". *The American Political Science Review*, 55.

Donald, P. W., F. Joel, L. Lance, and H. M. Mark (2008). *The Ethics of Administrative Direction in Public Duties: The Moral Obligations of Public Officials*. Cambridge: Harvard University Press.

Drabek, Zdenek and Warren Payne (1999). "The Impact of Transparency on Foreign Direct Investment". Staff Working Paper. Geneva: World Trade Organization.

Dye, Thomas R. (1995). *Understanding Public Policy*. Englewood Cliffs, N.J.: Prentice-Hall.

Easton, D. (1953). *The Political System: An Inquiry into the State of Political Science*. N.Y.: Knopf.

Easton, David A. (1965). *A Framework for Political Analysis*. Englewood Cliffs, N.J.: Prentice Hall.

Edelman, M. (1971). *Politics as Symbolic Action*. Chicago, Ill.: Markham.

Edelman, M. (1988). *Constructing the Political Spectacle*. Chicago: University of Chicago Press.

Ehrllich, Issac (1972), "The Deterrent Effect of Criminal Law Enforcement". *Journal of Legal Studies*, 1.

Elmore, R. F. (1987), "Instruments and Strategy in Public Policy". *Policy Studies Review*, 7(1).

Eppel, E., Matheson, A., and Walton, M. (2011). "Applying Complexity Theory to New Zealand Public Policy". *Policy Quarterly*, 7.

Eppel, Elizabeth (2009). "The Contribution of Complexity

Theory to Understanding and Explaining Policy Processes: A Study of Tertiary Education Policy Processes in New Zealand". A thesis submitted to the Victoria University of Wellington in fulfilment of the requirements for the degree of Doctor of Philosophy in Public Policy, Victoria University of Wellington.

Evans, P., Rueschemeyer, D., and Skocpol, T. (1985). *Bringing the State Back In*. Cambridge: Cambridge University Press.

Evans, Peter B. (1995). *Embedded Autonomy*. Princeton: Princeton University Press.

Feldman, Martha S. (1989). *Order without Design: Information Production and Policy Making*. Stanford: Stanford University Press.

Frank, Jerome, Mr. (1932). "Justice Holmes and Non-Euclidean Legal Thinking". *Cornell Law Quarterly*, 17.

Frank, R. B. and B. D. Jones (1991). "Agendas and Dynamics and Policy Subsystems". *The Journal of Politics*, 53(4).

Frederickson, H. G. (1999). "The Repositioning of American Public Administration". *Policy Science and Politics*, 32(4).

Fullerton, Don A. (2001). "Framework to Compare Environmental Policies". *NBER Working Paper*, no. w8420.

Ganesan, Shankar (1994). "Determinants of Long-Term Orientation in Buyer-Seller Relationships". *Journal of Marketing*, 58.

Gellmann, M. (1994). *The Quark and the Jaguar: Adventures in the Simple and the Complex*. New York: W. H. Freeman and Company.

Gerrits, L. (2010). "Public Decision Making as Co-evolution".

Emergence: Complexity and Organization, 12(1).

Gersbach, Hans (2004). *Designing Democracy: Ideas for Better Rules*. BerlinHeidelberg: Springer Berlin Heidelberg.

Giddens, A. (1984). *The Constitution of Society*. Berkeley: University of California Press.

Goulder, L., Ian Parry, Roberton Williams, and Dallas Burtraw (1999). "The Cost-Effectiveness of Alternative Instruments for Environmental Protection in a Second-Best Setting". *Journal of Public Economics*, 72(3).

Granovetter, M.(1985). "Economic Action and Social Structure: The Problem of Embeddedness". *American Journal of Sociology*, 91(3).

Granovetter, M. (1992). "Economic Institutions as Social Constructions: A Framework for Analysis". *Acta Sociologica*, 35(1).

Graver, S. (1986). *Managing the Public Sector*. The Dorsey Press.

Grieco, Joseph (1988). "Anarchy and the Limits of Cooperation: A Realist Critique of the Newest Liberal Internationalism". *International Organization*, Summer.

Grieco, Joseph (1990). *Cooperation among Nations: Europe, America, and Non-tariff Barriers to Trade*. Cornell: Cornell University Press.

Guthrie, Doug (2006). *China and Globalization*. New York: Routledge.

Haas, P. M. (1992). "Introduction: Epistemic Communities and International Policy Cooperation". *International Organization*,

46(1).

Hall, Peter A. (1986). *Governing the Economy: The Politics of the State Intervention in Britain and France*. New York: Oxford University Press.

Hall, Peter A. (1993). "Policy Paradigms, Social Learning and the State: The Case of Economic Policy-making in Britain". *Comparative Politics*, 25(3).

Hammond, T. H. (1986). "Agenda Control, Organizational Structure, and Bureaucratic Politics". *American Journal of Political Science*, 30(2).

Harmon, Michel M. and Richard T. Mayer (1986). *Organization Theory for Public Administration*. Glenview, Ill.: Scott Foresman.

Heclo, Hugh (1974). *Modern Social Politics in Britain and Sweden: From Relief to Income Maintenance*. New Haven: Yale University Press.

Heilmann, Sebastian (2008a). "From Local Experiments to National Policy: The Origins of China's Distinctive Policy Process". *The China Journal*, 59.

Heilmann, Sebastian (2008b). "Policy Experimentation in China's Economic Rise". *Studies of Comparative and International Development*, 43(1).

Henkin, Louis (1979). *How Nations Behave*. New York: Columbia University Press.

Hermans, Leon M. and Thissen, Wil A. H. (2009). "Actor Analysis Methods and Their Use for Public Policy Analysts". *European Journal of Operational Research*, 196(16).

Hobson, John M. (2000). *The State and International Relations*. Cambridge: Cambridge University Press.

Hogwood, B. W. and B. G. Peters (1983). *Policy Dynamics*. New York: St. Martin's Press.

Hogwood, B. W. and B. G. Peters (1985). *Pathology of Public Policy*. Oxford: Clarendon Press.

Hogwood, B. W. and L. Gunn (1984). *Policy Analysis for the Real World*. London: Oxford University Press.

Hood, C. (1983). *The Tools of Government*. Chatham, N.J.: Chatham Publishers.

Hood, C. (1986), *The Tools of Government*. Chatham, N. J.: Chatham Publishers.

Hoogerwerf, A. (1989). *Overheidsbeleid*. Alphenaan den Rijn: Samson.

Howlett, Michael and M. Ramesh (2002). "The Policy Effects of Internationalization: A Subsystem Adjustment Analysis of Policy Change". *Journal of Comparative Policy Analysis*, 4(3).

Ikenerry, G. John (1988). "Conclusion: An Institutional Approach to American Foreign Economic Policy". in G. John Ikenerry, David A. Lake, Michael Mastanduno (eds.). *The State and American Foreign Economic Policy*. Ithaca: Cornell University Press.

Jepperson, Ronald L., Alexander Wendt, and Peter J. Katzenstein (1996). "Norms, Identity, and Culture in National Security". in Peter J. Katzenstein (ed.). *The Culture of National Security: Norms and Identity in World Politics*.

New York: Columbia University Press.

John, Peter (1998). *Analyzing Public Policy*. London & New York: Pinter.

Johnson, Alastair Iain (1996). "Learning versus Adaption: Explaining Change in Chinese Arm Control Policy in the 1980s and 1990s". *China Journal*, 35.

Johnston, Alastair Iain (2011). "Treating International Institutions as Social Environments". *International Studies Quarterly*, 45.

Johnson, J. (2009). "Embracing Design in Complexity". in K. Alexiou, J. Johnson, and Theodore Zamenopoulos (eds.). *Embracing Complexity in Design*. Oxon: Routledge.

Jones, Charles O. (1984). *An Introduction to the Study of Public Policy*. Monterey, Calif.: Brooks/Coke.

Jordan, G. (1990). "Sub-governments, Policy Community and Networks". *Journal of Theoretical Politics*, 2.

Katzenstein, Peter (1978). *Beyond Power and Plenty: Foreign Economic Policies in Advanced Industrial Societies*. Ithaca, NY: Cornell University Press.

Kavalsky, Emilian R. (2003). "The International Socialization of the Balkans". *The Review of International Affairs*, 2(4).

Kay, Adrian (2006). *The Dynamics of Public Policy: Theory and Evidence*. Edward Elgar Publishing Limited.

Kenneth, O. and J. Maxwell (1994). "Self-interest and Environmental Management". *Journal of Theoretical Politics*, 4.

Kent, Ann (2002). "China's International Socialization: The Role of International Organizations". *Global Governance*, 8.

Keohane, Robert O. and Nye, Joseph S. (1977). *Power and Interdependence: World Politics in Transition*. Boston: Little Brown.

Kettle, D. F. (1993). *Sharing Power: Public Governance and Private Markets*. Washington, D. C.: Brookings Institution Press.

Kirschen, E. S., et al. (1964). *Economic Policy in Our Time*. Chicago: Read McNally.

Kleinberg, R. (1990). *China's "Opening" to the Outside World: The Experiment with Foreign Capitalism*. Boulder: Westview Press.

Kooiman, J. (1999). "Social-Political Governance: Overview, Reflections and Design". *Public Management: An International Journal of Research and Theory*, 1(1).

Kratochwill, Friedrich V. (1989). *Rules, Norms and Decisions: On the Conditions of Practical and Legal Reasoning in International Relations and Domestic Affairs*. Cambridge: Cambridge University Press.

Langton, C. G. (1992). "Life at the Edge of Chaos". in Christopher G. Langton, Charles Taylor, J. Doyne Farmer, and Steen Rasmussen(eds.). *Artificial Life II*. New York: Addison-Wesley.

Lardy, Nicholas R. (1992). *Foreign Trade and Economic Reform in China, 1978–1990*. Cambridge, UK: Cambridge University Press.

Levine, M. E. and Plott, C. R. (1977). "Agenda Influence and Its Implications". *Virginia Law Review*, 62(4).

Levy, Jack S. (1994). "Learning and Foreign Policy: Sweeping a Concept Minefield". *International Organization*, 48(2).

Levy, Marion (1952). *The Structure of Society*. Princeton: Princeton University Press.

Levy, Marion (1970). *Modernization and the Structure of Societies*. Princeton: Princeton University Press.

Li, Hongbin and Li-an Zhou (2005). "Political Turnover and Economic Performance: The Incentive Role of Personnel Control in China". *Journal of Public Economics*, 89(9-10).

Lindblom, C. E. (1959). "The Science of 'Muddling Through'". *Public Administration Review*, 19(2).

Linder, S. H. and B. G. Peters (1987). "Instruments of Government: Perceptions and Contexts". *Journal of Public Policy*, 9(1).

Lindquist, Evert (1994). "Tax Expenditures, Competitiveness and Accountability". in Bryne Purchase(ed.). *Policy Making and Competitiveness*. Kingston: Queen's University School of Policy Studies.

Lipsky, Michael (1980). *Street-Level Bureaucracy: Dilemmas of the Individual in Public Services*. Cambridge: MIT Press.

Liu, Guoli and Lowell Dittmer (2006). "Introduction: The Dynamics of Deep Reform". in Lowell Dittmer and Guoli Liu (eds.). *China's Deep Reform: Domestic Politics in Transition*. Rowman & Littlefield Publishers, INC.

Lowenthal, R.(1979). "Political Legitimacy and Cultural Change in West and East". *Social Research*, 46(3).

Lowi, Theodore J. (1972). "Four Systems of Policy, Politics and

Choice". *Public Administration Review*, 32.

Lumann, Niklas (1979). *Trust and Power*. New York: John Weley & Sons Chichester.

Mackintosh, M. (1992). "Partnership: Issues and Negotiation". *Local Economy*, 7.

Majone, G. (1989). *Evidence, Argument and Persuasion in the Policy Process*. New Haven, CT: Yale University Press.

Mandell, M. P. and A. S. Toddi (2003). "Understanding What Can Be Accomplished through Inter-organizational Innovations: The Importance of Typologies, Context, and Management Strategies". *Public Management Review*, 5(2).

Mann, Michael (1984). "The Autonomous Power of the State: Its Origins, Mechanism and Result". *Archives of European Sociology*, xxv.

Mann, Michael (2012). *The Sources of Social Power*. Cambridge: Cambridge University Press.

Mayne, J., Tom Wileman, and Frans Leeuw (2003). "Networks and Partnering Arrangements: New Challenges for Evaluation and Auditing". in Andrew Gray, et al.(eds.). *Collaboration in Public Services: The Challenge for Evaluation*. New Brunswick, NJ: Transaction Publishers.

Mazmanian, Daniel A. and Paul A. Sbatier (1983). *Implementation and Public Policy*. Glenview: Scott Foresman.

McDonnell, L. M. and Richard F. Elmore (1987). *Alternative Policy Instruments*. Santa Monica: Center for Policy Research in Education.

McMillan, E. (2004). *Complexity, Organizations and Change*.

London: Routledge.

Mearsheimer, John J. (1995). "The False Promise of International Institutions". *International Security*, 19(3).

Miller, Mark C. and Jeb Barnes (eds.)(2004). *Making Policy, Making Law: An Inter-branch Perspective*. Washington, D. C.: Georgetown University Press.

Milner, Helen V. and Robert O. Keohane (1996). "Internationalization and Domestic Politics: An Introduction". in Robert O. Keohane and Helen V. Milner(eds.). *Internationalization and Domestic Politics*. Cambridge, UK: Cambridge University Press.

Milward, H. B. (1996). "Symposium on the Hollow State: Capacity, Control, and Performance in Intergovernmental Settings". *Journal of Public Administration Research and Theory*, 8(2).

Mitleton-Kelly, E. (2006). "Coevolutionary Integration". *Emergence: Complexity and Organization*, 8(2).

Morçöl, Göktuğ (2012). *A Complexity Theory for Public Policy*. New York: Routledge.

Nakaruma, Robert K. (1987). "The Textbook Policy Process and Implementation Research". *Policy Studies Review*, 7(2).

Naughton, Barry (1994). "The Foreign Policy Implications of China's Economic Development Strategy". in Thomas W. Robinson and David Shambaugh. *Chinese Foreign Policy: Theory and Practice*. Oxford: Clarendon Press.

Naughton, Barry (2009). "Singularity and Replicability in China's Developmental Experience". presentation at the

American Economics Association Meetings. San Francisco, CA. January 3.

Needham, D. Barrie (1982). *Choosing the Right Policy Instruments: An Investigation of Two Types of Instruments, Physical and Financial, and A Study of Their Application to Local Problems of Unemployment.* Aldershot: Gower.

Nolan, Peter (2004). *China at the Crossroads.* Cambridge, UK: Polity Press.

North, D. (1990). *Institutions, Institutional Change, and Economic Performance.* Cambridge: Cambridge University Press.

North, D. (1991). "Institutions". *The Journal of Economic Perspectives*, 5(1).

Nye, Joseph S., Jr. (1990). "Soft Power". *Foreign Policy*, 80.

OECD(1997). *Partnership in the United States.*

OECD(2001). *Local Partnerships for Better Governance.*

Oksenberg, Michel (2001). "China's Political System: Challenges of the Twenty-first Century". *The China Journal*, 45.

Ornstein, R. and P. Ehrlich (2000). *New World New Mind: Moving toward Conscious Evolution.* Cambridge: Malor Books.

Pearson, Margaret (1991). *Joint Ventures in the People's Republic of China.* Princeton: Princeton University Press.

Perri6 (2004). "Joined-Up Government in the Western World in Comparative Perspective". *Journal of Public Administration Research and Theory*, 14(1).

Peter, B. G. (2000). "Policy Instrument and Public

Management: Bridging the Gaps". *Journal of Public Administration Research and Theory*, 10(1).

Pfeffer, J. and G. Salancik (1978). *The External Control of Organizations: A Resource Dependence Perspective*. New York: Harper and Row.

Pierson, Paul (2004). *Politics in Time: History, Institutions, and Social Analysis*. Princeton, NJ: Princeton University Press.

Pollitt, Christopher (2009). "Complexity Theory and Evolutionary Public Administration: A Skeptical Afterward". in G. R. Teisman, A. van Buuren, and L. Gerrits (eds.). *Managing Complex Governance Systems: Dynamics, Self-organization and Coevolution in Public Investments*. London: Routledge.

Prigogine, I. (1996). *The End of Certainty: Time, Chaos, and the New Laws of Nature*. New York: The Free Press.

Qian, Y. and B. Weingast (1997). "Federalism as a Commitment to Preserving Market Incentives". *Journal of Economic Perspectives*, 11(4).

Ramo, Joshua Cooper (2004). *The Beijing Consensus: Notes on the New Physics of Chinese Power*. London: The Foreign Policy Centre.

Richard, H. (2001). *Reinventing Government in the Information Age: International Practice in IT Enabled Public Sector Reform*. New York: Routledge.

Ring, P. S. and A. H. Van de Ven (1976). "Development Process of Co-operative Inter-organizational Relationship".

Academy of Management Review, 19.

Ripberger, J. T. (2011). "Capture Curiosity: Using Internet Search Trends to Measure Public Attentiveness". *Policy Studies Journal*, 39(2).

Robinson, Thomas W. (1998). "Interdependence in China's Post-Cold War Foreign Relations". in Samuel S. Kim (ed.). *China and the World: Chinese Foreign Policy Faces the New Millennium*. Boulder: Westview Press.

Rothschild, J. (1979). "Political Legitimacy in Contemporary Europe". in B. Benitch (ed.). *Legitimation of Regimes*. Beverly Hills: Sage Publications Inc.

S.N.艾森斯塔特(1988).现代化:抗拒与变迁.张旅平,译.中国人民大学出版社.

Sabatier, Paul A. (1987). "Knowledge, Policy-Oriented Learning, and Policy Change". *Science Communication*, 8(4).

Sabel, Charles F. (1992). "Study Trust: Building New Forms of Cooperation in a Volatile Economy". in Werner Sengenberger and Frank Pyke (eds.). *Industrial Districts and Local Economic Regeneration*. Geneva: International Institute for Labor Studies.

Salamon, Lester M. and Michael S. Lund (1989). *Beyond Privatization: The Tods of Government Action*. Washington, DC: Urban Institute Press.

Salzano, M.(2008). "Economic Policy Hints from Heterogeneous Agent-based Simulations". in K. Richardson, L. Dennard, and G. Morçöl (eds.). *Complexity and Policy Analysis: Tools and Methods for Designing Robust Policies in a Complex*

World. AZ, Goodyear: ISCE Publishing.

Schermerhorn, J. R. (1975). "Determinants of Inter-organizational Cooperation". *Academy of Management Journal*, 18.

Schimmelfennig, Frank (2000). "International Socialization in the New Europe: Rational Action in an Institutional Environment". *European Journal of International Relations*, 6(1).

Schneider, Anne L. and Helen Ingram (1990). "Behavioral Assumptions of Policy Tools". *Journal of Politics*, 52(2).

Schneider, Anne L. and Helen Ingram (1997). *Policy Design for Democracy*. Lawrence, KS: University Press of Kansas.

Sharkansky, Ira (2002). *Politics and Policymaking: In Search of Simplicity*. London: Lynne Rienner Publishers.

Shocpol, Theda (1985). "Bring the State Back In: Strategies of Analysis in Current Research". in Peter B. Evans, Dietrich Rueschemeyer, and Theda Shocpol, *Bring the State Back In*. Cambridge: Cambridge University Press.

Shocpol, Theda (2010). "Bring the State Back in: Strategies of Analysis in Current Research". in Peter, B. and Snowden, D.. *Origins of Cynefin*. Singapore: Cognitive Edge.

Snowden, D. (2010). *Origins of Cynefin*. Singapore: Cognitive Edge.

Steinmo, Sven (1993). *Taxation and Democracy*. New Haven: Yale University Press.

Steinmo, Sven and Caroline J. Tolbert (1998). "Do Institutions Really Matter? Taxation in Industrialized Democracies". *Comparative Political Studies*, 31(2).

Steward, J. and Ayres, R. (2001). "Systems Theory and Policy Practice: An Exploration". *Policy Sciences*, 34(1).

Stolz, Barbara Ann (2002). *Criminal Justice Policy Making: Federal Roles and Processes*. Westport, Conn.: Praeger.

Strauss, A. L. (1978). *Negotiations: Varieties, Contexts, Processes, and Social Order*. San Francisco: Jossey-Bass.

Szelenyi, I. and Kostello, E. (1998). "Outline of an Institutionalist Theory of Inequality: The Case of Socialist and Post-Communist Eastern Europe". in Mary C. Brinton and Cictor Nee. *The New Institutionalism in Sociology*. New York: Russell Sage Foundation.

Taylor, M. C. (2001). *The Moment of Complexity: Emerging Network Culture*. Chicago: University of Chicago Press.

Teisman, G. R., A. van Buuren, and L. Gerrits (eds.) (2009). *Managing Complex Governance Systems: Dynamics, Self-organization and Coevolution in Public Investments*. London: Routledge.

Townsend, James (1991). "Reflections on the Opening of China". in Kenneth Lieberthal, et al.. *Perspectives on Modern China*. Armonk: M. E. Sharpe.

Townsend, Thomas (2012). "Can Applying Complexity Theory to Problems of Public Interest Improve Policy?". *Policy Advantage*, January.

Toye, David L. (2004). "The Emergence of Complex Societies: A Comparative Approach". *World History Connected*, 1(2).

Tsou, Tang (1967). "Revolution, Reintegration, and Crisis in Communist China: A Framework for Analysis". in Ho Ping-ti and Tsou Tang (eds.). *China in Crisis*. Chicago: University of Chicago Press.

UNCTAD (1999). *World Investment Report 1999: Foreign Direct Investment and the Challenge of Development*, https://unctad.org/en/docs/wir1999_en.pdf.

UNCTAD (2002). *World Investment Report 2002: Transnational Corporations and Export Competitiveness*, https://unctad.org/en/docs/wir2002_en.pdf.

UNCTAD (2003). *World Investment Report 2003: FDI Policies for Development: National and International Perspectives*, https://unctad.org/en/docs/wir2003light_en.pdf.

Van de Ven, Andrew H. (1976). "On the Nature, Formation, and Maintenance of Relations among Organizations". *Academy of Management Review*, 10.

Van de Ven, Andrew H., A. L. Delbecq, and R. Koenig Jr. (1976). "Determinants of Coordination Modes within Organizations". *American Sociological Review*, 41.

Vittes, M. E., P. H. Pollock, and S. A. Lilie (1993). "Factors Contributing to NIMBY Attitudes". *Waste Management*, 13.

Vogel, Steven K. (1996). *Freer Markets, More Rules: Regulatory Reform in Advanced Industrial Countries*. Ithaca, NJ: Cornell University Press.

Weiss, Linda(1998), *The Myth of the Powerless State*. Ithaca: Cornell University Press.

Weitzman, M. L. (1974). "Price vs. Quantity". *Review of Economic Study*, 41.

Wilson, A. and K. Charlton (1997). *Making Partnerships*

Work: A Practical Guide for Public, Private, Voluntary and Community Sectors. York: Joseph Rowntree Foundation.

Wilson, Carter A. (2006). *Public Policy: Continuity and Change*. Boston: McGraw-Hill.

Woodside, K. (1986). "Policy Instruments and the Study of Public Policy". *Canadian Journal of Political Science*, 19 (4).

Woodside, K. (1986). "Policy Instruments and the Study of Public Policy". *Canadian Journal of Political Science*, 19 (4).

Woon, Yuen-Fong (1990). "International Links and the Socioeconomic Development of Rural China: An Emigrant Community in Guangdong". *Modern China*, 16(2).

Yang, Dali (1997). *Beyond Beijing: Liberalization and the Regions in China*. New York: Routledge.

Zweig, David (2002). *Internationalizing China: Domestic Interests and Global Linkages*. Ithaca: Cornell University Press.

Zweig, David (2002). *Internationalizing China: Domestic Interests and Global Linkages*. Ithaca: Cornell University Press.

后 记

本书是我承担的上海市哲学社会科学研究项目"当代中国公共政策体系变迁研究"的最终研究成果(项目批准号:2014XAD006)。该项目虽然早在 2015 年就结项了,但是,作为最终成果形式的著作的出版,一直拖到现在。一个主要的原因是,本书是多位作者共同努力的一个成果,我们虽然主张在书中尽量保留每一位作者的思想和观点,但为了形成比较一致的分析框架起见,我对每一章的内容进行了必要的修改,显然,基于兼顾这两者的考虑所作出的修改,是一项非常困难的工作。另一个主要原因是我个人的身体问题,在修改本书的过程中,我因为一个手术而进行了很长时间的休养,从而耽误了本书的出版进程。如果不是邬红伟先生的鼓励、督促和帮助,这本书的出版可能还会继续推迟一段时间。在此,我在向全体作者表示歉意的同时,要向邬红伟先生表示衷心的感谢。

对于本书的出版,我尤其要感谢责任编辑孙程姣女士。孙老师通读了全书,极其认真又专业地提出了文稿中的每一个可能的与真实的错误。正是在她一丝不苟的工作中,我学到了很多。当然,本书付梓出版后若依然存在一些谬误,该由我本人负责。

后 记

从项目立项到结项、从开始写作到初稿的完成,经历了一个相当长的过程。这期间,中国的公共政策发生了很多方面的变化。本书所叙述的一些案例、所分析的一些问题、所引用的一些数据和文献,反映了这些方面的变化,但未能完整展现自书稿完工之后直到今天修改完毕这段时间里所发生的变化。因此,很多领域里的政策及其变化,数据与其他事实,我们并未作相应的更新。但这并不妨碍我们对一些特定时期里的事实、逻辑、发展等进行相应的观察与分析。围绕项目的主题,我设计了相应的一些课题,分别交由我指导的硕士生和博士生来写作。这就成为他们毕业论文的选题来源。因此,本书中除了我个人撰写的,以及肖方仁、田恒、齐嘉霖(与我合作的)、陈水生、余亚梅(与我合作的)等人撰写的章节外,其余部分内容都与相关作者的学位论文有一定的关联。当然,与学位论文有关的那些部分内容,都经过相关作者与我进行结构性的修改而成。另一个需要说明的是,在该项目的研究过程中,我们一些作者已经把有关的内容作为项目的阶段性研究成果发表在一些学术期刊中,本书的第 3 章和第 5 章就是以这样的公开发表的论文为基础而形成的。

本书的分工情况如下:第 1 章、第 12 章、第 14 章(唐贤兴),第 2 章(肖方仁),第 3 章(齐嘉霖、唐贤兴),第 4 章(田恒),第 5 章(余亚梅、唐贤兴),第 6 章(郑陆林、唐贤兴),第 7 章(张进军、唐贤兴),第 8 章(程育海、唐贤兴),第 9 章(郑拓、唐贤兴),第 10 章(陈水生),第 11 章(胡明光、唐贤兴),第 13 章(唐贤兴、戴志颖)。全书各章内容最后由我统改统稿。

唐贤兴

2019 年 6 月 5 日

图书在版编目(CIP)数据

大国治理与公共政策变迁:中国的问题与经验/唐贤兴著. —上海:复旦大学出版社,2019.9
(2020.3 重印)
(国家治理与政府创新丛书/朱春奎,竺乾威主编)
ISBN 978-7-309-14443-7

Ⅰ.①大… Ⅱ.①唐… Ⅲ.①国家-行政管理-研究-中国②公共政策-研究-中国
Ⅳ.①D630.1②D601

中国版本图书馆 CIP 数据核字(2019)第 190676 号

大国治理与公共政策变迁:中国的问题与经验
唐贤兴　著
责任编辑/孙程姣

复旦大学出版社有限公司出版发行
上海市国权路 579 号　邮编:200433
网址:fupnet@ fudanpress.com　http://www.fudanpress.com
门市零售:86-21-65642857　　团体订购:86-21-65118853
外埠邮购:86-21-65109143
常熟市华顺印刷有限公司

开本 890×1240　1/32　印张 17.5　字数 402 千
2020 年 3 月第 1 版第 2 次印刷

ISBN 978-7-309-14443-7/D·989
定价:58.00 元

如有印装质量问题,请向复旦大学出版社有限公司发行部调换。
版权所有　　侵权必究